DICTIONNAIRE

DE LA

LANGUE VERTE

Le Dictionnaire de la Langue verte

a été tiré à 600 *exemplaires,*

dont cent *sur papier de Hollande,* numérotés.

15.

LES CYTHÈRES PARISIENNES

DU PONT DES ARTS

LE GRAND ET LE PETIT TROTTOIR

FRANÇOISE

CYNIUS

LA PORTE DU PARADIS

AU BORD DE LA BIÈVRE

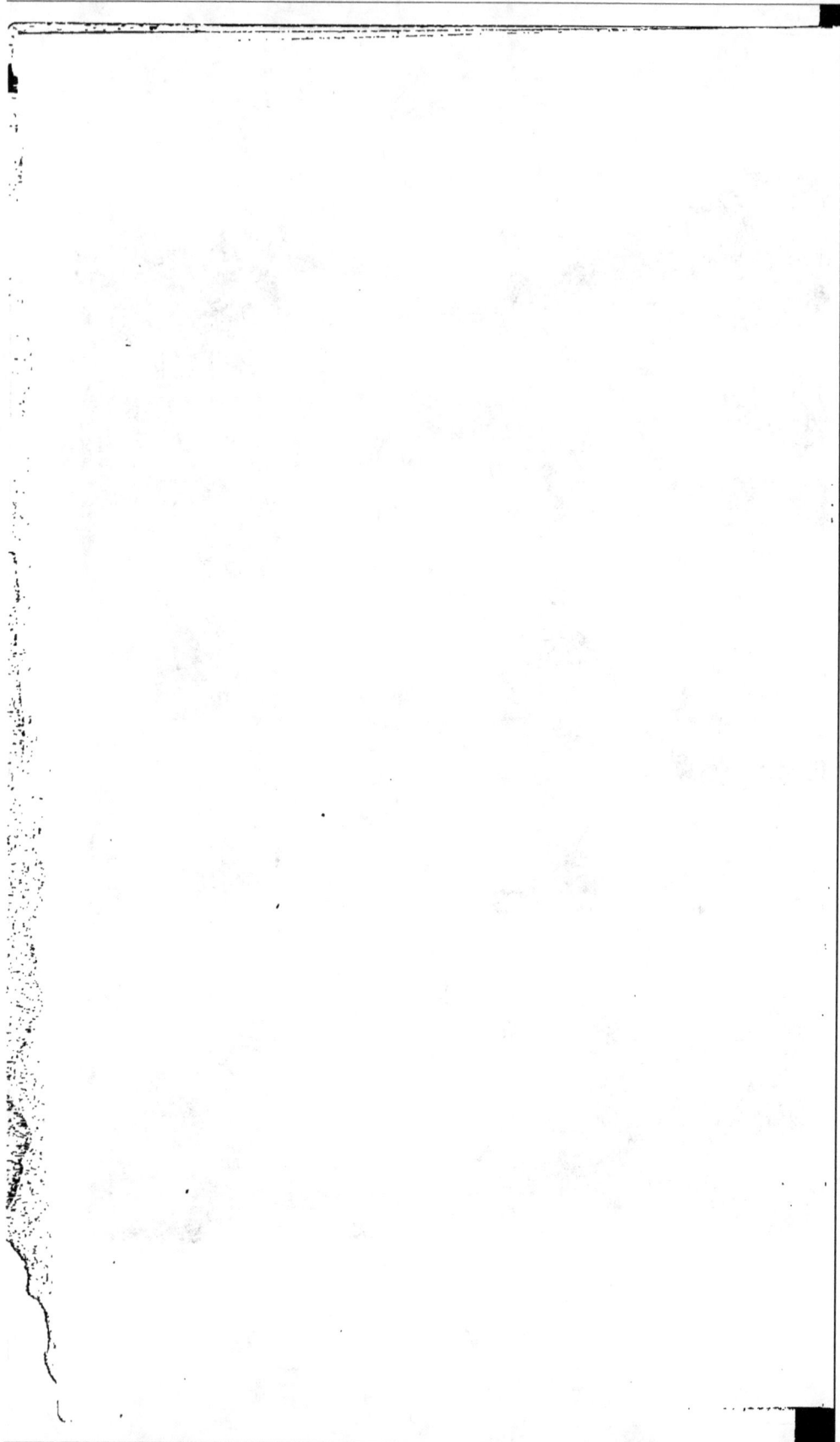

ALFRED DELVAU

DICTIONNAIRE

DE LA

LANGUE VERTE

ARGOTS PARISIENS COMPARÉS

ED

PARIS

E. DENTU, ÉDITEUR

LIBRAIRE DE LA SOCIÉTÉ DES GENS DE LETTRES

PALAIS-ROYAL, GALERIE D'ORLÉANS

1866

(Tous droits réservés.)

INTRODUCTION

I

« Et, comme disoit Octavian Auguste, qu'il fault éviter les motz
espaves en pareille diligence que les patrons des navires évitent
les rochiers de la mer. » N'en déplaise à Rabelais, ce sont précisément les mots « espaves » que je me suis plu à colliger depuis
sept ou huit ans, et à réunir en un corps de livre que j'ai intitulé
Dictionnaire de la Langue verte, non pour accrocher le regard du
passant et forcer son attention, mais parce que les mots de ce Dictionnaire appartiennent à la *langue verte*.

Je n'ai pas plus inventé cette appellation singulière que je n'ai
inventé les divisions de *cant* et de *slang*, qui servent à distinguer
les argots anglais, et qui m'aideront à distinguer les argots parisiens. Le *cant* (1), c'est l'argot particulier; le *slang*, c'est l'ar-

(1) L'argot pur, l'idiome des révoltés, la langue des gens qui vivent
volontairement ou fatalement en marge de la société, a été baptisé d'autant de noms différents qu'il y a de nations différentes : *cant* en Angleterre (où, au XVIIe siècle, on l'appelait impertinemment « français des
colporteurs, » *pedlars french*), *germania* en Espagne, *gergo* en Italie,
bargoens en Hollande, *calaô* en Portugal, *rothwalsch* ou *rothwelsch* (italien rouge) en Allemagne, et *balaïbalan* en Asie.

got général. Les voleurs parlent spécialement le premier ; tout le monde à Paris parle le second , — je dis tout le monde ; si bien qu'un étranger, un Russe par exemple, ou un provincial, un Tourangeau, sachant à merveille « la langue de Bossuet » et de Montesquieu, mais ignorant complétement la langue verte, ne comprendrait pas un mot des conversations qu'il entendrait en tombant à l'improviste dans un atelier de peintre ou dans un cabaret d'ouvriers, dans le boudoir d'une lorette ou dans le bureau de rédaction d'un journal. En France, on parle peut-être français ; mais à Paris on parle argot, et un argot qui varie d'un quartier à l'autre, d'une rue à l'autre, d'un étage à l'autre. Autant de professions, autant de jargons différents, incompréhensibles pour les profanes, c'est-à-dire pour les gens qui ne font que traverser *Pantin*, la capitale des stupéfactions, parce que celle des étrangetés. L'argot des gens de lettres ne ressemble pas plus à celui des ouvriers que celui des artistes ne ressemble à celui des filles , ou celui des bourgeois à celui des faubouriens, ou celui des voyous à celui des académiciens, — car les académiciens aussi parlent argot au lieu de parler français, ainsi que le prouveront les exemples semés dans ce livre.

Quelques *orientalistes* distingués avaient bien songé jusqu'ici à réunir en corps le *cant* des voleurs , entre autres M. Francisque Michel, qui a fait là-dessus un gros volume étymologique assez inutile sur lequel nous reviendrons tout à l'heure ; mais personne n'avait songé à faire le même travail pour le *slang*, — quoique plus attrayant et plus intéressant.

Lorédan Larchey va réclamer, en me citant ses *Excentricités du langage*, arrivées aujourd'hui à leur cinquième édition ; il va réclamer — et il aura raison, puisque je l'oubliais. Son mérite est d'avoir attaché le grelot, d'avoir osé le premier se faire le saint Vincent de Paul des mots « espaves », du moins d'une certaine quantité de mots épaves ; son tort est de n'avoir pas ramassé ces orphelins-là dans la rue, mais dans les livres, et d'avoir cru « essentiel de mettre chaque terme sous la sauvegarde de citations justificatives, sous la garantie d'auteurs connus » — et il aurait pu ajouter « mêlés ». Les écrivains auxquels il a emprunté ces termes les tenaient probablement eux-mêmes de seconde ou de troisième main ; ils les avaient entendu prononcer par hasard çà et là, loin de l'endroit où ils étaient nés, dans un atelier d'artiste ou chez une petite dame, et les avaient répétés les trouvant drôles, sans s'assurer de leur exactitude et de leur usualité, sans se demander s'ils faisaient partie d'un vocabulaire particulier ou s'ils étaient dans la circulation générale. Pour introduire un mot dans un dictionnaire, il me paraît nécessaire de savoir s'il s'est introduit dans la langue, il est « essentiel » de se renseigner minutieusement à son sujet, et c'est ce que n'a pas fait Lorédan Larchey, qui certainement connaît mieux les livres que les hommes et a beaucoup plus hanté les bibliothèques que le forum.

Moi, au contraire, — qu'on me permette cette vanité qui ne fait de mal à personne, — moi qui, *Beni-Mouffetard* et d'une famille où l'on est faubourien de père en fils depuis cinq ou six générations, ai tant de fois déambulé par les compites et les quadrivies de l'urbs que l'on vocite Lutèce, j'ai cueilli sur leur tige et ramassé sur leur fumier natal tous les mots de mon Dictionnaire, tous les termes bizarres, toutes les expressions pittoresques qui s'y trouvent accumulées : il n'en est pas une seule que je n'aie entendue de mes oreilles, cent fois au moins, dans la rue Saint-Antoine ou dans la rue Neuve-Bréda, dans un atelier de peintres ou dans un atelier d'ouvriers, dans les brasseries littéraires ou dans les cabarets populaciers, ici ou là, même ailleurs où beaucoup de délicats n'osent pas aller de peur de s'y crotter l'oreille et de s'y salir l'esprit, et où je n'ai pas craint d'aller, moi, parce que nous avons, nous autres moralistes, le double privilège de la salamandre et de l'hermine, et que nous pouvons traverser toutes les flammes sans en être roussis, toutes les fanges sans en être souillés.

Voilà ce qui constitue le mérite, j'oserai ajouter la saveur du *Dictionnaire de la Langue verte*, dont je désire qu'on dise — au lieu de le redouter — ce qu'on a dit du *Tableau de Paris* de Sébastien Mercier, qu'il a été pensé dans la rue et écrit sur une borne : cette ironie serait son éloge et ma récompense, parce qu'elle prouverait qu'il est un fidèle tableau des mœurs ondoyantes et diverses des Parisiens de l'an 1865. Et puis, qu'on m'en sache gré ou non, j'ai la conviction d'avoir fait quelque chose d'utile en remuant cette fange, en plongeant résolûment dans les entrailles mêmes de cet Océan de boue, d'où, si j'ai rapporté des madrépores et des polypes monstrueux, j'ai dû rapporter aussi quelques coraux et quelques perles.

J'en conviens sans effort, c'est une langue sanglante et impie, le *cant*, l'argot des voleurs et des assassins ; une langue triviale et cynique, brutale et impitoyable, athée aussi, féroce aussi, le *slang*, l'argot des faubouriens et des filles, des voyous et des soldats, des artistes et des ouvriers. Toutes deux, je le sais, renferment une ménagerie de tropes audacieux, ricaneurs et blasphémateurs, une cohue de mots sans racine dans n'importe quelle autre langue, sans aucune étymologie, même lointaine, qui semblent crachés par quelque bouche impure en veine de néologismes et recueillis par des oreilles badaudes ; mais toutes deux aussi, quoi qu'on fasse et dise, sont pleines d'expressions pittoresques, de métaphores heureuses, d'images justes, de mots bien bâtis et bien portants qui entreront un jour de droit dans le Dictionnaire de l'Académie comme ils sont entrés de fait dans la circulation, et même dans la littérature (1), où ils se sont si vite acclimatés et où, de voyous, sont devenus bourgeois. Et je ne parle pas d'un vaudeville isolé comme les *Deux Papas très-bien*, où l'on « dévide le jar » aussi proprement qu'à Poissy ; je parle du *Dictionnaire* de M. Littré et des œuvres dramatiques les plus importantes de ce temps, les *Effrontés* d'Émile Augier, la *Vie de Bohème* d'Henry Murger, etc.

Pour qu'il en soit ainsi, pour que des écrivains de valeur — au théâtre, dans le roman, dans la fantaisie — se soient laissé raccrocher par ces expressions hardies, forcées de faire le trottoir parce que sans domicile légal, il faut qu'elles aient des séductions, des irrésistibilités que n'ont pas les mots de la langue officielle ; il faut qu'ils aient reconnu dans cette langue du ruisseau la succulence, le nerf, le *chien* de la langue préférée de Montaigne et de Malherbe (2).

(1) Pourquoi les littérateurs français ne feraient-ils pas ce que n'ont pas craint de faire les littérateurs anglais, Ben Jonson, Fletcher, Beaumont et autres dramaturges du cycle shakespearien, qui parlaient si correctement « le grec de Saint-Gilles ? » Grec de Saint-Gilles ou langue verte, c'est tout un.

(2) « Le parler que l'ayme, c'est un parler simple et naïf, tel sur le papier qu'à la bouche ; un parler succulent et nerveux, court et serré ; non tant délicat et peigné, comme vehement et brusque ; plustost diffi-

« Qui sait d'ailleurs si cette langue parisienne, qui charrie tant de paillettes d'or au milieu de tant d'immondices, — Flore étrange où tant de plantes charmantes s'épanouissent au milieu de tant de plantes vénéneuses, — n'est pas appelée un jour à transfuser son sang rouge dans les veines de la vieille langue française, appauvrie, épuisée depuis un siècle, et qui finira par disparaître comme le sanscrit ? Les puristes du sérail ont beau la déclarer fixée, immuable, éternelle, cela ne l'empêche pas de se déliter, de s'effriter, de se lézarder : si l'on n'y prend garde, elle s'effondrera, malgré les béquilles que lui mettent en guise d'étais ses quarante architectes de l'Institut. *Caveant consules !* Veillez au maintien de la langue parisienne, écrivains qui voulez qu'il y ait encore une langue française !

II

On s'étonnera peut-être de voir réunis, confondus dans une promiscuité fâcheuse, le cant et le slang, l'argot des gredins et celui des honnêtes gens, les adorables mimologismes des enfants et les expectorations repoussantes des faubouriens. C'était une nécessité née de la confusion déplorable des classes sociales à Paris, où le crime coudoie le travail, où le cynisme heurte l'innocence, où le vice flâne en compagnie de la vertu, où l'esprit emboîte le pas à la bêtise. Frères ennemis, ces argots, mais frères, — comme les hommes qui les parlent.

On pourrait s'étonner aussi, et tout aussi justement, de voir attribuer à la langue populaire une foule de mots sortis de la langue du bagne, de la prison et des mauvais lieux. Au premier abord, cela choque autant que cela surprend, oui ; mais en réfléchissant à

cile qu'ennuyeux ; esloingné d'affectation ; desreglé, descousu et hardy : chasque loppin y face son corps ; non pedantesque, non fratesque, non plaideresque, mais plustost soldatesque, comme Suetone appelle celuy de Iulius Cesar. » (*Essais*, liv. Ier, chap. xxv.)

« J'apprends tout mon françois des gens du port, » disait Malherbe, — qui mentait un peu.

la façon dont s'enrichissent les langues, on comprend et l'on s'incline — attristé. Une expression tombe des lèvres flétries d'un forçat, non pas au bagne, où il est défendu aux honnêtes gens d'aller, mais dans un cabaret, dans une rue de Paris, où il est interdit aux coquins de séjourner et où ils accourent tous comme des frelons sur un gâteau de miel : dix paires d'oreilles la ramassent et dix bouches la répètent — sans l'essuyer. Elle fait son chemin d'atelier en atelier, de faubourg en faubourg, jusqu'au jour où, tombant à son tour des lèvres d'un ivrogne (1), dans un café littéraire ou dans une brasserie artistique, elle est alors recueillie par quelque curieux aux écoutes, par quelque flâneur aux aguets, qui la trouve accentuée, originale, et la colporte çà et là, — tant et si bien que, finalement, elle entre dans un article, puis dans un livre, puis dans la circulation générale. Allez donc maintenant l'en retirer, comme tachée de boue et de sang ! Essayez donc, au nom de la morale et du goût, de la démonétiser par décret comme une pièce de trente sols ! Elle n'est pas frappée à la Monnaie fondée par Richelieu, elle ne porte pas l'effigie de l'un des Quarante, elle n'est pas d'un métal très-pur, tout cela est vrai ; mais elle sonne bien, argent ou cuivre, et cela suffit pour qu'elle soit échangée comme monnaie courante de la conversation.

Il en est de même des mots à panaches et à images improvisés par des néologues en haillons ou en blouse, par Gavroche ou par Cabrion. L'esprit court les rues et les ateliers ; l'œil du voyou ou du rapin, toujours ouvert, comprend plus rapidement que l'œil du bourgeois, toujours endormi ou toujours affairé : lorsqu'un ridicule ou un vice insolent passe à la portée de cet impitoyable rayon visuel, il est happé, — gare à la gouaillerie féroce qui va le fusiller ! Ce que, dans mes déambulations diurnes et nocturnes à travers Paris, j'ai entendu de phrases énormes, pimentées, saisissantes, cruelles, appliquées en plein dos comme des coups de pied, ou en plein visage comme des soufflets, à de pauvres diables de l'un ou de l'autre sexe, affligés, celui-ci de cette infirmité, celle-

---

(1)   « Il faut voir de quels mots elle enrichit la langue ! »

dit Nicolas Boileau de la femme de Jérôme Boileau, son frère aîné, laquelle, au dire de Brossette, « avoit un talent particulier pour inventer des noms ridicules et des injures populaires. »

là de ce ridicule, ce que j'ai entendu composerait un gros livré — inimprimable. Ah ! je ne sais pas ce que l'homme a fait à l'homme, mais il se venge bien odieusement de lui — sur lui !

Il y a mille moyens de contagion pour un mot, et c'est précisément ce qui universalise l'argot. La rue d'abord, où passe tout le monde ; le cabaret, si diversement peuplé ; le mauvais lieu, — une autre rue. Quelque envie qu'aient les gens les plus chastes de mettre un cadenas à leurs oreilles, ils entendent — et retiennent — Dieu sait quels vocables excentriques, bouffons, audacieux, hauts en couleur. Les filles — drôlesses et petites dames mêlées — ont un jargon bariolé qui participe beaucoup de leurs relations aussi multiples que fugaces. Toutes les professions masculines avec lesquelles elles sont en contact permanent donnent à leur langage une teinte polyglotte très-prononcée, — polyglotte et cosmopolite, car elles gardent volontiers de ces commerces incessants un certain nombre de mots étrangers qu'elles francisent à leur manière. Un étranger en apprend plus long qu'un Parisien, en un mois de séjour dans un boudoir ou dans une antichambre d'actrice, — et il emporte chez lui une singulière opinion de la « langue de Bossuet. » Pauvre Bossuet ! Pauvre langue !

III

Puisque j'en suis au chapitre des étonnements, je dois prémunir mes lecteurs contre celui qu'ils éprouveront certainement à rencontrer çà et là, dans ce *Dictionnaire de la Langue verte*, des mots auxquels le Dictionnaire de l'Académie a donné asile — comme on donne asile aux gueux et aux vagabonds. Ces mots sont considérés par lui comme bas et populaciers, et il en défend l'usage aux gens du bel air, aussi bégueules que lui : à cause de cela, ils me revenaient de droit, puisque je fais le Glossaire de la langue du peuple parisien, le Compendium du slang. La langue verte, au rebours de la langue académique, se compose précisément des mots qui ne s'écrivent pas, mais qui se parlent à certains étages de la société.

Or, je suis de ceux qui prétendent que « toutes parolles se laissent dire et tout pain mangier, » — avec d'autant plus de raison que les expressions proscrites comme indignes, condamnées comme *shocking* par le Dictionnaire de l'Académie, sont du meilleur français que je connaisse, d'un français plus étymologique, plus rationnel, plus expressif, plus éloquent que celles auxquelles ladite Académie a accordé droit de cité, — le français de Jean de Meung et de Guillaume de Lorris, de François Villon et de François Rabelais, de Philippe Desportes et de Bonaventure Des Périers, d'Henri Estienne et de Clément Marot, de Michel Montaigne et de Mathurin Régnier, d'Agrippa d'Aubigné et de Brantôme, de Froissart et d'Amyot, etc. Il paraît qu'il est de bon goût, dans les hautes régions, de renier ses ancêtres et de mentir à ses origines; les gens distingués se croiraient déshonorés — savants et gandins — en parlant la langue des petites gens, qui, cependant, sont les plus fidèles gardiens et les plus rigoureux observateurs de la tradition. Oui, il faut que les gens distingués en prennent leur parti : le peuple est le Conservatoire du vrai langage (1).

(1) M. B. Jouvin, un lettré dans la bonne acception du mot, et dont la place est marquée depuis longtemps au *Journal des Débats*, M. B. Jouvin sait cela aussi bien et mieux que moi. Pourquoi donc, il y a quelque temps, a-t-il, en plein *Figaro*, donné si vertement sur les doigts à M. Peyrat, rédacteur en chef de *l'Avenir national*, pour avoir écrit *admonestation* au lieu d'*admonition*, et a-t-il pris occasion de cette prétendue « bévue » pour dire son fait au patois et à l'argot, l'un et l'autre fort dangereux suivant lui, — mais le premier « mille fois plus dangereux encore, parce que conquérant sournois? »

Je n'ai pas à défendre M. Peyrat, assez grand pour se défendre tout seul, ni sa prétendue « bévue ». L'Académie veut qu'on dise *admonition* : c'est pour cela qu'on doit dire *admonestation*. Les deux mots sont français; seulement il y a cette différence entre eux que le premier est d'un français moderne et le second d'un français ancien. Les vieux écrivains, l'honneur de notre langue, écrivaient *admonestation*. De preuves, je fais trop de cas de l'érudition de M. Jouvin pour lui en fournir une seule.

La langue moderne — celle que le rédacteur en chef du *Figaro* écrit si bien — n'est pas faite d'autre chose que de patois étrangers ou autochthones. Parlons-nous grec ou latin, anglais ou suédois, allemand ou italien, celte ou thibétain? Sommes-nous une langue mère ou une langue

Je comprends du reste qu'on regimbe à admettre cette vérité élémentaire, qui froisse les habitudes d'esprit prises — parce qu'imposées — dans les colléges, où l'on n'enseigne qu'un français de convention, soufflé comme une baudruche, désossé comme un roastbeef, c'est-à-dire privé depuis longtemps de toute racine étymologique, grâce aux progrès croissants de la Réforme orthographique (1). Moi aussi, au début de ma vie, en entendant les vieux de mon faubourg natal employer des phrases d'antan, je souriais de pitié, presque de mépris, ne comprenant pas qu'on pût s'exprimer autrement que M. de Campistron en ses tragédies et

fille? Hélas! le français contemporain est une langue fille, très-fille même, — si fille que les austères grammairiens de Port-Royal se refuseraient aujourd'hui à la comprendre, et surtout, la comprissent-ils, à la parler. C'est une sorte de langue de Corinthe où sont venues se fondre et s'amalgamer une foule d'autres langues plus ou moins précieuses, du Nord et du Midi, d'oc et d'oïl, d'Orient et d'Occident, or et cuivre, fer et argent, — avec beaucoup de scories à la surface.

Mais ce n'est pas dans une Note que l'on peut traiter comme il convient une question de cette importance ; d'ailleurs je reconnais volontiers que, pour m'acquitter de cette tâche, je n'ai pas les reins assez fermes, et qu'il me serait impossible de marcher « front à front » avec les philologues passés, présents — et même futurs : je ne vais « que de loin après. » Je n'ai prétendu ici que constater l'introduction légitime des patois et l'intrusion naturelle de l'argot dans le français moderne, qui n'a pas le droit de faire le dédaigneux, car, en se dépouillant de tous ses mots d'emprunt, il courrait grand risque de rester nu comme un petit Saint Jean.

(1) Et comme si ce n'était pas encore assez, comme si la langue française actuelle n'était pas suffisamment éloignée de ses origines, il se produit à Paris, tous les dix ou quinze ans, des cacographes qui, sous prétexte d'en rendre l'étude plus accessible, veulent qu'on l'écrive comme on la prononce, c'est-à-dire en supprimant toutes les lettres aphônes. Je renonce aux plaisanteries qu'il me serait facile de faire en objectant précisément la prononciation — que modifient, dit Pascal, trois degrés d'élévation du pôle — et les accents de pays ; je me contente de demander comment on reconnaîtrait *nuptiæ* si on l'écrivait *noss*, *cor* si *keur*, *tempus* si *tan*, *maïus* si *mê*, *testa* si *tett*, *hostia* si *osti*, *mansio* si *mêzon*, etc. Refaire en 1865 ce que Marle a fait si inutilement en 1830, et Laurent Joubert si vainement en 1579, quelle misère. Et croire que cette orthographe nouvelle — ou plutôt cette absence de toute orthographe — rendrait plus facile l'étude de la langue française, quelle sottise!

M. de Marmontel en ses Contes moraux. J'avais alors de sourdes révoltes à propos de l'éloquence forcenée de mon aïeul, qui ne pouvait ouvrir la bouche sans commettre une hérésie, sans se rendre coupable du crime de lèse-majesté classique. Il me semblait qu'il parlait là une langue sauvage, une façon d'algonquin ou de topinambou, qui n'avait jamais été parlée avant lui et ne devait plus l'être après lui, et, pour un peu, à chaque mot tombé de ses lèvres sibyllines, je me fusse signé comme devant un blasphème. Hélas! ce vieux faubourien était un académicien de la bonne roche, — celle d'où jaillit ce français si clair, si pur, si viril, si expressif, si sonore, si complet, si beau, dont il semble qu'on ait tout à fait perdu le secret, aujourd'hui que, langue verte à part, notre littérature est livrée à l'euphuisme, au gongorisme, aux concetti, à la préciosité et à je ne sais plus quelles autres bêtes qui la dévorent en la souillant.

Comme expiation, ou plutôt comme réparation de mon erreur, qui est encore celle de bien des honnêtes gens, j'ai dû donner large place dans le présent livre à cette langue *populacière*, rejetée avec mépris hors de la littérature et de la conversation. Elle eût été plus convenablement ailleurs, dans le Dictionnaire de l'Académie par exemple, mais sans l'étiquette déshonorante et ridicule que vous savez; malheureusement, le Dictionnaire de l'Académie n'est hospitalier que pour les siens, et s'il a consenti à entre-bâiller ses feuillets pour laisser entrer, en rechignant, quelques-uns des mots du langage populaire, il les a bien vite refermés de peur d'en laisser entrer un trop grand nombre, — qui eussent été, pourtant, sa richesse et son orgueil. L'Académie est myope : de l'or elle ne voit que la gangue.

Et, puisque je tiens l'Académie, je ne veux pas la lâcher sans me justifier, non pas devant elle, mais devant mes lecteurs, de l'irrévérence avec laquelle je n'ai pas craint de la traiter en introduisant dans le *Dictionnaire de la Langue verte* ce que je n'ai pas craint d'appeler l'*argot des académiciens*. Ce n'est pas là une malignité d'écrivain fantaisiste, mais une impérieuse nécessité de classification. Si les académiciens parlaient comme tout le monde, je n'eusse jamais songé à leur consacrer une seule ligne dans ce Dictionnaire impertinemment édifié à côté du leur; mais ces pontifes du beau langage, s'imaginant sans doute qu'écrire c'est officier, ont de tout temps employé pour s'exprimer des expressions dont l'emphase prudhommesque et l'inintelligibilité singulière semblent appartenir à ce qu'on pourrait proprement appeler une *langue bleue*. Bleue ou verte, c'est la même chose, puisque ce n'est pas la langue française de nos aïeux ; et, pour ma part, j'avoue ne voir aucune différence entre les périphrases de Commerson et celles de l'abbé Delille, entre l'argot de la rue et l'argot de l'Institut. En quoi, je vous prie, *brouter les pâturages de l'erreur* est-il plus singulier que *le tube qui vomit la fumée ?* En quoi *la plaine liquide* est-elle moins burlesque que *canonnier de la pièce humide ?* Et *cet animal guerrier qui inventa le trident ?* Et les *larmes de l'aurore ?* Et *les nourrissons du Pinde* (1) ? Au lieu de confectionner ces tropes plus ridicules qu'ingénieux, MM. les Quarante auraient bien dû, depuis longtemps, s'occuper du Dictionnaire conçu par Charles Nodier et récemment entrepris par M. Littré. « L'académie du Dictionnaire (dit l'auteur des *Notions élémentaires de linguistique*) ne nous doit que la langue littéraire, et la langue littéraire d'une nation, c'est tout bonnement la langue du peuple. Il ne faut pas sortir de là. »

IV

Toutes les fois que je l'ai pu, j'ai accroché aux mots une étiquette constatant leur étymologie, leur origine, leur millésime, et

(1) Si j'avais quelque plaisir à remuer le bric-à-brac littéraire, je pourrais multiplier à l'infini mes exemples académiques ; mais comme, au contraire, il s'exhale de toutes ces expressions une odeur de rance, de moisi qui m'écœure l'esprit, je m'en tiens à ces quelques citations.

Une dernière cependant qui me revient en mémoire : ce sera le bouquet. Je n'aime pas beaucoup les réalistes, mais j'aime la vérité, et je dois dire que je préfère M. Champfleury écrivant : « Je porte perruque et j'ai cinquante-huit ans » à Boileau écrivant :

« Mais aujourd'hui qu'enfin la vieillesse est venue
Sous mes faux cheveux blonds, déjà toute chenue
A jeté sur ma tête, avec ses doigts pesants,
Onze lustres complets surchargés de trois ans. »

disant quels sont leurs pères ou leurs parrains, afin d'éviter des
tourments aux Saumaises futurs, aux lexicographes distingués ou
bas de poil qui commenteront les livres parisiens du XIXᵉ siècle,
— spécialement de la seconde moitié du XIXᵉ siècle. Nous se-
rions plus avancés que nous ne le sommes, nous en saurions davantage sur notre langue, si l'on avait pris soin, dès l'origine, de
nous conserver les extraits de baptême de certains mots, sinon de
tous : cette histoire des mots serait l'histoire des idées, c'est-à-
dire l'histoire des mœurs, c'est-à-dire l'histoire de la nation parisienne, écrite jour par jour (1).

Malheureusement, quant au millésime, malgré l'envie que j'a-
vais de parler, je suis souvent resté muet, — on comprendra
pourquoi.

Quant à l'origine, c'est-à-dire à la provenance, je l'ai indiquée
presque toujours, et fidèlement, j'ose l'affirmer. Aucun des mots
auxquels j'ai cru devoir accorder l'hospitalité n'est d'origine suspecte ni d'existence douteuse : ce sont des vagabonds, mais ce ne
sont pas des ombres. Chaque fois qu'il m'a été impossible de savoir à quel argot spécial appartenait une expression, je me suis
abstenu de la ranger dans telle ou telle catégorie, en supposant
qu'elle devait être d'un emploi moins restreint, d'une circulation
plus générale que les autres. Mes attributions ne sont pas arbi-
traires, pas plus que les nuances que j'y ai introduites et qui n'é-
chapperont pas aux lecteurs perspicaces. Si je dis *argot du peuple*
et non *argot des bourgeois*, c'est que l'expression est plus familière
au peuple qu'à la bourgeoisie et que je l'ai entendue plus souvent
dans la rue que dans la boutique. Lorsque je mets après un mot
argot des voyous au lieu d'*argot des voleurs*, c'est que ce mot, quoique appartenant peut-être d'abord à la langue des prisons, est d'un
usage plus fréquent sur les lèvres des voyous que dans la bouche

---

(1) Qui croirait que le mot *lavement* n'a été substitué au mot *clystère*
que sous Louis XIV et après de vives oppositions? Qui sait que le mot
s'acclimater, un néologisme de Raynal (*Histoire philosophique des deux
Indes*), n'a été accepté par l'Académie que deux ans après la mort de son
auteur, c'est-à-dire en 1798? *Falbalas* a été créé sous la Régence, cela se
devine; *motion* a été inventé sous la Convention, cela se comprend; mais
tant d'autres mots aussi curieux?

des voleurs. De même pour l'*argot des faubouriens*, qui n'est pas l'*argot des ouvriers*, quoique les ouvriers habitent ordinairement les faubourgs de Paris. De même pour l'*argot des filles*, qui n'est pas l'*argot des petites dames* ou de *Breda-Street*, quoique les unes et les autres exercent la même profession — avec un public différent. Certains argots confinent, comme certains métiers ; ils marchent sur une lisière commune, comme certaines agrégations d'individus ; ils voisinent pour ainsi dire, comme certaines positions sociales : assurément ils finiront par s'étreindre, par se mêler, par se confondre ; le voyou finira par devenir voleur, la petite dame par être fille, l'ouvrier par se faire faubourien, etc., mais jusqu'à ce que la barrière soit franchie, la délimitation effacée, chacun d'eux aura son accent, sa couleur, auxquels on les pourra reconnaître. Voilà pourquoi j'ai parqué d'autorité ce mot dans cette catégorie et non pas dans cette autre, qui a l'air d'être la même — comme le violet est le bleu ; voilà pourquoi j'ai cloué sur ce mot cette étiquette et non pas cette autre, assuré que j'étais de ne pas me tromper, je le maintiens et le maintiendrai jusqu'au feu — *exclusivè* (1).

Pour l'étymologie, c'est autre chose. Peut-être, à ce propos, s'étonnera-t-on de la persistance que je mets à redresser les erreurs et à corriger les bévues de M. Francisque Michel, et, de ma part, à moi, philologue de fraîche date et ignorant de naissance, cela semblera outrecuidant. Je souscris d'avance à tous les reproches qu'on me fera l'honneur de m'adresser — même à ceux que je mérite le moins. On aura raison, parce qu'il s'agit d'un véritable savant qui a fait ses preuves — trop de preuves — de science, et d'un pur fantaisiste parfaitement inconnu du public, qu'il ose prendre pour juge cependant.

L'étymologie — et je ne prends pas ce mot dans l'acception restreinte et purement grammaticale que lui donne Charles Nodier,

---

(1) Je veux signaler ici, en passant, une singularité de l'argot des bouchers, étaliers ou patrons. Les bouchers ne se contentent pas de parler argot ; ils parlent en même temps javanais de façon à dérouter toute curiosité. Ainsi, quand ils ne disent pas *nabadutac* pour *tabac*, ils disent *néfoin du tré* pour *tréfoin*, en employant les syllabes explétives *na* et *né*, qui sont du pur javanais.

qui en fait la *norma*, la *ratio scribendi*, l'orthographe enfin de toutes les langues de dernière formation, — l'étymologie telle que l'entendent MM. Francisque Michel, Charles Nisard, François Génin, Marty-Laveaux, Lorédan Larchey, et tant d'autres savantes personnes, ne doit pas être considérée autrement que comme un pur et simple amusement de l'esprit, comme un simple exercice d'imagination. Heureux les savants qui ont de l'esprit et qui n'ont pas d'imagination : ils amusent et, accessoirement, instruisent. Ceux qui ont de l'imagination, au contraire, en ont trop, et non-seulement ils n'instruisent pas, mais encore — ce qui est plus grave et moins pardonnable — ils n'amusent personne, pas même eux. L'esprit — on me passera cette fatuité de le définir — est la raison elle-même, la raison enjouée, folâtre même, mais la raison : c'est une boussole. L'imagination, elle, n'est qu'une faculté superfétative, secondaire, qui joue le rôle de cinquième roue à un carrosse, et qui, si elle n'empêche pas l'esprit de marcher, ne l'y aide du moins en aucune façon ; quand elle va de conserve avec lui, c'est bien, nul ne s'en plaint ; mais quand elle vole seule, elle perd aisément le nord et s'égare en égarant les autres.

Je ne veux pas me prononcer au sujet de l'esprit ou de l'imagination de M. Francisque Michel, de peur de le fâcher avec un compliment. Ce n'est pas le lieu d'ailleurs. M. Francisque Michel, docteur ès-lettres de la Faculté de Paris et de l'Université de Marburg, est un érudit connu - des érudits. Il a fait un grand nombre de travaux importants, fort estimables et fort estimés, parmi lesquels un gros volume in-8° de 572 pages — *Etudes de philologie comparée sur l'argot* — qui aurait pu tenir en 200 pages, l'introduction à part, car ce volume ne doit son développement qu'à une pléthore de notes étymologiques très-curieuses pour la plupart, parce que la plupart fort erronées. M. Marty-Laveaux, un autre érudit non moins estimable, que recommande aux gens de goût sa belle et consciencieuse édition de La Fontaine, M. Marty-Laveaux l'a fait poliment entendre à M. Francisque Michel en lui reprochant « de trop raffiner » et de « chercher parfois aux mots des origines tirées de trop loin (1). » Moi qui n'ai pas de mitaines de savant à prendre pour parler aux gens, puisque je ne suis qu'un

(1) *Revue contemporaine*, 15 mai 1857.

simple passant, par hasard auteur d'un Dictionnaire que le premier venu eût pu faire s'il s'en fût avisé, je querellerai sérieusement, quoique courtoisement, l'auteur des *Études de philologie comparée*, en lui demandant pourquoi il a prouvé si peu en faisant un si gros livre.

Il l'a bourré de notes excellentes, mais qui, par malheur, n'ont aucun rapport avec lui. Prises isolément, elles sont ingénieuses et dénotent une imagination féconde; mais cousues aux mots qu'elles ont la prétention d'expliquer et d'éclairer, elles sont au moins singulières. M. Francisque Michel n'a pas su éviter l'écueil contre lequel sont venus échouer avant lui tant d'autres étymologistes trop savants, — par exemple Ménage, qui fait venir *canaille* de *canalis* quand il avait *canis* sous la main. M. Marty-Laveaux le disait très-pertinemment : les savants comme Ménage et M. Francisque Michel vont chercher trop loin leurs étymologies (1), et c'est dans ces voyages au long cours qu'ils rencontrent l'écueil en question. Il est si simple de rester au coin de son feu, les coudes sur la table, les pieds sur les chenets, comme un honnête bourgeois sans prétention, qui trouve sans peine parce qu'il cherche sans effort! L'effort, voilà ce qui a gâté le livre de M. Francisque Michel, qui, dégagé de son fatras de notes, eût pu être un si beau livre, et qui eût rendu le mien inutile. Cinq cents pages consacrées à l'argot des voleurs et à quelques expressions de l'argot populaire! C'est trop, parce que ce n'est pas assez.

L'étymologie étant une maladie a sa contagion : moi, parvulissime, j'ai fait comme les grands docteurs de l'Université de Marburg, je me suis lancé à fond de train dans le champ des hypothèses, et si je ne suis pas parvenu à me casser les reins, j'ai du moins donné quelques entorses au bon sens et à la vérité étymologique. C'est un jeu comme un autre, amusant pour soi, fatigant pour autrui, dont cependant je n'ai pas cru devoir abuser, ainsi qu'on s'en assurera en feuilletant ce volume. Il peut se faire que, dans cette course vagabonde à travers des origines probables, j'aie quelquefois rencontré juste et que quelques-unes de mes trou-

---

(1) « Singulière manie de chercher à mille lieues les origines des choses et de faire couler des sources du Nil le ruisseau qui lave votre rue! »

(Victor Hugo, Préface du *Dernier jour d'un condamné*.)

vailles involontaires méritent d'être prises en considération. Ces bonnes fortunes arrivent souvent aux innocents, paraît-il. « Quand on ne sait que ce qu'on a appris, on peut être un savant et un sot; il faut de plus savoir ce qu'on a deviné. » J. B. Say avait raison, quoique économiste. En tout cas, heureux ou non dans mes devinettes étymologiques, à mon su ou à mon insu, je m'en tiens à ces premiers essais et m'engage à ne plus jamais recommencer.

V

Je ne sais pas me borner, — *ad compendium verba conferre* dirait Plaute. Mon intention, en commençant, était de causer durant quelques instants avec mon lecteur, de lui dire les raisons qui m'ont poussé à colliger les matériaux du livre que je lui présente aujourd'hui, de lui exposer le plan de ce livre, la façon dont je l'ai conçu, la méthode qui a présidé à sa rédaction, d'autres choses encore. C'est malgré moi que j'ai écrit en tête de ces pages rapides le gros mot d'*Introduction*, qui sent d'une lieue son pédant; c'est malgré moi aussi que je vais écrire au bas de cette page l'irréparable mot *Fin*, car je n'ai pas fini. Mais quoi! de ce que je ne sais pas me borner, de ce que j'ignore l'art de parler succinctement et de faire tenir beaucoup de choses en peu de lignes, il ne s'ensuit pas que je ne doive pas cesser de parler quand la patience du public lui manque, ni d'écrire quand le papier va me manquer.

A peine s'il me reste assez de place pour tirer humblement ma révérence aux lecteurs et les prier d'excuser les fautes et les inévitables omissions de l'auteur.

ALFRED DELVAU.

DICTIONNAIRE

DE

LA LANGUE VERTE

A

ABADIE, s. f. Foule, — dans l'argot des voleurs, qui l'appellent ainsi, avec mépris, parce qu'ils ont remarqué qu'elle se compose de *badauds*, de gens qui ouvrent les yeux, la bouche et les oreilles d'une façon démesurée.

ABAJOUES, s. f. pl. La face, — dans l'argot du peuple.

Il n'est pas de mots que les hommes n'aient inventés pour se prouver le mutuel mépris dans lequel ils se tiennent. Un des premiers de ce dictionnaire est une injure, puisque jusqu'ici une *abajoue* signifiait soit le sac que certains animaux ont dans la bouche, soit la partie latérale d'une tête de veau ou d'un groin de cochon. Nous sommes loin de l'*os sublime dedit*. Mais nous en verrons bien d'autres.

ABATIS, s. m. pl. Le pied et la main, — l'homme étant considéré par l'homme, son frère, comme une volaille.

Avoir les abatis canailles. Avoir les extrémités massives, grosses mains et larges pieds, qui témoignent éloquemment d'une origine plébéienne.

ABAT-RELUIT, s. m. Abat-jour à l'usage des vieillards, — dans l'argot des voleurs.

ABATTOIR, s. m. Le cachot des condamnés à mort, à la Roquette, — d'où ils ne sortent que pour être *abattus* devant la porte de ce Newgate parisien.

ABBAYE, s. f. Four, — dans l'argot des rôdeurs de nuit qui, il y a une quinzaine d'années, se domiciliaient encore volontiers dans les fours à plâtre des buttes Chaumont,

1

où ils chantaient matines avant l'arrivée des ouvriers chaufourniers.

Abbaye ruffante. Four chaud, — de *rufare*, roussir.

ABBAYE DE MONTE-A-REGRET, s. f. L'échafaud, — dans l'argot des prisons.

ABBAYE DES S'OFFRE-A-TOUS, s. f. Maison conventuelle où sont enfermées volontairement de jolies filles qui ne pourraient jouer le rôle de vestales que dans l'opéra de Spontini.

Cette expression, qui sort du *Romancero*, est toujours employée par le peuple.

ABCÈS, s. m. Homme au visage boursouflé, au nez à bubelettes, sur lequel il semble qu'on n'oserait pas donner un coup de poing, — de peur d'une éruption purulente.

On a dit cela de Mirabeau, et on le dit tous les jours des gens dont le visage ressemble comme le sien à une tumeur.

ABÉQUER, v. a. Nourrir quelqu'un, lui donner la *béquée*, — dans l'argot du peuple.

ABÉQUEUSE, s. f. Nourrice ou maîtresse d'hôtel.

ABLOQUER ou ABLOQUIR, v. n. Acheter, — dans l'argot des voleurs, qui n'achètent cependant presque jamais, excepté en *bloc*, à l'étalage des marchands.

ABOMINER *quelqu'un* ou *quelque chose*, v. a. Avoir de l'aversion pour quelque chose et de l'antipathie pour quelqu'un, — ce que dit clairement l'étymologie de ce mot : *ab*, hors de, et *omen*, forme d'*omentum*, estomac.

Expression du vieux français.

ABONNÉ AU GUIGNON (Être). Être poursuivi avec trop de régularité par la deveine, — dans l'argot des faubouriens.

ABOULER, v. a. Donner, remettre à quelqu'un, — dans l'argot des voyous.

Signifie encore Venir, Arriver sans délai, précipitamment, comme une *boule*.

ABOYEUR, s. m. Crieur public ou particulier qui se tient dans les marchés ou à la porte des théâtres forains.

ABREUVOIR, s. m. Cabaret, — d'où l'on sort plus altéré qu'on n'y est entré.

D'où l'expression proverbiale : *Un bon cheval va bien tout seul à l'abreuvoir*, pour dire : Un ivrogne n'a pas besoin d'y être invité pour aller au cabaret.

ABRUTI, s. m. Élève assidu, acharné à l'étude, — dans l'argot des Polytechniciens, dont la plupart sont encore trop jeunes pour ne pas être un peu fous.

ABS, s. m. Apocope d'*Absinthe*, créée il y a quelques années par Guichardet, et aujourd'hui d'un emploi général.

Les apocopes vont se multiplier dans ce Dictionnaire.

On en trouvera à chaque page, presque à chaque ligne : *abs, achar, autor, aristo, eff, délass-com, démoc, poche, imper, rup, soc, liquid, bac, aff, Saint-Laz,* etc., etc., etc. Il semble, en effet, que les générations modernes soient si pressées de vivre qu'elles n'aient pas le temps de prononcer les mots entiers.

ABSINTHAGE, s. m. Action de boire l'absinthe, ou de la *faire*.

ABSINTHE (Faire son). Verser de l'eau sur l'absinthe, afin de la précipiter et développer en elle cette odeur qui grise tant de cerveaux aujourd'hui.

ABSINTHE (Heure de l'). Le moment de la journée où les Parisiens boivent de l'absinthe dans les cafés et chez les liquoristes. C'est de quatre à six heures.

ABSINTHEUR, s. m. Buveur d'absinthe.

ABSINTHIER, s. m. Débitant d'absinthe, c'est-à-dire de poison.

ABSORBER, v. n. et a. Manger ou boire abondamment.

ABSORPTION, s. f. Cérémonie annuelle qui a lieu à l'École polytechnique, et « qui a été imaginée, dit Émile de la Bédollière, pour dépayser les nouveaux, les initier aux habitudes de l'École, les accoutumer au tutoiement. » Le nom a été donné à cette fête de réception, parce qu'elle précède ordinairement l'*absorption* réelle qui se fait dans un restaurant du Palais-Royal, aux dépens des *taupins* admis.

ACABIT DE LA BÊTE, s. m. Bonne ou mauvaise qualité d'une chose ou d'une personne. Argot du peuple.

Être de bon acabit. Avoir un excellent caractère, ou Jouir d'une excellente santé.

ACCAPARER QUELQU'UN, v. a. Ne pas le lâcher, l'importuner d'amitiés et de flatteries plus ou moins intéressées.

ACCENTUER SES GESTES, v. a. Donner un soufflet ou un coup de poing, — ce qui est une manière de se prononcer suivant les règles de l'accent tonique.

ACCOLADE, s. f. C'était jadis un baiser que recevait sur la joue gauche l'homme qu'on ordonnait chevalier ; c'est aujourd'hui un soufflet que peut recevoir tout le monde sur n'importe quelle joue.

ACCOMMODER QUELQU'UN A LA SAUCE PIQUANTE, v. a. Se moquer de lui, — et même se livrer sur sa personne à des voies de fait désagréables.

ACCOMMODER QUELQU'UN AU BEURRE NOIR, v. a. Lui pocher les yeux à coups de poing.

ACCORDÉON, s. m. Chapeau Gibus, — dans l'argot des faubouriens, par allusion au soufflet placé à l'intérieur de ce chapeau.

Se dit aussi d'un chapeau ordinaire sur lequel on s'est assis par mégarde.

Accoucher, v. n. Avouer, — dans l'argot du peuple.

Accoucher de quelque chose. Divulguer un secret; faire paraître un livre; prendre un parti.

Accroche-cœurs, s. m. pl. Petite mèche de cheveux bouclée que les femmes fixent sur chaque tempe avec de la bandoline, pour donner du piquant à leur physionomie.

Accrocher, v. a. Engager quelque chose au mont-de-piété.

A Chaillot ! Exclamation populaire, passée dans l'argot des drôlesses de Breda-Street, et par laquelle on se débarrasse de quelqu'un qui gêne. Lorédan Larchey — que les lauriers de M. Francisque Michel empêchaient sans doute de dormir — a éprouvé le besoin de faire remonter jusqu'au XVIIe siècle cette expression tout à fait moderne.

Achetoires, s. m. pl. Argent, — dans le même argot. Maurice Alhoy trouvait le mot trivial. Il est au contraire charmant et bien construit. Montaigne n'a-t-il pas écrit: « Je n'ai pas de gardoire ? » Garder, *gardoire;* acheter, *achetoires.*

Acœurer, v. a. Accommoder, arranger de bon *cœur,* — dans l'argot des voleurs.

Acrée ou Acrie, s. f. Méfiance, cousine-germaine de l'*acrimonie,* — dans le même argot.

Actionnaire, s. m. Homme crédule et simple, qui s'imagine que tout ce qu'on lui raconte arrive, que toutes les offres qu'on lui fait sont sincères, etc. Argot des gens de lettres.

A dache ! Expression de l'argot des ouvriers, pour refuser quelque chose ou pour se débarrasser de quelqu'un.

Addition, s. f. Ce que nos pères appelaient la *carte à payer,* ce que les paysans appellent le *compte,* et les savants en goguette le *quantum.*

Adjectiver quelqu'un, v. a. Lui adresser des injures, qui ne peuvent être en effet que des adjectifs.

Adroit du coude, adj. m. Qui a plus l'habitude de boire que celle de travailler, — dans l'argot du peuple.

Aff (Avoir ses). Apocope d'*affaires,* — dans l'argot des petites dames.

Affaire, s. f. Vol à commettre, — dans l'argot des prisons.

Affaire (Avoir son). Avoir son compte, soit dans un duel, soit dans un souper, — être presque tué ou presque gris. Argot du peuple.

Affaire juteuse, s. f. D'un bon rapport, — dans l'argot des Mercadets.

AFFAIRES (Avoir ses). Se dit de l'indisposition *menstruelle* des femmes.

AFFE, s. f. La vie, — dans l'argot des voleurs, qui me font l'effet d'avoir à dessein confondu avec *affres*, leur existence étant un perpétuel tourment, un effroi de la justice et des gendarmes.

AFFOURCHER SUR SES ANCRES (S'), v. réfl. Prendre du repos; se retirer du service, — dans l'argot des marins.

AFFRANCHI, s. et adj. Corrompu, qui a cessé d'être honnête, — dans l'argot des voleurs.

AFFRANCHIR, v. a. Initier un homme aux mystères du métier de voleur, faire d'un voyou un grinche.

AFFUR, s. m. Profit,—dans l'argot des voleurs.

Ne serait-ce pas une corruption du mot *affanure*, qui, dans certains patois du Nord, signifie Salaire en nature donné aux ouvriers?

AFFURER, v. a. Tromper, faire un profit illicite.

AFFUT (Être d'). Être rusé, malin, habile, — dans l'argot du peuple.

AFFUTER, v. a. Tromper quelqu'un, le surprendre, — dans l'argot des voleurs.

AFFUTIAUX, s. m. pl. Bagatelles, brimborions quelconques, — dans l'argot des ouvriers, qui ont emprunté cette expression au patois des paysans.

AGATE, s. f. Faïence quelconque, — dans l'argot des voleurs.

AGOBILLE, s. f. Outil, — dans le même argot.

AGONIR, v. a. Accabler d'injures et de sottises, — dans l'argot des bourgeois et du peuple.

Ne serait-ce pas une corruption d'*ahonir*, faire honte, un vieux verbe français encore employé en Normandie ainsi qu'*agonir*·

On dit aussi *Agoniser*.

AGRAFER, v. a. Arrêter; consigner, —dans l'argot des soldats.

AGRIPPER, v. a. Prendre à l'improviste, subitement, — dans l'argot du peuple.

Signifie aussi : Filouter, dérober adroitement.

AGRIPPER (S'), v. réfl. Se prendre aux cheveux avec quelqu'un.

AHURI DE CHAILLOT, s. m. Imbécile ; homme un peu *braque*, — dans l'argot des faubouriens.

AIDE-CARGOT, s. m. Aide de cuisine, —dans l'argot des troupiers, par corruption d'*aide-gargot*.

AÏE-AÏE, s. f. Omnibus, — dans l'argot des faubouriens.

AIGLEFIN, s. m. Chevalier d'industrie, escroc du grand et du petit monde, vivant aux dépens de quiconque l'écoute.

C'est à dessein que je donne cette orthographe, qui est aussi véritable — c'est-à-dire aussi problématique — que l'orthographe officielle, *aigrefin*. Le peuple prononce le mot comme je l'écris : est-ce par euphonie, est-ce par tradition, je l'ignore, et les plus savants n'en savent pas plus que moi là-dessus. « *Aigre faim*, faim très-vive (homme affamé) », dit Littré. Sans doute, mais il y a eu jadis une monnaie dite *aiglefin*, et les escrocs ne sont pas moins affamés d'argent que d'autre chose.

AIGUILLE, s. f. Clé, — dans l'argot des voleurs.

AILE, s. f. Bras, — dans l'argot des faubouriens, l'homme étant considéré par eux comme une oie.

On dit aussi *Aileron*.

AIMER A CRÉDIT, v. a. Être l'amant de cœur d'une femme entretenue, — dans l'argot de Breda-Street.

AIMER QUELQU'UN COMME SES PETITS BOYAUX, v. a. L'aimer extrêmement, — dans l'argot du peuple.

A LA CLÉ. Façon de parler explétive des comédiens, qui entendent fréquemment leur chef d'orchestre leur dire : « Il y a trois dièzes ou trois bémols à la clé, » et qui ont retenu l'expression sans en comprendre le sens exact.

Ainsi : *Il y a des femmes*, ou *des côtelettes à la clé*, signifie simplement : Il y a des femmes, — ou des côtelettes.

ALARMISTE, s. m. Chien de garde, — dans l'argot des rôdeurs de barrières.

ALÈNES, s. f. pl. Outils de voleur, en général, — sans doute à cause de leur forme subulée.

ALENTOIR, adv. Aux environs, *alentour*, — dans l'argot des voleurs.

ALLER (S'en). Vieillir, — dans l'argot de Breda-Street, où l'on s'en va vite.

ALLER A COMBERGE, v. n. Aller à confesse, — dans l'argot des voleurs.

ALLER A LA CHASSE AVEC UN FUSIL DE TOILE, v. n. Mendier, porter la besace, — dans l'argot du peuple.

ALLER A LA COUR DES AIDES. Se dit d'une femme qui trompe son mari en faveur d'un ou de plusieurs amants.

L'expression date de l'*Histoire comique de Francion*.

ALLER A É'ARCHE, v. n. Aller chercher de l'argent, — dans l'argot des voyous.

ALLER A LA RETAPE, v. n. Attendre quelqu'un sur une route pour l'assassiner, — dans l'argot des prisons.

ALLER A NIORT, v. n. *Nier*, — dans l'argot des voleurs, qui ont lu les *Contes d'Eutrapel*.

ALLER A SES AFFAIRES. Ce

que les Hébreux appellent *hesich raglav*, les Anglais *to shite*, les Espagnols *cagar*, les Flamands *schyten*, les Italiens *cacare*, et les Grecs Χέζειν.

« Autrefois, chez le roi, on appelait chaise d'affaires la chaise percée, et brevet d'affaires le privilége d'entrer dans le lieu où le roi est sur sa chaise d'affaires. »

ALLER AU CARREAU, v. n. Aller pour se faire engager, — dans l'argot des musiciens de barrières, qui chaque dimanche ont l'habitude de se réunir sur le trottoir de la rue du Petit-Carreau, où les chefs d'orchestre savent les rencontrer.

ALLER AU PERSIL, v. n. Raccrocher, — dans l'argot des filles.

On dit également : *Cueillir du persil*, et *Persiller*.

ALLER AU SAFRAN. Manger son bien, — dans l'argot des bourgeois.

ALLER AU TROT, v. n. Se dit — dans l'argot des faubouriens — d'une fille en toilette de combat qui va « faire le boulevard ».

ALLER DE SA LARME (Y). Ne pas craindre de se montrer ému, au théâtre ou dans la vie, à propos d'un événement touchant, réel ou fictif.

ALLER FAIRE FAIRE (S'). Expression injurieuse par laquelle on se débarrasse de quelqu'un qui vous gêne ou vous ennuie. Le second verbe *faire* en remplace un autre, qui est tantôt *paître*, tantôt un autre plus énergique.

ALLER OU LE ROI VA A PIED. Aller à ses affaires, — dans l'argot des bourgeois. C'est précisément pour y avoir été que Henri III fut blessé mortellement par Jacques Clément, qui le frappa sur sa chaise d'affaires.

ALLER QUE D'UNE FESSE (N'). Se dit — dans l'argot du peuple — de quelqu'un qui n'est pas très-bien portant, ou de quelque affaire qui ne marche pas au souhait de celui qui l'a entreprise.

C'est l'ancienne expression, plus noble : *N'aller que d'une aile*.

ALLER SON PETIT BONHOMME DE CHEMIN. Aller doucement; se conduire prudemment, — pour aller longtemps.

ALLEZ DONC VOUS LAVER ! Interj. de l'argot des voyous, pour signifier : Allez-vous-en donc ! Vous me gênez !

ALLIANCES, s. f. pl. Les poucettes avec lesquelles les gendarmes joignent les mains des malfaiteurs pour gêner leurs mouvements.

ALLONGER (S'), v. réfl. Payer *se fendre*, — dans l'argot des faubouriens.

ALLUMÉ (Être). Être sur la pente de l'ivresse, soit parce qu'on a bu plus que de raison, soit parce qu'on a trop regardé une jolie fille.

ALLUMER, v. n. Exciter un cheval à coups de fouet, — dans l'argot des cochers.

ALLUMER, v. a. Provoquer l'admiration ; jeter le trouble dans le cœur d'un homme, comme font certaines femmes avec certains regards.

Se dit aussi du boniment que font les saltimbanques et les marchands forains pour exciter la curiosité des badauds.

L'expression est vieille.

ALLUMER LE MISTON, v. a. Regarder sous le nez de quelqu'un, — dans l'argot des voleurs.

ALLUMER SES CLAIRS, v. a. Regarder avec attention, — dans le même argot.

ALLUMEUR, s. m. Compère, homme qui fait de fausses enchères, — dans l'argot des habitués de l'Hôtel Drouot.

ALLUMEUSE, s. f. *Marcheuse*, — dans l'argot des filles.

ALPAGA, s. m. Habit, — dans l'argot des voleurs.

ALPIOU, s. m. Homme qui triche au jeu, — par allusion au nom donné autrefois à la marque que l'on faisait à sa carte en jouant à la bassette.

ALTÈQUE, adj. Beau, brave, excellent, — dans l'argot des voleurs, qui ont emprunté ce mot (*altus*) à Virgile.

AMADOU, s. m. « C'est dequoy les argotiers se frottent pour se faire devenir jaunes

et paroistre malades, » — c'est-à-dire pour amadouer et tromper les bonnes âmes.

AMADOUAGE, s. m. Mariage, — dans l'argot des voleurs.

AMADOUÉ, s. m. Homme marié.

AMADOUER (S'), v. réfl. Se grimer pour tromper.

AMANT DE CARTON, s. m. Amant sans conséquence, — dans l'argot des petites dames.

AMANT DE CŒUR, s. m. Jeune monsieur qui aime une jeune dame aimée de plusieurs autres messieurs, et qui, le sachant, ne s'en fâche pas, — trouvant au contraire trèsglorieux d'avoir pour rien ce que ses rivaux achètent trèscher. C'est une variété du Greluchon du XVIIIe siècle.

On disait autrefois : *Ami de cœur*.

AMATEUR, s. m. Bourgeois, — dans l'argot des troupiers.

AMATEUR, s. m. Homme du monde qui ne fait pas payer sa *copie*, — dans l'argot des gens de lettres.

AMBASSADEUR, s. m. Cordonnier, — dans l'argot des voyous.

Se dit aussi pour : Souteneur de filles.

AMBES, s. f. pl. Les jambes, — dans l'argot des voleurs, qui serrent de près une étymologie : ἀμφω en grec, *ambo* en latin, d'où *ambes* dans l'ancien langage français, —

trois mots qui ont la même signification, *deux*.

AMBIER, v. n. Fuir, jouer des *ambes*.

AMÉRICAIN, s. m. Compère du *jardinier* dans le vol appelé *charriage*.

AMÉRICAINE, s. f. Voiture découverte à quatre roues, — dans l'argot des carrossiers.

AMICABLEMENT, adv. Avec plaisir, affectueusement, de bonne amitié, — dans la langue du peuple, dont les bourgeois auraient tort de rire. Je ne conseille à personne de cesser de prononcer *amicalement*; mais je trouve qu'en prononçant *amicablement*, les ouvriers serrent de plus près l'étymologie, qui est *amicabilis*, amicable. *Amicabilem operam dare*, dit Plaute, qui me rend un service d'ami en venant ainsi à la rescousse.

AMIS COMME COCHONS, s. m. pl. Inséparables.

AMOUR D'HOMME, s. m. Homme dont raffolent les femmes, — dans l'argot de Breda-Street.

AMUNCHE, s. m. Ami, — dans l'argot des prisons.

AMUSATIF, adj. Drôle, plaisant, *amusant*, — dans l'argot des faubouriens.

AMUSER A LA MOUTARDE (S'), v. réfl. Se laisser distraire de son devoir ou de sa besogne par des niaiseries, des frivolités, — dans l'argot du peuple.

ANCIEN, s. m. Élève de première promotion, — dans l'argot des Saint-Cyriens et des Polytechniciens.
On dit aussi *Conscrit*.

ANDOUILLE, s. f. Homme sans caractère, sans énergie, — dans l'argot du peuple.

ANGE GARDIEN, s. m. Homme dont le métier — découvert, ou tout au moins signalé pour la première fois par Privat d'Anglemont — consiste à reconduire les ivrognes à leur domicile pour leur éviter le désagrément d'être écrasés ou dévalisés — par d'autres.

ANGLAIS, s. m. Créancier, — dans l'argot des filles et des bohèmes, pour qui tout homme à qui l'on doit est un ennemi.
Le mot est du XVIᵉ siècle, très-évidemment, puisqu'il se trouve dans Marot; mais, très-évidemment aussi, il a fait le plongeon dans l'oubli pendant près de trois cents ans, puisqu'il ne paraît être en usage à Paris que depuis une trentaine d'années.

ANGLAIS, s. m. Entreteneur, — dans l'argot des dames de Breda-Street, qui donnent ce nom à tout galant homme tombé dans leurs filets, qu'il soit né sur les bords de la Tamise ou sur les bords du Danube.

ANGLAIS (Avoir ses). Avoir

1.

ses *menses*, — dans l'argot des filles, qui font ainsi allusion à la couleur de l'uniforme des soldats d'Albion.

Elles disent aussi : *Les Anglais ont débarqué.*

ANGLUCE, s. f. Oie, — dans l'argot des voleurs.

ANGOULÊME, s. f. La bouche, — dans l'argot des voleurs, qui ont emprunté ce mot à l'argot du peuple, par corruption du verbe français *engouler*, avaler, et non, comme le voudrait M. Francisque Michel, par une allusion plus ou moins ingénieuse et plus ou moins fondée à la réputation de goinfrerie de la capitale de l'Angoumois.

ANGUILLE, s. f. Ceinture, — dans l'argot des voleurs.

ANGUILLE, s. f. Fouet à sabot, — dans l'argot des enfants.

ANONCHALI, adj. Découragé, abattu par l'ennui ou le chagrin, — dans l'argot du peuple, fidèle à la tradition du vieux langage.

ANSE, s. f. Bras, — dans l'argot des faubouriens.
Offrir son anse. Offrir son bras.
Faire le panier à deux anses. Se promener avec une femme à chaque bras.

ANSES, s. f. pl. Oreilles, — parce qu'elles sont de chaque côté de la tête comme les anses de chaque côté d'un pot.

ANTIF, s. m. Marche, — dans l'argot des voleurs.

Battre l'antif, Marcher. Signifie aussi Tromper, dissimuler.

ANTIFFE, s. f. Église, — dans le même argot.
On dit aussi *Antonne.*

ANTIFFLER, v. n. Se marier à l'église.

ANTIPATHER, v. a. Avoir de l'aversion, de l'antipathie pour quelqu'un ou pour quelque chose, — dans l'argot des lorettes et des bourgeoises.
Le mot est de Gavarni.

ANTIQUE, s. m. Élève qui sort de l'école, — dans l'argot des Polytechniciens.

ANTONYSME, s. m. Maladie morale introduite dans nos mœurs par Alexandre Dumas, vers 1831, époque de la première représentation d'*Antony*, et qui consistait à se poser en homme fatal, en poitrinaire, en victime du sort, le tout avec de longs cheveux et la face blême. Cette maladie, combattue avec vigueur par le ridicule, ne fait presque plus de ravages aujourd'hui. Cependant il y a encore des voltigeurs du Romantisme comme il y a eu des voltigeurs de la Charte.

APASCLINER (S'), v. réfl. S'acclimater, — dans l'argot des voleurs.
(V. *Paclin.*)

APIC, s. m. Ail, — dans le même argot.

APLOMBER, v. a. Étonner,

étourdir par son aplomb, —
— dans le même argot.

APOPLEXIE DE TEMPLIER, s.
f. Coup de sang provoqué par
une ingestion exagérée de liquides capiteux, — dans l'argot du peuple.

APOTHICAIRE SANS SUCRE, s.
m. Ouvrier qui est mal ou-
tillé ; marchand qui est mal
fourni des choses qui concer-
nent son commerce.

APÔTRES, s. m. pl. Les
doigts de la main, — dans
l'argot des voleurs, qui font
semblant d'ignorer que les
disciples du Christ étaient
douze.

APPAREILLER, v. n. Sortir,
se promener, — dans l'argot
des marins.

APPAS, s. m. pl. Gorge de
femme, — dans l'argot des
bourgeois.

APPELER AZOR, v. a. Siffler
un acteur comme on siffle un
chien, — dans l'argot des coulisses.

**APPUYER SUR LA CHANTE-
RELLE**, v. n. Toucher quelqu'un où le bât le blesse ;
prendre la cigale par l'aile ;
insister maladroitement sur
une chose douloureuse ; sou-
ligner une recommandation.

AQUIGER, v. a. Prendre, —
dans l'argot des faubouriens.
Cependant, ils disent plus
volontiers *quiger*, et quelquefois ils étendent le sens
de ce verbe selon la nécessité de leur conversation.

AQUIGER, v. a. Battre, blesser, — dans l'argot des voleurs.

Aquiger les brêmes. Faire
une marque aux cartes à jouer,
pour les reconnaître au passage et les filer au besoin.

ARBALÈTE, s. f. Croix de
femme dite à la *Jeannette*,
— dans le même argot.

Arbalète d'antonne. Croix
d'église.
Ils disent aussi *Arbalète de
chique, arbalète de priante.*

ARBIF. s. m. Homme violent, en colère, qui *se rebiffe*,
— dans le même argot.

ARCASIEN OU ARCASINEUR,
s. m. Voleur qui se sert de
l'*arcat* pour escroquer de l'argent aux personnes timides
autant que simples.

ARCAT, s. m. Escroquerie
commise au moyen de *lettres
de Jérusalem.* (V. ce mot.)

ARCHE DE NOÉ, s. f. L'Académie française, — dans l'argot des faubouriens, qui ne
se doutent pas qu'ils se permettent une impertinence inventée par Claude Le Petit,
un poëte brûlé en Grève pour
moins que cela.

ARCHIPOINTU, s. m. Archevêque, — dans l'argot des
voleurs, qui ont trouvé plaisant de travestir ainsi le mot
archiepiscopus.

ARCHI-SUPPÔT. DE L'ARGOT,
s. m. Docteur ès filouteries.

ARCHITECTE DE L'UNIVERS
(L'). Dieu, — dans l'argot des

francs-maçons, qui aiment l'architecture et qui en mettent partout.

ARÇONNER, v. a. Parler à quelqu'un, l'apostropher, le forcer à répondre, — dans l'argot des voleurs.

Pierre Sarrazin avait déjà employé ce mot dans le même sens, en l'écrivant ainsi : *arresoner ;* je l'ai cherché en vain dans les dictionnaires.

D'un autre côté, les voleurs disent : *Faire l'arçon,* pour signifier : Faire le signal de reconnaissance ou d'avertissement, qui est, paraît-il, le bruit d'un crachement et le dessin d'un C sur la joue droite, près du menton, avec le pouce de la main droite.

ARCPINCER OU **ARQUEPINCER**, v. a. Prendre, saisir quelqu'un ou quelque chose, — dans l'argot des faubouriens.

ARDENT, s. m. Chandelle, — dans l'argot des voleurs, qui ont *emprunté* cette expression, avec tant d'autres, à l'argot des Précieuses.

ARDENTS, s. m. pl. Les yeux,— dans le même argot.

ARGENT MIGNON, s. m. Argent destiné à satisfaire des curiosités ou des vanités, — dans l'argot des bourgeoises, à qui le superflu est nécessaire et qui, plutôt que de s'en passer, le demanderaient à d'autres qu'à leur mari.

ARGOT, s. m. Imbécile,— dans le langage des voleurs.

ARGOTIER, s. m. Voleur, — dont l'*argot* est la langue naturelle.

ARGUCHE, s. m. Argot.

Arguche, arguce, argutie. Nous sommes bien près de l'étymologie véritable de ce mot tant controversé : nous *brûlons,* comme disent les enfants.

ARISTO, s. des deux g. Apocope d'*Aristocrate,* qui, depuis 1848, signifie Bourgeois, Réactionnaire, etc., — dans l'argot des faubouriens, qui ne se doutent pas que ce mot signifie le *meilleur,* l'*excellent,* ἄριστος.

Ils disent *aristo* pour aristocrate, comme sous la Fronde, les pamphlétaires disaient *Maza* pour Mazarin.

ARLEQUIN, s. m. Plat à l'usage des pauvres, et qui, composé de la desserte des tables des riches, offre une grande variété d'aliments réunis, depuis le morceau de nougat jusqu'à la tête de maquereau. C'est une sorte de carte d'échantillons culinaires.

ARMÉE ROULANTE, s. f. La chaîne des forçats, — supprimée depuis une trentaine d'années.

ARNACHE, s. f. Tromperie, trahison, — dans l'argot des voyous.

A l'arnache. En trompant de toute manière.

ARNACHE, s. m. Agent de police, — dans l'argot des voleurs.

Arnau, s. m. Mauvaise humeur, — dans l'argot des voleurs et des faubouriens.

C'est une contraction de *Renauder*.

Arnelle, n. de l. Rouen, — dans l'argot des voleurs.

Arnellerie, s. f. Rouennerie.

Arpagar, n. de l. Arpajon, près Paris, — dans le même argot.

Arpions, s. m. pl. Les pieds de l'homme, considérés — dans l'argot des faubouriens — comme griffes d'oiseau, à cause de leurs ongles que les gens malpropres ne coupent pas souvent.

Arracher du chiendent, v. n. Chercher pratique, ou plutôt victime, — dans l'argot des voleurs, qui n'exercent ordinairement que dans les lieux déserts.

Arrêter les frais, v. a. Interrompre un récit; laisser une affaire en train; renoncer à poursuivre une entreprise au bout de laquelle on ne voit que de l'ennui.

Arroser la dalle (s'). Boire, — dans l'argot du peuple.

Arroser ses galons, v. a. Offrir à boire à ses camarades quand on est reçu sous-officier, — dans l'argot des soldats.

Arroseur de verdouze, s. m. Jardinier, — dans l'argot des voleurs.

Arsenal, s. m. Arsenic, — dans le même argot.

Arsouille, s. m. Homme canaille par ses vêtements, ses mœurs, son langage, — dans l'argot du peuple.

Milord L'Arsouille. Tout homme riche qui fait des excentricités crapuleuses.

Arthur, s. m. Nom d'homme qui est devenu — dans l'argot de Breda-Street — celui de tous les hommes assez peu délicats pour se laisser aimer par des femmes entretenues.

Articlier, s. m. Homme de lettres parqué dans la spécialité des articles de petits journaux.

Le mot a été créé par H. de Balzac.

Artie, s. m. Pain, — dans l'argot des voleurs, d'aujourd'hui et d'autrefois, ainsi qu'il résulte du livre d'Olivier Chéreau, le *Langage de l'argot réformé*, publié au XVIe siècle.

Artie de Meulan. Pain blanc.

Artie de Gros-Guillaume. Pain noir.

Artie de Grimault. Pain chandi.

Artilleur, s. m. Ivrogne, homme qui boit beaucoup de *canons*, — dans l'argot des ouvriers.

Artilleur a genoux, s. m. Infirmier militaire, — dans l'argot du peuple, qui a entendu parler des *mousquetaires à genoux* des siècles précédents.

On dit aussi *Artilleur de la pièce humide*.

ARTISTE, s. m. Médecin vétérinaire, — dans l'argot des paysans des environs de Paris, et aussi des faubouriens.

AS DE CARREAU, s. m. Le sac du troupier, — à cause de sa forme.

On l'appelle aussi *Azor*, — à cause de la peau qui le recouvre.

AS DE CARREAU, s. m. Le ruban de la Légion d'honneur, — dans l'argot des voleurs.

ASINVER, v. a. Abêtir quelqu'un, — dans l'argot des voleurs, pour qui les honnêtes gens sont des *sinves*.

ASPIC, s. m. Avare, — dans le même argot.

ASSEOIR (S'), v. réfl. Tomber, — dans l'argot des faubouriens.

Envoyer quelqu'un s'asseoir. Le renverser, le jeter à terre. Signifie aussi se débarrasser de lui, le congédier.

ASSOMMOIR, s. m. Nom d'un cabaret de Belleville, qui est devenu celui de tous les cabarets de bas étage, où le peuple boit des liquides frelatés qui le tuent, — sans remarquer l'éloquence sinistre de cette métaphore, que les voleurs russes semblent lui avoir empruntée, en la retournant, pour désigner un gourdin sous le nom de *vin de Champagne*.

ASTIC, s. f. Epée, — dans l'argot des voleurs, qui ne se doutent pas que ce mot vient de l'allemand *stich*, chose pointue, dont on a fait *estic*, puis *astic*, et même *asti*.

ASTIC, s. m. Tripoli, — dans l'argot des troupiers, qui s'en servent, avec un mélange de savon, d'eau-de-vie et de blanc d'Espagne, pour nettoyer les cuivres de leur fourniment.

ASTICOT, s. m. Vermicelle, — dans l'argot des faubouriens.

ASTICOTER, v. a. Harceler quelqu'un, le contrarier, le piquer par des injures ou seulement des épigrammes, — ce qui est le forcer à un mouvement vermiculaire désagréable. Argot du peuple.

ASTIQUER (S'), v. réfl. Se chamailler de paroles avant d'en venir aux voies de fait.

On dit aussi *Astiquer quelqu'un*, dans le sens d'Agacer, d'Importuner.

ATIGER, v. a. Blesser quelqu'un avec une arme quelconque, — dans l'argot des prisons.

ATOUSER, v. a. Encourager quelqu'un, lui donner de l'*atout*, — dans le même argot.

ATOUT, s. m. Courage, — parce que souvent, au jeu de cartes, l'atout c'est du cœur.

ATOUT, s. m. Coup plus ou moins grave que l'on reçoit en jouant — maladroitement

—des poings avec quelqu'un.

Atout, s. m. Estomac, — dans l'argot des voleurs.

A tout casser. Extrêmement,— dans l'argot du peuple.

Attache, s. f. Boucle, — dans l'argot des voleurs.

Attaches d'huile Boucles de souliers en argent.

Attaque (Être d'). Être solide, montrer du sang-froid, du courage, de la résolution dans une affaire. Argot du peuple.

Y aller d'attaque. Commencer une chose avec empressement, avec enthousiasme.

Attendrir (S'), v. réfl. Arriver à cette période de l'ivresse où l'on sent des flots de tendresse monter du cœur aux lèvres.

Attraper (Se faire). Se faire siffler, — dans l'argot des coulisses.

Attraper l'ognon, v. a. Recevoir un coup destiné à un autre; payer pour ceux qui ont oublié leur bourse,—dans l'argot des faubouriens.

On dit aussi *attraper le haricot* ou *la fève,* — sans doute par allusion au haricot ou à la fève qui se trouve dans le gâteau des rois et qui met celui à qui elle échoit dans la nécessité de payer sa royauté.

Attraper quelqu'un, v. a.

Éreinter quelqu'un , — dans l'argot des gazetiers.

Attrimer, v. a. Prendre, saisir,— dans l'argot des voleurs.

Attriquer, v. a. Acheter des effets volés.

Aubert, s. m. Argent,— dans l'argot des voleurs, qui connaissent leur Villon, ou dont les ancêtres faisaient monnaie avec les mailles des *hauberts,* comme les enfants avec les *loques* de cuivre.

Auteur, s. m. Père ou mère,— dans l'argot des faubouriens et des vaudevillistes.

Auteur beurrier, s. m. Écrivain dont les productions ne se vendent pas en livres, aux lecteurs, mais à la livre, à la fruitière ou à l'épicier, qui en enveloppent leurs produits.

Autor et d'Achard (D'). Apocope d'*Autorité* et d'*Acharnement,* qu'on emploie — dans l'argot des faubouriens— pour signifier : Vivement, sans répliquer, en grande hâte.

Autre paire de manches (C'est une). C'est une autre affaire.

Expression populaire usitée dès le milieu du XVIIIe siècle.

Auverpin, s. m. Auvergnat, — dans l'argot des faubouriens, qui donnent ce nom à tous les charbonniers et à tous les commissionnaires.

Avalé le pépin (Avoir). Être

enceinte, — par allusion à la fameuse pomme dans laquelle on prétend que notre mère Ève a mordu.

AVALER DES COULEUVRES, v. a. Éprouver des déceptions ; essuyer des mortifications, — dans l'argot du peuple.

AVALER LE LURON, v. a. Communier, — dans l'argot des voleurs, qui appellent la sainte hostie *le luron*, sans doute après l'avoir appelée *le rond*.

AVALER SA CUILLER, v. a. Mourir, — dans l'argot des faubouriens.

On dit aussi *Avaler sa fourchette, avaler sa gaffe*, et *avaler sa langue*.

AVALER SON POUSSIN, v. a. Recevoir une réprimande ; être congédié, — dans l'argot des peintres en bâtiment.

AVALÉ UNE CHAISE PERCÉE (Avoir). Se dit — dans l'argot des faubouriens — à propos de quiconque a l'haleine mauvaise.

AVALOIR, s. m., ou **AVALOIRE**, s. f. Le gosier, — dans l'argot des faubouriens, dont les pères ont chanté :

Lorsque la cruelle Atropos
Aura tranché mon avaloire,
Qu'on dise une chanson à boire !

AVANTAGES, s. m. pl. La gorge des femmes, — dans l'argot des bourgeois.

AVANT-COURRIER, s. m. Mèche anglaise à percer, — dans l'argot des voleurs.

AVANT-SCÈNES, s. f. pl. La poitrine, lorsqu'elle fait un peu saillie en avant du buste, — dans l'argot des petites dames.

AVEINDRE, v. a. Aller prendre un objet placé sur un meuble quelconque, mais un peu élevé, — dans la langue du peuple, qui a parfois l'honneur de parler comme Montaigne.

Je sais bien que Montaigne se souciait peu d'écrire correctement ; en tout cas, il avait raison, et le peuple aussi, d'employer ce verbe — que ne peut pas du tout remplacer *atteindre*, — car il vient bel et bien d'*advenire*.

AVÈNE, s. f. Avoine, — dans le langage des faubouriens, qui s'obstinent à parler plus correctement le français que les gens du bel air : *Avène* ne vient-il pas d'*avena ?*

AVERGOT, s. m. Œuf, — dans l'argot des voleurs.

AVERTINEUX, adj. m. Homme difficile à vivre, d'un caractère ombrageux à l'excès, — dans l'argot du peuple, qui ne se doute pas qu'*avertineux* vient d'*avertin* et qu'*avertin* vient d'*avertere* (a indiquant éloignement, et *vertere*, tourner), « mal qui détourne l'esprit. »

AVESPRIR, v. n. Faire nuit, — dans la langue du peuple, qui a conservé une multitude de vieilles formes pittoresques et étymologiques. *Avesprir !* Vous voyez aussitôt se lever à l'horizon l'Étoile de Vénus, — *Vesper* est venu !

Avocat bécheur, s. m. Ouvrier qui médit de ses compagnons, absents ou présents, — dans l'argot des typographes.

C'est aussi le nom que les voleurs donnent au Procureur impérial.

Avoine, s. f. Coups de fouet donnés à un cheval pour l'exciter, — dans l'argot des charretiers.

Avoir a sa bonne, v. a. Avoir de l'amitié ou de l'amour pour quelqu'un, — dans l'argot du peuple.

Avoir celui, v. a. Avoir l'honneur de…,—dans l'argot du peuple, qui se moque de celui des bourgeois.

Avoir dans le ventre. Être capable de…, — dans l'argot des gens de lettres.

Avoir de beaux cheveux, v. a. Se dit ironiquement de quelqu'un qui est mal mis, ou de quelque chose qui est mal fait, — dans l'argot des bourgeois.

Avoir de la chance au batonnet, v. a. N'être pas heureux en affaires ou en amour, — dans l'argot des faubouriens.

Avoir des as dans son jeu, v. a. Avoir du bonheur, de la chance dans ses entreprises, — dans l'argot du peuple.

N'avoir plus d'as dans son jeu. Avoir tout perdu, famille, affections, fortune, et en être réduit à mourir.

Avoir des mots avec quelqu'un, v. a. Se fâcher avec lui.

Avoir des mots avec la justice. Être traduit en police correctionnelle.

Avoir du beurre sur la tête, v. a. Avoir commis quelques méfaits plus ou moins graves, — dans l'argot des voleurs, qui ont certainement entendu citer le proverbe juif : « Si vous avez du beurre sur la tête, n'allez pas au soleil : il fond et tache. »

Avoir du chien dans le ventre, v. a. Être hardi, entreprenant, téméraire, fou même, comme un chien enragé, — dans l'argot du peuple.

Avoir du pain sur la planche. Avoir des économies ou des rentes, — dans l'argot des ouvriers.

Avoir la peau trop courte, v. a. Faire, en dormant, des sacrifices au dieu Crépitus, — dans l'argot du peuple, qui croit que le corps humain n'a pas une couverture de chair suffisante, et que lorsque l'hiatus de la bouche se ferme, l'hiatus opposé doit s'ouvrir, d'où l'action de *crepitare*.

Avoir le bras long. Être en position de rendre des services importants, de protéger des inférieurs et même des égaux.

Avoir le compas dans l'œil, v. a. Voir juste, éval-

culer exactement; apprécier sainement.

AVOIR LE CASQUE, v. a. Avoir un caprice pour un homme, — dans l'argot des filles.

AVOIR LE FRONT DANS LE cou. Être chauve comme l'Occasion, — dans l'argot des faubouriens.

AVOIR LE POUCE ROND, v. a. Être adroit, — dans l'argot du peuple, qui a constaté depuis longtemps l'adresse avec laquelle les voleurs mettent le pouce sur une pièce d'argent qu'ils veulent voler.

AVOIR LES CÔTES EN LONG, v. a. Être paresseux.

AVOIR L'ÉTRENNE. Être le premier à faire ou à recevoir une chose.

AVOIR MAL AU BRÉCHET, v. n. Souffrir de l'estomac.

AVOIR MAL AUX CHEVEUX, v. n. Avoir mal à la tête, par suite d'excès bachiques.

AVOIR PAS INVENTÉ LE FIL A COUPER LE BEURRE (N'). Être simple d'esprit — et même niais.

On dit aussi N'avoir pas inventé la poudre.

AVOIR SA CÔTELETTE, v. a. Être chaleureusement applaudi, — dans l'argot des comédiens.

AVOIR SON CAILLOU. Commencer à se griser, — dans l'argot des faubouriens.

AVOIR SON PAIN CUIT. Être rentier, — dans l'argot du peuple. Être condamné à mort, — dans l'argot des voleurs.

AVOIR TOUJOURS DES BOYAUX VIDES, v. a. Avoir toujours faim, — dans l'argot du peuple.

AVOIR UNE ARAIGNÉE DANS LE PLAFOND, v. a. Être fou, maniaque, distrait, — dans l'argot de Breda-Street.

AVOIR UNE CHAMBRE A LOUER, v. a. Être un peu fou, et en tout cas très-excentrique, — dans l'argot du peuple, qui suppose que la déraison peut être produite chez l'homme par la vacuité de l'un des compartiments du cerveau, à moins qu'il ne veuille faire allusion au déménagement du bon sens.

AVOIR UNE CRAMPE AU PYLORE. Avoir grand appétit, — dans l'argot des faubouriens.

AVOIR UNE ÉCREVISSE DANS LA TOURTE, v. a. Être fou, non à lier, mais à éviter.

On dit aussi : Avoir une écrevisse dans le vol-au-vent, et Avoir une hirondelle dans le soliveau.

AVOIR UNE TABLE D'HÔTE DANS L'ESTOMAC, v. a. Manger goulûment et insatiablement.

AVOIR VU LE LOUP. Se dit — dans l'argot du peuple — de toute fille qui est devenue femme sans passer par l'église et par la mairie.

C'est le pendant de : Avoir rôti le balai.

B

BABILLARD, s. m. Confesseur, — dans l'argot des voleurs.

Ils donnent aussi ce nom à tout Livre.

BABILLARDE, s. f. Montre.

BABILLARDE, s. f. Lettre.
On dit aussi *Babille*.

BABILLAUDIER, s. m. Libraire, vendeur de babillards.

BABILLER, v. a. Lire.

BAC, s. m. Apocope de *baccarat*, — dans l'argot des petites dames.

BACCHANAL, s. m. Vacarme, tapage fait le plus souvent dans les cabarets, lieux consacrés à Bacchus. — Argot du peuple.

BACCON, s. m. Porc, — dans l'argot des voleurs.

BACHASSE, s. f. Travaux forcés, — dans le même argot.

BACHOT, s. m. Apocope de *Baccalauréat*, — dans l'argot des collégiens.

❡ BACHOTIER, s. m. Préparateur au baccalauréat.

BACHOTTER, v. n. Parier pour ou contre un joueur, — dans l'argot des *grecs*.
On dit aussi *Faire les baches*.

BACHOTTEUR, s. m. Filou « chargé du deuxième rôle dans une partie jouée ordinairement au billard. C'est lui qui arrange la partie, qui tient les enjeux et va chercher de l'argent lorsque la dupe, après avoir vidé ses poches, a perdu sur parole. » (V. *Bête* et *Emporteur*.)

BACLER, v. a. Fermer, — dans l'argot des voleurs, qui se servent là d'un vieux mot de la langue des honnêtes gens.
On dit aussi *Boucler*.

BADIGEON, s. m. Maquillage du visage, — dans l'argot du peuple.

BADIGEONNER (Se), v. réfl. Se maquiller pour paraître plus jeune.

BADOUILLARD, s. m. Coureur de bals masqués, — dans l'argot des étudiants du temps de Louis-Philippe.

Le type a disparu, mais le mot est resté.

BADOUILLE, s. f. Homme qui se laisse mener par sa femme, — dans l'argot du peuple.

BAFFRE, s. f. Coup de poing sur la figure.

BAFFRER, v. n. Manger.
On disait jadis *Bauffrer*.

BAGNOLE, s. f. Chapeau de femme, de forme ridicule, — dans l'argot du peuple, qui ne se doute pas que les *bagnoles*, avant de mériter son mépris, avaient mérité l'admiration des dames de Paris en 1722.

BAGOU, s. m. Bavardage de femme; faux esprit, — dans l'argot des gens de lettres.

BAGOUL, s. m. Nom, — dans l'argot des voleurs.

BAGOULARD, s. m. Bavard.

BAGOULER, v. n. Se nommer, — c'est-à-dire bavarder.

BAGUE, s. f. Nom propre, — dans le même argot, par allusion à l'habitude qu'on a de faire graver son nom à l'intérieur des anneaux de mariage.

BAGUENAUDE, s. f. Poche, — dans l'argot des marbriers de cimetière, qui y laissent quelquefois *flâner* de l'argent.

BAGUENAUDER, v. n. Flâner, vagabonder, — les mains dans les *poches*.

BAHUT, s. m. Les meubles en général, — dans l'argot des ouvriers.

BAHUT, s. m. Collége, — dans l'argot des collégiens.

Se dit aussi de la maison du préparateur au baccalauréat, et, par extension, de toute maison où il est désagréable d'aller.

Bahut spécial. Saint-Cyr.

BAHUTER, v. n. Faire du vacarme, — dans l'argot des Saint-Cyriens.

BAHUTEUR, s. m. Tapageur.

Se dit aussi d'un élève qui change souvent de pension.

BAIGNEUSE, s. f. La tête, — dans l'argot des voleurs, qui se lavent et à qui on lave plus souvent la tête que le reste du corps.

BAIGNEUSE, s. f. Chapeau de femme, — dans le même argot, qui a conservé des reflets de l'argot de la mode au XVIIIe siècle. *Baigneuse* ou *bagnole*, c'était tout un.

BAIGNOIRE A BON DIEU, s. f. Calice, — dans l'argot des voyous.

BAIN DE PIED, s. m. Excédant de café ou d'eau-de-vie retenu par la soucoupe ou dans le plateau qu'on place par précaution sous chaque demi-tasse ou sous chaque petit verre. Il y a des gens qui boivent cela.

BAIN-MARIE, s. m. Personne d'un caractère ou d'un tempérament *tiède*, — dans l'argot du peuple.

BAIN QUI CHAUFFE. Nuage qui menace de crever, quand il fait beau temps et que le soleil est ardent.

BAISER LE CUL DE LA VIEILLE, v. a. Ne pas faire un seul point, — dans l'argot des joueurs.

BAJAF, s. m. Butor, gros homme qui, sous l'effort de sa respiration, gonfle ses *jaffes*, ou ses *abajoues*, comme on voudra.

Le peuple dit aussi *Gros bajaf*.

BALADE, s. f. Promenade, flânerie, — dans l'argot dès voyous.

Faire une balade ou *se payer une balade*, se promener.

BALADER, v. a. Choisir, chercher, — dans le même argot.

BALADER (Se), v. réfl. Marcher sans but; flâner; et, par extension, s'en aller de quelque part, s'enfuir.

BALADEUR, s. m. Flâneur.

BALADEUSE, s. f. Fille ou femme qui préfère l'oisiveté au travail et se faire suivre que se faire respecter.

BALAI, s. m. Agent de police, — dans l'argot des petits marchands ambulants.

BALANCER, v. a. Donner congé à quelqu'un; renvoyer un employé, un domestique, — dans l'argot du peuple, qui ne se doute pas qu'il emploie là, et presque dans son sens original, un des plus vieux mots de notre langue.

BALANCER LA TINETTE, v. a. Vider le baquet-latrine, — dans l'argot des soldats.

BALANCER LE CHIFFON ROUGE, v. a. Parler, — dans l'argot des voleurs.

BALANCER QUELQU'UN, v. a. Le faire aller; se moquer de lui.

BALANCER SA CANNE, v. a. De vagabond devenir voleur, — ce qui est une manière comme une autre de franchir le Rubicon qui sépare l'honnêteté du vice.

BALANCER SA LARGUE, v. a. Se débarrasser de sa maîtresse, — dans l'argot des voleurs.

BALANCER SES ALÈNES, v. a. Quitter le métier de voleur pour celui d'honnête homme, — à moins que ce ne soit pour celui d'assassin.

BALANÇOIRE, s. f. Charge de bon ou de mauvais goût, — dans l'argot des coulisses et du peuple.

Envoyer à la balançoire. Se débarrasser de quelqu'un qui ennuie ou qui gêne.

BALANÇON, s. m. Barreau de fer, — dans l'argot des voleurs.

BALANDRIN, s. m. Paquet recouvert d'une toile; petite balle portative, — dans l'argot du peuple, qui se souvient du *balandras* que portaient ses pères.

BALAUDER, v. n. Mendier, — dans l'argot des prisons.

BALLE, s. f. Secret, — dans le même argot.

BALLE, s. f. Visage, — dans l'argot des voyous.

Balle d'amour. Physionomie agréable, faite pour inspirer des sentiments tendres.

BALLE, s. f. Pièce d'un franc, — dans l'argot des faubouriens.

BALLE DE COTON, s. f. Coup de poing.

BALLON, s. m. Partie du corps humain dont la forme sphérique a été le sujet de tant de plaisanteries depuis le commencement du monde — et de la bêtise.

Enlever le ballon à quelqu'un. Lui donner un coup de pied dans cette partie du corps sur laquelle on a l'habitude de s'asseoir.

BALOCHARD, s. m. Type d'un personnage de carnaval, fameux sous le règne de Louis-Philippe, et complétement oublié aujourd'hui. Il portait un bourgeron d'ouvrier, une ceinture rouge, un pantalon de cuirassier, et, sur la tête, un feutre défoncé.

BALOCHER, v. n. Fréquenter les bals publics; se trémousser, — dans l'argot des faubouriens.

BALOCHER, v. a. Tripoter, faire des affaires illicites, — dans l'argot des voyous.

BALOCHEUR, s. m. Ouvrier qui se dérange, qui déserte l'atelier pour le cabaret et le bastringue.

BALTHAZAR, s. m. Repas copieux, — dans l'argot des étudiants et des bohèmes, qui se souviennent du festin biblique.

BALUCHON. Paquet, petit *ballot*, — dans l'argot du peuple.

BAMBOCHE, s. f. Petite débauche, de quelque nature qu'elle soit, — dans l'argot des faubouriens.

Être bamboche. Être en état d'ivresse.

BAMBOCHE, s. f. Plaisanterie; chose de peu de valeur.

Dire des bamboches. S'amuser à dire des contes bleus aux hommes et des contes roses aux femmes.

Faire des bamboches. Faire des sottises plus ou moins graves, qui mènent en police correctionnelle ou à l'hôpital.

BAMBOCHEUR, s. m. Fainéant; ivrogne; débauché.

On dit aussi : *Bambochineur.*

BANBAN, s. des deux g. Boiteux, bancal, — dans l'argot des bourgeois, qui emploient principalement cette onomatopée à propos d'une femme.

BANCAL, s. m. Sabre de cavalerie, — dans l'argot des troupiers.

BANCROCHE, s. et adj. Qui a les jambes tortues.

BANDER LA CAISSE, v. a. S'en aller, s'enfuir.

BANNIÈRE (Être en). Être en chemise, dans le simple appareil d'une dame ou d'un monsieur qu'on arrache au sommeil.

BANQUE, s. f. Paye, — dans l'argot des typographes.

BANQUE, s. f. Escroquerie, ou seulement Mensonge afin de tromper, — dans l'argot du peuple, qui connaît son Robert Macaire par cœur.

Faire une banque. Imaginer un expédient — d'une honnêteté douteuse — pour gagner de l'argent.

BANQUETTE, s. f. Menton, parce qu'il est situé au bas du visage, — dans l'argot des voyous.

BANQUISTE, s. m. Charlatan ; chevalier d'industrie ; faiseur, — dans l'argot du peuple.

BAPTÊME, s. m. La tête, — dans l'argot des faubouriens, qui se souviennent de leur ondoiement.

BAPTISER LE VIN, v. a. Le noyer d'eau, — dans l'argot ironique des cabaretiers, qui prennent trop souvent leur revanche du miracle des Noces de Cana, en changeant le vin en eau, au lieu de changer l'eau en vin.

BAQUET. Blanchisseuse, — dans l'argot des faubouriens.

On dit aussi : *Baquet insolent*, et l'on a raison, — car je ne connais pas de créatures plus « fortes en gueule » que les lavandières : il semble qu'il leur reste aux lèvres quelques éclaboussures des ordures humaines avec lesquelles elles sont en contact permanent.

BARAGOUINER, v. n. et a. Parler bas ; murmurer ; marmotter, — dans l'argot du peuple.

BARAQUE, s. f. Maison où les maîtres font attention au service, — dans l'argot des domestiques ; Journal où l'on est sévère pour la copie, — dans l'argot des aspirants-journalistes.

BARBE, s. f. Ivresse, — dans l'argot des typographes.

Avoir sa barbe. Être ivre.

BARBEAU, s. m. Souteneur de filles, homme-poisson qui sait nager entre deux eaux, l'eau du vice et celle du vol.

BARBEAUDIER, s. m. Concierge, — dans l'argot des voleurs.

Barbeaudier de Castu. Gardien d'hôpital.

BARBEROT, s. m. Barbier, — dans l'argot des forçats.

BARBICHON, s. m. Capucin, — dans l'argot des voyous.

BARBILLON, s. m. Jeune souteneur de filles.

BARBILLE, s. m. Souteneur de filles, — apprenti *barbeau*.

BARBILLONS DE BEAUCE, s. m. pl. Légumes, — dans l'argot du peuple.

BARBILLONS DE VARENNE, s. m. pl. Navets, — dans l'argot des voleurs, qui savent que ce légume pousse volontiers dans les terres sablonneuses.

Le dictionnaire d'Olivier Chéreau donne : *Babillons de varane.*

BARBISTE, s. m. Élève du collége Sainte-Barbe.

BARBOT, s. m. Canard, — dans l'argot des voyous.

BARBOTE, s. f. Visite minutieuse du prisonnier à son entrée en prison.

On dit aussi *Barbot*.

BARBOTER, v. a. Fouiller; voler, — dans l'argot des malfaiteurs.

BARBOTEUR DE CAMPAGNE, s. m. Voleur de nuit.

BARBOTIER, s. m. Guichetier chargé de la visite des prisonniers à leur entrée.

BARBUE, s. f. Plume à écrire, — dans l'argot des voleurs.

BARON DE LA CRASSE, s. m. Homme gauche et ridicule en des habits qu'il n'a pas l'habitude de porter, — dans l'argot du peuple, qui se souvient de la comédie de Poisson.

BARONIFIER, v. a. Créer quelqu'un baron, — dans l'argot du peuple, qui a vu mousser de près la Savonnette Impériale.

BARRE, s. f. Aiguille, — dans l'argot des voleurs.

BARRER, v. n. Abandonner son travail, — dans l'argot des marbriers de cimetière.

Se barrer. S'en aller.

BARRER, v. a. Réprimander, — dans l'argot du peuple.

BARRIQUE, s. f. Bouteille ou carafe, — dans l'argot des francs-maçons.

Ils disaient autrefois *Gomorrhe*,—du nom d'une mesure juive qui indiquait la quantité de manne à récolter.

BASANE, s. f. Peau du corps humain, — dans l'argot des faubouriens.

Tanner la basane. Battre quelqu'un.

BASANE, s. f. Amadou, — dans l'argot des voleurs.

BASCULE, s. f. Guillotine, — dans l'argot des faubouriens.

BAS DE BUFFET, s. m. Homme ou chose de peu d'importance, — dans l'argot du peuple.

Vieux bas de buffet. Vieille femme, vieille coquette ridicule qui a encore des prétentions à l'attention galante des hommes.

BAS DE PLAFOND, s. m. Homme d'une taille ridiculement exiguë.

On dit aussi *Bas du cul*.

BASOURDIR, v. a. Étourdir, et, par extension naturelle, Tuer, — dans l'argot des voleurs, qui ont dédaigné *abasourdir* comme trop long.

BAS PERCÉ, s. et adj. Homme pauvre, ou ruiné, — dans l'argot du peuple.

BASSE, s. m. La terre, par opposition au ciel, — dans l'argot des voleurs.

BASSIN, s. m. Homme ennuyeux, — dans l'argot des filles et des faubouriens.

BASSINANT, ad. Ennuyeux, importun, bavard.

BASSINER, v. a. Importuner.

BASSINOIRE, s. f. Homme ennuyeux.

BASSINOIRE, s. f. Grosse montre, — dans l'argot des bourgeois.

BASTIMAGE, s. m. Travail, — dans l'argot des voleurs.

BASTRINGUE, s. m. Guinguette de barrière, où le populaire va boire et danser les dimanches et les lundis.

Faire du bastringue. Faire du bruit, surtout au cabaret.

BASTRINGUE, s. m. Scie à scier les fers, — dans l'argot des prisons, où l'on joue volontiers du violon sur les barreaux.

BASTRINGUEUSE, s. f. Habituée de bals publics.

BATACLAN, s. m. Mobilier ; outils, — dans l'argot des ouvriers.

Signifie aussi Bruit, vacarme.

BATAILLE DE JÉSUITES, s. f. Habitude vicieuse que prennent les écoliers et que gardent souvent les hommes, — dans l'argot du peuple, qui a lu le livre de Tissot.

On ajoute souvent après : *Faire la bataille de jésuites,* cette phrase : *Se mettre cinq contre un.*

BATEAUX, s. m. pl. Souliers qui prennent l'eau, — dans l'argot des faubouriens.

BATELÉE, s. f. Une certaine quantité de gens réunis, quoique inconnus, — dans l'argot du peuple.

BATELIER, s. m. Battoir de blanchisseuse, — dans l'argot des voleurs.

BATH, s. m. Remarquablement beau, ou bon, ou agréable, — dans l'argot de Breda-Street.

Bath aux pommes. Superlatif du précédent superlatif.

BATIAU, s. m. Besogne que l'on compte comme faite sur le bordereau de quinzaine, quoiqu'elle ne soit pas, pour ainsi dire, commencée, — dans l'argot des typographes.

BATIF, adj. Neuf, joli, — dans l'argot des voyous.

Le féminin est *batifone.*

BATON CREUX, s. m. Fusil, — dans l'argot des voleurs.

BATON DE CIRE, s. m. Jambe, — dans le même argot.

BATOUSE, s. f. Toile, — dans le même argot.

Batouse toute battante. Toile neuve.

BATOUSIER, s. m. Tisserand.

BATTAGE, s. m. Tromperie ; mensonge ; menée astucieuse, — dans l'argot des ouvriers.

BATTANT, s. m. Le cœur, — dans l'argot des voleurs.

BATTERIE, s. f. Menterie, — dans le même argot.

Batterie douce. Plaisanterie aimable.

BATTERIE, s. f. Coups échangés, — dans l'argot des faubouriens.

On dit aussi *Batture.*

BATTERIE, s. f. Applaudis-

2

sement particulier de la voix et de la main pour saluer l'arrivée d'un *frère*, — dans l'argot des francs-maçons.

BATTERIE DE CUISINE, s. f. Les dents, la langue, le palais, le gosier, — dans l'argot des faubouriens.

BATTEUR, s. m. Menteur; fourbe.

BATTOIR, s. m. Main, — dans l'argot du peuple, qui s'en sert souvent pour applaudir, et plus souvent pour battre.

BATTRE COMTOIS, v. n. Faire l'imbécile, le provincial, — dans l'argot des voleurs, pour qui, à ce qu'il paraît, les habitants de la Franche-Comté sont des gens simples et naïfs, faciles à tromper par conséquent.

BATTRE ENTIFLE, v. n. Faire le niais, — dans le même argot.

BATTRE JOB, v. n. Dissimuler, tromper, — dans le même argot.

BATTRE LA CAISSE, v. n. Aller chercher de l'argent, — dans l'argot des tambours de la garde nationale.

BATTRE LA COUVERTE, v. a. Dormir, — dans l'argot des soldats.

BATTRE L'ANTIF, v. n. Marcher, — dans l'argot des voleurs modernes.

C'est le : *battre l'estrade* des voleurs d'autrefois.

Signifie aussi Espionner.

BATTRE LE BRIQUET, v. a. Cogner les jambes l'une contre l'autre en marchant, — dans l'argot du peuple.

BATTRE LA SEMELLE, v. a. Vagabonder, — dans l'argot du peuple, qui a peut-être lu *l'Aventurier Buscon*.

BATTRE L'ŒIL (S'en). Se moquer d'une chose, — dans l'argot des faubouriens.

L'expression a une centaine d'années, ce qui étonnera certainement beaucoup de gens, à commencer par ceux qui l'emploient.

On dit aussi, dans le même argot, *S'en battre les fesses*, — une expression contemporaine de la précédente.

BATTRE MORASSE, v. n. Crier au voleur pour empêcher le volé d'en faire autant, — dans l'argot des prisons.

BATTRE SA FLÈME, v. n. Flâner, — dans l'argot des voyous.

BATTRE SON QUART, v. n. Raccrocher les passants, le soir, à la porte des maisons mal famées, — dans l'argot des filles et de leurs souteneurs.

BAUCE ou **BAUSSE**, s. m. Patron, — dans l'argot des revendeuses du Temple.

C'est le *baes* flamand.

Bauceresse. Patronne.

Bausse fondu. Ouvrier qui s'est établi, a fait de mauvaises affaires et est redevenu ouvrier.

BAUCHER (Se), v. réfl. Se

moquer, — dans l'argot des voleurs.

BAUDE, s. f. Mal de Naples, — dans l'argot des voleurs parisiens.

BAUDROUILLER, v. n. Filer, — dans le même argot.

BAUDRU, s. m. Fil, — dans l'argot des voleurs.
Se dit aussi pour Fouet.

BAUGE, s. f. Coffre, — dans l'argot des voleurs, qui ne craignent pas d'emprunter des termes aux habitudes des sangliers, qui sont aussi les leurs.

BAUGE, s. f. Ventre, — dans le même argot.

BAUME D'ACIER, s. m. Les outils du chirurgien et du dentiste, — dans l'argot du peuple.

BAVARD, s. m. Avocat.

BAVARDE, s. f. La bouche, — dans l'argot des voleurs, qui redoutent si fort les indiscrétions.

BAVER, v. n. Parler, — dans l'argot des faubouriens.

BAYAFER, v. a. Fusiller, — dans l'argot des voleurs parisiens, qui ont emprunté cette expression aux voleurs du Midi, lesquels appellent un pistolet un *bayafe*, ou *baillaf*, comme l'écrit M. Francisque Michel.

BAZAR, s. m. Maison où les maîtres sont exigeants, — dans l'argot des domestiques paresseux ; maison quelconque, — dans l'argot des faubouriens ; maison de filles, — dans l'argot des troupiers.

BAZAR, s. m. Ensemble d'effets mobiliers, — dans l'argot de Breda-Street.

BAZARDER, v. a. Vendre, trafiquer.
Bazarder son mobilier. S'en défaire, l'échanger contre un autre.

BEAU, s. m. Le *gandin* du premier Empire, avec cette différence que, s'il portait un corset, au moins avait-il quelque courage dessous.
Ex-beau. Élégant en ruines — d'âge et de fortune.

BEAU BLOND, s. m. Le soleil, — dans l'argot des voleurs, qui ne se doutent pas qu'ils font là de la mythologie grecque.

BÉBÉ, s. m. Costume d'enfant (*baby*), que les habituées des bals publics ont adopté depuis quelques années.

BÉBÉ (Mon). Petit terme de tendresse employé depuis quelques années par les petites dames envers leurs amants, qui en sont tout fiers, — comme s'il y avait de quoi.

BEC, s. m. Bouche, — dans l'argot des petites dames.

BÉCASSE, s. f. Femme ridicule, — dans l'argot de Breda-Street.

BÊCHER, v. a. Médire, et même calomnier, — dans l'argot des faubouriens, qui ne craignent pas de donner des coups de *bec* à la réputation du prochain.

BÉCHEUR, s. m. Le Ministère public, l'Avocat impérial, — dans l'argot des voleurs.

BÉCOT, s. m. Bouche, — dans l'argot des mères et des amoureux.

Signifie aussi Baiser.

BÉCOTER, v. a. Donner des baisers.

Se bécoter, v. réfl. S'embrasser à chaque instant.

BEDON, s. m. Ventre, — dans l'argot du peuple, qui sait son Rabelais par cœur, sans l'avoir lu.

BÉDOUIN, s. m. Homme dur, brutal, — dans le même argot.

BÉDOUIN, s. m. Garde national de la banlieue, — dans l'argot des voyous irrespectueux.

Ils disent aussi, *Gadouan*, *Malficelé*, *Museau*, *Offarmé*, *Sauvage*.

BEEFSTEAK DE LA CHAMAREUSE, s. m. Saucisse plate, — dans l'argot des faubouriens, qui savent de quelles charcuteries insuffisantes se compose le déjeuner des ouvrières.

BÈGUE, s. f. Avoine, — dans l'argot des voleurs, qui savent à ce qu'il paraît l'italien (*biava*, *biada*).

Ils disent aussi *Grenuche*.

BÉGUIN, s. m. Caprice, chose dont on *se coiffe* volontier l'esprit, — dans l'argot de Breda-Street.

Avoir un béguin pour une femme. Être très-amoureux d'elle.

Avoir un béguin pour un homme. Le souhaiter pour amant quand on est femme — légère.

BEIGNE, s. f. Soufflet ou coup de poing, — dans l'argot du peuple, qui emploie ce mot depuis des siècles.

On dit aussi *Beugne*.

BÉLANT, s. m. Mouton, — dans l'argot des voleurs, qui ne se sont pas mis en frais d'imagination pour ce mot.

BÉLIER, s. m. Cocu, — dans l'argot des voyous, pour qui les infortunes domestiques n'ont rien de sacré.

BELLE, s. f. Dernière partie, — dans l'argot des joueurs.

BELLE, s. f. Occasion favorable; revanche, — dans l'argot du peuple.

Attendre sa belle. Guetter une occasion.

Être servi de belle. Être arrêté à faux.

BELLE A LA CHANDELLE, s. f. Femme laide, qui n'a d'éclat qu'aux lumières, — dans l'argot du peuple.

BELLE DE NUIT, s. f. Fille qui hante les cafés et les bals, — dans le même argot.

BÉNÉF, s. m. Apocope de

Bénéfice, — dans l'argot des bohèmes et du peuple.

Béni-Mouffetard, s. m. Habitant du faubourg Saint-Marceau, — dans l'argot des ouvriers qui ont été troupiers en Algérie.

Bénir bas, v. a. Donner un ou des coups de pied au derrière de quelqu'un, — comme ferait par exemple un père brutal à qui son fils aurait précédemment demandé, avec sa bénédiction, quelques billets de mille francs pour courir le monde.

L'expression appartient à Hippolyte Babou.

Bénir des pieds, v. a. Être pendu, — dans l'argot impitoyable du peuple, qui fait allusion aux derniers *gigottements* d'un homme accroché volontairement à un arbre ou involontairement à une potence.

Bénisseur, s. m. Père noble, — dans l'argot des coulisses, où « le vertueux Moëssard » passe pour l'acteur qui savait le mieux bénir.

Beq, s. m. Ouvrage, — dans l'argot des graveurs sur bois, qui se partagent souvent à quatre ou cinq un dessin fait sur quatre ou cinq *morceaux* de bois assemblés.

Béquet, s. m. Petite pièce de cuir mise à un soulier, — dans l'argot des cordonniers; petit morceau de bois à graver, — dans l'argot des graveurs sur bois.

Béqueter, v. n. Manger,— dans l'argot du peuple, qui n'oublie jamais son *bec*.

S'emploie aussi au figuré, et alors c'est un verbe actif.

Béquillard, s. m. Vieillard, — dans l'argot des faubouriens, qui n'ont pas précisément pour la vieillesse le même respect que les Grecs.

Béquille, s. f. Potence, — dans l'argot des voleurs, dont les pères ont eu occasion de remarquer de près l'analogie qui existe entre ces deux choses.

Béquiller, v. a. et n. Manger, — dans l'argot des faubouriens, portés sur leur *bec*.

Béquilleur, s. m. Bourreau, probablement parce qu'il est le représentant de la Mort, qui va *pede claúdo* comme la Justice.

Berceau, s. m. Entourage de tombe, — dans l'argot des marbriers de cimetière, qui croient que les morts ont besoin d'être abrités du soleil.

Berdouille, s. f. Ventre, — dans l'argot des faubouriens.

Berge, s. f. Année,—dans l'argot des voleurs.

Bergère, s. f. Maîtresse, — dans l'argot des troupiers.

Berger en chambre, s. m. Industriel parisien, découvert par Privat d'Anglemont; qui élève des chèvres dans sa mansarde, et qui, à certaines heures de la journée, les mène promener pour les préserver de phthisie.

Berlauder, v. n. Flâner, aller de cabaret en cabaret, — dans l'argot des faubouriens.

Cette expression est certainement le résultat d'une métathèse : on a dit, on dit encore, *berlan* pour *brelan*, *berlandier* pour *brelandier*, — et *berlauder* pour *brelander*.

Berline de commerce, s. f. Commis marchand, — dans l'argot des voleurs.

Berlu, s. m. Aveugle, homme qui a naturellement la *berlue*, — dans le même argot.

Berlue, s. f. Couverture, — dans le même argot.

Bernard, s. m. Un des nombreux pseudonymes de messire Luc, — dans l'argot des bourgeois qui ont quelques lettres.

Bernicle-sansonnet! C'est fini; il n'y a plus rien ni personne, — dans l'argot du peuple.

Berri, s. m. Hotte, — dans l'argot des chiffonniers.

Berribono, s. m. Homme facile à duper, — dans l'argot des voleurs.

Ils disent aussi *Béricain*.

Berry, s. m. Capote d'étu-

des, — dans l'argot des Polytechniciens.

Bertelo, s. m. Pièce d'un franc, — dans l'argot des voleurs.

Bertrand, s. m. Compère de filou ou de faiseur, — dans l'argot du peuple, qui a gardé le souvenir de la légende de Robert Macaire.

Besouille, s. f. Ceinture, — dans l'argot des voleurs, qui y serrent leurs *Bezzi*, nom italien de *deniers*.

Bestiasse, s. m. Imbécile, plus que bête, — dans l'argot du peuple.

Bestiole, s. f. Petite bête, au propre et au figuré, — dans l'argot du peuple, qui a parfois des qualificatifs caressants.

Bête, s. f. Filou chargé de jouer le troisième rôle dans la partie de billard proposée au provincial par *l'emporteur*.

Bête-a-cornes, s. f. Fourchette, — dans l'argot des voyous.

Bête-a-pain, s. f. L'homme, — dans l'argot du peuple.

Bête comme ses pieds. Se dit — dans l'argot populaire — de tout individu extrêmement bête.

Bête comme un chou. Extrêmement bête, — dans l'argot des bourgeois, qui calomnient cette crucifère.

Bête épaulée, s. f. Fille

qui, le jour de ses noces, n'a pas le droit de porter le bouquet de fleurs d'oranger, — dans l'argot du peuple, cruel quand il n'est pas grossier.

BÊTISES, s. f. pl. Grivoiseries, — dans l'argot des bourgeoises, qui trouvent très-spirituels les gens mal élevés qui en disent devant elles.

BETTANDER, v. n. Mendier, — dans l'argot des filous.

BETTERAVE, s. f. Nez d'ivrogne, — dans l'argot des faubouriens, par allusion à la ressemblance de forme et de couleur qu'il a avec la *beta vulgaris.*

BEURRE, s. m. Argent monnayé; profit plus ou moins licite, — dans l'argot du peuple.

Faire son beurre. Gagner beaucoup d'argent, retirer beaucoup de profit dans une affaire quelconque.

Y aller de son beurre. Ne pas craindre de faire des frais, des avances, dans une entreprise.

BEURRE (C'est un). C'est excellent, en parlant des choses, quelles qu'elles soient, — dans l'argot des faubouriens.

BEURRE DEMI-SEL, s. m. Fille ou Femme qui n'est plus honnête, mais qui n'est pas encore complétement perdue, — dans l'argot du peuple.

BIARD, s. m. Côté, —

dans l'argot des voleurs, qui voient les choses de *biais.*

BIBARD, s. m. Vieil ivrogne, ou vieux débauché, — dans l'argot du peuple, qui cependant ne sait pas que boire vient de *bibere.*

BIBARDER, v. n. Vieillir dans la fange, dans la misère.

BIBASSE, s. f. Vieille femme.

BIBASSERIE, s. f. Vieillesse. On dit aussi *Bibarderie.*

BIBASSIER, s. m. Vieil homme.

Signifie aussi *Ivrogne,* — le vin étant le lait des vieillards.

BIBELOT, s. m. Objet de fantaisie qu'il est de mode, depuis une vingtaine d'années, de placer en évidence sur une étagère. Les porcelaines de Saxe, de Chine, de Sèvres, les écailles, les laques, les poignards, les bijoux voyants, sont autant de bibelots.

Par extension : Objet de peu de valeur.

Ce mot est une corruption de *Bimbelot,* qui signifiait à l'origine jouet d'enfants, et formait un commerce important, celui de la *bimbeloterie.* Aujourd'hui qu'il n'y a plus d'enfants, ce commerce est mort; ce sont les marchands de curiosités qui ont succédé aux *bimbelotiers.*

BIBELOT, s. m. Havre-sac, porte-manteau, — dans l'argot des soldats.

BIBELOTTER, v. a. Vendre

ses bibelots, et, par extension, ses habits, ses meubles, etc., — dans l'argot des
filles et des bohèmes.

Par extension aussi : *Bibelotter une affaire* dans le sens
de *Brasser*.

BIBELOTTER (Se), v. réfl.
S'arranger pour le mieux, se
mijoter, — dans l'argot des
faubouriens.

BIBERON, s. m. Ivrogne,—
dans l'argot du peuple, qui
cependant ne doit pas connaître le jeu de mots (*Bibe-
rius*) fait sur le nom de Ti-
bère, impérial buveur.

BIBI, s. m. Petit nom d'a-
mitié, — dans l'argot des
faubouriens ; petit nom d'a-
mour, — dans l'argot des
petites dames.

BIBI, s. m. Chapeau de
femme, qui a été à la mode
il y a trente ans, et qui revient de mode aujourd'hui.

BIBINE, s. m. Cabaret de
barrière, — dans l'argot des
chiffonniers.

BIBON, s. m. Vieillard qu'on
ne respecte pas, parce qu'il
ne se respecte pas lui-même.

C'est une corruption péjo-
rative du mot *barbon*.

BICHE, s. f. Demoiselle de
petite vertu, comme l'encre
de Guyot ; variété de fille entretenue.

Le mot a été créé en 1857
par Nestor Roqueplan.

BICHON, s. m. Petit jeune
homme qui joue le rôle de

Théodore Calvi auprès de
n'importe quels *Vautrins*.

BICHONNER, v. a. Arranger
avec coquetterie : friser comme un *bichon*, — dans l'argot des bourgeois.

Se bichonner, v. réfl. S'ado-
niser.

BIDET, s. m. « Moyen très-
ingénieux, dit Vidocq, qui
sert aux prisonniers à cor-
respondre entre eux de toutes
les parties du bâtiment dans
lequel ils sont enfermés ; une
corde passée à travers les
barreaux de leur fenêtre, et
qu'ils font filer suivant le besoin en avant ou en arrière,
porte une lettre et rapporte la
réponse. »

BIDOCHE, s. f. Viande, —
dans l'argot des faubouriens.

Portion de bidoche. Morceau de bœuf bouilli.

BIDONNER A LA CAMBUSE,
v. n. Boire au cabaret, —
dans l'argot des marins.

BIEN, adj. et s. D'apparence
distinguée, — dans l'argot
des petites dames.

BIEN MIS, s. m. Bourgeois,
— dans l'argot du peuple.

BIENSÉANT, s. m. Le der-
rière de l'homme et de la
femme, — dans l'argot des
bourgeoises.

BIER, v. n. Aller, — dans
l'argot des voleurs.

BIFIN, s. m. Chiffonnier,
— dont le crochet sert à *deux
fins*, à travailler et à se défendre.

BIFURQUÉ, s. m. Lycéen qui, arrêté au point où l'étude des sciences se sépare de l'étude des lettres, prend le chemin qui mène, en faisant une seconde fourche, d'un côté aux écoles militaires, de l'autre au baccalauréat ès sciences.

BIGARD, s. m. Trou, — dans l'argot des voleurs.

D'où *Bigardée*, pour Trouée, Percée.

BIGE, s. m. Ignorant, — dans le même argot.

BIGEOIS ou BIGOIS, s. m. Imbécile, homme *bige*.

BIGORNE, s. f. L'argot des voleurs,—monstre *bicorniger* en effet, corne littéraire d'un côté, corne philosophique de l'autre, qui voit rouge et qui écrit noir, qui épouvante la conscience humaine et réjouit la science philologique.

BIGORNEAU, s. m. Sergent de ville, — dans l'argot du peuple.

BIGOTTER, v. a. Prier Dieu, — dans l'argot des faubouriens.

BIGREMENT, adv. Extrêmement, — dans l'argot des bourgeois, qui n'osent pas employer un superlatif plus énergique.

BIJOUTERIE, s. f. Frais avancés, argent déboursé, — dans l'argot des ouvriers et des patrons.

BIJOUTIER, ÈRE, s. Marchand, marchande d'*arlequins*, —

dans l'argot des faubouriens, à qui ces détritus culinaires « *reluisent* dans le ventre. »

BIJOUTIER SUR LE GENOU, s. m. Cordonnier.

On dit aussi : *Bijoutier en cuir*. Au XVIIe siècle, on disait : *Orfévre en cuir*.

BILBOQUET, s. m. Femme grosse et courte, — dans l'argot du peuple.

BILBOQUET, s. m. Homme qui est le *jouet* des autres.

BILBOQUET, s. m. Menues impressions, telles que prospectus, couvertures, têtes de lettres, etc., — dans l'argot des typographes.

BILLANCER, v. n. Faire son temps, — dans l'argot des voleurs.

BILLARD DE CAMPAGNE, s. m. Mauvais billard, — dans l'argot des bourgeois.

BILLE, s. f. L'argent, — dans l'argot des voleurs, qui n'ont pas l'air de se douter que nous avons eu autrefois de la monnaie de *billon*.

BILLE A CHATAIGNE, s. f. Figure grotesque, — dans l'argot des faubouriens.

BILLEMON, s. m. Billet, — dans l'argot des voleurs.

BILLET DE CINQ CENTS, s. m. Billet de cinq cents francs,— dans l'argot des bourgeois, qui savent aussi bien que les Anglais que *time is money*, et qui ne perdent pas le leur à prononcer des mots inutiles.

Ils disent de même : *Billet de mille.*

BINELLE, s. f. Faillite, — dans l'argot des voleurs.

Binelle-lof. Banqueroute.

BINELLIER, s. m. Banqueroutier.

BINETTE, s. f. Figure humaine, — dans l'argot des faubouriens, qui me font bien l'effet d'avoir inventé ce mot, tout moderne, sans songer un seul instant au perruquier Binet et à ses perruques, comme voudrait le faire croire M. Francisque Michel, en s'appuyant de l'autorité de M. Edouard Fournier, qui s'appuie lui-même de celle de Salgues. Pourquoi tant courir après des étymologies, quand on a la ressource de la génération spontanée?

BINÔMES, s. m. pl. Camarades de chambre à l'École d'application de Metz, et compagnons d'études à l'École polytechnique, amis, copains, frères d'adoption qui ne se ressemblent et ne se valent souvent pas, mais qui n'en sont pas moins, comme en algèbre, deux termes unis par — ou par —, et n'en forment pas moins à eux deux une quantité.

BIQUE-ET-BOUC, s. m. et f. Créature des deux genres, — dans l'argot du peuple, ordinairement plus brutal pour ces créatures-là.

BIRBADE, s. f. Vieille femme, — dans l'argot des faubouriens.

BIRBE, s. m. Vieillard.
Birbe-dab. Grand-père.

BIRBETTE, s. f. Archi-vieillard, — dans l'argot des petites dames, qui ont dû connaître plus d'un *birbante* italien, anglais, russe ou suédois.

BIRLIBIBI, s. m. Jeu de dés et de coquilles de noix, — dans l'argot des voleurs.

BISARD, s. m. Soufflet de cheminée, — dans le même argot.

BISBILLE, s. f. Querelle, fâcherie, — dans l'argot des bourgeois, qui cependant ne connaissent pas le mot italien *bisbiglio* (murmure).
Être en bisbille. Être brouillés.

BISCAYE, s. f. Bicêtre, — dans l'argot des voleurs.

BISQUANT, adj. Ennuyeux, désagréable, — dans l'argot du peuple.

BISQUER, v. n. Enrager, — dans l'argot des écoliers.

BISSARD, s. m. Pain *bis*, — dans l'argot des voyous.

BITURE, s. f. Réfection copieuse, — dans l'argot des faubouriens.

BITURER, v. n. Manger copieusement.

BIZET, s. m. Garde national réfractaire au costume d'ordonnance, et s'obstinant à faire en habit ou en paletot son devoir de soldat-citoyen.

BLAGUE, s. f. Gasconnade essentiellement parisienne, — dans l'argot de tout le monde.

Les étymologistes se sont lancés tous avec ardeur à la poursuite de ce chastre. — MM. Marty-Laveaux, Lorédan Larchey, Albert Monnier, etc., — et tous sont rentrés bredouille. Pourquoi remonter jusqu'à Ménage? Un gamin s'est avisé un jour de la ressemblance qu'il y avait entre certaines paroles sonores, entre certaines promesses hyperboliques, et les vessies gonflées de vent, et la *blague* fut.

Avoir de la blague. Causer avec verve, avec esprit, comme Alexandre Dumas, Méry ou Nadar.

Avoir la blague du métier. Faire valoir ce qu'on sait; parler avec habileté de ce qu'on fait.

Ne faire que des blagues. Gaspiller son talent d'écrivain dans les petits journaux, sans songer à écrire le livre qui doit rester.

BLAGUE SOUS LES AISSELLES. Expression de l'argot des ouvriers, pour signifier qu'ils cessent de plaisanter, qu'ils vont parler sérieusement, et pour inviter leurs interlocuteurs à en faire autant.

Elle a remplacé cette autre: *Blague dans le coin.*

BLAGUER, v. n. Mentir d'une agréable manière, ou tout simplement parler.

Blaguer quelqu'un. Se moquer de lui.

BLAGUEUR, s. m. Gascon né sur les bords de la Seine, dont le type extrême est le *baron de Wormspire* et le type adouci le *Mistigris* de Balzac.

BLAIREAU, s. m. Conscrit, — dans l'argot des vieux troupiers.

BLAIREAU, s. m. Jeune homme de famille qui se croit des aptitudes littéraires et qui, en attendant qu'il les manifeste, mange sa légitime en compagnie de bohèmes littéraires.

BLAIREAUTER, v. a. Peindre avec trop de minutie, — dans l'argot des artistes qui n'ont pu encore digérer Meissonnier.

BLANC, s. m. Vin blanc, — dans l'argot du peuple.

BLANCHISSEUR, s. m. Celui qui révise un manuscrit, qui le polit, — dans l'argot des gens de lettres, par allusion à l'action du menuisier qui, à coups de rabot, fait d'une planche rugueuse une planche lisse.

Signifie aussi Avocat.

BLANCHISSEUSE DE TUYAUX DE PIPES, s. f. Fille ou femme de mauvaise vie, — dans l'argot du peuple.

BLANC-VILAIN, s. m. Distributeur des boulettes municipales destinées aux chiens errants, — dans l'argot des faubouriens, qui d'un nom propre probablement, ont fait une qualification applicable à une profession.

BLANQUETTE, s. f. Argenterie,—dans l'argot des voleurs.

BLASÉ, ÉE, adj. Enflé, ée,—dans l'argot des voleurs, qui ont emprunté cette expression à l'allemand *blasen* (souffler).

BLAVIN, s. m. Mouchoir,—dans le même argot.

BLAVINISTE, s. m. Pick-pocket qui a la spécialité des mouchoirs.

BLÉ BATTU, s. m. Argent, — dans l'argot des paysans de la banlieue de Paris, pour qui blé en grange représente en effet de l'argent.

Avoir du blé en poche. Avoir de l'argent dans sa bourse.

N'avoir pas de blé. N'avoir pas un sou.

BLEU, s. m. Conscrit, — dans l'argot des troupiers; cavalier nouvellement arrivé, — dans l'argot des élèves de Saumur.

BLEU, s. m. Manteau, — dans l'argot des voyous, qui ont voulu consacrer à leur façon la mémoire de Champion.

BLEU, s. m. Vin de barrière, — dans l'argot du peuple, qui a remarqué que ce Bourgogne apocryphe tachait de bleu les nappes des cabarets.

On dit aussi *Petit bleu.*

BLEU, s. m. Marque d'un coup de poing sur la chair.

Faire des bleus. Donner des coups.

BLEU, adj. Surprenant, excessif, invraisemblable.

C'est bleu. C'est incroyable.

En être bleu. Être stupéfait d'une chose, n'en pas revenir, *se congestionner* en apprenant une nouvelle.

Être bleu. Être *étonnamment* mauvais,—dans l'argot des coulisses.

BLOC, s. m. La salle de police. Argot des soldats.

Être au bloc. Être consigné.

BLOCKHAUSS, s. m. Garni, — dans l'argot des chiffonniers, qui parlent allemand sans le savoir.

BLONDE, s. m. Maîtresse,—dans l'argot des ouvriers.

BLOQUER, v. a. Mettre un soldat à la salle de police, — ce qui est le *boucler*, vieille forme du verbe *blouquer*.

BLOQUER, v. a. Abandonner, — dans l'argot des voleurs.

BLOQUIR, v. a. Vendre des objets volés, ordinairement en *bloc.* (V. *Abloquir.*)

BLOT, s. m. Prix d'une chose, — dans l'argot des faubouriens.

C'est mon blot ! Cela me convient.

BLOUSER (Se), v. réfl. Faire un pas de clerc, une sottise; se tromper,—dans l'argot du peuple, qui a voulu faire une allusion à la *blouse* du billard.

BLOUSIER, s. m. Voyou, porteur de blouse, — dans l'argot des gens de lettres.

BOBÉCHON, s. m. La tête, —dans l'argot du peuple, par allusion à la bobèche qui surmonte le chandelier.

Se monter le bobéchon. S'illusionner sur quelqu'un ou sur quelque chose ; se promettre monts et merveilles d'une affaire — qui accouche d'une souris.

BOBELINS, s. m. pl. Bottes, dans l'argot des marchandes du Temple, qui ont l'air d'avoir lu Rabelais.

BOBINE, s. f. Tête, visage, — dans l'argot du peuple, qui a constaté fréquemment les *bobes* ou grimaces que les passions font faire à la figure humaine, d'ailleurs terminée *cylindriquement.*

BOBINO, s. m. Montre, — dans l'argot des voleurs.

Ils disent aussi *Bobine.*

BOBO, s. m. Mal, — dans l'argot des enfants.

Il n'y a pas de bobo. Il n'y a pas de mal, — dans l'argot des faubouriens, qui parlent ici au figuré.

BOBOSSE. s. m. Vieux galantin, — dans l'argot des bourgeois.

BOBOSSE, s. f. Fille ou femme affligée d'une gibbosité, — dans l'argot des faubouriens.

BOC, s. m. Apocope de *Bocard,*—dans l'argot des troupiers.

BOCAL, s. m. Carreau de vitre, — dans l'argot des faubouriens.

BOCAL, s. m. Estomac.
Se garnir le bocal. Manger.

BOCAL, s. m. Logement.

BOCARD, s. m. Mauvais lieu habité par des femmes de mauvaise vie, — dans l'argot des soldats.

BOCARI, n. de l. Beaucaire, — dans l'argot des voleurs, qui cultivent l'anagramme par à peu près.

BOCHE, s. m. Mauvais sujet, — dans l'argot des petites dames, qui le préfèrent au *muche* (Voir le Supplément).

BOCOTTER, v. n. Murmurer, marmotter entre ses dents ; rechigner, — dans l'argot du peuple.

BŒUF, adj. Énorme, extraordinaire, — dans l'argot des faubouriens.

Avoir un aplomb bœuf. Avoir beaucoup d'aplomb.

BOGUE, s. f. Montre, — dans l'argot des voleurs.

Bogue en jonc. Montre en or.

Bogue en plâtre. Montre en argent.

BOGUISTE. s. m. Horloger.

BOHÈME, s. f. État de chrysalide, — dans l'argot des artistes et des gens de lettres arrivés à l'état de papillons ; Purgatoire pavé de créanciers, en attendant le Paradis de la Richesse et de la Réputation ; vestibule des honneurs, de la

3

gloire et du million, sous lequel s'endorment — souvent pour toujours — une foule de jeunes gens trop paresseux ou trop découragés pour enfoncer la porte du temple.

BOHÉME, s. m. Paresseux qui use ses manches, son temps et son esprit sur les tables des cafés littéraires et des parlottes artistiques, en croyant à l'éternité de la jeunesse, de la beauté et du crédit, et qui se réveille un matin à l'hôpital comme phthisique, ou en prison comme escroc.

BOIRE DU LAIT, v. a. Avoir un joli succès, — dans l'argot des comédiens.

BOIRE UNE GOUTTE, v. a. Être sifflé, — dans l'argot des cabotins.

Payer une goutte. Siffler.

BOIS POURRI, s. m. Amadou, — dans l'argot des voyous, qui ne sont pas obligés de connaître le *Boletus igniarius* de Linnée.

BOISSEAU, s. m. Schako,— dans l'argot des vieux troupiers.

BOISSONNER, v. n. Boire plus que de raison, — dans l'argot du peuple.

BOIS-TORTU, s. m. Vigne, — dans l'argot des voleurs, qui ont emprunté ce mot aux poëtes du XVIIe siècle.

BOITE, s. f. Théâtre de peu d'importance, — dans l'argot des comédiens; bureaux de ministère,— dans l'argot des employés; bureau de journal, — dans l'argot des gens de lettres.

BOITE A DOMINOS, s. f. Cercueil,— dans l'argot des faubouriens.

BOITE A SURPRISES, s. f. La tête d'un homme de lettres.

BOITE AU SEL, s. f. La tête, siége de l'esprit.

Avoir un moustique dans la boîte au sel. Être un peu fou, un peu maniaque.

BOITE AUX CAILLOUX, s. f. Prison.

BOITE DE PANDORE, s. f. Boîte dans laquelle les voleurs renferment la cire à prendre les empreintes, — et de laquelle sortent tous les *mots* qu'ils ont avec la justice.

BOITER DES CHASSES, v. n. Être borgne ou être affecté de strabisme, — dans l'argot des voleurs, qui se sont rencontrés ici dans la même image avec l'écrivain qui a dit le premier, à propos d'Ésope, qu'il *louchait de l'épaule.*

BOLIVAR, s. m. Chapeau, —dans l'argot du peuple, qui ignore peut-être que c'est le nom de l'émancipateur des colonies espagnoles, et qui le donne indistinctement à tout couvre-chef, de feutre ou de paille, rond ou pointu, parce que c'est une habitude pour lui depuis la Restauration.

BON, s. m. Homme sur lequel on peut compter— dans l'argot du peuple, à qui l'adjectif ne suffisait pas, paraît-il.

BONBONNIÈRE A FILOUS, s. f. Omnibus, — dans l'argot des voyous, qui savent mieux que personne avec quelle facilité on peut *barboter* dans ces voitures publiques.

BON CHEVAL DE TROMPETTE, s. m. Homme qui ne s'effraye pas aisément, — dans l'argot du peuple.

BON DIEU, s. m. Sabre, — dans l'argot des fantassins.

BONHOMME, s. m. Saint, — dans l'argot des voleurs et du peuple.

BONICARD, s. m. Vieil homme, — dans l'argot des prisons.

Bonicarde. Vieille femme.

BONIFACE, s. m. Homme simple et même niais,— dans l'argot du peuple, auprès de qui la bonté n'a jamais été une recommandation.

BONIFACEMENT, adv. Simplement, à la bonne franquette.

BONIMENT, s. m. Discours par lequel un charlatan annonce aux badauds sa marchandise, qu'il donne naturellement comme *bonne* ; Parade de pitre devant une baraque de « phénomènes ».

Par analogie, Manœuvres pour tromper.

BONIR, v. n. Se taire, — dans l'argot des marbriers de cimetière.

BONIR, v. a. Dire, parler, — dans l'argot des voleurs.

BONJOUR (Vol au), s. m. Espèce de vol que son nom désigne clairement. Le chevalier d'industrie dont c'est la spécialité monte de bonne heure dans un hôtel garni, où on laisse volontiers les clés sur les portes, frappe au hasard à l'une de celles-ci, entre s'il n'entend pas de réponse, et, profitant du sommeil du locataire, fait main basse sur tout ce qui est à sa portée, — quitte à lui dire, s'il se réveille : « *Bonjour*, Monsieur ; est-ce ici que demeure M. *** ? »

BONJOURIER, s, m. Voleur au *Bonjour*.

On dit aussi : *Chevalier grimpant*, — par allusion aux escaliers que ce malfaiteur doit *grimper*.

BON MOTIF, s. m. Mariage, —dans l'argot des bourgeois.

BON NEZ, s. m. Homme fin, qui devine ce qu'on veut lui cacher, au figuré, ou qui, au propre, devine qu'un excellent dîner se prépare dans une maison, où il s'empresse d'aller, — quoique non invité.

C'est l'*olfacit sagacissime* de Mathurin Cordier.

BONNE, s. f. Chose amusante ou étonnante, *bonne* à noter.

En dire de bonnes. Raconter des histoires folichonnes.

En faire de bonnes. Jouer des tours excessifs.

BONNE AMIE, s. f. Maîtresse, — dans l'argot des ouvriers.

Une expression charmante, presqu'aussi jolie que le *sweet-heart* des ouvriers anglais, et qu'on a tort de ridiculiser.

BONNET DE NUIT SANS COIFFE, s. m. Homme mélancolique, — dans l'argot du peuple.

BONNET D'ÉVÊQUE, s. m. Le train de derrière d'une volaille, — dans l'argot des bourgeois.

BONNET D'ÉVÊQUE, s. m. Petite loge du cintre, — dans l'argot des coulisses.

BONNETEUR, s. m. Filou qui, dans les fêtes des environs de Paris, tient des jeux de cartes où l'on ne gagne jamais.

BONNETIER, s. m. Homme vulgaire, ridicule, — dans l'argot des gens de lettres.

BONNET JAUNE, s. m. Pièce de vingt francs, — dans l'argot des filles, qui la trouvent *bonne et jaune*, comme on disait autrefois *bon et gros*, pour *bien gros*.

BONNICHON, s. m. Petit bonnet d'ouvrière, — dans l'argot du peuple.

BON PIED ! « Cela compte, » — dans l'argot des enfants, lorsqu'en jouant une de leurs billes rencontre un obstacle imprévu.

Mauvais pied ! « Cela ne compte pas. »

BON POUR CADET ! Se dit d'une lettre désagréable ou d'un journal ennuyeux que l'on met dans sa poche pour servir de *cacata charta*. C'est l'histoire du sonnet d'Oronte. Argot du peuple.

BONSHOMMES, s. m. pl. Croquis, — dans l'argot des écoliers.

Ils disent *L'onhommes*, l'euphonie passant avant la grammaire.

BONSHOMMES, s. m. pl. Nom que, par mépris, les filles donnent à leurs amants, et les gens de lettres à leurs rivaux.

BORDEAUX, s. m. Cigare de cinq centimes.

On dit aussi *Petit Bordeaux*.

BORDÉE, s. f. Débauche de cabaret, — dans l'argot des ouvriers, qui se souviennent d'avoir été soldats de marine.

Courir une bordée. S'absenter de l'atelier sans permission.

Tirer une bordée. Se débaucher.

BORGNE, s. m. Le derrière de l'homme et de la femme, — dans l'argot des faubouriens.

BORGNER, v. a. Regarder, — dans l'argot des marbriers de cimetière, qui clignent un œil pour mieux voir de l'autre.

BOSCOT, s. m. Bossu, — dans l'argot du peuple.

Au féminin, *Boscotte*.

BOSSE, s. f. Excès de plaisir ou de débauche.

Se donner une bosse. Manger et boire avec excès.

Se faire des bosses. S'amuser énormément.

Se donner une bosse de rire. Rire à ventre déboutonné.

Bossoirs, s. m. pl. La gorge d'une femme, — dans l'argot des marins.

Botter, v. a. Plaire, agréer, convenir, — dans l'argot du peuple.

Bottes de neuf jours, s. f. pl. Bottes percées, — dans l'argot des faubouriens, qui disent aussi *Bottes en gaieté.*

Bouant, s. m. Cochon, — dans l'argot des voyous, sans doute à cause de la *boue* qui sert de bauge naturelle au porc.

Boubane, s. f. Perruque,— dans l'argot des voleurs.

Bouc, s. m. Cocu, — dans l'argot des voleurs, qui connaissent l'antiphrase, ou qui ont voulu faire une simple allusion aux cornes.

Boucan, s. m. Vacarme; rixe de cabaret,—dans l'argot du peuple.

Faire du boucan. Faire du scandale,—ce que les Italiens appellent *far bordello.*

Donner un boucan. Battre ou réprimander quelqu'un.

Boucanade, s. f. Corruption d'un témoin, — dans l'argot des voleurs, qui redoutent le *boucan* de l'audience.

Coquer la boucanade. Suborner un témoin.

Boucaner, v. n. Sentir mauvais, sentir le *bouc*, — dans l'argot des ouvriers.

Boucard, s. m. Boutique, — dans l'argot des voleurs.

Boucardier, s. m. Voleur qui dévalise les boutiques.

Boucher, s. m. Médecin, — dans l'argot des voleurs, très-petites maîtresses lorsqu'il s'agit de la moindre opération chirurgicale.

Bouchers de Cavaignac, s. m. pl. Nom donné en 1848 aux enrôlés volontaires de la garde mobile, pour avoir trop cruellement fait leur devoir. Ils l'ont conservé depuis cette époque, et le conserveront probablement longtemps encore.

Bouchon, s. m. Acabit, genre, — dans l'argot du peuple.

Être d'un bon bouchon. Être singulier, plaisant, cocasse.

Bouchon, s. m. Cabaret.

Bouchon, s. m. Bourse, — dans l'argot des voleurs, dont les ancêtres prononçaient *bourçon.*

Bouclage, s. m Liens, menottes, — dans l'argot des prisonniers.

Bouclé (Être), v. pron. Être emprisonné.

Boucler, v. a. Fermer,— dans l'argot des voleurs, qui

prennent les verrous pour des boucles.

. *Boucler la lourde.* Fermer la porte.

BOUCLE ZOZE, s. f. Pain bis, — dans le même argot.

BOUDER, v. a. Avoir peur, reculer, — dans l'argot du peuple.

BOUDER AUX DOMINOS, v. n. Avoir des dents de moins, — dans l'argot des faubouriens.

BOUDIN, s. m. Verrou, — dans l'argot des voleurs.

BOUDINER, v. n. Dessiner ou peindre les extrémités un peu mollement, sans accuser comme il faut les lignes brisées qu'elles présentent, ce qui les fait ressembler plus à des *boudins* qu'à des jambes ou à des bras. Argot des artistes.

BOUÉ, s. m, ou BOUÉE, s. f. Trou, — dans l'argot du peuple, qui a emprunté ce mot au patois manceau. .

BOUE JAUNE, s. f. L'or, — dans lequel pataugent si gaiement tant de consciences, heureuses de se crotter.

L'expression est de Mirabeau.

BOUEUX, s. m. Celui qui ramasse la boue des rues de Paris et la jette dans un tombereau,

BOUFFARD, s. m. Fumeur, — dans l'argot du peuple, qui a remarqué, sans doute, qu'en fumant on enfle ou *bouffe* les joues.

BOUFFARDE, s. f. Pipe.

BOUFFARDER, v. n. Fumer.

BOUFFARDIÈRE, s. f. Estaminet, et, par extension, Cheminée. Argot des voleurs.

BOUFFER, v. n. Manger, — dans l'argot du peuple, qui aime les mots qui font image.

BOUGIE, s. f. Canne d'aveugle, parce qu'elle sert à l'éclairer, — dans l'argot des faubouriens.

BOUGIE GRASSE, s. f. Chandelle, — dans le même argot.

BOUGON, s. et adj. Bourru, grondeur, — dans l'argot du peuple, qui pourtant ne sait pas que les abeilles s'appellent *bugones*, par onomatopée sans doute.

On dit aussi *Bougonneur.*

BOUGONNER, v. a. et n. Gronder sans cesse et sans motif.

BOUGRE, s. m. Homme robuste, de bons poings et de grand cœur, — dans l'argot du peuple, qui ne donne pas à ce mot le sens obscène qu'il a eu pendant un long temps.

Bon bougre. Bon camarade, loyal ami.

Bougre à poils. Homme à qui la peur est inconnue.

Mauvais bougre. Homme difficile à vivre.

BOUGREMENT, adv. Extrêmement.

BOUIBOUI, s. m. Marionnette, — dans l'argot des fabricants de jouets, qui ont emprunté

ce mot au cri guttural de Polichinelle.

On écrit aussi *Bouis-bouis*,
— je ne sais pas pourquoi,
par exemple, puisque c'est
une onomatopée. *Bouig-bouig*
serait plus exact, alors.

Ensecréter un bouiboui.
Attacher tous les fils qui doivent servir à faire mouvoir
une marionnette.

BOUIBOUI, s. m. Petit théâtre, — dans l'argot des comédiens. Endroit mal famé,
— dans l'argot des bohèmes.

BOUILLANTE, s. f. Soupe,
— dans l'argot des soldats.

BOUILLIE POUR LES CHATS,
s. f. Affaire avortée, chose
mal réussie, — dans l'argot
des bourgeois.

*Faire de la bouillie pour
les chats.* Travailler sans profit
pour soi ni pour personne.

BOUILLON, s. m. Mauvaise
affaire, opération désastreuse,
— dans le même argot.

Boire un bouillon. Perdre
de l'argent dans une affaire.

BOUILLON, s. m. Pluie, —
dans l'argot du peuple.

Bouillon qui chauffe. Nuage
qui va crever.

BOUILLON AVEUGLE, s. m.
Bouillon gras qui n'est pas
assez gras, dont on ne voit
pas les *yeux*, — dans l'argot
des habitués de gargotes.

BOUILLON DE CANARD, s. m.
Eau, — dans l'argot du peuple.

BOUILLON D'ONZE HEURES,
s. m. Breuvage empoisonné.

*Prendre un bouillon d'onze
heures.* Se noyer ou s'empoisonner.

BOUILLON POINTU, s. m.
Lavement.

BOUILLON POINTU, s. m.
Coup de baïonnette, — dans
l'argot des troupiers.

BOUILLONS, s. m. pl. Li-
vres ou journaux qui reviennent invendus. Argot des gens
de lettres.

BOUIS, s. m. Fouet, — dans
l'argot des voleurs.

BOUISER, v. a. Donner le
fouet ou du fouet, — selon
qu'il s'agit d'un enfant ou
d'un cheval.

BOULANGE, s. f. Apocope
de *Boulangerie*, — dans l'argot du peuple.

BOULANGER DES AMES, s.
m. Le Diable, — dans l'argot
des prisons, où l'on croit peu
à Dieu et où l'on remplace la
religiosité par la superstition.

BOULE, s. f. Foire, — dans
le même argot.

BOULÉ, s. f. Tête, — dans
l'argot du peuple.

Bonne boule. Physionomie
grotesque.

BOULE DE NEIGE, s. f. Nègre,
— par une antiphrase em-
pruntée à nos voisins d'Outre-
Manche, qui disent de tout
oncle Tom : *Snow-ball*, —
quand ils n'en disent pas :
lily-white (blanc de lis).

BOULE DE SON, s. f. Pain de
prisonnier.

BOULE DE SON, s. f. Figure
marquée de taches de rous-

seur,— dans l'argot des faubouriens.

BOULENDOS, s. m. Bossu,
— dans l'argot des voyous.
Ils disent aussi *Bossemar*.

BOULER, v. n. Aller, *rouler*,
— dans le même argot.

BOULER. v. a. Pousser quelqu'un brusquement, le se-
couer brutalement, — dans
l'argot du peuple.

S'emploie aussi, au fig.,
pour Gronder, faire d'énergiques reproches.

BOULE ROUGE, s. f. Fille ou
femme galante qui habite le
quartier de la Boule-Rouge,
dans le faubourg Montmartre.

Comme les mots ne man-
queront jamais aux hommes
pour désigner les femmes,—
du moins une certaine classe
de femmes, — ce nom, qui
succédait à celui de *lorette* et
qui date de la même époque,
a été lui-même remplacé par
une foule d'autres, tels que :
filles de marbre, *pré-catela-
nières*, *casinettes*, *musar-
dines*, etc.

BOULES DE LOTO, s. f. pl.
Yeux gros et saillants, —
dans l'argot du peuple, qui
ne sait pas que Junon les
avait ainsi, et à qui peut-être
la chose est parfaitement in-
différente.

BOULET A CÔTES, s. m. Me-
lon, — dans l'argot des faubouriens.

Ils disent aussi *Boulet à
queue*.

BOULET JAUNE, s. m. Po-
tiron, — dans l'argot des
voyous.

BOULETTE, s. f. Bévue,
erreur plus ou moins grave,
— dans l'argot du peuple.

BOULINER, v. a. Voler, —
ce qui exige qu'on fasse des
boulins (ou trous) aux murs
d'une maison ou aux volets
d'une boutique.

Les escrocs des siècles passés disaient *bouler*.

BOULINGUER, v. a. Déchi-
rer, — dans l'argot des voleurs.

Signifie aussi Gouverner,
Conduire, — dans l'argot des
vagabonds, qui savent si mal
se *boulinguer* eux-mêmes.

BOULINOIRE, s. f. Vilebre-
quin.

BOULOTER, v. a. Assister
un camarade, — dans l'argot
des voleurs.

BOULOTS, s. m. pl. Hari-
cots ronds,— dans l'argot des
bourgeois.

BOULOTTER, v. n. Aller
doucement, faire de petites
affaires, — dans l'argot du
peuple.

BOULOTTER L'EXISTENCE, v.
a. La mener heureuse et douce.

BOUQUET, s. m. Accident
heureux ou malheureux.

C'est le bouquet ! Cela complète mon malheur !

BOUQUET, s. m. Cadeau,—
dans l'argot des voyous.

BOUQUIN, s. m. Livre neuf
ou vieux, — dans l'argot des

gens de lettres. C'est une corruption ou une ironie du mot anglais *book*.

BOUQUINER, v. n. Faire la chasse aux livres anciens ou modernes.

BOURBON, s. m. Nez, — dans l'argot des faubouriens, qui ont voulu consacrer le souvenir du nez de leurs derniers rois.

BOURDON, s. m. Fille publique, — dans l'argot des voleurs.

BOURDON, s. m. Mots oubliés, — dans l'argot des typographes.

BOURGEOIS, s. m. Expression de mépris que croyaient avoir inventée les Romantiques pour désigner un homme vulgaire, sans esprit, sans délicatesse et sans goût, et qui se trouve tout au long dans l'*Histoire comique de Francion* : « Alors lui et ses compagnons ouvrirent la bouche quasi tous ensemble pour m'appeler *bourgeois*, car c'est l'injure que ceste canaille donne à ceux qu'elle estime niais. »

BOURGEOIS, s. m. Patron, — dans l'argot des ouvriers ; Maître, — dans l'argot des domestiques.

On dit dans le même sens, au féminin : *Bourgeoise*.

BOURGEOIS, s. m. Toute personne qui monte dans une voiture de place ou de remise, — à quelque classe de la société qu'elle appartienne. Le cocher ne connaît que deux catégories de citoyens : les cochers et ceux qui les payent, — et ceux qui les payent ne peuvent être que des bourgeois.

BOURGEOISADE, s. f. Action mesquine, plate, écœurante, — dans l'argot des gens de lettres et des artistes.

BOURGUIGNON, s. m. Le soleil,—dans l'argot du peuple, qui croit que cet astre n'a été créé par Dieu que pour faire mûrir les vignes de la Côte-d'Or.

BOURRASQUE, s. f. Coup de filet policier, — dans l'argot des voleurs.

BOURRE-COQUINS, s. m. pl. Haricots, — dans l'argot du peuple.

BOURRE-DE-SOIE, s. f. Fille ou femme entretenue,— dans l'argot des voyous.

BOURRICHON, s. m. La tête, — dans l'argot des faubouriens, qui prennent les imbéciles pour des huîtres.

Se monter le bourrichon. Se faire une idée fausse de la vie, s'exagérer les bonheurs qu'on doit y rencontrer, et s'exposer ainsi, de gaieté de cœur, à de cruels mécomptes et à d'amers désenchantements.

BOURRIQUE, s. f. Imbécile, —dans l'argot du peuple, qui calomnie l'âne.

Tourner en bourrique. S'abrutir, ne plus savoir ce qu'on fait.

3.

Faire tourner quelqu'un en bourrique. L'obséder de reproches ou d'exigences ridicules.

BOURRIQUE A ROBESPIERRE, s. f. Animal aussi fantastique que la Bête du Gévaudan, que le peuple se plaît à mettre à toutes les sauces, sans qu'on sache pourquoi. Quand il a dit : *Bête* (ou *saoûl*, ou *méchant*) *comme la bourrique à Robespierre*, c'est qu'il n'a pas trouvé de superlatif péjoratif plus énergique.

BOURSICOT, s. m. Portemonnaie et l'argent qu'il contient, — dans l'argot du peuple.

BOURSICOTEUR, s. m. Agent d'affaires marron.

On dit aussi *Boursicotier*.

BOURSIER, s. m. Homme qui fait des affaires à la Bourse.

BOUSCAILLE, s. f. Bouc, — dans l'argot des voleurs.

BOUSCAILLEUR, s. m. Balayeur.

BOUSILLER, v. a. Faire vite et mal, — dans l'argot du peuple, qui sait avec quel sans-façon et quelle rapidité les maçons bâtissent les maisons des champs, avec du crachat et de la *boue*, ou mieux de la *bouse*.

BOUSILLEUR, s. m. Ouvrier qui fait de mauvais ouvrage, — parce que trop vite et sans soin.

BOUSILLEUSE, s. f. Femme qui gaspille volontiers ses robes et l'argent qu'elle gagne — sans rien faire.

BOUSIN, s. m. Maison mal famée ; cabaret borgne.

BOUSIN, s. m. Vacarme, scandale, — dans l'argot du peuple.

Faire du bousin. Faire du tapage, du scandale ; se battre à coups de chaises, de tables et de bouteilles.

BOUSINGOT, s. m. Étudiant romantique qui portait des gilets à la Robespierre et était affilié à la Société des Saisons : un type héroïque, quoique un peu théâtral, qui a complétement disparu aujourd'hui.

BOUSSOLE, s. f. Tête, — dans l'argot du peuple, qui sait aussi bien que personne que c'est là que se trouve l'aiguille aimantée appelée la Raison.

Perdre la boussole. Devenir fou.

BOUSSOLE DE SINGE, s. f. Fromage de Hollande,—dans l'argot des faubouriens.

Ils disent aussi *Boussole de refroidi*.

BOUSTIFAILLE, s. f. Vivres, nourriture, — en un mot ce que Rabelais appelait « le harnois de gueule ».

BOUSTIFAILLER, v. n. Manger.

BOUT DE CUL, s. m. Petit homme, — dans l'argot du peuple.

BOUTANCHE, s. f. Boutique, — dans l'argot des prisons.
On dit aussi *Bouloque*.

BOUTEILLE, s. f. Nez, — dans l'argot des faubouriens.

BOUTEILLE, s. f. Latrines, — dans l'argot des matelots.

BOUTERNE, s. f. Boîte carrée d'assez grande dimension, garnie de bijoux d'or et d'argent numérotés, parmi lesquels il y a l'inévitable « pièce à choisir », qui est ordinairement une montre avec sa chaîne, « d'une valeur de 600 francs », que la marchande reprend pour cette somme lorsqu'on la gagne. Mais on ne la gagne jamais, parce que les chances du jeu de la bouterne, composé de huit dés, sont trop habilement distribuées pour cela : les dés sont pipés !

BOUTERNIÈRE, s. f. Femme qui dupe les simples avec la bouterne.

BOUTIQUE, s. f. Ce que les petites filles laissent voir si volontiers, — comme dans le tableau de *l'Innocence*.
Montrer toute sa boutique. Relever trop haut sa robe dans la rue, ou la décolleter trop bas dans un salon.

BOUTIQUE, s. f. Bureau, — dans l'argot des employés ; Journal, — dans l'argot des gens de lettres.
Esprit de boutique. Esprit de corps.
Être de la boutique, Être de la maison.

BOUTIQUER, v. a. Faire à contre-cœur ; arranger mal une chose. Argot du peuple.

BOUTON, s. m. Passe-partout. Argot des voleurs.

BOUTON, s. m. Louis d'or. — Argot des maquignons.

BOXON, s. m. Mauvais lieu habité par de jolies filles, — dans l'argot des faubouriens.

BOYAU ROUGE, s. m. Bon buveur, — dans l'argot du peuple, qui a emprunté cette expression à la Bourgogne.

BRAILLANDE, s. f. Caleçon, *braies*. Argot des voleurs.

BRAIRE, v. n. Pleurer, — dans l'argot du peuple.

BRAISE, s. f. Argent monnayé. Argot des filles.
Abouler de la braise. Donner de l'argent à une fille pour être aimé d'elle. ; ou à un voleur pour n'être pas tué par lui.

BRANCARD, s. m. Lorette hors d'âge, qui conduit les jeunes drôlesses dans les bons endroits, qui les *traîne* sur la route du vice. Argot de Bréda-Street.

BRANCHE, s. f. Ami, compagnon. Argot des faubouriens.

BRANDILLEUSE, s. f. Sonnette, — dans l'argot des voyous.

BRANLANTES, s. f. pl. Dents des vieillards, — dans le même argot.

BRANQUE, s. m. Ane, — dans l'argot des voleurs, dont les ancêtres, les gueux infirmes, étaient portés à l'hospice sur un pacolet, qu'ils appelaient *brancard*.

BRAQUE, s. m. Original, homme à moitié fou, qui court de ci, de là, comme un chien de chasse, — dans l'argot des bourgeois, qui n'aiment pas les excentriques, et veulent qu'à leur exemple on marche à pas comptés et d'un air compassé.

On dit aussi *Grand braque* — même à propos d'un homme de taille moyenne.

BRAS, adj. m. Grand, — dans l'argot des voleurs, qui exagèrent la longueur de la *brasse*.

BRASSET, adj. m. Gros, — homme difficile à *embrasser*.

BRÉDA-STREET, s. m. Cythère parisienne, qui comprend non-seulement la rue Bréda, mais toutes les rues avoisinantes, où s'est agglomérée depuis une vingtaine d'années une population féminine dont les mœurs laissent à désirer, — mais ne laissent pas longtemps désirer. Mœurs à part, langage spécial formé, comme l'airain de Corinthe, de tous les argots parisiens qui sont venus se fondre et se transformer dans cette fournaise amoureuse. Nous en retrouverons çà et là des échantillons intéressants.

BREDOCHE, s. f. Liard, — dans l'argot des voyous.

Ils disent aussi *brobèche*, et *broque*.

BRELOQUE, s. f. Pendule,— dans l'argot des faubouriens.

D'où est sans doute venue l'expression : *Battre la breloque*, pour signifier d'abord, chez les soldats : « Annoncer à son de tambour l'*heure* des repas »; puis, au figuré, chez le peuple : « Déraisonner comme une pendule détraquée. »

BRÊMES, s. f. pl. Cartes à jouer, — dans l'argot des voleurs et des petites dames.

Brême de paclin. Carte géographique.

Maquiller les brêmes. Se servir, pour jouer, de cartes biseautées.

BRÉMIER, s. m. Fabricant de cartes.

BRICABRACOLOGIE, s. f. Science, métier du bric-à-brac, des *bibelots* de luxe.

Le mot est de Balzac.

BRICARD, s. m. Escalier,— dans l'argot des voyous.

BRICOLE, s. f. Mauvaise affaire, affaire d'un produit médiocre, — dans l'argot du peuple.

BRICOLER, v. a. Faire une chose à la hâte et sans goût.

BRICOLEUR, s. m. Homme bon à tout faire, les bons comme les mauvais métiers, — les mauvais surtout.

BRICUL, s. m. Officier de paix, — dans l'argot des voleurs.

BRIDE, s. f. Chaîne de

montre, — 'dans le même argot.

BRIDER, v. a. Fermer, — dans le même argot.

Brider la lourde. Fermer la porte.

BRIDES A VEAUX, s. f. pl. Raisons plus spécieuses que *solides,* dont se contentent les sots, — dans l'argot du peuple.

BRIFFER, v. n. Manger, — dans l'argot du peuple, qui se souvient de la vieille et bonne langue.

BRIGANTE, s. f. Perruque, — dans l'argot des voleurs.

BRIGEANTS, s. m. pl. Cheveux, — dans le même argot.

On dit aussi *Brigands,* — à cause de la physionomie rébarbative que vous donnent des cheveux ébouriffés.

BRIMADE, s. f. Épreuve vexatoire, — dans l'argot des troupiers, qui se plaisent à jouer des tours aux conscrits.

BRIMAR, s. m. Briseur, — dans l'argot des voleurs.

BRINDEZINGUE, s. m. Étui en fer-blanc, d'un diamètre peu considérable et de douze à quinze centimètres de longueur, dans lequel les voleurs renferment une lame d'acier purifié taillée en scie, et à trois compartiments, qui leur sert à couper les plus forts barreaux de prison. Comment arrivent-ils à soustraire cet instrument de délivrance aux investigations les plus minutieuses des geôliers? C'est ce qu'il faut demander à M. le docteur Ambroise Tardieu, qui a fait une Étude spéciale des maladies de la gaîne naturelle de cet étui.

BRINDEZINGUES (Être dans les). Être complétement ivre, — dans l'argot des faubouriens.

BRINGUE, s. f. Femme maigre, déhanchée, — dans le même argot.

On dit aussi *Grande bringue.*

BRIO, s. m. Vivacité, verve, — dans l'argot des gens de lettres, qui ont emprunté ce mot aux Italiens.

BRIOCHE, s. f. Grosse bévue, faute grossière, — dans l'argot des bourgeois.

BRIOLET, s. m. Petit vin suret, — dans l'argot du peuple, que ce vin rend *ebriolus* tout comme si c'était du bourgogne.

BRIQUEMON, s. m. Briquet, — dans l'argot des voleurs.

Signifie aussi Sabre de cavalerie.

BRISER (Se la). Se retirer d'un lieu quelconque, qu'on s'y trouve mal ou bien, — dans l'argot des faubouriens.

BROBUANTE, s. f. Bague, — dans l'argot des voleurs.

BROCANTE, s. f. Chose de peu de valeur, — dans l'argot du peuple.

BROCANTER, v. a. et n. Acheter et vendre toutes sortes de choses, des tableaux et des femmes, son talent et sa conscience, — dans l'argot des gens de lettres.

BROCHE, s. f. Billet à ordre d'une petite somme, — dans l'argot des commerçants.

BRODANCHER, v. a. Écrire, — dans l'argot des voleurs.

BRODANCHEUR A LA PLAQUE, s. m. Notaire, — à cause de son écusson.

BROQUILLE, s. f. Rien, chose de peu de valeur, — dans l'argot des cabotins.

Ne s'emploie ordinairement que dans cette phrase : *Ne pas dire une broquille*, pour : Ne pas savoir un mot de son rôle.

BROQUILLE, s. f. Minute, qui est un *rien* de temps, — dans l'argot des voleurs.

BROQUILLE, s. f. Bague, — dans le même argot.

Signifie aussi Boucle d'oreille.

BROSSÉE, s. f. Coups donnés ou reçus, — dans l'argot du peuple.

BROSSER, v. a. Donner des coups.

Signifie aussi Gagner une partie de billard.

Se faire brosser, v. réfl. Se faire battre, — au propre et au figuré.

BROSSER LE VENTRE (Se), v. réfl. Se passer de manger, se coucher sans souper.

BROUÉE, s. f. Coups donnés ou reçus, — dans l'argot des faubouriens, qui parfois se décousent ainsi les *brouailles*.

BROUILLARDS (Être dans les). Être gris à n'y voir plus clair pour se conduire.

BROUILLÉ AVEC LA MONNAIE, s. et adj. Pauvre, ruiné, — dans l'argot du peuple.

Il disait autrefois *Brouillé avec les espèces*.

BROUSSAILLES (Être dans les). Être en état d'ivresse, à en perdre son chemin et à donner du nez contre les haies, au lieu de suivre le pavé du roi.

BROUTER, v. a. Manger, — dans l'argot du peuple.

BROUTEUR SOMBRE, s. m. Homme mélancolique, qui mange tout seul.

BROYEUR DE NOIR EN CHAMBRE, s. m. Écrivain mélancolique; personne qui se suicide à domicile.

BRUGE, s. m. Serrurier, — dans l'argot des voleurs.

BRUGERIE, s. f. Serrurerie, parce que cela se *ronge* vite (βρύχω), dirait M. Francisque Michel dans son ardeur d'étymologiste.

BRULAGE, s. m. Déconfiture générale de l'homme *brûlé*.

L'expression appartient à Balzac.

BRULANT, adj. Délicat, scabreux, difficile.

Actualité brûlante. Actualité on ne peut plus actuelle, pour ainsi dire.

BRULÉ (Être). N'inspirer plus aucune confiance dans les endroits où l'on était bien reçu, où l'on avait crédit sur sa mine, — dans l'argot des bohèmes.

BRULÉ (Être). Être déjoué par la police, — dans l'argot des voleurs.

BRULÉE, s. f. Coups donnés ou reçus, — dans l'argot du peuple.

Foutre une brûlée. Battre les ennemis, — dans l'argot des troupiers.

Recevoir une brûlée. Être battu par eux.

BRULE-GUEULE, s. m. Pipe très-courte et très-culottée, — dans l'argot du peuple et des artistes.

BRULER, v. n. Approcher du but, être sur le point de découvrir une chose, — dans l'argot des enfants et des grandes personnes, qui devinent, les unes, qui savent, les autres, à quoi on s'expose en s'approchant du *feu.*

BRULER, v. a. Dépasser une voiture, — dans l'argot des cochers, qui se plaisent à ce jeu dangereux, malgré les conseils de la prudence et les règlements de police.

BRULER A LA RAMPE (Se). Jouer pour soi sans se préoccuper de la pièce, — dans l'argot des coulisses.

BRULER DU SUCRE, v. a. Recevoir des applaudissements, — dans le même argot.

BRULER LA POLITESSE, v. a. Disparaître sans avertir, — dans l'argot des bourgeois.

BRULER LE PÉGRIOT, v. a. Faire disparaître les traces d'un vol, — dans l'argot des prisons.

BRULER LES PLANCHES, v. a. Avoir l'habitude de la scène, jouer un rôle avec aplomb, — dans l'argot des coulisses.

BRULER SA CHANDELLE PAR LES DEUX BOUTS, v. a. Faire des dépenses extravagantes, — dans l'argot des bourgeois.

BRULOT, s. m. Mélange de sucre et d'eau-de-vie *brûlée.*

BRUTAL, s. m. Canon, — dans l'argot du peuple, qui a quelquefois à se plaindre de cet *ultima ratio regum.*

BRUTUS, s. m. La Bretagne, — dans l'argot des voleurs, qui ont probablement constaté l'état sauvage, *brut,* des Bretons.

BUCHE, s. f. Bois à graver, — dans l'argot des graveurs.

BUCHE, s. f. Pièce à faire, — dans l'argot des tailleurs.

BUCHE PLOMBANTE, s. f. Allumette chimique, — dans l'argot des voleurs.

BUCHER, v. n. Travailler avec énergie, avec assiduité, — dans l'argot du peuple.

BUCHER, v. a. Frapper, battre, — dans le même argot.

Se bûcher, v. réfl. Échanger des coups.

BUCHERIE, s. f. Rixe populaire, souvent sanglante, quoique à coups de pied et de poing seulement.

BUCHEUR, s. m. Travailleur obstiné.

BUQUER, v. n. Voler dans les boutiques en y demandant de la monnaie.

BURELIN, s. m. Bureau, — dans l'argot des voyous.

BURETTES, s. f. pl. Paire de pistolets, — dans l'argot des faubouriens.

BUSARD, s. m. Niais; homme incapable, paresseux, impropre à quoi que ce soit, — dans l'argot du peuple.

BUSTINGUE, s. f. Garni où couchent les bateleurs, les Savoyards, les montreurs de curiosités. Argot des voleurs.

BUTE, s. f. L'échafaud, que doivent gravir ceux qui ont *buté* quelqu'un. Même argot.

BUT EN BLANC (De). De propos délibéré, au moment où on s'y attend le moins, — dans l'argot du peuple.

BUTER, v. a. Assassiner,— dans l'argot des voleurs, qui ont un salutaire effroi de la *bute*.

BUTEUR, s. m. Le bourreau, — qui tue ceux qui ont tué, et bute ceux qui ont buté.

BUTRE, s. f. Plat, — dans l'argot des voleurs.

BUVAILLER, v. a. Boire peu, ou à petits coups, — dans l'argot du peuple.

BUVAILLEUR, s. m. Homme qui ne sait pas boire.

BUVETTE, s. f. Endroit du mur du cimetière par où passent les marbriers pour aller chercher des liquides prohibés à la douane du *gâffe* en chef.

C

ÇA (Être). Être parfait, comme il faut que ce soit, — dans l'argot du peuple.

CAB, s. m. Apocope de *Cabotin*, — dans l'argot des faubouriens.

On dit aussi *Cabot*.

CAB, s. m. Cabriolet d'importation anglaise, dont le cocher se place derrière au lieu de se tenir devant.

CABARET BORGNE, s. m. Mauvais lieu, cabaret de mauvaise mine.

CABAS, s. m. Vieux chapeau d'homme ou de femme, —dans l'argot des bourgeois.

CABASSER, v. n. Bavarder, — dans l'argot du peuple.

Signifie aussi Tromper, et même Voler.

CABASSEUR, s. m. Faiseur de cancans.

CABERMON, s. m. Cabaret, — dans l'argot des voleurs.

CABESTAN, s. m. Officier de paix, — dans le même argot.

CABILLOT, s. m. Soldat, — dans l'argot des marins.

CABO, s. m. Chien, — dans l'argot du peuple, qui a contracté le vieux mot *clabaud*. On dit aussi *Cabe*.

CABOCHE, s. f. Tête, — dans l'argot du peuple, qui s'éloigne bien du κεφαλή grec et du *caput* latin. On dit aussi *Cabosse*.

CABOCHON, s. m. Coup reçu sur la tête, ou sur toute autre partie du corps.

CABOTIN, s. m. Mauvais acteur, — le Rapin du Théâtre, comme le Rapin est le Cabotin de la Peinture.

CABOTINAGE, s. m. Le stage de comédien, qui doit commencer par être sifflé sur tous théâtres de toutes les villes de France, avant d'être applaudi à Paris.

CABOTINE, s. f. Drôlesse qui fait les planches au lieu de faire le trottoir.

CABOULOT, s. m. Boutique de liquoriste tenue par de belles filles bien habillées qui n'ont, pour unique profit, que les *deux sous du garçon*.

Le mot a une vingtaine d'années. Au début, il a servi d'enseigne à un petit cabaret modeste du boulevard Mont-Parnasse, puis il a été jeté un jour, par fantaisie, dans la circulation, appliqué à toutes sortes de petits endroits à jeunes filles et à jeunes gens, et il a fait son chemin.

CABRER (Se), v. réfl. Se fâcher, — dans l'argot des bourgeois.

CABRIOLET, s. m. Petit instrument fort ingénieux que les agents de police emploient pour mettre les malfaiteurs qu'ils arrêtent hors d'état de se servir de leurs mains.

CACA, s. m. Évacuation alvine, — dans l'argot des enfants; Vilenie, — dans l'argot des grandes personnes, qui connaissent le verbe *Cacare*.

Faire caca. Ire ad latrinas.

CACHEMIRE, s. m. Torchon, — dans l'argot ironique des faubouriens.

Donner un coup de cachemire sur une table. L'essuyer.

CACHEMIRE D'OSIER, s. m. Hotte, — dans l'argot des chiffonniers.

Ils disent aussi *Cabriolet*, et *Carquois d'osier*.

CACHE-MISÈRE, s. m. Vêtement ample, boutonné jusqu'au menton et dissimulant tant bien que mal l'absence de chemise. Argot du peuple.

CACHEMITE, s. f. Cachot, — dans l'argot des voleurs.

CACHET DE LA RÉPUBLIQUE, s. m. Coup de talon de botte sur la figure, — dans l'argot des voyous.

CADAVRE, s. m. Synonyme de Corps, — dans l'argot du peuple.

Se mettre quelque chose dans le cadavre. Manger.

CADENNE, s. f. Chaîne de cou, — dans l'argot des voleurs, dont les pères ont jadis fait partie de la *Grande Cadenne* qui allait de Paris à Toulon ou à Brest.

CADET, s. m. Outil pour forcer les portes, — dans le même argot.

CADET, s. m. Les parties basses de l'homme, « la cible aux coups de pied », — dans l'argot du peuple.

Baiser Cadet. Faire des actions viles, mesquines, plates.

Faubouriens et commères disent fréquemment, pour témoigner leur mépris à quelqu'un ou pour clore une discussion qui leur déplaît : « Tiens, baise Cadet ! »

CADET, s. m. Synonyme de Quidam, ou de Particulier.

Tu es un beau cadet ! Phrase ironique qu'on adresse à celui qui vient de faire preuve de maladresse ou de bêtise.

CADET DE HAUT APPÉTIT, s. m. Grand mangeur.

CADICHON, s. m. Montre, — dans l'argot des voleurs.

CADRAN, s. m. Le derrière de l'homme, — dans l'argot des voyous.

Ils disent aussi *Cadran humain* ou *Cadran solaire.*

CAFARDE, s. f. La lune, — dans l'argot des voleurs, qui redoutent les indiscrétions de cette planète qui assiste à leurs méfaits derrière un voile de nuages.

CAGE, s. f. Prison, — dans l'argot du peuple, qui a voulu constater ainsi que l'homme tenait à empêcher l'homme qui *vole* de s'envoler.

Cage à chapons. Couvent d'hommes.

Cage à jacasser. Couvent de femmes.

Cage à poulets. Chambre sale, étroite, impossible à habiter.

CAGE, s. f. Atelier de composition, — dans l'argot des typographes.

Ils disent aussi *Galerie.*

CAGETON, s. m. Hanneton, — dans l'argot des voleurs, qui savent qu'il est impossible de mettre ce scarabée en *cage*, et qui voudraient bien jouir du même privilége.

CAGNE, s. f. et m. Personne paresseuse comme une *chienne*, — dans l'argot du peuple.

C'est aussi le nom qu'il donne au cheval, — pour les mêmes raisons.

CAGNOTTE, s. f. Rétribution tacitement convenue qu'on place sous le chandelier de la *demoiselle* de la maison, — dans l'argot des joueurs du demi-monde.

Cagou, s. m. Voleur solitaire, — dans l'argot des voleurs.

Cahin-caha, adv. Avec peine, de mauvaise grâce, — dans l'argot du peuple, fidèle à l'étymologie : *qua hinc, qua hac.*

Caillasse, s. f. Cailloux, — dans le même argot.

Caillé, s. m. Poisson, — dans l'argot des voleurs.

Caille coiffée, s. f. Femme éveillée, un peu plus amoureuse que son mari ne le voudrait, — dans l'argot du peuple, qui connaît les mœurs du *Coturnix*.

Caillou, s. m. Figure grotesque, — dans l'argot des voyous.

Signifie aussi Nez.

Caisse d'épargne, s. f. La bouche, — dans l'argot du peuple, qui a l'ironie amère, parce qu'il sait que les trois quarts du salaire sont absorbés par ce gouffre toujours ouvert.

Il l'appelle aussi, en employant une image contraire, *Madame la Ruine.*

Caisson, s. m. Tête, — dans l'argot des soldats.

Se faire sauter le caisson. Se brûler la cervelle.

Calabre, s. f. Teigne, — dans l'argot des voleurs.

Calain, s. m. Vigneron, — dans le même argot.

Calancher, v. n. Mourir, — dans l'argot des vagabonds.

Calandriner le sable, v. a. Traîner sa misère, — dans l'argot des voyous.

Calé, **ée**, adj. Riche, heureux, — dans l'argot du peuple, à qui il semble qu'un homme *calé* ne peut plus tomber ni mourir.

Calebasse, s. f. Tête, — dans l'argot des faubouriens, qui ont trouvé une analogie quelconque entre l'*os sublime* et le fruit du baobab, parce qu'aussi vides l'un que l'autre.

Grande calebasse. Femme longue, maigre et mal habillée.

Calége, s. f. Femme entretenue, — dans l'argot des voleurs, qui prononcent *calèche* à la vieille mode.

Caler, v. n. N'avoir pas de besogne, attendre de la *copie*, — dans l'argot des typographes.

Caler l'école, v. n. N'y pas aller, — trouver qu'il fait trop chaud (*caletur*) pour cela, et que le repos à l'ombre, ou même le jeu en plein soleil, est cent fois préférable ; ou bien, faire comme les charretiers qui *calent* les roues de leurs voitures et vont se distraire au cabaret.—Quelques personnes disent *caner*, s'appuyant sur la signification bien connue de ce verbe, qui n'est autre en effet que : Faire la cane, s'enfuir. Mais je persisterai dans mon orthographe et dans ma prononciation, parce que ce sont celles des enfants, — et que, d'ailleurs, elles sont plus rationnelles.

CALICOT, s. m. Commis d'un magasin de nouveautés, — dans l'argot du peuple.

Le mot date de la Restauration.

CALIGULER, v. a. Ennuyer, — dans l'argot des gens de lettres, qui ont gardé rancune au *Caligula* d'Alexandre Dumas.

CALINO, s. m. Nom d'une sorte de Jocrisse introduit par Antoine Fauchery dans un vaudeville, et qui a été appliqué depuis à tous les gens assez simples d'esprit, par exemple, pour s'imaginer avoir vu bâtir la maison où ils sont nés.

CALINOTADE, s. f. Naïveté qui frise de près la niaiserie.

CALLOT, s. m. Teigneux, — dans l'argot des voleurs.

CALME ET INODORE (Être). Se conduire convenablement, — dans l'argot du peuple.

CALOQUET, s. m. Chapeau.

CALORGNE, s. m. Borgne, ou seulement Bigle.
On dit aussi *Caliborgne*.

CALOT, s. m. Dé à coudre, — dans l'argot des voleurs.
Signifie aussi Coquille de noix.

CALOT, s. m. Grosse bille avec laquelle on *cale* en jouant, — dans l'argot des enfants.

CALOTIN, s. m. Prêtre, — dans l'argot du peuple.

CALOTS, s. m. pl. Yeux ronds comme des *billes*, — dans l'argot des faubouriens.
Boiter des calots. Loucher.

CALOTTE, s. f. Soufflet.

CALOTTER, v. a. Souffleter.

CALVIGNE, s. f. La vigne, — dans l'argot des voleurs.
Ils disent aussi *Clavigne*.

CALVIN, s. m. Raisin.
On dit aussi *Clavin*.

CAMARDE, s. f. La Mort, — dans l'argot des voleurs, qui trouvent sans doute qu'elle manque de nez.

CAMARO, s. m. Camarade, ami, — dans l'argot des faubouriens.

CAMBRIOLE, s. f. Chambre, — dans l'argot des voleurs, qui connaissent le latin *camera*, ou le picard *cambre*.
Cambriole du milord. Appartement somptueux.
Rincer une cambriole. Dévaliser une chambre.

CAMBRIOLEUR, s. m. Homme qui dévalise les chambres, principalement les chambres de domestiques, en l'absence de leurs locataires.
Cambrioleur à la flan. Voleur de chambre au hasard.

CAMBROU, s. m. Domestique mâle.

CAMBROUSE, s. f. Gourgandine, — dans l'argot des faubouriens, qui se rencontrent sans le savoir avec les auteurs du *Théâtre-Italien*.

CAMBROUSIER, s. m. Brocanteur, — dans l'argot des revendeurs du Temple.

CAMBROUSSE, s. f. Banlieue, campagne, — dans l'argot des voleurs.

Ils disent aussi *Camplouse*.

CAMBUSE, s. f. Cabaret, — dans l'argot des faubouriens.

CAMELLIA, s. m. Femme entretenue, — par allusion à Marie Duplessis, qui a servi de type à Alexandre Dumas fils pour sa *Dame aux Camélias*.

C'est par conséquent un mot qui date de 1852.

Les journalistes qui l'ont employé l'ont écrit tous avec un seul *l*, — comme Alexandre Dumas fils lui-même, du reste, — sans prendre garde qu'ainsi écrit, ce mot devenait une injure de bas étage au lieu d'être une impertinence distinguée ; un *camellia* est une fleur, mais le *camélia* est un χάμηλος.

CAMELOT, s. m. Marchand, — dans l'argot des faubouriens, qui s'aperçoivent qu'on ne vend plus aujourd'hui que de la *camelotte*.

CAMELOTTE, s. f. Mauvaise marchandise ; besogne mal faite, — dans l'argot des ouvriers ; Livre mal écrit, — dans l'argot des gens de lettres.

CAMELOTTE, s. f. « Femme galante de dix-septième ordre », — dans l'argot du peuple.

CAMELOTTE EN POGNE, s. f. Vol dans la main, — dans l'argot des prisons.

CAMELOTTER, v. n. Marchander ou vendre. Signifie aussi Mendier, Vagabonder.

CAMOUFLE, s. f. Chandelle, — dans l'argot des voleurs.

La camoufle s'esbigne. La chandelle s'éteint.

CAMOUFLEMENT, s. m. Déguisement, — parce que c'est à tromper que sert la *camoufle* de l'instruction et de l'éducation.

CAMOUFLER, v. pr. S'instruire, — se servir de la *camoufle*, de la lumière intellectuelle et morale.

CAMOUFLER (Se), v. réfl. Se déguiser.

CAMOUFLET, s. m. Chandelier.

CAMP DES SIX BORNES, s. m. Endroit du cimetière où les marbriers font leur sieste aux jours de grande chaleur.

Piquer une romaine au camp. Dormir.

CAMPER, v. n. Fuir, gagner les *champs*, — dans l'argot des voyous.

CAMPHRE, s. m. Eau-de-vie de qualité inférieure, âpre au gosier et funeste à l'estomac, comme on en boit dans les cabarets populaciers.

CAMPHRIER, s. m. Marchand

de vin et d'eau-de-vie, — dans l'argot des faubouriens.

CAMPO, s. m. Congé, — dans l'argot des écoliers et des employés, qui ne sont pas fâchés d'aller *ad campos* et de n'aller ni à leur école ni à leur bureau.

CAMUS, adj. Étonné, confus, comme quelqu'un qui viendrait de « se casser le nez », — dans l'argot du peuple.

CAMUSE, s. f. Carpe, — dans l'argot des voleurs, qui devraient pourtant savoir que les carpes des bassins de Fontainebleau ont au nez des anneaux du temps de François Ier.

CANAGE, s. m. Agonie, — dans l'argot des voyous, qui ont vu *caner* souvent devant la mort.

CANAPÉ, s. m. Lieu où Bathylle aurait reçu Anacréon, — dans l'argot des voleurs, qui ont toutes les corruptions.

CANARD, s. m. Imprimé crié dans les rues, — et, par extension, Fausse nouvelle. Argot des journalistes.

CANARD, s. m. Journal, sérieux ou bouffon, politique ou littéraire, — dans l'argot des typographes, qui savent mieux que les abonnés la valeur des *blagues* qu'ils composent.

CANARD, s. m. Mari fidèle et soumis, — dans l'argot des **bourgeoises.**

CANARD, s. m. Morceau de sucre trempé dans le café, que le bourgeois donne à sa femme ou à son enfant, — s'ils ont été bien sages.

CANARD, s. m. Chien barbet, — dans l'argot du peuple, qui sait que ces chiens-là vont à l'eau comme de simples palmipèdes, *water-dogs.*

CANARD, s. m. Fausse note, — dans l'argot des musiciens. On dit aussi *couac.*

CANARDER, v. a. Fusiller, — dans l'argot des troupiers, pour qui les hommes ne comptent pas plus que des palmipèdes.

CANARDER, v. a. Tromper.

CANARDIER, s. m. Crieur de journaux.

CANARD SANS PLUMES, s. m. Nerf de bœuf, — dans l'argot du peuple.

CANASSON, s. m. Cheval, — dans l'argot des faubouriens, qui savent que cet animal se nourrit de *son* aussi bien que d'avoine; *canc-à-son.*

CANCAN, s. m. Médisance à l'usage des portières et des femmes de chambre, — dans l'argot du peuple.

CANCAN, s. m. Fandango parisien, qui a été fort en honneur il y a trente ans, et qui a été remplacé par d'autres danses aussi décolletées.

CANCANER, v. n. Danser le cancan; — Faire des cancans.

Cancre, s. m. Collégien qui ne mord volontiers ni au latin ni aux mathématiques, et qui préfère le Jardin des plantes de Buffon au *Jardin des racines grecques* de Lancelot.

Cancre, s. et adj. Avare, homme qui n'aime point à prêter, — dans l'argot du peuple.

Canelle, n. de l. Caen, — dans l'argot des voleurs.

Caner, v. n. *Alvum deponere*, — dans l'argot du peuple.

Caner, v. n. Avoir peur, s'enfuir, faire la *cane* ou le *chien*.

Caner, v. a. Ne pas faire, par impuissance ou par paresse, — dans l'argot des gens de lettres.

Caner son article. Ne pas envoyer l'article qu'on s'était engagé à faire.

Caner, v. n. Mourir, — dans l'argot des voyous.

Caner la pégrenne, v. a. Mourir de faim, — dans l'argot des voleurs.

Caniche, s. m. Chien en général, — dans l'argot du peuple, pour qui le caniche est le seul chien qui existe, comme le *dada* est pour les enfants le seul cheval de la création.

Caniche, s. m. Ballot à oreilles, — dans l'argot des voleurs.

Canne, s. f. Surveillance de la haute police, — dans le même argot.

Canon, s. m. Verre, — dans l'argot des francs-maçons; Petite Mesure de liquide, — dans l'argot des marchands de vins.

Petit canon. La moitié d'un *cinquième*.

Grand canon. Cinquième.

Canonner, v. n. Fréquenter les cabarets.

Canonner, v. n. *Crepitare*, — dans l'argot facétieux des faubouriens, amis du bruit, d'où qu'il sorte.

Canonneur, s. m. Ivrogne, homme qui boit beaucoup de canons.

Canonnier de la pièce humide, s. m. Infirmier, — dans l'argot des soldats.

Canonnière, s. f. Le *podex* de Juvénal, — dans l'argot des faubouriens.

Charger la canonnière. Manger.

Gargousses de la canonnière. Navets, choux, haricots, etc.

Cantique, s. m. Chanson à boire, — dans l'argot des francs-maçons, qui savent que *chanter* vient de *cantare*.

Canton, s. m. Prison, — dans l'argot des voleurs.

Cantonade, s. f. Coin du théâtre, — dans l'argot des coulisses.

Parler à la cantonade. Avoir l'air de parler à quelqu'un qui a l'air de vous écouter, — au propre et au figuré.

Écrire à la cantonade. Écrire pour n'être pas lu, — dans l'argot des gens de lettres.

CANTONNIER, s. m. Prisonnier.

CANULANT, adj. Ennuyeux, importun, insupportable, — dans l'argot du peuple, qui a une sainte horreur des matassins, armés comme l'on sait, qui poursuivent M. de Pourceaugnac.

CANULER, v. a. Ennuyer, obséder.

CAPAHUTER, v. a. Assassiner un complice pour s'approprier sa part du vol.

CAPE, s. f. Écriture; — dans l'argot des voleurs.

CAPET, s. m. Chapeau, — dans l'argot des ouvriers.

CAPINE, s. f. Écritoire.

CAPIR, v. a. Écrire.

CAPITAINE, s. m. Agioteur, — dans l'argot des voleurs.

CAPITAINE, s. m. *Capitaliste,* — dans le même argot.

CAPITAINE BÊCHEUR, s. m. Capitaine rapporteur, — dans l'argot des soldats.

CAPITAINER, v. a. Agioter.

CAPITONNER (Se), v. réfl. Garnir le corsage de sa robe « d'avantages » en coton, — dans l'argot des petites dames qui, pour séduire les hommes, **ont recours à l'Art**

quand la Nature est insuffisante.

CAPON, s. m. Lâche, — dans l'argot du peuple.

CAPONNER, v. n. Reculer, avoir peur.

CAPORAL, s. m. Tabac de la régie.

CAPOU, s. m. Écrivain public, — dans l'argot des voleurs.

CAPRICE, s. m. Amant de cœur, — dans l'argot de Breda-Street, où l'on est très-capricieux.

Caprice sérieux. Entreteneur.

CAPSULE, s. f. Chapeau à petits bords, à la mode depuis quelques années. — Argot des faubouriens.

CARABIN, s. m. Étudiant en médecine, — dans l'argot du peuple.

Carabine. Maîtresse d'étudiant.

CARABINE, s. f. Fouet, — dans l'argot des soldats du train.

CARABINÉ, ÉE, adj. De première force ou de qualité supérieure, — dans l'argot du peuple.

Plaisanterie carabinée. Difficile à accepter, parce qu'excessive.

CARABINER, v. n. Jouer timidement, aventurer en hésitant son argent sur quelques cartes, — dans l'argot des joueurs de lansquenet.

CARAMBOLAGE, s. m. Lutte générale, — dans l'argot des faubouriens.

CARAMBOLER, v. a. Battre quelqu'un, et surtout plusieurs quelqu'uns à la fois ; faire coup double, au propre et au figuré.

CARANT, s. m. Planche, morceau de bois *carré*, — dans l'argot des voleurs.

CARANTE, s. f. Table.

CARAVANES, s. f. pl. Aventures galantes d'une femme, — dans l'argot du peuple, qui a entendu parler de la Fiancée du roi de Garbe.

CARBELUCHE GALICÉ, s. m. Chapeau de soie, — dans l'argot des voleurs.

CARCAGNO, s. m. Usurier, — dans l'argot des faubouriens.

CARCAN, s. m. Vieux cheval, bon pour l'équarrisseur, — dans l'argot des maquignons.

CARCAN A CRINOLINE, s. m. Habitante de Breda-Street, — dans l'argot des voyous.

CARCASSIER, s. m. Habile dramaturge, — dans l'argot des coulisses.
On dit aussi *Charpentier*.

CARDER, v. a. Égratigner le visage de quelqu'un à coups d'ongles, — dans l'argot du peuple.

CARDINAL DE LA MER, s. m. Le homard, — dans l'argot ironique des gens de lettres, par allusion à la bévue de Jules Janin.

CARDINALE, s. f. Lune, — dans l'argot des voleurs.

CARDINALES, s. f. pl. Les *menses* des femmes, — dans l'argot des bourgeois.

CARDINALISER (Se), v. réfl. Rougir, soit d'émotion, soit en buvant.
L'expression appartient à Balzac.

CAREUR, s. m. Voleur dont la spécialité consiste à s'établir à portée du tiroir de caisse d'un marchand, sous prétexte de pièces anciennes à échanger, et à profiter de la moindre distraction pour s'emparer du plus de pièces possible — anciennes ou nouvelles.
On dit aussi *Voleur à la care*.

CARGE, s. f. Balle, — dans l'argot des voleurs.

CARGUER SES VOILES, v. a. Agir prudemment, prendre ses invalides, — dans l'argot des marins.

CARIBENER, v. a. Voler à la care.

CARLINE, s. f. La Mort, — dans l'argot des bagnes.
La carline (*carlina vulgaris*) est une plante qui, au dire d'Olivier de Serres, prend son nom du roi Charlemagne, qui en fut guéri de la peste. La vie étant aussi une maladie contagieuse, ne serait-ce pas parce que la mort nous en guérit, grands et petits, rois et manants, qu'on lui a donné ce nom ? Ou bien est-ce parce

4

qu'elle nous apparaît hideuse, comme Carlin avec son masque noir ?

CARLISTE, s. m. Légitimiste, — dans l'argot du peuple, qui n'a pas l'air de se douter que Charles X est mort et que son héritier s'appelle Henri.

CARME, s. m. Argent, — dans l'argot des voleurs.

Quelques Littrés de la Basse Pègre veulent qu'on écrive et prononce *carle*, — probablement par contraction de *carolus*.

CARME, s. m. Miche de pain, — dans le même argot.

CARNE, s. f. Viande gâtée, ou seulement de qualité inférieure, — dans l'argot du peuple, qui a l'air de savoir que le génitif de *caro* est *carnis*.

Par analogie, Femme de mauvaise vie.

CAROGNE, s. f. Fille ou femme de mauvaise vie.

CAROTTE, s, f. Escroquerie légère commise au moyen d'un mensonge intéressant, — dans l'argot des étudiants, des soldats et des ouvriers.

Tirer une carotte. Conter une histoire mensongère destinée à vous attendrir et à délier les cordons de votre bourse.

Carotte de longueur. Histoire habilement forgée.

CAROTTE DANS LE PLOMB (Avoir une), v. a. Se dit d'un chanteur qui fait un *couac* ou chante faux, — dans l'argot

des coulisses ; avoir l'haleine infecte, — dans l'argot des faubouriens.

CAROTTER, v. a. Se servir de carottes pour obtenir de l'argent de son père, de son patron, ou de toute personne charitable.

Carotter l'existence. Vivre misérablement.

Carotter le service. Se dispenser du service militaire, ou autre, en demandant des congés indéfinis, sous des prétextes plus ou moins ingénieux.

CAROTTIER, s. m. Homme qui vit d'expédients, qui ment volontiers pour obtenir de l'argent.

Carottier fini. Carottier rusé, expert, dont les carottes réussissent toujours.

CAROUBLE, s. f. Fausse clé, — dans l'argot des voleurs.

CAROUBLEUR, s. m. Individu qui vole à l'aide de fausses clés.

On dit aussi *Caroubleur refilé.*

Caroubleur à la flan. Voleur à l'aventure.

CARREAU DE VITRE, s. m. Monocle, pince-nez, — dans l'argot des faubouriens.

CARREAUX BROUILLÉS, s. m. pl. Maison mal famée, tapis franc, — *abbaye des s'offre-à-tous.*

CARRELURE DE VENTRE, s. f. Réfection plantureuse, — dans l'argot du peuple, qui éprouve souvent le besoin de *raccom-*

moder son ventre déchiré par la faim.

CARRER (Se), v. réfl. Se donner des airs, faire l'entendu, — dans le même argot.

On dit aussi *Se recarrer*.

CARRER (Se), v. réfl Se cacher, — dans l'argot des faubouriens.

CARRER DE LA DÉBINE (Se), v. réfl. Se tirer de la misère.

CARTAUDE, s. f. Imprimerie, — dans l'argot des voleurs.

CARTAUDÉ, s. m. Imprimé.

CARTAUDER, v. a. Imprimer.

CARTAUDIER, s. m: Imprimeur.

CARTE, s. f. Papiers d'identité qu'on délivre, à la Préfecture de police, aux femmes qui veulent exercer le métier de filles.

Être en carte. Être fille publique.

CARTON, s. m. Carte à jouer, — dans l'argot de Breda-Street, où fleurit le lansquenet.

Manier le carton. Jouer aux cartes. — On dit aussi *Graisser le carton.*

Maquiller le carton. Faire sauter la coupe.

CARTONNIER, adj. Mal habile dans son métier. Argot des ouvriers.

CARUCHE, s. f. Prison, — dans l'argot des voleurs.

CASAQUIN, s. m. Le corps humain, — dans l'argot du peuple.

Sauter ou *tomber sur le casaquin à quelqu'un.* Battre quelqu'un, le rouer de coups.

Avoir quelque chose dans le casaquin. Être inquiet, tourmenté par un projet ou par la maladie.

CASCADE, s. f. Plaisanterie; manque de parole, — *chute* de promesse.

CASCADES, s. f. pl. Vicissitudes de la vie, — dans l'argot de Breda-Street.

CASCADES, s. f. pl. « Fantaisies bouffonnes, inégalités grotesques, improvisations fantasques », — dans l'argot des coulisses.

CASCADEUR, s. m. Acteur qui fait des interpolations dans un rôle, — bien que cela soit sévèrement défendu par un règlement de police spécial aux théâtres. Au dire de M. Joachim Duflot, Léonce, Bache et Schey sont les trois artistes qui se sont le plus distingués dans ce genre de plaisanteries, qui ont ceci d'amusant que les spectateurs croient qu'elles sont dans la pièce.

Par extension, Homme sans consistance, qui manque de parole volontiers, qui ne prend pas ses devoirs sociaux au sérieux.

CASCADEUSE, s. f. Fille ou femme qui — dans l'argot des faubouriens — laisse continuellement la clé sur la porte de son cœur, où peuvent entrer indifféremment le coiffeur et l'artiste, le caprice et le protecteur.

CASCARET, s. m. Écu de trois livres, — dans l'argot des voleurs.

CASIMIR, s. m. Gilet, — dans l'argot du peuple.

CASINETTE, s. f. Habituée du Casino de la rue Cadet, — un bal où les mères de famille ne conduiraient pas sans danger leurs filles.

Le mot est d'Albéric Second, qui l'a créé en 1861.

CASQUE, s. m. Chapeau, — dans l'argot des faubouriens, pour qui c'est le mâle de *casquette*.

Casque-à-mèche. Bonnet de coton.

CASQUE (Avoir son), v. a. Être complétement gris, — ce qui amène naturellement une violente migraine, celle que les médecins appellent *galea*, parce qu'elle vous coiffe comme avec un casque.

CASQUER, v. n. Payer, — dans l'argot des filles et des voleurs, qui, comme Bélisaire, vous tendent leur casque, avec prière — armée — de déposer votre offrande dedans.

Signifie aussi : Donner aveuglément dans un piége, — de l'italien *cascare*, tomber, dit M. Francisque Michel.

Ce verbe a enfin une troisième signification, qui participe plus de la seconde que de la première, — celle qui est contenue dans cette phrase fréquemment employée par le peuple : *J'ai casqué pour le roublard* (je l'ai pris pour un malin).

CASQUETTE, s. f. Chapeau de femme, — dans l'argot des faubouriens.

CASQUETTE (Être), v. n. Être sur la pente d'une forte ivresse, avoir son *casque*.

CASSANT, s. m. Noyer, arbre, — dans l'argot des voleurs; biscuit de mer, — dans l'argot des matelots.

CASSANTES, s. f. pl. Les dents, — dans l'argot des voleurs.

CASSE-GUEULE, s. m. Bal de barrière, — dans l'argot des faubouriens, qui s'y battent fréquemment.

CASSE-MUSEAU, s. m. Coup de poing, — dans le même argot.

CASSE-NOISETTE, s. m. Figure grotesque, où le nez et le menton sont sur le point d'accomplir le mariage projeté depuis leur naissance.

CASSE-POITRINE, s. m. Eau-de-vie poivrée, — dans l'argot du peuple.

CASSE-POITRINE, s. m. pl. Individus voués aux vices abjects, *qui manustupro dediti sunt*, dit le docteur Tardieu.

CASSER, v. a. Couper, — dans l'argot des voyous.

CASSER (Se la), v. réfl. S'en aller de quelque part; s'enfuir.

CASSER DU BEC, v. n. Avoir une haleine infecte, — dans l'argot des faubouriens.

CASSER DU GRAIN, v. a. Ne

rien faire de ce qui vous est demandé, — dans l'argot du peuple.

CASSER DU SUCRE, v. a. Faire des cancans, — dans l'argot des cabotins.

CASSER LA GUEULE A SON PORTEUR D'EAU, v. a. Avoir ses *menses*, — dans l'argot des voyous.

CASSER LA HANE, v. a. Couper la bourse, — dans l'argot des voleurs.

CASSER LA MARMITE, v. a. Se ruiner; s'enlever, par une folie, tout moyen d'existence. Argot des faubouriens.

CASSER LE COU A UN CHAT, v. a. Manger une gibelotte, — dans l'argot du peuple.

CASSER LE COU A UNE NÉGRESSE, v. a. Vider une bouteille.

CASSER LE NEZ (Se), v. réfl. Avoir une déception plus ou moins amère, depuis celle qu'on éprouve à trouver fermée une porte qu'on s'attendait à trouver ouverte, jusqu'à celle qu'on ressent à trouver un amant chez une femme qu'on avait le droit de croire seule.

CASSEROLE, s. f. Mouchard, — dans l'argot des voleurs.

CASSEROLE, s. f. L'Hôpital du Midi, — dans l'argot des faubouriens.

Passer à la casserole. Se faire soigner par le docteur Ricord.

CASSER SA CANNE, v. a.

Dormir, et, par extension, mourir.

CASSER SA CRUCHE, v. a. Perdre le droit de porter un bouquet de fleurs d'oranger, — dans l'argot du peuple, qui interprète à sa manière le tableau de Greuze.

CASSER SA FICELLE, v. a. S'évader du bagne ou d'une maison centrale, — dans l'argot des voleurs.

CASSER SA PIPE, v. a. Mourir, — dans l'argot des faubouriens et des rapins.

CASSER SON SABOT, v. a. Perdre le droit de porter un bouquet de fleurs d'oranger, — dans l'argot du peuple.

CASSER UNE CROUTE, v. a. Manger légèrement en attendant un repas plus substantiel, — dans l'argot des bourgeois.

CASSEUR, s. m. Fanfaron, qui a l'air de vouloir tout casser, — dans l'argot du peuple.

Mettre son chapeau en casseur. Sur le coin de l'oreille, d'un air de défi.

CASSEUR DE PORTES, s. m. Voleur avec effraction, — dans l'argot des voyous.

CASSINE, s. f. Maison où le service est sévère, — dans l'argot des domestiques paresseux; atelier où le travail est rude, — dans l'argot des ouvriers gouapeurs.

CASSOLETTE, s. f. Bouche, — dans l'argot des faubouriens.

Plomber de la cassolette. Fœtidum halitum emittere.

Cassolette, s. f. La *matula* de Plaute, et le « Pot qu'en chambre on demande » de Lancelot, — dans l'argot du peuple, qui va chercher ses antiphrases dans un autre Jardin que celui des Racines grecques.

Se dit aussi du Tombereau des boueux, quand il est plein d'immondices et qu'il s'en va vers les champs voisins de Paris fumer les violettes et les fraises.

Caste de charrue, s. m. Quart d'un écu, — dans l'argot des voleurs.

Castille, s. f. Petite querelle, — dans l'argot des bourgeois, qui cependant n'ont pas lu l'*Histoire de Francion*.

Chercher castille. Faire des reproches injustes ou exagérés.

Castor, s. m. Chapeau d'homme ou de femme, en feutre ou en soie, en tulle ou en paille, — dans l'argot du peuple.

Castroz, s. m. Chapon, — dans l'argot des voleurs.

Ils disent aussi *Castion.*

Castu, s. m. Hôpital, — dans l'argot des voleurs, qui savent mieux que personne que les premiers établissements hospitaliers en France, notamment l'Hôpital général à Paris, ont été de véritables forteresses, *castelli.*

Castuc, s. f. Prison, — un autre hôpital, celui des vices, qui sont la maladie de l'âme.

Cat, s. m. Chat, — dans l'argot des enfants, qui parlent mieux le vieux français que les grandes personnes :

> Lou *cat* a faïn
> Quant manjo pain,

dit un fabliau ancien.

Cataplasme au gras, s. m. Épinards, — dans l'argot des faubouriens.

Cataplasme de Venise, s. m. Soufflet, coup sur le visage, — dans l'argot du peuple.

Cathau, s. f. Fille qui n'a pas voulu coiffer sainte Catherine et s'est mariée avec le général Macadam.

Catholique a gros grains, s. m. Catholique peu pratiquant, — dans l'argot des bourgeois.

Catin, s. m. Un nom charmant qui est devenu une injure, — dans l'argot du peuple.

Cauchemardant, adj. Ennuyeux, importun, — dans l'argot des faubouriens.

Cauchemarder, v. a. Ennuyer, obséder.

Cavalcade, s. f. Aventure galante, — dans l'argot du peuple.

Avoir vu des cavalcades. Avoir eu de nombreux amants.

Cavaler (Se), v. réfl. S'enfuir comme un *cheval*, — dans l'argot des faubouriens.

Cavalot, s. m. Pièce de

menue monnaie, — dans le même argot.

CAVÉ, s. m. Dupe, — dans le même argot.

CAVÉE, s. f. Église, — dans l'argot des voleurs, qui redoutent les rhumatismes.

CAYENNE, s. m. Cimetière *extra muros*, — dans l'argot du peuple, pour qui il semble que ce soit là une façon de lieu de déportation.

Il dit aussi *Champ de navets*, — parce qu'il sait qu'avant d'être utilisés pour les morts, ces endroits funèbres ont été utilisés pour les vivants.

CAYENNE, s. m. Atelier éloigné de Paris; fabrique située dans la banlieue.

CENDRILLON, s. f. Jeune fille à laquelle ses parents préfèrent ses sœurs et même des étrangères; personne à laquelle on ne fait pas attention,—dans l'argot du peuple, qui a voulu consacrer le souvenir d'un des plus jolis contes de Perrault.

CE N'EST PAS A FAIRE! Je m'en garderais bien!

Cette expression, familière aux filles et aux voyous, est mise par eux à toutes les sauces : c'est leur réponse à tout. Il faudrait pouvoir la noter.

CENT COUPS (Etre aux). Etre bouleversé; ne savoir plus où donner de la tête. Argot des bourgeois.

CENT COUPS (Faire les). Se démener pour réussir dans une affaire; mener une vie déréglée.

CENTRE, s. m. Nom, — dans l'argot des voleurs, qui savent que le nom est en effet le point où convergent les investigations de la police, et qui, à cause de cela, changent volontiers de centre.

Centre à l'estorgue. Faux nom, sobriquet.

CENTRE DE GRAVITÉ, s. m. *Nates*, — dans l'argot des bourgeois, qui ont emprunté cette expression-là aux Précieuses.

CENTRIER, s. m. Député ministériel, — dans l'argot du peuple frondeur.

CEINTURE DORÉE, s. f. Habitante de Breda-Street, — dans l'argot des bourgeois, qui ont ressuscité une vieille appellation, les filles ayant exhumé une vieille mode.

CERBÈRE, s. m. Concierge, — dans l'argot du peuple.

CERCUER, v. a. Chercher, — dans l'argot du peuple, fidèle à l'étymologie (*circare*) et à la tradition : « Mes sommiers estoient assez loin, et estoit trop tard pour les cercher, » dit Philippe de Commines.

Li marinier qui par mer nage,
Cerchant mainte terre sauvage,
Tout regarde il à une estoile,

disent les auteurs du *Roman de la Rose.*

CERCLE, s. m. Argent monnayé, — dans l'argot des voleurs.

CERCLÉ, s. m. Tonneau ,—
dans le même argot.

CERF-VOLANT, s. m. Femme
qui attire dans une allée ou
dans un lieu désert les enfants
en train de jouer, pour leur arracher leurs boucles d'oreilles
— et quelquefois l'oreille avec
la boucle.

CERNEAU, s. m. Jeune fille,
— dans l'argot des gens de
lettres.

CHABANNAIS, s. m. Repro-
ches violents, quelquefois mêlés de coups de poing,—dans
l'argot du peuple.

Ficher un chabannais. Donner une correction.

CHAFFOURER (Se) , v. réfl.
S'égratigner.

CHAFRIOLER (Se), v. réfl. Se
caresser, se complaire , — à
la façon des *chats.*

L'expression appartient à
Balzac.

CHAHUT, s. m. Cordace las-
cive fort en honneur dans les
bals publics à la fin de la Restauration, et remplacée depuis
par le cancan, — qui a été lui-
même remplacé par d'autres
cordaces de la même lasci-
vité.

Quelques écrivains font ce
mot du féminin.

CHAHUT, s. m. Bruit, va-
carme, mêlé de coups,—dans
l'argot des faubouriens.

Faire du chahut. Bouscu-
ler les tables et les buveurs,
au cabaret; tomber sur les
sergents de ville, dans la rue.

CHAHUTER, v. a. Secouer
avec violence; renverser; se
disputer.

CHAHUTEUR, s. m. Mauvais
sujet.

CHAHUTEUSE , s. f. Habi-
tuée des bals publics; dévergondée.

CHALOUPE, s. f. Femme à
toilette tapageuse , — dans
l'argot des voyous.

Chaloupe orageuse. Variété
de chahut, et femme qui la
danse.

CHALOUPER, v. n. Danser le
chahut.

CHAMAILLER (Se), v. réfl. Se
disputer, — dans l'argot du
peuple.

CHAMAILLER DES DENTS, v.
n. Manger.

CHAMBERDER, v. a. Secouer
sans précaution; renverser;
briser , — dans l'argot des
ouvriers qui ont servi dans
l'infanterie de marine.

CHAMBRE DES COMPTES, s. f.
La *trulla* de Juvénal, — dans
l'argot des bourgeois.

CHAMBRE DES PAIRS, s. f.
Bagne à vie, — dans l'argot
des prisonniers.

CHAMBRILLON, s. f. Petite
servante, — dans l'argot du
peuple.

CHAMEAU, s. m. Fille ou
femme qui a renoncé depuis
longtemps au respect des
hommes.

Le mot a une cinquantaine
d'années de bouteille.

CHAMEAU, s. m. Compagnon

rusé, qui tire toujours à lui la couverture, et s'arrange toujours de façon à ne jamais payer son écot dans un repas ni de sa personne dans une bagarre.

CHAMPE, s. m. Apocope de *Champagne*, — dans l'argot de Bréda-Street.

CHAMP D'OIGNONS, s. m. Cimetière, — dans l'argot des faubouriens, qui savent que les morts empruntent aux vivants un terrain utilisé pour l'alimentation de ceux-ci.

CHAMPOREAU, s. m. Café à la mode arabe, concassé et fait à froid, — dans l'argot des faubouriens qui ont été troupiers en Afrique.

CHANÇARD, s. m. Homme heureux en affaires ou en amour, — dans l'argot du peuple.

CHANCELER, v. n. Etre gris à ne plus pouvoir se tenir sur ses jambes, — dans le même argot.

CHANCRE, s. m. Grand mangeur, homme qui *dévore* tout, — dans le même argot.

CHANDELLE, s. f. Mucosité qui forme stalactite au-dessous du nez, — dans l'argot des faubouriens.

Avoir des chandelles. Avoir besoin de se moucher.

CHANDELLE BRULE (La). Se dit — dans l'argot des bourgeois — pour presser quelqu'un, l'avertir qu'il est temps de rentrer au logis.

CHANGER SES OLIVES D'EAU, v. n. *Meiere*, — dans l'argot des faubouriens.

CHANGEUR, s. m. Le Babin chez lequel les voleurs vont, moyennant 30 sous par jour, se métamorphoser en curés, en militaires, en médecins, en banquiers, selon leurs besoins du moment.

CHANOINE, s. m. Rentier, — dans l'argot des voleurs.

Au féminin, *Chanoinesse.*

CHANOINE DE MONTE-A-REGRET. Condamné à mort.

CHANTAGE, s. m. Industrie qui consiste à soutirer de l'argent à des personnes riches et vicieuses, en les menaçant de divulguer leurs turpitudes; ou seulement à des artistes dramatiques qui jouent plus ou moins bien, en les menaçant de les *éreinter* dans le journal dont on dispose.

CHANTÉ (Etre). Etre dénoncé, — dans l'argot des voleurs.

CHANTEAU, s. m. Morceau de pain ou d'autre chose, — dans l'argot du peuple.

CHANTER, v. a. Parler, — dans l'argot du peuple, qui n'emploie ce verbe qu'en mauvaise part.

Faire chanter. Faire pleurer.

CHANTER (Faire). Faire donner de l'argent à un homme riche qui possède un vice secret que l'on connaît, ou à un artiste dramatique qui tient à être loué dans un feuilleton.

L'expression est vieille —

comme le vice qu'elle représente.

CHANTER LE CHANT DU DÉPART, v. a. Quitter une réunion, une compagnie d'amis, — dans l'argot des bohèmes.

CHANTER POUILLE, v. n. Chercher querelle, dire des injures, — dans l'argot du peuple.

CHANTEUR, s. m. Homme sans moralité qui prend en main la cause de la morale quand elle est outragée par des gens riches.

CHANTEUR DE LA CHAPELLE SIXTINE, s. m. Homme qui, par vice de conformation ou par suite d'accident, pourrait être engagé en Orient en qualité de *capi-agassi*.

CHAPARDER, v. a. Marauder, — dans l'argot des troupiers.

CHAPARDEUR, s. m. Maraudeur.

CHAPEAU EN BATAILLE, s. m. Dont les cornes tombent sur chaque oreille, — dans l'argot des officiers d'état-major.

CHAPEAU EN COLONNE, s. m. Placé dans le sens contraire, c'est-à-dire dans la ligne du nez.

CHAPI, s. m. Chapeau, — dans l'argot des faubouriens, dont les ancêtres on dit *chapel* et *chapin*.

CHAPON, s. m. Morceau de pain frotté d'ail, — dans l'argot du peuple, qui en assaisonne toutes ses salades.

CHAPON DE LIMOUSIN, s. m. Châtaigne.

CHARABIA, s. m. Patois de l'Auvergne.

Se dit aussi pour Auvergnat.

CHARCUTER, v. a. Couper un membre; opérer.

CHARCUTIER, s. m. Chirurgien.

CHARDON DU PARNASSE, s. m. Mauvais écrivain, — dans l'argot des Académiciens, dont quelques-uns pourraient entrer dans la tribu des Cinarées.

CHARGÉ (Être). Être en état d'ivresse, — dans l'argot des ouvriers.

CHARGÉE (Être). Avoir *levé* un homme au bal, ou sur le trottoir, — dans l'argot des petites dames.

CHARLEMAGNE, s. m. Sabre-poignard, — dans l'argot des troupiers.

CHARLOT. L'exécuteur des hautes-œuvres, — dans l'argot du peuple.

Le mot est antérieur à 1789.

Soubrettes de Charlot. Les valets du bourreau, chargés de faire la *toilette* du condamné à mort.

CHARMANTE, s. f. La gale, — dans l'argot des voleurs.

CHARMER LES PUCES, v. a. Se mettre en état d'ivresse, — dans l'argot du peuple.

CHAR NUMÉROTÉ, s. m. Fiacre, petite voiture de place

ou de remise, — dans l'argot des académiciens.

CHAROGNE, s. f. Homme difficile à vivre, — dans l'argot des faubouriens.

Signifie aussi Homme roué, *corrompu*.

CHARPENTER LE BOURRICHON (Se), v. réfl. S'enflammer à propos de n'importe qui ou de n'importe quoi, — dans l'argot des ouvriers.

CHARRIAGE, s. m. Vol pour lequel il faut deux compères, le *jardinier* et l'*Américain*, et qui consiste à dépouiller un imbécile de son argent en l'excitant à voler un tas de fausses pièces d'or entassées au pied d'un arbre, dans une plaine de Grenelle quelconque.

S'appelle aussi *Vol à l'américaine*.

CHARRIEUR, s. m. Voleur qui a la spécialité du *charriage*.

Charrieur, *cambrousier*. Voleur qui exploite les foires et les fêtes publiques.

Charrieur de ville. Celui qui vole à l'aide de procédés chimiques.

Charrieur à la mécanique. Autre variété de voleur.

CHARRON, s. m. Voleur.

CHAS ou CHASSE, s. m. OEil, — dans l'argot des voleurs, soit parce que les yeux sont les *trous* du visage, ou parce qu'ils en sont les *châssis*, ou enfin parce qu'ils ont parfois, et même souvent, la *chassie*.

Ce mot, qui ne se trouve pourtant dans aucun dictionnaire respectable, est plus étymologique qu'on ne serait tenté de le supposer au premier abord. Je m'appuie, pour le dire, de l'autorité de Ménage, qui fait venir *chassie* de l'espagnol *cegajoso*, transformé par le patois français en *chaceuol*, qui voit mal, qui a la vue faible. Et, dans le même sens, nos vieux auteurs n'ont-ils pas employé le mot *chacius?*

Châsses d'occase. Yeux bigles, ou louches.

CHASSE, s. f. Réprimande objurgation, reproches, — dans l'argot des ouvriers.

Foutre une chasse. Faire de violents reproches.

CHASSE-COUSIN, s. m. Mauvais vin, — dans l'argot des bourgeois, qui emploient volontiers ce remède héroïque, quand ils « traitent » des parents importuns, pour se débarrasser à jamais d'eux.

CHASSE-NOBLE, s. m. Gendarme, — dans l'argot des voleurs, qui se rappellent sans doute que leurs ancêtres étaient des grands seigneurs, des gens de haute volée.

CHASSER, v. n. Fuir, — dans l'argot des faubouriens.

CHASSER AU PLAT, v. n. Faire le parasite, — dans l'argot du peuple.

CHASSER DES RELUITS, v. n. Pleurer. Argot des voleurs.

CHASSER LE BROUILLARD, v. a. Boire le vin blanc ou le

petit verre du matin, — dans l'argot des ouvriers.

On dit aussi *Chasser l'humidité*.

CHASSIS, s. m. pl. Les yeux. Argot des faubouriens.

CHASSUE, s. f. Aiguille, — dans l'argot des voleurs, qui savent que toute aiguille a un *chas*.

CHASSURE, s. f. *Lotium*, — dans le même argot.

CHAT, s. m. Geôlier, — dans le même argot.

Chat fourré. Juge; greffier.

CHAT, s. m. Lapin, — dans l'argot du peuple, qui s'obstine à croire que les chats coûtent moins cher que les lapins et que ceux-ci n'entrent que par exception dans la confection des gibelottes.

CHAT, s. m. Enrouement subit qui empêche les chanteurs de bien chanter, et même leur fait faire des couacs.

CHATAIGNE, s. f. Soufflet appliqué sur la joue, — dans l'argot des ouvriers, qui ont emprunté cette expression à des Lyonnais.

CHATEAUBRIAND, s. m. Beefsteak ou côtelette cuits entre deux autres d'après la recette donnée par l'auteur de *René*.

CHATTE, s. f. Autrefois écu de six livres, aujourd'hui pièce de cinq francs, — dans l'argot des filles.

CHATTEMENT, adv. Doucement, câlinement.

L'expression est de Balzac.

CHAUD, adj. et s. Rusé, habile, — dans l'argot du peuple, assez *cautus*.

Être chaud. Se défier.

Il l'a chaud. C'est un malin qui entend bien ses intérêts.

CHAUD, adj. Cher, d'un prix élevé.

CHAUD DE LA PINCE, s. m. Homme de complexion amoureuse.

CHAUDRON, s. m. Mauvais piano qui rend des sons discordants, — dans l'argot des bourgeois.

Taper sur le chaudron. Jouer du piano, — dans l'argot du peuple.

CHAUDRONNER, v. n. Aimer à acheter et à revendre toutes sortes de choses, comme si on y était forcé.

CHAUDRONNIER, s. m. Acheteur et revendeur de marchandises d'occasion, — de la tribu des Rémoneneq parisiens.

CHAUFFE LA COUCHE, s. m. Homme qui aime ses aises et reste volontiers au lit, — dans l'argot du peuple.

CHAUFFER, v. n. Aller bien, rondement avec énergie.

CHAUFFER LE FOUR, v. a. Se griser.

Avoir chauffé le four. Être en état d'ivresse.

CHAUFFER UNE FEMME, v. a. Lui faire une cour sur le sens de laquelle elle n'a pas à se méprendre.

Nos pères disaient : *Coucher en joue une femme*.

CHAUFFER UNE PIÈCE, v. a.

Lui faire un succès, la prôner d'avance dans les journaux ou l'applaudir à outrance le jour de la représentation.

Chauffer une place, v. a. La convoiter, la solliciter ardemment.

Nos pères disaient : *Coucher en joue un emploi.*

Chauffeur, s. m. Homme de complexion amoureuse.

Se dit aussi de tout homme qui amène la gaieté avec lui.

Chaumir, v. a. Perdre, — dans l'argot des voleurs.

Chausser, v. a. Convenir, —dans l'argot des bourgeois, qui n'osent pas dire *botter.*

Chausser le cothurne, v. a. Ecrire ou jouer des tragédies, — dans l'argot des académiciens, qui parlent presque aussi mal que les faubouriens la noble langue dont ils sont les gardiens, comme les capiagassi sont ceux d'un sérail.

Chaussettes de deux paroisses, s. f. pl. Chaussettes dépareillées, — dans l'argot du peuple.

Chausson, s. m. Femme ou fille qu'une vie déréglée a avachie, éculée,— dans l'argot des faubouriens.

P..... comme chausson. Extrêmement débauchée. Aurélien Scholl a spirituellement remplacé cette expression populaire, impossible à citer, par cette autre, qui n'écorche pas la bouche et qui rend la même pensée : *Légère comme chausson.*

Chausson, s. m. Boxe populaire où le pied joue le rôle principal, chaussé ou non.

Chaussonner, v. a. Donner des coups de pied.

Chauvin, s. et adj. Homme qui aime son pays au détriment des autres nations.

Chauvinisme, s. m. Amour exagéré de la France.

Chelinguer, v. n. Puer,— dans l'argot des faubouriens.
Chelinguer des arpions. Puer des pieds.
On dit plus élégamment : *Chelinguer des arps.*
Chelinguer du bec. Fetidum emittere halitum.

Chemise de conseiller, s. f. Linge volé, — dans l'argot des voleurs, qui, dit M. Francisque Michel, ont voulu donner à entendre que le linge saisi sur eux et retenu par la justice servait à faire des chemises à leurs juges.

Chêne, s. m. Homme, victime, — dans l'argot du bagne.
Faire suer le chêne. Tuer un homme.

Chenillon, s. m. Fille laide ou mal mise, — dans l'argot des bourgeois.

Chenu, adj. Bon, exquis, parfait, — dans l'argot des ouvriers.

On dit aussi *Chenâtre.*

5

CHENUMENT, adv. Très-bien. Vadé l'a employé en 1755.

CHENU RELUIT, adv. Bonjour, — dans l'argot des voleurs.

Chenu sorgue. Bonsoir.

CHEVANCE, s. f. Ivresse,— dans le même argot.

CHERCHER MIDI A QUATORZE HEURES, v. a. Hésiter à faire une chose, ou s'y prendre maladroitement pour la faire, — dans l'argot du peuple, ennemi des *lambins.*

Signifie aussi : Se casser la tête pour trouver une chose simple.

CHEVAL DE CHARRUE, s. m. Homme grossier, — dans l'argot des bourgeois.

CHEVAL DE RETOUR, s. m. Vieux forçat, récidiviste, — dans l'argot des bagnes.

CHEVAL DE TROMPETTE, s. m. Homme aguerri à la vie, comme un cheval de cavalerie à la guerre, — dans l'argot du peuple.

Être bon cheval de trompette. Ne s'étonner, ne s'effrayer de rien.

CHEVALIER DU LANSQUENET, s. m. Homme qui fait volontiers le pont, à n'importe quel jeu de cartes, — dans l'argot des bourgeois, qui ne sont pas fâchés de mettre au rencart certaines autres expressions sœurs aînées de celle-ci, comme *Chevalier d'industrie,* etc.

CHEVALIER DU MÈTRE, s. m. Commis de nouveautés.

CHEVELU, s. m. Romantique, — dans l'argot des bourgeois de 1830.

CHEVEU, s. m. Embarras subit, obstacle quelconque, plus ou moins grave, — dans l'argot du peuple.

Je regrette de ne pouvoir donner une étymologie un peu noble à ce mot et le faire descendre soit des Croisades, soit du fameux cheveu rouge de Ninus auquel les Destins avaient attaché la conservation de l'empire d'Athènes ; mais la vérité est qu'il sort tout simplement et tout trivialement de la non moins fameuse soupe de l'Auvergnat imaginé par je ne sais plus quel farceur parisien.

Trouver un cheveu à la vie. La prendre en dégoût et songer au suicide.

Voilà le cheveu ! C'est une variante de : *Voilà le hic !*

CHEVEU, s. m. Caprice, — dans l'argot de Bréda-Street, où l'amour tient en effet à peu de chose.

Avoir un cheveu pour un homme. Être folle de lui.

Assurément ce cheveu sort du *béguin* que nous connaissons déjà.

CHÈVRE, s. f. Mauvaise humeur, — dans l'argot des ouvriers.

Avoir la chèvre. Être en colère.

Gober la chèvre. Être victime de la mauvaise humeur de quelqu'un. Signifie aussi Se laisser berner.

CHEVRONNÉ, s. et adj. Récidiviste, — dans l'argot des prisons.

CHEVROTIN (Être). Avoir un caractère épineux, difficile à manier, qui amène souvent des *chèvres*.

CHIASSE, s. f. Chose de peu de valeur ; marchandise avariée, — dans l'argot du peuple.

Chiasse du genre humain. Homme méprisable.

CHIASSE, s. f. Maîtresse,— dans l'argot des faubouriens, disrespectueux de la femme en général et en particulier.

CHIC, s. m. Habileté de main, ou plutôt de patte, — dans l'argot des artistes, qui ont emprunté ce mot au XVIIe siècle.

Faire de chic. Dessiner ou peindre sans modèle, d'imagination, de souvenir.

CHIC, s. m. Goût, façon pittoresque de s'habiller ou d'arranger les choses, — dans l'argot des petites dames et des gandins.

Avoir du chic. Être arrangé avec une originalité de bon — ou de mauvais — goût.

Avoir le chic. Posséder une habileté particulière pour faire une chose.

CHIC (Être). Être bien, être bon genre, — dans le même argot.

Monsieur Chic. Personne distinguée — par sa générosité envers le sexe.

Discours chic. Discours éloquent, — c'est-à-dire *rigolo*.

CHICAN, s. m. Marteau, — dans l'argot des voleurs.

CHICARD, adj. et s. Superlatif de *Chic*.

Ce mot a lui-même d'autres superlatifs, qui sont : *Chicandard* et *Chicocandar*.

CHICARD, s. m. Type de carnaval, qui a été imaginé par un honorable commerçant en cuirs, M. Levesque, et qui est maintenant dans la circulation générale comme synonyme de Farceur, de Roger-Bontemps, de Mauvais sujet.

CHICARDEAU, adj. m. Poli, aimable, — dans l'argot des faubouriens.

CHICARDER, v. n. Danser à la façon de Chicard, « homme de génie qui a modifié complétement la chorégraphie française », affirme M. Taxile Delord.

CHICHE, s. m. Avare,—dans l'argot des bourgeois.

· On dit aussi *Chichard.* — Notre vieux français avait *chice.*

CHICHE ! Exclamation . de défi ou de menace, — dans l'argot des enfants et des ouvriers.

CHICHERIE, s. f. Lésinerie. Notre vieux français avait *chiceté.*

CHICOT, s. m. Petit morceau de dent, de pain, ou d'autre chose, — dans l'argot du peuple.

CHICOTER (Se), v. réfl. Se disputer, se battre pour des riens, — dans le même argot.

Ce verbe est vieux : on le trouve dans les Fabliaux de Barbazan.

CHIEN, s. m. Entrain, verve, originalité, — dans l'argot des gens de lettres et des artistes; bagou, impertinence, désinvolture immorale, — dans l'argot des petites dames.

CHIEN, s. m. Caprice de cœur, — dans l'argot des petites dames.

Avoir un chien pour un homme. Etre folle de lui.

CHIEN, s. m. Morceau de sucre trempé dans l'eau-de-vie, que le bourgeois donne à sa femme — ou à sa bonne — quand il est content d'elle.

CHIEN, s. m. Compagnon, — dans l'argot des ouvriers affiliés au Compagnonnage.

CHIEN, s. et adj. Tracassier, méticuleux, avare, exigeant, — dans l'argot du peuple, qui se plaît à calomnier « l'ami de l'homme ». C'est l'expression anglaise : *Dog-bolt.*

Vieux chien. Vieux farceur, — *sly dog*, disent nos voisins.

CHIEN DE COUR, s. m. Maître d'études, — dans l'argot des collégiens.

CHIENDENT, s. m. Difficulté, obstacle, anicroche, — dans l'argot du peuple, qui sait avec quelle facilité le *hunds-grass* pousse dans le champ de la félicité humaine.

Voilà le chiendent. Voilà le hic.

CHIEN DE RÉGIMENT, s. m. Caporal ou brigadier, — dans l'argot des soldats.

CHIEN DU COMMISSAIRE, s. m. Agent attaché au service du commissaire ; celui qui, il y a quelques années encore, allait par les rues sonnant sa clochette pour inviter les boutiquiers au balayage.

CHIENLIT, s. m. Homme vêtu ridiculement, grotesquement, — dans l'argot du peuple, qui n'a pas été chercher midi à quatorze heures pour forger ce mot, que M. Charles Nisard suppose, pour les besoins de sa cause (*Paradoxes philologiques*), venir de si loin.

Remonter jusqu'au XVe siècle pour trouver — dans *chéaulz*, enfants, et *lice*, chienne — une étymologie que tous les petits polissons portent imprimée en capitales de onze sur le bas de leur chemise, c'est avoir une furieuse démangeaison de voyager et de faire voyager ses lecteurs, sans se soucier de leur fatigue. Le verbe *cacare* — en français — date du XIIIe siècle, et le mot qui en est naturellement sorti, celui qui nous occupe, n'a commencé à apparaître dans la littérature que vers le milieu du XVIIIe siècle ; mais il existait tout formé du jour où le verbe lui-même l'avait été, et l'on peut dire qu'il est né tout d'une pièce. Il est regrettable que M. Charles Nisard ait fait une si précieuse et si inutile dépense d'ingéniosité à ce propos ; mais aussi, son point de départ était par trop faux : « La manière de prononcer ce mot, chez les gamins de Paris, est *chiaulit*. Les gamins ont raison. » M. Nisard a tort, qu'il me permette de le lui dire : les gamins de Paris ont toujours prononcé *chie-en-lit*. Cette première hypothèse prouvée erronée, le reste s'écroule. Il est vrai que les morceaux en sont bons.

CHIENLIT (A la)! Exclamation injurieuse dont les voyous et les faubouriens poursuivent les masques, dans les jours du carnaval, — que ces masques soient élégants ou grotesques, propres ou malpropres.

CHIENNER, v. n. Se dit — dans l'énergique argot du peuple — des femmes qui courent après les hommes, renversant ainsi les chastes habitudes de leur sexe.

CHIENNERIE, s. f. Vilenie, liarderie ; mauvais tour, — dans le même argot.

CHIER DANS LA MALLE OU DANS LE PANIER DE QUELQU'UN, v. n. Lui jouer un tour qu'il ne pardonnera jamais, — dans le même argot.

Le peuple dit quelquefois, pour mieux exprimer le dégoût que lui cause la canaillerie de quelqu'un : *Il a chié dans mon panier jusqu'à l'anse.*

L'expression, qu'on pourrait croire moderne, sort de la satire Ménippée, où on lit : « Cettuy-là a fait caca en nos paniers : il a ses desseins à part. »

CHIER DANS LE CASSETIN AUX APOSTROPHES, v. n. Devenir riche, — dans l'argot des typographes, qui n'ont pas de fréquentes occasions de commettre cette incongruité rabelaisienne.

CHIER DANS SES BAS, v. n. Donner des preuves d'insanité d'esprit, — dans l'argot du peuple.

CHIER DE GROSSES CROTTES (Ne pas), v. a. Avoir mal dîné, ou n'avoir pas dîné du tout.

CHIER DES CAROTTES, v. a. Se dit de toute personne *qui non potest excernere*, ou *difficillime excernit*, ou *excernit sanguinem*.

CHIER DU POIVRE, v. n. Manquer à une promesse, à un rendez-vous ; disparaître au moment où il faudrait le plus rester.

CHIER SUR L'ŒIL, v. n. Se moquer tout à fait de quelqu'un.

CHIFFARDE, s. f. Assignation

à comparoir, — dans l'argot des voleurs, qui allument avec ce papier leur pipe, qu'ils appellent aussi *chiffarde*.

CHIFFE, s. f. Homme sans énergie, *chiffon* pour le courage, — dans l'argot du peuple.

On dit aussi *Mou comme une chiffe*, mais c'est un pléonasme.

CHIFFERTON ou CHIFFRETON, s. m. Chiffonnier, — dans l'argot des faubouriens.

CHIFFON, s. f. Petite fille — et aussi grande fille — à minois ou à vêtements chiffonnés.

CHIFFON DE PAIN, s. m. Morceau de pain coupé, — dans l'argot du peuple.

CHIFFONNER, v. a. Contrarier, — dans l'argot des bourgeois.

CHIFFONNIER, s. m. Voleur de mouchoirs, — qui sont des *chiffons* pour ces gens-là.

CHIFFONNIER DE LA DOUBLE COLLINE, s. m. Mauvais poëte, — dans l'argot des gens de lettres.

CHIFFON ROUGE, s. m. La langue, — dans l'argot des voleurs, qui sont parfois des néologues plus ingénieux que les gens de lettres.
Balancer le chiffon rouge. Parler.

CHIFFORNION, s. m. Fou-

lard; loque; chiffons, — dans l'argot des voyous.

CHIGNER DES YEUX, v. n. Pleurer, — dans le même argot.

CHINER, v. n. Brocanter, acheter tout ce qu'il y a d'achetable — et surtout de revendable — à l'hôtel Drouot.

CHINEUR, s. m. Marchand de peaux de lapins, — dans l'argot des chiffonniers. Signifie aussi Auvergnat, Homme qui court les ventes et achète aussi bien un Raphaël qu'un lot de fonte.

CHINFRENIAU, s. m. Ornement de tête ou de cou, — dans l'argot du peuple.

On dit aussi *Chinfoigneau*, *Chinfreneau* et *Chifreneau*.

CHINOIS, s. m. Original; quidam quelconque, — dans l'argot des faubouriens.

On dit aussi *Chinois de paravent*.

CHIPER, v. a. Dérober — dans l'argot des enfants, — et voler, — dans l'argot des grandes personnes. Peccadille ici, délit là.

Génin donne à ce mot une origine commune au mot *chiffon*, ou *chiffe* : le verbe anglais *to chip*, qui signifie Couper par morceaux. Je le veux bien; mais il serait si simple de ne rien emprunter aux Anglais en se contentant de l'étymologie latine *accipere*, dont on a fait le vieux verbe français *acciper! Acciper*, par syncope, a fait *ciper*;

ciper à son tour à fait *chiper* — comme *cercher* a fait *chercher*.

CHIPETTE, s. f. Lesbienne, — dans l'argot des voleurs, qui ne connaissent pas le grec, mais dont les ancêtres ont connu le rouchi.

CHIPEUR, s. m. Enfant qui *emprunte* les billes ou les tartines de ses camarades; homme qui vole les porte-monnaie et les mouchoirs de ses concitoyens.

CHIPIE, s. f. Fille ou femme qui fait la dédaigneuse, qui prend de grands airs à propos de petites choses, — dans l'argot du peuple, ennemi-né des grimaces.

CHIPOTER, v. n. Faire des façons; s'arrêter à des riens. Ce mot appartient à la langue romane
Signifie aussi : Manger du bout des dents.

CHIPOTEUSE, s. f. Femme capricieuse; variété de *Chipie*.

CHIPOTIER, ÈRE, s. m. et f. Celui, Celle qui ne fait que chipoter.

CHIQUE, s. f. Église, — dans l'argot des voleurs, qui, s'ils ne savent pas le français, savent sans doute l'anglais (*Church*), ou le flamand (*Kerke*), ou l'allemand (*Kirch*).

CHIQUE, s. f. Griserie, — dans l'argot des faubouriens.
Signifie aussi : Mauvaise humeur, — l'état de l'esprit étant la conséquence de l'état du corps.
Avoir une chique. Être saoul.
Avoir sa chique. Être de mauvaise humeur.

CHIQUE, s. f. Morceau de tabac cordelé que les marins et les ouvriers qui ne peuvent pas fumer placent dans un coin de leur bouche pour se procurer un plaisir — dégoûtant.
Poser sa chique. Se taire, et, par extension, Mourir.
On dit aussi, pour imposer silence à quelqu'un : *Pose ta chique et fais le mort.*

CHIQUÉ (Être). Être fait, peint ou dessiné avec goût, avec esprit, avec *chic*.

CHIQUE DE PAIN, s. f. Morceau de pain.

CHIQUEMENT, adv. Avec *chic*.

CHIQUER, v. a. Dessiner ou peindre avec plus d'adresse que de correction, avec plus de *chic* que de science véritable.

CHIQUER, v. a. Battre, donner des coups, — dans l'argot des faubouriens, qui *dé*-*chiquettent* volontiers leurs adversaires, surtout lorsqu'ils ont une *chique*.
Se chiquer. Échanger des coups de poing et des coups de pied.

CHIQUER, s. m. Manger.

CHIQUETTE, s. f. Petit morceau.

C'est évidemment le même mot que *chicot*, qui a lui-même pour racine le vieux mot français *chice*.

CHIQUEUR, s. m. Artiste qui fait de *chic* au lieu de faire d'après nature.

CHIRURGIEN EN VIEUX, s. m. Savetier, qui répare les vieux cuirs, — dans l'argot des faubouriens.

CHOCNOSOFF, s. et adj. Brillant, élégant, beau, parfait, — dans l'argot des faubouriens et des rapins.

CHOLETTE, s. f. Chopine de liquide, — dans l'argot des voleurs.

Double cholette. Litre.

CHOPER, v. a. Prendre, voler, — dans le même argot.

Se faire choper. Se faire arrêter.

CHOPIN, s. m. Objet volé; coup; affaire.

Bon chopin. Vol heureux et considérable.

Mauvais chopin. Vol de peu d'importance, qui ne vaut pas qu'on risque la prison.

CHOPINER, v. n. Hanter les cabarets, — dans l'argot dédaigneux des bourgeois, qui, eux, hantent les cafés.

Chopiner théologalement, dit Rabelais.

CHOSE. Nom qu'on donne à celui ou à celle qu'on ne connaît pas.

On dit aussi *Machin*. Ulysse, au moins, se faisait appeler *Personne* dans l'antre de Polyphème!

CHOSE, adj. Singulier, original, bizarre, — dans l'argot du peuple, à qui le mot propre manque quelquefois.

Avoir l'air chose. Être embarrassé, confus, humilié.

Être tout chose. Être interdit, ému, attendri.

CHOU-BLANC, s. m. Insuccès, — le chou blanc étant, dans la classe des Brassicées, ce que la rose noire est dans la famille des Rosacées : le désespoir des chercheurs d'inconnu.

Faire chou-blanc. Échouer dans une entreprise; manquer au rendez-vous d'amour; revenir de la chasse le carnier vide, etc.

CHOUCHOUTER, v. a. Choyer, caresser, traiter de petit *chou*.

L'expression est de Balzac.

CHOUCROUTER, v. n. Manger de la *sauer-kraut*, — dans l'argot des faubouriens.

Signifie aussi Parler allemand.

CHOUCROUTEUR, s. m. Allemand, mangeur de *sauerkraut*.

CHOUETTE, adj. Superlatif de Beau, de Bon et de Bien, — dans l'argot des ouvriers.

On dit aussi *Chouettard* et *Chouettaud* — sans augmentation de prix.

CHOUETTE (Être). Être

pris, — dans l'argot des voleurs, qui opèrent de nuit comme les chats-huants, et, le jour, s'exposent comme eux à avoir sur le dos tous les oiseaux de proie policiers, leurs ennemis naturels.

CHOUETTE (Faire une). Jouer au billard seul contre deux autres personnes.

CHOUETTEMENT, adv. Parfaitement.

CHOUFFLIQUEUR, s. m. Mauvais ouvrier, *Savetier*, — dans l'argot des typographes.

CHOUMAQUE, s. m. Cordonnier, — dans l'argot du peuple, qui ne se doute guère qu'il prononce presque bien le mot allemand *Schumacher*.
On dit aussi *Choufflite*. Pour ce mot, comme pour les précédents, la racine est *schu*, soulier, qu'on prononce *chou*. La désinence est toute de fantaisie.

CHOURINER, v. a. Tuer, — dans l'argot des ouvriers qui ont lu les *Mystères de Paris* d'Eugène Sue, et qui, à cause de cela, n'ont que de fort incomplètes et de fort inexactes notions de l'argot des voleurs.
V. *Suriner*.

CHOURINEUR, s. m. Assassin, — par allusion au personnage des *Mystères de Paris* qui porte ce nom, lequel avait à ce qu'il paraît grand plaisir à tuer.

L'étymologie voudrait que l'on dît *Surineur*; mais l'euphonie veut que l'on prononce *Chourineur*.

CHRYSALIDE, s. f. Vieille coquette, — dans l'argot des faubouriens, qui ont parfois l'analogie heureuse, quoique impertinente.

CHTIBES, s. f. pl. Bottes, — dans l'argot des voyous.

CHUTER, v. n. Tomber, — dans l'argot du peuple.
Signifie aussi, et alors ce verbe est actif, Empêcher de réussir, — dans l'argot des coulisses.

CIBLE A COUPS DE PIED, s. f. Le derrière, — dans le même argot.

CIERGE, s. m. Sergent de ville en grande tenue,—dans l'argot des marbriers de cimetière.

CIGALE, s. f. Cigare, — dans l'argot du peuple, qui frise l'étymologie de plus près que les bourgeois, puisque *cigare* vient de l'espagnol *cigarro*, qui vient lui-même, à tort ou à raison, de *cigara*, cigale, par une vague analogie de forme.

CIGALE, s. f. Pièce d'or, — dans l'argot des voleurs, qui aiment à l'entendre *sonner* dans leur poche.
Ils disent aussi *Cigue*, par apocope, et *Ciguë*, par corruption.

CIGOGNE, s. f. Le Palais de

5.

justice, — dans l'argot des voleurs.

Dab de la Cigogne. Le procureur général.

CIMENT, s. m. Moutarde, — dans l'argot des francs-maçons.

CIMETIÈRE PARISIEN, s. m. Le cimetière de la commune d'Ivry, devenue le XVᵉ arrondissement, — dans l'argot des marbriers, qui savent qu'on enterre là, maintenant, une grande partie des *macchabées* de la rive gauche.

CINQ-CENTIMADOS, s. m. Cigare d'un sou, — dans l'argot des faubouriens, qui ont voulu parodier à leur façon les *trabucos*, les *cazadores*, etc.

CINQUIÈME, s. m. Verre de la contenance d'un cinquième de litre, — dans l'argot des marchands de vin.

Les faubouriens, amis de l'euphonie, disent volontiers *cintième.*

CIPAL, s. m. Garde municipal, — dans l'argot des voyous, amis des aphérèses.

CITOYEN OFFICIEUX, s. m. Laquais, — dans l'argot révolutionnaire, qu'on emploie encore aujourd'hui.

CIVADE, s. f. Avoine, — dans l'argot des maquignons et des voleurs, qui emploient un mot de la vieille langue française. *Civade* vient de *cive*, qui venait de *cœpa*, oignon, — d'où *cœpatum* civet, plat à l'oignon; et l'étymologie n'a

rien de forcé, *aimé* venant bien d'*amatum.*

CIVARD, s. m. Herbage.

CIVE, s. f. Herbe.

CLABAUDER, v. n. Crier à propos de tout, et surtout à propos de rien, — comme un chien.

Signifie aussi Répéter un bruit, une nouvelle; faire des cancans, — et alors il est verbe actif.

CLAIRTÉ, s. f. Lumière, netteté, beauté, — dans l'argot du peuple, fidèle à l'étymologie (*claritas*) et à la tradition :

Parquoy s'ensuit qu'en toute clairté
Son nom reluyt et sa vertu pullule,

dit Clément Marot.

CLAMPIN, s. m. Fainéant, traîne-guêtres, homme qui a besoin d'être fortifié par un *clamp*, — le clamp de l'énergie et de la volonté.

• CLAMPINER, v. n. Marcher paresseusement, flâner.

CLAPIER, s. m. Maison mal famée, où l'on élève du gibier domestique à l'usage des amateurs parisiens.

L'expression se trouve dans Saint-Foix.

CLAQUE, s. f. Soufflet, — dans l'argot du peuple, qui aime les onomatopées.

Figure à claques. Visage moqueur qui donne des démangeaisons à la main de celui qui le regarde.

CLAQUE-FAIM, s. m. Homme

sans ressources, qui meurt de faim, — dans le même argot.

Le peuple dit aussi, dans le même sens, *claque-soif*, — par compassion, l'homme qui meurt de soif étant pour lui plus à plaindre que celui qui meurt de faim.

CLAQUER, v. a. Donner des soufflets.

CLAQUER, v. a. Vendre une chose, s'en débarrasser, — dans le même argot.

Claquer ses meubles. Vendre son mobilier.

CLAQUER, v. n. Manger, — dans l'argot des voyous, qui font allusion au bruit de la mâchoire pendant la mastication.

CLAQUER, v. n. Mourir, — dans l'argot des faubouriens.

CLARINETTE DE CINQ PIEDS, s. f. Fusil, — dans l'argot des soldats.

CLAVIN, s. m. Clou, — dans l'argot des voleurs, plus fidèles à l'étymologie (*clavus*) qu'à l'honnêteté.

CLICHÉ, s. m. Phrase toute faite, métaphore banale, plaisanterie usée, — dans l'argot des gens de lettres.

CLIQUE, s. f. Bande, coterie, compagnie de gens peu estimables, — dans l'argot du peuple.

Mauvaise clique. Pléonasme fréquemment employé, — *clique* ne pouvant jamais se prendre en bonne part.

CLOPORTE, s. m. Concierge,

— soit parce qu'il habite une loge sombre et humide, comme l'*oniscus murarius* ; soit parce qu'il a pour fonctions de clore la porte de la maison.

CLOQUE, s. f. Phlyctène bénigne qui se forme à l'épiderme, — dans l'argot du peuple, ami des onomatopées.

Les bourgeois, eux, disent *cloche* : c'est un peu plus français, mais cela ne rend pas aussi exactement le bruit que font les ampoules lorsqu'on les crève.

CLOS-CUL, s. m. Le dernier-né d'une famille ou d'une couvée, — dans l'argot du peuple.

On dit aussi *Culot*.

CLOU, s. m. Le mont-de-piété, — où l'on va souvent accrocher ses habits ou ses bijoux quand on a un besoin immédiat d'argent.

Coller au clou. Engager sa montre ou ses vêtements chez un commissionnaire au mont-de-piété.

Grand clou. Le mont-de-piété de la rue des Blancs-Manteaux, dont tous les autres monts-de-piété ne sont que les succursales.

CLOU, s. m. Prison, — dans l'argot des voleurs.

CLOU, s. m. La Salle de police, — dans l'argot des soldats, qui se font souvent *accrocher* par l'adjudant.

Coller au clou. Mettre un soldat à la salle de police.

CLOUER LE BEC, v. a. Imposer silence à un importun, ou à un mauvais raisonneur, — dans l'argot du peuple.

On dit aussi *River le bec.*

CLOUS, s. m. pl. Outils, — dans l'argot des graveurs sur bois, qui confondent sous ce nom les échoppes, les burins et les gouges.

CLOUS DE GIROFLE, s. m. pl. Dents noires, avariées, *esgrignées* comme celles de Scarron.

COCANGES, s. f. pl. Coquilles de noix avec lesquelles certains fripons font des dupes.

COCANGEUR, s. m. Voleur qui a la spécialité des *Cocanges* et de la *Roubignole.*

COCARDE, s. f. La tête, — dans l'argot du peuple.

Taper sur la cocarde. Se dit d'un vin trop généreux qui prodigue l'ivresse.

Avoir sa cocarde. Être en état d'ivresse.

COCARDIER, s. m. Homme fanatique de son métier, — dans l'argot des troupiers.

COCASSERIE, s. f. Saugrenuïté dite ou écrite, jouée ou peinte, — dans l'argot des artistes et des gens de lettres.

COCHE, s. f. Femme adipeuse, massive, rougeaude, — dans l'argot du peuple, qui veut que la femme, pour mériter ce nom, ressemble à une femme et non à une *scrofa.*

COCHONNER, v. a. Travailler sans soin, malproprement, —dans l'argot des bourgeois.

COCHONNERIE, s. f. Charcuterie, — dans l'argot des ouvriers.

COCHONNERIE, s. f. Besogne mal faite; marchandise de qualité inférieure; nourriture avariée ou mal préparée.

COCHONNERIE, s. f. Vilain tour, trahison, manque d'amitié.

COCHONNERIE, s. f. Ce que Cicéron appelle *turpitudo verborum.*

Coco, s. m. Tête, — dans l'argot des faubouriens, qui prennent l'homme pour un *cocos nucifera.*

Coco déplumé. Tête sans cheveux.

Redresser le coco. Porter la tête haute.

Monter le coco. Exciter le désir, solliciter l'imagination.

Coco, s. m. Gorge, gosier, — dans le même argot.

Se passer par le coco. Avaler, boire, manger.

Coco, s. m. Homme singulier, original, — dans le même argot.

Joli coco. Se dit ironiquement et comme reproche de quelqu'un qui se fait attendre, ou qui fait une farce désagréable.

Drôle de coco. Homme qui ne fait rien comme personne.

Coco, s. m. Eau-de-vie,— dans le même argot.

Coco, s. m. Cheval,—dans l'argot du peuple.

Il a graissé la patte à coco. Se dit ironiquement d'un homme qui s'est mal tiré d'une affaire, qui a mal rempli une commission.

Cocodès, s. m. Imbécile riche qui emploie ses loisirs à se ruiner pour des drôlesses qui se moquent de lui.

Ce mot est de la même date que *cocotte*.

Cocos, s. m. pl. Souliers, — dans l'argot des enfants.

Cocotte, s. f. Demoiselle qui ne travaille pas, qui n'a pas de rentes, et qui cependant trouve le moyen de bien vivre — aux dépens des imbéciles riches qui tiennent à se ruiner.

Le mot date de quelques années à peine. Nos pères disaient : *Poulette*.

Cocottes, s. f. pl. Poules, canards, dindons, etc.,—dans l'argot des enfants.

Cœur d'artichaut, s. m. Homme à l'amitié banale ; femme à l'amour vénal, — dans l'argot du peuple.

On dit : *Il* ou *Elle a un cœur d'artichaut, il y en a une feuille pour tout le monde.*

Coffre, s. m. La poitrine, — dans l'argot du peuple, qui a l'honneur de se rencontrer pour ce mot avec Saint-Simon.

Avoir le coffre bon. Se bien porter physiquement.

Coffrer, v. a. Emprisonner, — dans l'argot du peuple, qui s'est rencontré pour ce mot avec Voltaire.

Cognade, s. f. Gendarmerie, — dans l'argot des voleurs, qui ont de fréquentes occasions de se *cogner* avec les représentants de la loi.

Cogne, s. m. Gendarme.

Cogne, s. m. Apocope de Cognac, — dans l'argot des faubouriens.

Cogner (Se), v. réfl. Échanger des coups de pied et des coups de poing, — dans le même argot.

Se dit aussi pour : Prendre les armes, descendre dans la rue et faire une émeute.

Coiffer, v. a. Trahir son mari,—dans l'argot des bourgeoises.

Coiffer (Se). Se prendre d'amitié ou d'amour pour quelqu'un ou pour quelque chose, — dans l'argot du peuple, qui a eu l'honneur de prêter ce mot à La Fontaine.

Coiffer sainte Catherine, v. a. Rester vieille fille, — dans l'argot des bourgeois.

Coire, s. f. Ferme, métairie, — dans l'argot des voleurs.

Colas, s. m. Cou, — dans le même argot.

On dit aussi le *Colin*.

Colas, s. m. Imbécile, ou seulement homme timide, — dans l'argot du peuple, qui aime les gens dégourdis.

Grand oolas. Nigaud, qui a laissé échapper une bonne fortune.

COLBACK, s. m. Conscrit, — dans l'argot des vieux troupiers, pleins de mépris pour les débutants.

COLLAGE, s. m. Union morganatique, — dans l'argot du peuple, qui sait que ces mariages-là durent souvent plus longtemps que les autres.

COLLANT, adj. Ennuyeux, — dans l'argot des petites dames, qui n'aiment pas les gens qui ont l'air de les trop aimer.

COLLE, s. f. Examen préparatoire à un examen véritable, — dans l'argot des Polytechniciens.

Être tangent à une colle. Être menacé d'un simulacre d'examen.

COLLE, s. f. Mensonge, — dans l'argot des faubouriens.

COLLÉ (Être). Ne plus savoir quoi répondre ; être interdit, — dans l'argot du peuple.

COLLÉGE, s. m. La prison, — dans l'argot des voleurs, qui y parfont en effet leur éducation et en sortent plus forts qu'ils n'y sont entrés.

Ils disent aussi *le Lycée.*

Colléges de Pantin. Prisons de Paris.

COLLÉGIEN, s. m. Prisonnier.

COLLER, v. a. Donner, —

dans l'argot des faubouriens, qui collent souvent des soufflets sans se douter que le verbe *colaphizo* (κολάπτω) signifie exactement la même chose.

COLLER, v. a. Mettre, placer, envoyer, — dans l'argot du peuple.

COLLER (Se), v. réfl. Se placer quelque part et n'en pas bouger.

COLLER (Se), v. réfl. Se lier trop facilement ; faire commerce d'amitié avec des gens qui n'y sont pas disposés.

COLLER (Se faire). Se faire refuser aux examens, — dans l'argot des étudiants.

COLLER SOUS BANDE, v. a. Châtier un impertinent ; river son clou à un farceur ; tromper un trompeur ; sortir victorieux d'un pugilat de paroles.

COLLER UN PAIN, v. a. Appliquer un soufflet ou un coup de poing sur la figure de quelqu'un, — dans l'argot des faubouriens.

COLLEUR, s. m. Menteur.

COLLEUR, s. m. Examinateur, — dans l'argot des Polytechniciens.

COLLEUR, s. m. Homme qui se lie trop facilement ; importun bavard qui, une fois qu'il vous tient, ne vous lâche plus.

COLLOQUER (Se), v. réfl. Se placer, s'asseoir, — dans l'argot du peuple.

COLOQUINTE, s. f. Tête, —

dans l'argot des faubouriens, qui ont trouvé dans certains individus grotesques une ressemblance avec le *cucumis colocynthis*.

COLTIN. s. f. Force, énergie, — dans l'argot du peuple, qui tire du *cou* dans presque tous ses travaux.

COLTINER, v. n. Traîner une charrette avec un *licol*, comme font les Auvergnats ou leurs femmes, qui remplacent avec tant d'avantage les bêtes de somme.

COLTINEUR, s. m. Homme qui traîne une charrette avec un licol.

COME, s. m. Apocope de Commerce,— dans l'argot des voyous.

COMBERGEANTE, s. f. Confession, — dans l'argot des voleurs.

COMBERGO, s. m. Confessionnal.

COMBLANCE, s. f. Abondance, excès, chose *comble*, — dans le même argot.

Par comblance. Par surcroît.

COMBRE, s. m. Chapeau,— dans l'argot des voleurs, qui ont trouvé plaisant de comparer cette coiffure à un *concombre*, et plus plaisant encore de supprimer la première syllabe de ce dernier mot.

Ils disent aussi *Combriot*.

COMBRIE, s. f. Pièce d'un franc, — dans le même argot.

COMBRIEU, s. m. Chapeau, — dans l'argot des faubouriens.

Ils disent aussi *Cambrieu*, plus conformément à l'étymologie, qui est certainement *cambré*.

COMBROUSIER, s. m. Paysan, — dans l'argot des voleurs.

COMBUSTIBLE (Du)! Se dit, comme Chaud! Chaud! — dans l'argot du peuple, — pour exciter quelqu'un à faire quelque chose.

COMME IL FAUT, s. et adj. Distinction; élégant, bien élevé, — dans l'argot des bourgeois, qui emploient cette expression à propos des gens et des choses.

COMÈTE, s. f. Vagabond,— dans l'argot des faubouriens.

COMMANDER A CUIRE, v. n. Envoyer à l'échafaud,—dans l'argot des prisons.

COMMODE, s. f. Cheminée, — dans l'argot des voleurs, qui y serrent les objets dont ils veulent se débarrasser comme trop compromettants.

COMMUNE COMME UNE MOULE, adj. Se dit — dans l'argot des Précieuses bourgeoises — de toute femme, du peuple ou d'ailleurs, qui ne leur convient pas.

COMPAS, s. m. Les jambes, — dans l'argot des ouvriers.

Ouvrir le compas. Marcher.

Allonger le compas. Précipiter sa marche.

COMPÈRE - COCHON , s. m. Homme plus familier qu'il n'en a le droit , — dans l'argot des bourgeois.

COMPTE (Avoir son), v. a. Être gris pour avoir trop bu, ou blessé à mort pour s'être battu en duel.

COMPTER SES CHEMISES , v. a. Vomir , — dans l'argot des marins et du peuple.

On disait autrefois *Appeler Huet.*

COMTE DE CARUCHE, s. m. Porte-clefs, — dans l'argot des voleurs, qui se plaisent à occuper leurs loisirs forcés en s'improvisant les Borel d'Hauterive de leur prison.

COMTE DE GIGOT-FIN, s. m. Beau mangeur, — dans l'argot du peuple, qui ne craint pas de créer des types comme Molière et d'anoblir des vilains comme Napoléon.

COMTE DU CANTON , s. m. Geôlier, — dans l'argot des voleurs.

CONDÉ, s. m. Permission de tenir des jeux de hasard, — dans l'argot des voleurs, qui obtiennent cette permission d'un des *condés* suivants :

Grand condé. Préfet.

Petit condé. Maire.

Demi-condé. Adjoint.

Condé franc ou *affranchi.* Fonctionnaire qui se laisse corrompre.

CÔNE, s. f. La mort,—dans le même argot.

CONFÉRENCIER, s. m. Orateur en chambre, qui parle de tout sans être payé pour cela.

Mot nouveau, profession nouvelle.

CONFRÈRE DE LA LUNE, s. m. Galant homme qui a eu le tort d'épouser une femme galante, — dans l'argot du peuple, irrévérencieux envers le croissant de la chaste Diane.

CÔNIR, v. n. Mourir.

CONJUNGO, s. m. Mariage, — dans l'argot du peuple, qui a voulu faire allusion au premier mot du discours du prêtre aux mariés : *Conjungo* (je joins).

CONNAISSANCE, s. f. Maîtresse , — dans l'argot des ouvriers , qui veulent connaître une fille avant de la prendre pour femme.

CONNAITRE LE NUMÉRO , v. a. Avoir de l'habileté, de l'expérience, — dans l'argot du peuple, qui ne se doute pas que l'expression a appartenu à l'argot des chevaliers d'industrie. « Les escrocs disent d'une personne qu'ils n'ont pu duper : Celui-là sait le numéro, il n'y a rien à faire. » (*Les Numéros parisiens* , 1788.)

Connaître le numéro de quelqu'un. Savoir ce qu'il cache ; connaître ses habitudes, son caractère, etc.

CONOBRER, v. a. Connaître, — dans l'argot des voleurs.

Ce verbe ne viendrait-il pas de *cognoscere*, connaître, ou de *cognobilis*, facile à connaître.

CONSCRIT, s. m. Élève de première année, — dans l'argot des Polytechniciens, dont beaucoup se destinent à l'armée.

C'est aussi l'élève de seconde promotion, à Saint-Cyr.

CONSERVATOIRE, s. m. Grand mont-de-piété, — dans l'argot du peuple.

CONSOLATION, s. f. Eau-de-vie, — dans l'argot du peuple, qui se console à peu de frais.

Débit de consolation. Liquoriste, cabaret.

CONSOME. s. f. Apocope de *consommation*, — dans l'argot des faubouriens.

CONSTANTE, s. f. Nom que les Polytechniciens donnent à l'élève externe, parce que l'externe sort de l'école comme il y est entré : il n'a pas d'avancement ; il n'est pas choyé ; il joue au milieu de ses camarades le rôle de la *constante* dans les calculs : il passe par toutes les transformations sans que sa nature en subisse aucune variation.

CONTRE, s. m. Consommation personnelle, au café, que l'on joue avec une autre personne *contre* sa consommation.

CONTREMARQUE DU PÈRE LA CHAISE, s. f. Médaille de Sainte-Hélène, — dans l'argot des voyous, cruels pour les bons vieux qui portent cette distinction.

Ils disent aussi *médaille* en *chocolat*, — à cause de sa couleur brune.

CONTRÔLE, s. m. Flétrissure, marque de fer rouge sur l'épaule des forçats, — dans l'argot des prisons.

CONVALESCENCE, s. f. Surveillance de la haute police, — dans le même argot.

Être en convalescence. Être sous la surveillance de la police.

COPE, s. f. Apocope de copie, — dans l'argot des typographes.

Avoir de la cope. Avoir un manuscrit à composer.

COPIE, s. f. Travail plus ou moins littéraire, bon à livrer à l'imprimeur, — dans l'argot des gens de lettres, qui écrivent *copiosissimè* dans l'intérêt de leurs *copiæ*.

Faire de la copie. Écrire un article pour un journal ou pour une revue.

Caner sa copie. Ne pas écrire l'article promis.

Pisser de la copie. Écrire beaucoup, trop, sur tous les sujets.

Pisseur de copie. Écrivain qui a une facilité déplorable et qui en abuse pour inonder les journaux ou revues de Paris, des départements et de l'étranger de sa prose ou de ses vers.

COPIN, s. m. Compagnon d'études, — dans l'argot des écoliers.

On écrivait et on disait autrefois *compaing*, mot très-expressif que je regrette beaucoup pour ma part, puisqu'il signifiait l'ami, le frère choisi, celui avec qui, aux heures de misère, on partageait son pain, — *cum panis*, ou plutôt *cum pane*. On devrait donc écrire *copain*, et non *copin*, orthographe choisie par quelques littérateurs français qui ne savaient pas le latin et qui partageaient, sur l'origine de ce mot, l'opinion de M. Francisque Michel. *Copain*, ou *compaing*, est l'ancien nominatif de *compagnon*.

COQ, s. m. Cuisinier, — dans l'argot des ouvriers qui ont servi dans la marine, et qui ne savent pas parler si bien latin, *coquus*.

COQUARD, s. m. Œuf, — dans l'argot des enfants et des paysans.

COQUARDEAU, s. m. Galant que les femmes dupent facilement, — dans l'argot du peuple.

Le mot n'est pas aussi moderne qu'on serait tenté de le croire, car il sort du *Blason des fausses amours* :

> Se ung coquardeau
> Qui soit nouviau

> Tombe en leurs mains,
> C'est un oyseau
> Pris au gluau
> Ne plus ne moins.

COQUER, v. a. Dénoncer, — dans l'argot des voleurs, qui ont emprunté à l'argot lyonnais ce mot qui signifie *embrasser*, comme fit Judas Iscariote pour Jésus.

COQUER, v. a. Donner, — dans le même argot.

Coquer la loffitude. Donner l'absolution.

Coquer le poivre. Empoisonner.

Coquer le taf. Faire peur.

COQUEUR, s. m. Dénonciateur.

COQUEUR DE BILLE, s. m. Bailleur de fonds.

COQUILLARD, s. m. Pèlerin, — dans l'argot des faubouriens.

COQUILLE, s. f. Lettre retournée, ou mise à la place d'une autre, — dans l'argot des typographes.

COQUILLON, s. m. Pou, — dans l'argot des faubouriens, qui se rappellent sans doute qu'on donnait autrefois ce nom à un capuchon qui se relevait sur la tête.

CORBEAU, s. m. Frère de la doctrine chrétienne, — dans l'argot des faubouriens, qui ont été frappés de l'analogie d'allures qu'il y a entre ces honnêtes éducateurs de l'enfance et l'oiseau du prophète Élie.

Corbeau, s. m. Employé des pompes funèbres, — dans le même argot.

Corbuche, s. f. Ulcère, — dans l'argot des voleurs.

Corbuche-lof. Ulcère factice.

Corder, v. n. Fraterniser, vivre avec quelqu'un *toto corde*, — dans l'argot du peuple.

Cornard, s. m. Galant homme qui a épousé une femme galante, — dans l'argot du peuple, impitoyable pour les malheurs ridicules et pour les martyrs grotesques.

Corneau, s. m. Bœuf, — dans l'argot des voleurs.

Corneaude. Vache.

Corner, v. a. Publier une chose avec éclat; répéter une nouvelle, fausse ou vraie, — dans l'argot du peuple.

Corner une chose aux oreilles de quelqu'un. La lui répéter de façon à lui être désagréable.

Corner, v. n. Puer, — dans l'argot des faubouriens, qui font probablement allusion à l'odeur insupportable qu'exhale la corne brûlée.

Cornet, s. m. Estomac, — dans le même argot.

Se mettre quelque chose dans le cornet. Manger.

N'avoir rien dans le cornet. Être à jeun.

Cornet d'épices, s. m. Capucin, — dans l'argot des voleurs.

Cornichon, s. m. Veau.

Cornichon, s. et adj. Nigaud, homme simple, qui respecte les femmes, — dans l'argot de Bréda-Street; parfois Imbécile, — dans l'argot du peuple, qui juge un peu comme les filles.

Cornière, s. f. Étable.

Cornificetur, s. m. Galant homme qui a épousé une femme galante, et qui le regrette tous les jours.

Corser, v. a. Multiplier les péripéties, — dans l'argot des gens de lettres; augmenter la force d'un liquide, — dans l'argot des marchands de vins.

Corvette, s. f. L'Éphestion des Alexandres populaciers, — dans l'argot des voleurs.

Costel, s. m. Souteneur de filles, — dans l'argot des voyous.

Côte, s. f. Passe difficile de la vie, — dans l'argot des bohèmes, qui s'essoufflent à gravir le Double-Mont.

Être à la côte. N'avoir plus d'argent.

Frère de la côte. Compagnon de misère.

Côté-cour, s. m. L'un des côtés de la scène, où l'on suppose que se trouverait la cour d'une maison, — dans l'argot des coulisses.

Côté-jardin. L'une des parties de la scène qui est censée représenter un jardin.

Côte-de-bœuf, s. f. Sabre

d'infanterie, — dans l'argot du peuple.

COTELARD, s. m. Melon à *côtes*, — dans l'argot des faubouriens.

CÔTELETTE DE PERRUQUIER, s. f. Morceau de fromage de Brie, — dans l'argot du peuple, qui sait que les garçons perruquiers n'ont pas un salaire assez fort pour déjeuner à la fourchette, comme les gandins.

CÔTELETTE DE VACHE, s. f. Morceau de fromage, — dans le même argot.

CÔTELETTES, s. f. pl. Favoris larges par le bas et minces par le haut, — dans le même argot.

COTERIE, s. f. Compagnon, — dans l'argot des maçons.

COTILLON, s. m. Fille ou femme, — dans l'argot du peuple.

Aimer le cotillon. Être de complexion amoureuse.

Faire danser le cotillon. Battre sa femme.

COTON, s. m. Douceur, — dans le même argot.

Élever un enfant dans du coton. Le gâter de caresses.

COTON, s. m. Coups échangés, — dans l'argot des faubouriens, dont la main dégaine volontiers.

Il y a ou Il y aura du coton. On s'est battu, ou l'on se battra.

COTON, s. m. Travail pé-

nible; difficulté; souci, — dans le même argot.

Il y a du coton. On aura de la peine à se tirer d'affaire.

COTRET DE FILLE, s. m. Petit fagot taillé pour allumer le feu, — par allusion aux brins de bois avec lesquels une fille s'empresse d'imiter le feu dans sa cheminée pour faire semblant de réchauffer le noble inconnu qui a eu l'imprudence d'accepter son hospitalité rapide.

COTRETS, s. m. pl. Jambes, — dans l'argot des faubouriens.

COUAC, s. m. Prêtre, — dans l'argot des voyous, fils des faubouriens qui, en croyant dire une plaisanterie, prononcent sérieusement *quaker*.

COUCHER, s. m. Homme qui s'attarde volontairement dans une maison où il ne devrait même jamais mettre les pieds.

On dit aussi *fumerons*.

COUCHER A LA CORDE, v. n. Passer la nuit dans un de ces cabarets comme il en existait encore, il y a quelques années, aux alentours des halles, assis et les bras appuyés sur une corde tendue à hauteur de ceinture.

COUCHER DANS LE LIT AUX POIS VERTS, v. n. Coucher dans les champs, à la belle étoile,

COUCHER EN CHAPON (Se), v. réfl. Se coucher repu de viandes et de vin, — dans l'argot du peuple.

COUCOU, s. m. Montre, — dans l'argot des voleurs, qui confondent à dessein avec les horloges de la Forêt-Noire.

COUDE, s. m. Permission, — dans l'argot des voyous.

Prendre sa permission sous son coude. Se passer de permission.

COUENNE, s. et adj. Imbécile, niais, homme sans énergie, — dans l'argot des faubouriens, qui pensent comme Emile Augier (dans *la Ciguë*), que « les sots sont toujours gras ».

COUENNE, s. f. Chair, — dans l'argot du peuple.

Gratter la couenne à quelqu'un. Le flatter, lui faire des compliments exagérés.

COUENNE DE LARD, s. f. Brosse, — dans le même argot.

COUENNES, s. f. pl. Joues pendantes, — dans le même argot.

COULE, s. f. Les dégâts, les petits vols que commettent les employés, les domestiques d'une maison, et spécialement les garçons de café, parce que c'est avec cela, souvent, qu'on *coule* une maison.

On dit aussi *coulage.*

Être à la coule. Veiller sur les domestiques, avoir l'œil sur les garçons de café pour empêcher la dilapidation.

COULE (Être à la). Être d'un aimable caractère, d'un commerce agréable, doux, *coulant,* — dans l'argot du peuple.

Signifie aussi : Savoir tirer son épingle du jeu ; être dupeur plutôt que dupé ; préférer le rôle de malin à celui de niais, celui de marteau à celui d'enclume.

COULER (En). En conter aux gens crédules, — dans le même argot.

COULER DOUCE (Se la), v. réfl. Vivre sans rien faire, sans souci d'aucune sorte, — dans l'argot du peuple, qui ne serait pas fâché de vivre de cette façon-là, pour changer.

COULEUR, s. f. Menterie, conte en l'air, — dans l'argot du peuple, qui s'est probablement aperçu que chaque fois que quelqu'un ment, il rougit, à moins qu'il n'ait l'habitude du mensonge.

Monter une couleur. Mentir.

Au XVII⁰ siècle on disait : *Sous couleur de,* pour *Sous prétexte de.* Or, tout prétexte étant un mensonge, il est naturel que tout mensonge soit devenu une *couleur.*

COULEUVRE, s. f. Femme enceinte, — dans l'argot des voyous, qui, probablement, font allusion aux lignes serpentines de la taille d'une femme en cette « position in-téressante ».

Couloir, s. m. Le gosier, — dans l'argot des faubou-riens, qui en lavent les parois à grands coups de vin et d'eau-de-vie, sans redouter l'humidité.

Chelinguer du couloir. Fe-tidum halitum emittere.

Coup d'arrosoir, s. m. Verre de vin bu sur le comp-toir du cabaretier, — dans le même argot.

Coup de bouteille, s. m. Rougeur du visage, coup de sang occasionné par l'ivro-gnerie, — dans l'argot du peuple.

Coup de canif, s. m. Infi-délité conjugale, — dans l'ar-got des bourgeois.

Donner un coup de canif dans le contrat. Tromper sa femme ou son mari.

Coup de casserole, s. m. Dénonciation, — dans l'argot des voleurs.

Coup de chasselas, s. m. Demi ébriété, — dans l'argot du peuple.

Avoir un coup de chasselas. Être en état d'ivresse.

Coup de chien, s. m. Traî-trise, procédé déloyal et inat-tendu, — dans le même ar-got.

Coup de feu, s. m. Mo-ment de presse.

Coup de feu de société, s. m. Dernier degré de l'i-vresse, — dans l'argot des typographes.

Coup de fourchette, s. m. Vol à l'aide de deux doigts seulement.

Coup de pied de jument, s. m. Maladie désagréable, — dans l'argot du peuple.

Coup de pied de Vénus, s. m. « Trait empoisonné lancé par le fils de Cythérée au nom de sa mère, » — dans l'argot des bourgeois, qui connaissent leur mythologie.

Coup de pistolet, s. m. Opération isolée et sans suite, — dans l'argot des bour-siers.

Coup de Raguse, s. m. Traîtrise, acte déloyal, trahi-son, — dans l'argot des ou-vriers, chez qui le souvenir de la défection de Marmont est toujours vivant. C'est pour eux ce qu'est le *coup de Jar-nac* pour les lettrés.

Coup de rifle, s. m. Ivresse, — dans l'argot des typographes.

Coup de soleil, s. m. Demi-ébriété, — dans l'argot des faubouriens, que le vin *allume* et dont il *éclaire* le visage.

Coup de torchon, s. m. Baiser,—dans l'argot des fau-bouriens, qui, sans doute, veulent parler de ceux qu'on donne aux femmes maquil-lées, dont alors les lèvres *essuient* le visage.

Coup de torchon (Se donner un), v. réfl. Se battre en duel, ou à coups de poings, comme des gentilshommes ou comme des goujats, — dans le même argot.

COUP DE VAGUE, s. m. Vol improvisé.

COUP DU LAPIN, s. m. Coup féroce que se donnent de temps en temps les ouvriers dans leurs *battures*. Il consiste à saisir son adversaire, d'une main par les testicules, de l'autre par la gorge, et à tirer dans les deux sens : celui qui est saisi et tiré ainsi n'a pas même le temps de recommander son âme à Dieu. (V. la *Gazette des Tribunaux*, mai 1864).

COUP DUR, s. m. Obstacle imprévu; désagrément inattendu, — dans l'argot du peuple.

COUPE, s. f. Misère, — dans l'argot des voleurs, qui y tombent souvent par leur faute (*culpa*).

COUPE-CHOUX, s. m. Sabre de garde national, — dans l'argot du peuple, qui suppose cette arme inoffensive et tout au plus bonne à servir de sécateur.

COUPE-CUL (A), adv. Sans revanche, — dans l'argot des faubouriens.

COUPE-FICELLE, s. m. Artificier, — dans l'argot des artilleurs.

COUPELARD, s. m. Couteau, — dans l'argot des prisons.

COUPER, v. a. Passer devant une voiture, — dans l'argot des cochers, qui se plaisent à se blesser ainsi entre eux.

COUPER (La), v. a. Étonner quelqu'un désagréablement en lui enlevant sa maîtresse, son emploi, n'importe quoi, au moment où il s'y attendait le moins.

Le mot date de la maréchale Lefebvre.

On dit volontiers : *Cela te la coupe!*

COUPER (Se), v. réfl. Faire un *lapsus linguæ* compromettant dans la conversation; commencer un récit scabreux à la troisième personne et le continuer, sans s'en apercevoir, à la première.

COUPER CUL, v. n. Abandonner le jeu, — dans l'argot des joueurs.

COUPER DANS LE PONT, V. n. Donner dans le panneau, croire à ce qu'on raconte, — par allusion au pont que font les grecs en pliant les cartes à un endroit déterminé, de façon à guider la main du *pigeon* dans la portion du jeu où elle doit couper sans le vouloir.

COUPER LA GUEULE A QUINZE PAS, v. a. Avoir une haleine impossible à affronter, même à la distance de quinze pas, — dans l'argot des faubouriens, impitoyables pour les infirmités qu'ils n'ont point.

COUPER LA QUEUE A SON

CHIEN, v. a. Faire quelque excentricité bruyante et publique, de façon à attirer sur soi l'attention des badauds parisiens, — stratagème renouvelé des Grecs.

COUPER LE SIFFLET A QUELQU'UN, v. a. Le faire taire en parlant plus fort que lui, ou en lui prouvant clairement qu'il a tort, qu'il se trompe.

Signifie aussi Tuer.

COUPE-SIFFLET, s. m. Couteau.

COUPS DE MANCHE, s. m. Mendiant qui va à domicile porter des lettres-circulaires dans lesquelles il se dépeint comme zouave pontifical, ancien exilé, artiste sans commandes, homme de lettres sans éditeur, — selon le quartier et la victime choisis.

COURAILLER, v. n. Faire le libertin, — dans l'argot des bourgeois.

COURANT, s. m. Truc, secret, affaire mystérieuse, — dans l'argot du peuple.

Connaître le courant. Savoir de quoi il s'agit.

Montrer le courant. Initier quelqu'un à quelque chose.

COURANTE, s. f. *Fluxus ventris,* — dans l'argot des bourgeois.

COURBE, s. f. Épaule, — dans l'argot des voleurs.

Courbe de moxne. Épaule de mouton.

COUREUR, s. m. Libertin,

— dans l'argot des bourgeois.

COUREUSE, s. f. Fille ou femme qui a plus souci de son plaisir que de sa réputation et qui hante plus les bals que les églises.

COUREUSE, s. f. Plume à écrire, — dans l'argot des voleurs.

COURIR, v. n. Libertiner, — dans l'argot des bourgeois.

On dit aussi *Courir la gueuse,* et *Courir le guilledou.*

COURIR (Se la). S'en aller de quelque part; s'enfuir, — dans l'argot des faubouriens.

COURTANGE, s. f. La Courtille, — dans l'argot des voyous.

COURTAUD DE BOUTANCHE, s. m. Commis de magasin,— dans l'argot des voleurs.

COURSIER, s. m. Cheval, — dans l'argot des académiciens.

Coursier de fer. Locomotive.

COUSIN DE MOÏSE, s. m. Galant homme qui a épousé une femme galante, — dans l'argot du peuple, qui fait allusion aux deux lignes de feu dont sont ornées les tempes du législateur des Hébreux.

COUSINE, s. f. L'Ephestion des Alexandres de bas étage, — dans l'argot du peuple.

Cousine de vendange, s. f. Fille ou femme qui fait volontiers débauche au cabaret, — dans le même argot.

Cousse de castu, s. m. Infirmier d'hôpital, — dans l'argot des voleurs.

J'ai vu écrit *conce de castus* dans le vieux dictionnaire d'Olivier Chéreau, avec cette définition, conforme du reste à la précédente : « Celuy qui porte les salletés de l'hospital à la rivière. » *Cousse* ne signifie rien, tandis que *conce* est une antiphrase ironique et signifie *parfumé* (de l'italien *concio*).

Couturasse, s. f. Couturière, — dans l'argot des voyous.

Couturière, s. f. Courtilière, insecte de *jardins*, — dans l'argot des enfants, qui ne sont pas très-forts en entomologie.

Couvre-amour, s. m. Chapeau d'homme, quelque forme qu'il affecte, — dans l'argot facétieux des bourgeois, qui voudraient faire croire que leur tête est le siége des passions.

Couvrir la joue, v. a. Donner un soufflet, — dans le même argot.

Coyon, s. m. Lâche; paresseux, — dans l'argot du peuple, qui mouille l'*y* d'une façon particulière.

Coyonnade, s. f. Farce, mauvais tour.

Signifie aussi Niaiserie, chose de peu d'importance.

Coyonner, v. n. Manquer de courage.

Signifie aussi Se moquer.

Coyonner quelqu'un, v. a. Le faire aller, se moquer de lui.

Signifie aussi Importuner, agacer, — *probris lacessere*.

Crabosser, v. n. Bossuer un chapeau, un carton, — dans l'argot des bourgeois.

Crac-cric-croc, s. m. Onomatopée à l'usage du peuple, lorsqu'il veut rendre le bruit d'une chose qui se déchire pièce par pièce, ou qu'il broie avec ses dents.

Craché, adj. Ressemblant, — dans l'argot du peuple, à qui La Fontaine et Voltaire ont fait l'honneur d'emprunter cette expectoration.

On dit *C'est lui tout craché*, ou *C'est son portrait craché*.

Cracher, v. n. Parler, — dans l'argot des ouvriers.

Cracher au bassinet, v. n. Être forcé de payer, — dans l'argot du peuple.

Cracher blanc, v. n. Avoir soif, pour s'être enivré trop la veille, — dans l'argot du peuple, qui employait cette expression du temps de Rabelais.

On dit aussi *Cracher du coton* et *Cracher des pièces de dix sous*.

Cracher son ame, v. a.

Mourir, — dans l'argot des infirmiers, qui ne se doutent guère qu'ils emploient là une des plus énergiques expressions latines : *Vomere animam*, dit Lucrèce. *Chrysanthus animam ebulliit*, dit un des convives du festin de Trimalcion.

CRACHER SUR QUELQUE CHOSE, v. n. En faire mépris, — dans l'argot du peuple, qui emploie plus ordinairement cette expression avec la négative : *Il ne crache pas sur la vendange*, c'est-à-dire il aime le vin.

CRACHOIR, s. m. Action de bavarder, — dans le même argot.

Tenir le crachoir. Parler.

Abuser du crachoir. Abuser de la facilité qu'on a à parler et de l'indulgence des gens devant qui l'on parle.

CRAMPER, v. n. Courir, — dans l'argot des faubouriens.

Ils disent aussi *Tirer sa crampe*.

CRAMPER (Se), v. réfl. Se cramponner, au prop. et au fig., — dans le même argot.

CRAMPON, s. m. Homme ennuyeux qui ne lâche pas sa victime et qu'on tuerait sur place, — si le Code ne punissait pas le meurtre, même dans le cas de légitime défense.

CRANE, s. m. Homme audacieux, — dans l'argot du peuple.

Faire son crâne. Faire le fanfaron.

CRANE, adj. Superlatif de Beau, de Fort, d'Éminent, de Bon.

Avoir un crâne talent. Avoir beaucoup de talent.

CRANEMENT, adv. Beaucoup; supérieurement; fortement.

Avoir crânement de talent. En avoir beaucoup. ·

CRANEUR, s. m. Homme audacieux, ou plutôt fanfaron d'audace.

Faire son crâneur. Parler ou marcher avec aplomb, comme un homme qui ne craint rien.

CRAPAUD, s. m. Mucosité sèche du nez, — dans l'argot des voyous.

CRAPAUD, s. m. Cadenas, — dans l'argot des voleurs, qui ont trouvé là une image juste.

CRAPAUD, s. m. Petit fauteuil bas, — dans l'argot des tapissiers.

CRAPAUD, s. m. Bourse, — dans l'argot des soldats.

CRAPAUD, s. m. Apprenti; petit garçon, — dans l'argot des faubouriens.

CRAPOUSSIN, s. m. Homme de petite taille et de peu d'apparence, — dans le même argot.

CRAPULADOS, s. m. Cigare de cinq centimes, — dans le même argot.

CRAQUE, s. f. Menterie, — dans l'argot des enfants et des faubouriens, qui ont vu jouer sans doute le *Monsieur de Crac dans son petit castel* de Colin d'Harleville.

CRAQUELIN, s. m. Homme chétif, — dans l'argot des marins, qui d'un coup de poing feraient *craquer* les os à de plus solides.

CRAQUER, v. n. Mentir, gasconner à la parisienne.

CRAQUEUR, s. m. Menteur, gascon — de Paris.

CRASSE, s. f. Lésinerie, indélicatesse, — dans l'argot du peuple, pour qui il semble que les sentiments bas soient l'ordure naturelle des âmes non baptisées par l'éducation.

CRASSE, s. f. Pauvreté; abjection, — dans le même argot.

Tomber dans la crasse. Déchoir de rang, de fortune; de millionnaire devenir gueux, et d'honnête homme coquin.

CRASSE, s. f. Origine plébéienne; condition sociale inférieure, — dans l'argot dédaigneux des bourgeoises, qui ne se doutent pas que Saint-Simon a dit la même chose d'elles-mêmes en parlant de la parenté des duchesses d'Elbeuf et de Lesdiguières.

CRASSE DU COLLÉGE, s. f. Manières gauches, empruntées, mêlées de pédantisme, — dans l'argot des gens de lettres.

CRASSEUX, adj. et s. Avare.

CRAVATE DE CHANVRE, s. f. Corde, — dans l'argot du peuple.

CRAVATE DE COULEUR, s. f. Arc-en-ciel, — dans l'argot des faubouriens.

CRÉATEUR, s. m. Peintre, — dans l'argot des voleurs, qui ont parfois le sens admiratif.

CRÉATURE, s. f. Synonyme péjoratif de Fille, — dans l'argot des bourgeoises.

CREDO, s. m. Potence, — dans l'argot des voleurs, qu'ils aient voulu faire soit une anagramme de *Corde*, soit une allusion à la confession du condamné à mort, qui récite son *Credo* avant de réciter son *mea culpa*.

CRÈME, s. f. Superlatif de Bon, de Beau, de Fort, — dans l'argot des bourgeois.

La crème des hommes. Le meilleur des hommes.

CRÊPER LE CHIGNON (Se). Se gourmer, échanger des coups, s'arracher mutuellement les cheveux, — dans l'argot du peuple.

CRÉPINE, s. f. Bourse, — dans l'argot des voleurs, qui savent que les premières bourses ont été des aumônières et que saint Crépin est le patron du cuir.

CRÉTIN, s. m. Rival littéraire ou artistique, — dans l'argot des peintres et des gens de lettres.

Ils disent aussi *goîtreux*.

CRÉTINISER (Se), v. réfl. Faire toujours la même chose, avoir les mêmes habitudes,— dans le même argot.

CREUX, s. m. Voix, — dans l'argot du peuple.

Bon creux. Belle voix, claire, sonore.

Fichu creux. Voix brisée, défaillante, qui « sent le sapin ».

CREUX, s. m. Maison, logis quelconque, — dans l'argot des voyous.

Les voyous anglais disent de même *Ken*, apocope de *Kennel* (trou, terrier).

CREVAISON, s. f. Agonie,— dans l'argot du peuple.

Faire sa crevaison. Mourir.

CREVANT, adj. Ennuyeux, — dans l'argot des petites dames.

CREVARD, s. m. Enfant mort-né, — dans l'argot des voyous.

CREVÉ, s. m. Homme maigre, pâle, ruiné de corps et d'âme, — dans l'argot des typographes.

CREVER (Se), v. réfl. Manger avec excès, à en mourir, —dans l'argot du peuple.

CREVER L'ŒIL AU DIABLE, v. a. Réussir malgré les en-vieux ; faire du bien malgré les ingrats, — dans le même argot.

CREVETTE, s. f. Petite dame de Bréda-Street.

Mot de création tout à fait récente.

CRIAILLER, v. n. Crier toujours, quereller de paroles, — dans l'argot du peuple.

CRIBLER, v. n. Crier, — dans l'argot des voleurs.

Cribler à la chienlit ou au *charron*. Crier au voleur.

Cribler à la grive. Avertir un camarade, en train de *travailler*, de l'arrivée de la police ou d'importuns quelconques.

CRIBLEUR DE LANCE, s. m. Porteur d'eau.

CRIBLEUR DE MALADES, s. m. Celui qui, dans une prison, est chargé d'appeler les détenus au parloir.

CRIC, s. m. ou CRIQUE, s. f. Eau-de-vie de qualité inférieure, — dans l'argot des faubouriens.

CRIC-CROC! A ta, ou A votre santé! — dans l'argot du peuple.

CRICKET, s. m. Jeu de la crosse, récemment importé d'Angleterre en France, et pour lequel nos oisifs, pris d'un bel engouement, s'ingénient à chercher des *cricket-grounds* convenables.

Encore un mot anglais que le Dictionnaire de l'Académie sera forcé d'enregistrer, comme il a fait pour tant d'autres de la même fabrique.

CRIER A LA GARDE, v. n. Se plaindre mal propos, — comme les gens qui font déranger un poste à propos de rien.

CRIER AU VINAIGRE, v. n. Appeler au secours, — dans l'argot du peuple.

CRIER AUX PETITS PATÉS, v. n. Se dit — dans le même argot — d'une femme en mal d'enfant, qui se plaint d'abord comme Gargamelle, faisant le même vœu impie qu'elle, et, après, remerciant Dieu et son Grandgousier.

CRIGNE, s. f. Viande, — dans l'argot des voleurs et des filles.

Ne serait-ce pas une contraction de *carogne*, mot dérivé du latin *caro?*

D'un autre côté, je trouve *crie* et *criolle* dans le dictionnaire d'Olivier Chéreau, et Bouchet lui donne la signification de Lard. Auquel entendre ?

CRIGNOLIER, s. m. Boucher.

CRIN, s. m. Personne désagréable d'aspect et de langage.

Être comme un crin. Etre de mauvaise humeur.

CRINS, s. m. pl. Cheveux, — dans l'argot du peuple, qui n'est pas aussi irrespectueux qu'on le pourrait croire au premier abord, puisque Lafontaine a dit :

« Fille se coiffe volontiers
D'amoureux à longue crinière. »

CRIQUET, s. m. Homme de petite taille, qui ne compte pas plus qu'un *grillon*, — dans l'argot du peuple, qui s'incline volontiers devant la Force et méprise volontiers la Faiblesse.

CRIS DE MERLUCHE, s. m. pl. Cris épouvantables, — comme ceux que poussait *Mélusine*, la pauvre belle serpente dont Jean d'Arras nous a conservé la touchante histoire.

On dit aussi, *Crier comme une merlusine.*

CRISTALLISER, v. n. Flaner, se reposer, — dans l'argot des Polytechniciens.

CROCHER (Se), v. réfl. Se battre à coups de poings et de pieds, comme les *crocheteurs*, — dans l'argot des bourgeois.

CYMBALE, s. f. Lune, — dans l'argot du peuple, qui a trouvé une ressemblance de forme et de couleur entre cet astre et les gongs de notre musique militaire.

On l'appelle aussi *Moucharde.*

CROCHER UNE PORTE, v. a. La *crocheter*, — dans le même argot.

CROCODILE, s. m. Homme de mauvaise foi ou d'un commerce désagréable, — dans l'argot du peuple.

Signifie aussi Créancier.

CROCS, s. m. pl. Dents, — dans l'argot des faubouriens,

6.

qui assimilent volontiers l'homme au chien.

Cromper, v. a. Sauver quelqu'un,—dans l'argot des prisons.

Cromper sa sorbonne. Sauver sa tête de la guillotine.

Crompire, s. f. Pomme de terre, — dans l'argot du peuple, qui a emprunté ce mot à la Belgique.

Croque-au-sel (A la), adv. Aussi simplement que possible, au propre et au figuré.

Croque-mort, s. m. Employé des pompes funèbres, — dans l'argot sinistre du peuple.

Croqueneaux, s. m. pl. Souliers, — dans l'argot des faubouriens, qui les font *croquer* quand ils sont neufs.

Croqueneaux verneaux. Souliers vernis.

Croquer, v. n. Crier; faire du bruit en marchant, — dans l'argot des enfants et des ouvriers.

Croquer, v. a. Dessiner à la hâte, — dans l'argot des artistes.

Crosse, s. f. Avocat-général; ministère public, — dans l'argot des voleurs.

Ils disent aussi *Crosseur*.

Crosser, v. n. Sonner, — dans le même argot.

Douze plombes crossent : il est minuit.

Crosser quelqu'un, v. a. Médire de lui avec violence,

user ses *crocs* contre sa réputation, — ou jouer avec elle comme les enfants avec la pierre qu'ils chassent devant eux avec la *crosse.*

Crosseur, s. m. Sonneur de cloches.

Crotte, s. f. Misère, abjection, — dans l'argot du peuple.

Tomber dans la crotte. Se ruiner; se déshonorer, — se salir l'âme et la conscience.

Vivre dans la crotte. Mener une vie crapuleuse.

On n'est jamais sali que par la crotte. On ne reçoit d'injures que des gens grossiers.

Crotte d'ermite, s. f. Poire cuite, — dans l'argot des voleurs.

Croupionner, v. n. Faire des effets de crinoline, — dans l'argot des faubouriens.

Croupir dans le battant, v. n. Se dit d'une indigestion qui se prépare, par suite d'une trop grande absorption de liquide ou de solide.

Croute, s. f. Tableau mal peint et mal dessiné, — dans l'argot des artistes.

Crouton, s. m. Peintre médiocre, qui arrivera peut-être à l'Institut, mais jamais à la célébrité.

Croutonner, v. n. Peindre détestablement.

Cruche, s. et adj. Imbécile, — dans l'argot du peuple.

Il dit aussi *Cruchon.*

CRUCIFIX A RESSORT, s. m. Poignard, ou pistolet,—dans l'argot des voleurs.

CUCURBITACÉ, s. m. Imbécile, — dans l'argot des vaudevillistes, qui prennent des mitaines d'érudits pour appeler les gens *melons*, ayant lu la satire XIV de Juvénal et le chapitre XXXIX du *Satyricon* de Pétrone.

CUIR. s. m. Peau, — dans l'argot du peuple.

Tanner le cuir. Battre.

CUIR, s. m. Liaison brutale de deux mots, emploi exagéré des *t*, — dans l'argot des bourgeois, qui se moquent du peuple à cause de cela, sans se douter que cela a fait longtemps partie du langage macaronique.

CUIRASSIER, s. m. Faiseur de *cuirs*, homme qui parle mal.

CUIR DE BROUETTE, s. m. Bois, — dans le même argot.

Avoir le dessous des arpions doublé en cuir de brouette : Avoir le dessous des pieds aussi dur que du bois.

CUIR DE POULE, s. m. Gants de femmes légers, — dans l'argot des ouvriers gantiers, qui pourtant savent bien que les gants sont faits de peau de chevreau ou d'agneau.

CUIRE DANS SON JUS, v. n. Avoir très-chaud, *jusculentus*,—dans l'argot ou peuple.

CUISINE, s. f. La préfecture de police, — dans l'argot des voleurs, qui y sont amenés sur les dénonciations des *cuisiniers*, ou *coqueurs*.

CUISINE, s. f. Tout ce qui concerne l'ordonnance matérielle d'un journal, — dans l'argot des gens de lettres.

Connaître la cuisine d'un journal. Savoir comment il se fait, par qui il est rédigé et quels en sont les bailleurs de fonds réels.

Faire la cuisine d'un journal. Être chargé de sa composition, c'est-à-dire de la distribution des matières qui doivent entrer dedans, en surveiller la mise en page, la correction des épreuves, etc.

CUISINE A L'ALCOOL (Faire sa). Boire souvent de l'eau-de-vie, — dans l'argot du peuple.

CUISINIER, s. m. Dénonciateur, — dans l'argot des prisons.

V. *Coqueur* et *Mouton*.

CUISINIER, s. m. Avocat,—dans l'argot des voleurs, qui ont eu de fréquentes occasions de constater l'habileté avec laquelle leurs défenseurs savent arranger leur vie avariée, de façon à la rendre présentable à leurs juges.

CUIT (Être), v. p. Être condamné,—dans le même argot.

CUIVRE, s. m. Monnaie, — dans l'argot du peuple.

CUIVRES, s. m. pl. Les instruments de cuivre, sax-horn,

clairons, etc., — dans l'argot des troupiers.

CUL A FAUTEUIL, s. m. Académicien, — dans l'argot incongru des faubouriens.

Ils disent aussi *Enfant de la fourchette, Mal choisi,* et *Quarantier.*

CULBUTE, s. f. Pantalon, — dans l'argot des voleurs.

CULBUTE, s. f. Faillite, — dans l'argot des bourgeois.

Faire la culbute. Faire banqueroute.

CUL-DE-PLOMB, s. m. Bureaucrate, — dans l'argot des bourgeois.

CUL GOUDRONNÉ, s. m. Matelot, — dans l'argot du peuple.

CULOTTE, s. f. Nombre considérable de points, au jeu de dominos, — dans l'argot des bourgeois.

Attraper une culotte. Se trouver, à la fin d'une partie, à la tête d'un grand nombre de dominos qu'on n'a pu placer.

CULOTTE (Avoir une). Être complétement ivre, — dans l'argot des faubouriens, qui, par cette expression, font certainement une allusion scatologique, car l'ivrogne ne sait pas toujours ce qu'il fait...

On dit aussi *Prendre une culotte.*

CULOTTÉ, adj. Bronzé, aguerri, rompu au mal et à la misère, comme une pipe qui a beaucoup servi.

CULOTTÉ (Être). Être complétement gris, — pour s'être donné une *culotte.*

CULOTTER, v. n. Noircir, — dans l'argot du peuple, qui emploie ce verbe spécialement à propos des pipes fumées.

CULOTTER (Se). Se griser.

A dans le même argot différentes autres acceptions, telles que : Vieillir, devenir hors de service, — en parlant des hommes aussi bien que des choses ; S'aguerrir, s'accoutumer au mal, se former ; et enfin, Avoir, par suite d'excès en tous genres, le visage d'un rouge brique, — comme cuit au feu lent des passions.

CULOTTEUR DE PIPES, s. m. Pilier d'estaminet, rentier suspect, vaurien, — dans l'argot des bourgeois.

CUL-ROUGE, s. m. Soldat du centre, — dans l'argot des faubouriens, qui font allusion au pantalon garance.

CUL TERREUX, s. m. Paysan, — dans l'argot des faubouriens ; Jardinier de cimetière, —dans l'argot des marbriers.

CUPIDON, s. m. Chiffonnier, — dans l'argot des faubouriens, qui font allusion à son *carquois d'osier.*

On dit mieux : *Vieux Cupidon.*

CURIEUX, s. m. Le juge d'instruction, — dans l'argot des voleurs, qui, en effet, n'aiment pas à être interrogés et veulent garder pour eux leurs petits secrets.

D

DAB, s. m. Roi, — dans l'argot des voleurs.

Les Anglais ont le même mot pour signifier un homme consommé dans le vice : *A rum dabe*, disent-ils.

DAB, s. m. Maître, — dans l'argot des domestiques; — Patron , — dans l'argot des faubouriens.

DABESSE, s. f. Reine.

DABICULE, s. m. Fils du patron.

DABOT, s. m. Préfet de police.

DABUCHE, s. f. Mère, Nourrice.

DACHE, s. m. Diable,—dans l'argot des voleurs, qui pourtant ne croient ni à Dieu ni à diable.

Envoyer à dache. Envoyer promener, envoyer au diable.

Les ouvriers emploient aussi cette expression.

DADA, s. m. Cheval,—dans l'argot des enfants.

Fantaisie , manie , — dans l'argot des grandes personnes, plus enfants que les enfants.

DADAIS, s. m. Imbécile; homme qui fait l'enfant , — dans l'argot du peuple, qui ne se doute pas que le mot a trois cents ans de noblesse.

DAIM, s. m. Monsieur bien mis , et d'un porte-monnaie mieux mis encore, qui se fait gloire et plaisir d'être le mâle de la *biche*, — dans l'argot du peuple , dont la ménagerie s'augmente tous les jours d'une bête curieuse.

Daim huppé. Daim tout à fait riche.

DALLE , s. f. Gosier, gorge, — dans l'argot des faubouriens.

Se rincer la dalle. Boire.

DALLE , s. f. Pièce de six francs, — dans l'argot des voleurs, dont l'existence est pavée de ces écus-là.

DAME AUX CAMÉLIAS , s. f. Aspasie moderne , qui aime par accident quelque Périclès, mais plus fréquemment monseigneur Million , dont les « témoignages d'affection sont tous frappés à la Monnaie. »

L'expression sort de la pièce d'Alexandre Dumas fils.

DAMER UNE FILLE , v. a. La séduire , — ce qui, du rang de demoiselle, la fait passer à celui de dame, de *petite dame.*

DANDILLER , v. n. Sonner, — dans l'argot des faubouriens.

DANDILLON, s. m. Cloche.

DANDINETTE, s. f. Correction, — dans l'argot du peuple, qui corrige ses enfants en les faisant *danser*.

DANSE, s. f. Coups donnés ou reçus, — dans le même argot.

Danse soignée. Batterie acharnée.

DANSER, v. n. Exhaler une insupportable odeur, — dans l'argot des faubouriens.

Danser du bec. Avoir une haleine douteuse.

Danser des arpions. Avoir des chaussettes sales.

DANSER, v. n. Perdre de l'argent ; payer ce qu'on ne doit pas.

On dit aussi, à propos d'une somme perdue, volée, ou donnée : *La danser* de tant.

DANSER (Faire). Battre, donner des coups.

Faire danser ses écus. Dépenser joyeusement sa fortune.

DANSER (La), v. n. Perdre son emploi, et, par extension, la vie.

Signifie aussi : Être battu.

DANSEUR, s. m. Dindon, — dans l'argot des voyous.

DARDANT, s. m. Amour, — dans l'argot des voleurs, qui aiment la femme avec excès.

DARE-DARE, interj. A la hâte, — dans l'argot du peuple, qui a eu l'honneur de prêter cette expression à Diderot, qui s'en est servi dans son *Neveu de Rameau*.

DARON, s. m. Père, — dans l'argot des voleurs, qui ont emprunté ce mot au vieux langage des honnêtes gens.

Daron de la raille ou *de la rousse*. Préfet de police.

DARONNE, s. f. Mère.

Daronne du Dardant. Vénus, mère de l'Amour.

DAUFFE, s. f. Pince de voleur, dont l'extrémité est en queue de *dauphin*.

DAUPHIN ou DOS FIN, s. m. Souteneur de filles ; homme-poisson *ad usum Delphinæ*, ou toute autre sainte de même farine ou de même charbon.

DAVONE, s. f. Prune, — dans l'argot des voleurs.

DÉ, adv. Oui, — dans l'argot des marbriers de cimetière.

DÉBACLER, v. a. Ouvrir, — dans l'argot des voleurs.

DÉBAGOULER, v. a. Parler, — dans l'argot du peuple.

DÉBALLAGE, s. m. Déshabillé de l'homme ou de la femme, — dans l'argot des faubouriens.

Être volé au déballage. S'apercevoir, avec une surprise mêlée de mauvaise humeur, que la femme qu'on s'était imaginée idéalement belle, d'après les exagérations de sa crinoline et les exubérances de son corsage, n'a aucun rapport, même éloigné, avec la Vénus de Milo.

DÉBARBOUILLER, v. a. Éclaircir une chose, une situation, — dans l'argot du peuple.

Se débarbouiller. Se retirer tant bien que mal d'une affaire délicate, d'un péril quelconque.

Se dit aussi du temps lorsque de couvert il devient serein.

DÉBARDEUR, s. m. Type du carnaval parisien, inventé il y a une trentaine d'années, et dont il ne reste plus rien aujourd'hui que ce léger fusain :

« Qu'est-ce qu'un débardeur ? Un jeune
[front qu'incline
Sous un chapeau coquet l'allure mas-
[culine,
Un corset dans un pantalon.
Un masque de velours aux prunelles
[ardentes,
Sous des plis transparents des formes
[irritantes,
Un ange doublé d'un démon. »

DÉBINAGE, s. m. Médisance et même calomnie, — dans l'argot du peuple.

DÉBINE, s. f. Misère, état momentané de gêne, — dans le même argot.

DÉBINER, v. a. Médire, et même calomnier.

DÉBINER (Se), v. réfl. S'en aller, s'enfuir, — dans l'argot des faubouriens.

DÉBONDER, v. n. *Alvum deponere,* — dans l'argot du peuple.

DÉBORDER, v. n. Rejeter hors de l'estomac le liquide ou la nourriture ingérés en excès, — dans le même argot.

Se faire déborder. Se faire vomir.

DÉBOUCLER, v. a. Mettre un prisonnier en liberté, — dans l'argot des voleurs.

DÉBOURRER, v. a. Déniaiser quelqu'un, — dans l'argot du peuple.

Se débourrer. S'émanciper, se dégourdir.

DÉBOUSCAILLER, v. a. Décrotter, — dans l'argot des voyous.

DÉBOUSCAILLEUR, s. m. Décrotteur.

DÉBRIDER, v. a. Ouvrir, — dans l'argot des voleurs.

DÉBRIDER, v. n. Manger avec appétit, — dans l'argot du peuple, qui assimile l'homme au cheval.

DÉBRIDOIR, s. m. Clef.

DÉCADENER, v. a. Déchaîner, débarrasser de ses liens, — dans l'argot des voleurs.

DÉCAMPER, v. n. S'en aller, s'enfuir, — dans l'argot du peuple.

Décamper sans tambour ni trompette. S'en aller discrètement, ou honteusement, selon qu'on est bien élevé ou qu'on a été inconvenant.

On dit aussi *décampiller.*

DÉCANAILLER (Se), v. a. Sortir de l'obscurité, de la

misère, de l'abjection, — dans le même argot.

DÉCANILLER, v. n. Déguerpir, partir comme un *chien*, — dans le même argot.

On demande pourquoi, ayant sous la main une étymologie si simple et si rationelle (*canis*), M. Francisque Michel a été jusqu'en Picardie chercher une *chenille*.

DÉCARCASSER (Se), v. réfl. Se démener, s'agiter bruyamment, — dans le même argot.

DÉCARRADE, s. f. Sortie, fuite, — dans l'argot des voleurs.

DÉCARRER, v. n. S'en aller de quelque part, s'enfuir, — dans l'argot des voleurs et du peuple.
Décarrer de belle. Sortir de prison sans avoir passé en jugement.

DÉCARTONNER (Se), v. réfl. Vieillir, ou être atteint de maladie mortelle, — dans l'argot des faubouriens.

DÉCATI, adj. et s. Qui n'a plus ni jeunesse ni beauté, qui sont le *cati*, le lustre de l'homme et de la femme.

DÉCATIR (Se), v. réfl. Vieillir, enlaidir, se faner.

DÉCAVÉ, s. m. Homme ruiné, soit par le jeu, soit par les femmes, — dans l'argot de Bréda-Street.

DÉCHANTER, v. n. Revenir d'une erreur; perdre une illusion; rabattre de ses pré-tentions, — dans l'argot du peuple, fidèle sans le savoir à l'étymologie (*decantare*).

DÈCHE, s. f. Pauvreté, *déchet* de fortune ou de position, — dans le même argot.

Ce mot, des plus employés, est tout à fait moderne. Privat d'Anglemont en attribue l'invention à un pauvre cabotin du Cirque, qui, chargé de dire à Napoléon, dans une pièce de Ferdinand Laloue : « Quel échec, mon empereur ! » se troubla et ne sut pas dire autre chose, dans son émotion, que : « Quelle dèche, mon empereur ! »
Être en dèche. Être en perte d'une somme quelconque.

DÉCHEUX, adj. et s. Homme pauvre, misérable.

DÉCHIRÉE (N'être pas trop). Se dit — dans l'argot du peuple — d'une femme qui est encore jeune, jolie et appétissante.

On dit aussi *n'être pas trop égratignée*.

DÉCHIRER (Ne pas se). Se faire des compliments; se vanter.

DÉCHIRER LA CARTOUCHE, v. a. Manger, — dans l'argot des soldats et des ouvriers, qui se souviennent de leurs sept ans.

DÉCHIRER SON TABLIER, v. a. Mourir, — dans l'argot des faubouriens.

DÉCLANCHER (Se), v. réfl.

Se démettre l'*épaule*, — dans l'argot des faubouriens, qui assimilent l'homme au mouton.

DÉCLOUER, v. a. Dégager des effets du mont-de-piété, du *clou*.

DÉCOLLER, v. n. S'en aller de quelque part; quitter une place, — dans l'argot des ouvriers.

Décoller le billard. Mourir. On dit aussi *Dévisser son billard.*

DÉCOMPTE, s. m. Blessure mortelle, — dans l'argot des troupiers, qui savent qu'en la recevant il faut quitter le service et la vie.

DÉCONFITURE, s. f. Faillite, — dans l'argot des bourgeois.

Être en déconfiture. Avoir déposé son bilan.

DÉCOUDRE (En), v. n. Se battre en duel ou à coups de poings, — dans l'argot du peuple et des troupiers.

DÉCOUVRIR LA PEAU DE QUELQU'UN, v. a. Lui faire dire ce qu'il aurait voulu cacher, — dans l'argot du peuple.

DÉCROCHER, v. a. Dégager un objet du mont-de-piété, — dans l'argot des ouvriers.

DÉCROCHER, v. a. Tuer d'un coup de fusil, — dans l'argot des troupiers.

Ils disent aussi *descendre*.

DÉCROCHEZ-MOI ÇA, s. m.

Chapeau de femme, — dans l'argot des revendeuses du Temple.

DÉCROCHEZ-MOI ÇA, s. m. Boutique de fripier, — dans l'argot du peuple.

Acheter une chose au décrochez-moi ça. L'acheter d'occasion, au Temple ou chez les revendeurs.

DÉCROTTER UN GIGOT, v. a. N'en rien laisser que l'os, — dans l'argot des ouvriers, qui ont bon appétit une fois à table.

DÉDURAILLER, v. a. Oter les fers d'un forçat ou les liens d'un prisonnier.

DÉFARGUER, v. n. Pâlir, — dans l'argot des voleurs, pour qui *farguer* c'est rougir.

DÉFARGUEUR, s. m. Témoin à décharge, assez maître de lui pour mentir sans *rougir*.

DÉFENDRE SA QUEUE, v. a. Se défendre quand on est attaqué, — dans l'argot du peuple, qui prend l'homme pour un chien.

DEFFARDEUR, s. m. Voleur, — dans l'argot des voyous.

On dit aussi *Doubleur*.

DÉFIGER, v. a. Réchauffer, — dans le même argot.

DÉFILER LA PARADE, v. n. Mourir, — dans l'argot des troupiers, qui, blessés en pleine poitrine par un éclat d'obus, trouvent encore le temps de faire le salut militaire à leur chef comme pour

7

lui dire : *Ave, Cæsar, morituri te salutant.*

DÉFLEURIR LA PICOUSE, v. a. Voler le linge étendu dans les prés ou sur les haies.

DÉFOURAILLER, v. n. Courir, — dans l'argot des voleurs et des voyous.

DÉFRIMOUSSER, v. a. Défigurer quelqu'un, — dans le même argot.

DÉFRISER, v. a. Désappointer, contrarier quelqu'un, — dans l'argot du peuple.

DÉFRUSQUER, v. a. Dépouiller quelqu'un de ses vêtements, — dans l'argot des faubouriens.

On dit aussi *Défrusquiner.*

Se défrusquer. Se déshabiller.

DÉGAINE, s. f. Allures du corps, fourreau de l'âme, — dans l'argot du peuple, qui n'emploie ordinairement ce mot qu'en mauvaise part.

Avoir une belle dégaine. Se dit ironiquement des gens qui n'ont pas de tenue, ou des choses qui sont mal faites.

DÉGELÉE, s. f. Coups donnés ou reçus, — dans l'argot des faubouriens.

DÉGELER, v. n. Se déniaiser ; se remettre de son émotion, — dans le même argot.

DÉGINGANDÉ, adj. s. Qui a mauvaise grâce, au propre et au figuré, — dans l'argot du peuple.

DÉGINGANDER (Se), v. réfl. Se donner des allures excentriques et de mauvais goût.

DÉGOBILLADE, s. f. Résultat d'une indigestion, — dans l'argot du peuple.

DÉGOBILLER, v. a. et n. Avoir une indigestion.

DÉGOMMADE, s. f. Vieillesse ; décrépitude naturelle ou précoce, — dans l'argot du peuple.

DÉGOMMER, v. a. Destituer, casser d'un grade, — dans l'argot des troupiers.

Se dégommer. S'entre-tuer.

DÉGOMMER (Se), v. réfl. Vieillir, perdre de ses cheveux, de son élégance, de sa fraîcheur, — au propre et au figuré.

DÉGOTTAGE, s. m. Action de surpasser quelqu'un en force ou en talent, en esprit ou en beauté, — dans l'argot des faubouriens.

DÉGOTTER, v. a. Surpasser, faire mieux ou pis ; étonner, par sa force ou par son esprit, des gens malingres ou niais.

DÉGOULINER, v. n. Couler, tomber goutte à goutte des yeux et surtout de la *bouche,* — dans le même argot.

DÉGOURDIR, v. a. Émanciper l'esprit ou les sens de quelqu'un, — dans le même argot.

Se dégourdir. Se débourrer, se débarrasser de ses allures gauches, de la timidité naturelle à la jeunesse.

Signifie aussi S'amuser.

DÉGOUTÉ (N'être pas). Prendre le meilleur morceau, choisir la plus jolie femme, — dans le même argot.

DÉGRINGOLADE, s. f. Ruine, débâcle de fortune, — dans l'argot des bourgeois, témoins des croulements fréquents des parvenus d'aujourd'hui.

DÉGROSSIR, v. a. Découper des viandes, — dans l'argot des francs-maçons.

DÉGUEULER, v. a. et n. Avoir une indigestion, — dans l'argot du peuple.

DÉGUEULIS, s. m. Résultat d'une indigestion.

DÉGUI, s. m. Déguisement, — dans l'argot des voleurs.

DÉGUISER EN CERF (Se), v. réfl. Se retirer avec plus ou moins d'empressement, — dans l'argot des faubouriens.

DÉJETÉ, adj. Individu mal fait, laid, maigre, dégingandé, — dans l'argot des ouvriers.

N'être pas trop déjeté. Être bien conservé.

DÉJEUNER DE PERROQUET, s. m. Biscuit trempé dans du vin, qui permet d'attendre un repas plus substantiel.

DÉLASS. COM., s. m. pl. Théâtre des Délassements comiques, — dans l'argot des petites dames et des petits messieurs qui sont, du moins

qui étaient les habitués ordinaires de cette petite salle de spectacle, supprimée depuis quelques mois.

DÉLICAT ET BLOND, adj. Se dit, ironiquement, d'un gandin, d'un homme douillet, quelles que soient la couleur de ses cheveux et la vigueur de son corps. L'expression date d'un siècle.

DÉLICOQUENTIEUSEMENT, adv. Merveilleusement, — dans l'argot des coulisses.

DÉLIGE, s. f. *Diligence,* — dans l'argot des voyous, qui ne parlent pas toujours *diligentissime.*

DÉMANTIBULER, v. a. Briser, disjoindre, — dans l'argot du peuple.

C'est *démandibuler* qu'il faudrait dire; la première application de ce verbe a dû être faite à propos de la *mâchoire,* qui se désarticule facilement.

Se démantibuler. Se séparer, se briser, — au propre et au figuré.

DÉMAQUILLER, v. a. Défaire une chose faite ou convenue, — dans l'argot des voleurs.

DÉMARGER, v. a. S'en aller, disparaître, s'enfuir, — dans le même argot.

On disait autrefois *demurger.*

DÉMARRER, v. n. S'en aller; quitter une place pour une autre, — dans l'argot du peuple, qui a emprunté ce

mot au vocabulaire des marins.

DÉMÉNAGER, v. n. Perdre
la raison, le bon sens, le
sang-froid, — dans le même
argot.

Signifie aussi Être vieux,
être sur le point de partir
pour l'autre monde.

DÉMÉNAGER A LA FICELLE,
v. n. A l'insu du propriétaire,
la nuit, avec ou sans cordes,
par la fenêtre ou par la porte,
— dans l'argot des bohèmes,
pour qui le dieu Terme est le
diable.

DÉMÉNAGER PAR LA CHEMI-
NÉE, v. n. Brûler ses meubles
lorsqu'on a reçu congé, —
dans l'argot du peuple.

DEMI-AUNE, s. f. Bras, —
dans l'argot des faubouriens.

Tendre la demi-aune. Mendier.

DEMI-CACHEMIRE, s. m. Fille
ou femme qui est encore dans
les limbes de la richesse et
de la galanterie, et qui attend
quelque protection secourable
pour briller au premier rang
des drôlesses.

Au XVIIIe siècle, on appelait ça *Demi-castor.* Les mots
changent, mais les vices
restent.

DEMI-MONDAINE, s. f. Femme
du demi-monde, — dans l'argot des gens de lettres.

DEMI-MONDE, s. m. Sphères
galantes de la société parisienne, — dans l'argot de
M. Alexandre Dumas fils, qui
a fait une pièce là-dessus.

DEMI-VERTU, s. f. Demoi-
selle qui est devenue dame
de son propre chef, sans passer par l'église ni par la mairie : la chrysalide d'une *fille.*

DÉMOC, s. m. Apocope de
Démocrate, — dans l'argot
du peuple.

Démoc-soc. Démocrate-so-
cialiste.

DEMOISELLE DU PONT NEUF,
s. f. Femme banale, dans le
cœur de laquelle tout le Paris
galant a le droit de circuler.

DÉMOLIR, v. a. Critiquer
âprement et injustement, —
dans l'argot des gens de
lettres, qui oublient trop qu'il
faut quelquefois dix ans pour
bâtir un livre.

DÉMOLIR, v. a. Tuer, —
dans l'argot des faubouriens,
qui oublient trop qu'il faut
vingt ans pour construire un
homme.

DÉMONÉTISER, v. a. Atta-
quer la réputation de quelqu'un et la ruiner, — dans
l'argot du peuple.

Se démonétiser. Se discré-
diter, s'amoindrir, se ruiner
moralement.

DÉMORGANER, v. n. Se ran-
ger à un avis, se rendre à une
observation, — dans l'argot
des voleurs.

DÉNICHEUR DE FAUVETTES,
s. m. Coureur de filles, —
dans l'argot du peuple.

DENIS, n. d. l. Saint-Denis

— dans l'argot des farouches révolutionnaires, qui, par horreur des saints et des nobles, décapitent la plupart des noms historiques, font par exemple de Bernardin de Saint-Pierre un Pierre Bernardin, et qui, pour être conséquents avec eux-mêmes, devraient dire *Nis* au lieu de *Saint-Denis*.

DENT (Avoir de la). Être encore beau cavalier ou jolie femme, — dans l'argot de Breda-Street.

Les petites dames de ce pays cythéréen qui veulent donner à rêver aux hommes disent aussi : *Seize ans, toutes ses dents et pas de corset.*

Mal de dents. Mal d'amour.

N'avoir plus mal aux dents. Être mort.

DÉPARLER, v. n. Cesser de parler, dans l'argot du peuple.

Ne pas déparler. Bavarder fort et longtemps.

DÉPARTEMENT DU BAS-REIN, s. m. La partie du corps sur laquelle on s'assied, et qui depuis des siècles a le privilége de servir d'aliment à ce qu'on est convenu d'appeler « la vieille gaieté gauloise ».

L'expression appartient à l'argot des ouvriers, loustics de leur nature.

DÉPENDEUR D'ANDOUILLES, s. m. Homme d'une taille exagérée, — dans l'argot du peuple.

DÉPENSER SA SALIVE, v. a. Parler, — dans le même argot.

On dit aussi *Perdre sa salive*, dans le sens de : Parler inutilement.

DÉPIAUTER, v. a. Enlever la *peau*, l'écorce, — dans le même argot.

Se dépiauter. S'écorcher.

Signifie aussi Se déshabiller.

DÉPLANQUER, v. a. Retirer des objets d'une cachette ou du *plan*, — dans l'argot des voleurs.

DÉPLUMÉ, s. m. Homme chauve, — dans l'argot des faubouriens.

DÉPLUMER (Se), v. réfl. Perdre ses cheveux.

DÉPONER, v. n. *Levare ventris onus*, — dans l'argot du peuple, pour qui le derrière est le *ponant* du corps.

DÉPOSER UNE PÊCHE, v. a. *Levare ventris onus*, — dans l'argot des ouvriers.

Ils disent aussi *Déposer un kilo*.

DÉPUCELEUR DE NOURRICES, s. m. Fat ridicule, cousin germain de l'Amoureux des onze mille vierges, — dans l'argot du peuple, qui n'aime pas les gascons.

DE QUOI, s. m. Fortune, aisance, — dans le même argot.

Avoir de quoi. Être assuré contre la soif, la faim et les autres fléaux qui sont le lot ordinaire des pauvres gens.

On dit aussi *Avoir du de quoi*.

DER, s. m. Apocope de *dernier*, — dans l'argot des enfants.

DÉRALINGUER, v. n. Mourir, — dans l'argot des marins d'eau salée et d'eau douce.

DERNIER DE PAUL DE KOCK, s. m. Galant homme qui a eu le tort d'épouser une femme galante, — dans l'argot des bourgeoises qui n'osent pas dire *Cocu*, titre d'un roman de Paul de Kock en vogue il y a trente ans.

DERRIÈRE LE POÊLE, CHEZ COSSON. Phrase de l'argot des typographes, qui la mettent à toutes sauces, et l'emploient surtout lorsqu'il ne leur plaît pas de répondre à une question. N'importe ce qu'on leur demande, ils vous renvoient toujours là.

L'expression sort de l'imprimerie Cosson, et du patron est descendue aux ouvriers.

DÉSATILLER, v. a. Châtrer, — dans l'argot des voleurs.

DESCENDRE LA GARDE, v. n. Mourir, — dans l'argot du peuple.

DÉSENBONNETDECOTONNER, v. a. Débourgeoiser, donner de l'élégance à quelqu'un ou à quelque chose.

Le mot est de Balzac.

DÉSENFLACQUER (Se), v. réfl. Se tirer de peine, et aussi de prison, — dans l'argot des voleurs.

DÉSENTIFLAGE, s. m. Rupture, divorce, — dans le même argot.

DÉSENTIFLER (Se), v. réfl. Se quitter, divorcer.

DESGRIEUX, s. m. Chevalier d'industrie et souteneur de *Manons*, — dans l'argot des gens de lettres, qui, avec raison, ne peuvent pardonner à l'abbé Prévost d'avoir poétisé le vice et le vol.

DÉSOSSÉ, adj. et s. Homme extrêmement maigre, — dans l'argot du peuple.

DESSALER (Se), v. Boire le vin blanc du matin, — dans l'argot des faubouriens, qui dorment volontiers salés, comme Gargantua.

DESTRIER, s. m. Cheval, — dans l'argot des académiciens, qui ont horreur du mot propre.

Ils disent aussi *Palefroi*, — dans les grandes circonstances.

DÉTACHER, v. a. Donner, — dans l'argot du peuple.

Détacher un soufflet. Souffleter quelqu'un.

Détacher un coup de pied. Donner un coup de pied.

DÉTACHER LE BOUCHON, v. a. Couper la bourse, ou la chaîne de montre, — dans l'argot des voleurs.

DÉTAFFER, v. a. Aguerrir quelqu'un, l'assurer contre le *taf*, — dans l'argot des voyous.

DÉTAIL, s. m. Chose grave que l'on traite en riant, — dans l'argot du peuple. « Annoncez qu'un tel s'est cassé le bras, a perdu cinquante mille francs, etc., et on vous répondra toujours : *C'est un détail!* pour dire : Ne nous émouvons pas pour si peu. »

Détaler, v. n. S'enfuir, s'en aller sans bruit, — dans le même argot.

Détaroquer, v. a. Démarquer du linge, — dans l'argot des voleurs, qui ont bien le droit de faire ce que certains vaudevillistes font de certaines pièces.

Dételer, v. n. Renoncer aux jeux de l'amour et du hasard, — dans l'argot des bourgeois, qui connaissent le *Solve senescentem* d'Horace, mais qui ont de la peine à y obéir.

On dit aussi *Enrayer*.

Détoce ou **détosse**, s. f. Détresse, guignon, — dans l'argot des prisons.

Détourne (Vol à la), s. m. Vol dans l'intérieur des magasins ou à la devanture des boutiques.

On dit aussi *Grinchissage à la détourne.*

Détourneur, euse, s. Individu qui pratique le grinchissage à la détourne.

Deux d'amour, s. m. Le deux, — dans l'argot des joueurs de dominos.

Deux sœurs, s. f. pl. Les *nates* de Martial, — dans l'argot des faubouriens.

Deux sous du garçon, s. m. pl. Le pourboire que chaque consommateur est *forcé* — sous peine d'être « mal servi » — de donner aux garçons de café, qui s'achètent des établissements avec le produit capitalisé de cet impôt direct.

Déveine, s. f. « Malheur constant dans une série d'opérations constantes. »

Être en déveine. Perdre constamment au jeu.

Dévergondée, s. f. Fille ou femme qui a toute *vergogne* bue, — dans l'argot des bourgeoises, qui quelquefois donnent ce nom à une pauvre fille dont le seul crime est de n'avoir qu'un amant.

Dévidage, s. m. Long discours, bavardage interminable, — dans l'argot des voleurs.

Dévidage à l'estorgue. Accusation.

Dévider, v. a. et n. Parler, et, naturellement, bavarder.

Dévider à l'estorgue. Mentir.

Dévider le jar. Parler argot.

On dit aussi *Entraver le jar.*

Dévideur, s. m. Bavard.

Dévierger, v. a. Séduire une jeune fille et la rendre mère, — dans l'argot du peuple.

Dévisager, v. a. Égratigner

le visage, le meurtrir de coups, — dans le même argot.

Signifie aussi Regarder quelqu'un avec attention.

DEVOIR UNE DETTE, v. a. Avoir promis un rendez-vous d'amour, — dans l'argot des filles, qui sont brouillées avec la grammaire comme avec la vertu, et qui redoutent moins un pléonasme qu'un agent de police.

DÉVORANT, s. m. Compagnon du Tour de France, — dans l'argot des ouvriers.

DIABLE, s. m. Agent provocateur, — dans l'argot des voleurs, qui sont tentés devant lui du péché de colère.

DIABLE, s. m. L'attelabe, — dans l'argot des enfants, qui ont été frappés de la couleur noire de cet insecte et de ses deux mandibules cornées.

DIABLE BAT SA FEMME ET MARIE SA FILLE (Le). Il pleut et fait soleil tout à la fois.

DICTIONNAIRE VERDIER, s. m. Lexique fantastique, — dans l'argot des typographes, qui y font allusion chaque fois qu'un de leurs compagnons parle mal ou orthographie défectueusement.

DIEU BAT SES MATELAS, Se dit — dans l'argot du peuple —lorsqu'il tombe de la neige.

DIEU TERME (Le). Les 8 janvier, 8 avril, 8 juillet et 8 octobre de chaque année, — dans l'argot des bohèmes.

DIGUE-DIGUE, s. f. Attaque d'épilepsie, — dans l'argot des voyous.

DIJONNIER, s. m. Moutardier, — dans l'argot des faubouriens.

DILIGENCE DE ROME, s. f. La langue, — dans l'argot du peuple, qui sait qu'on va partout quand on sait demander son chemin.

DIMANCHE, adv. Jamais, — dans le même argot.

On dit aussi *Dimanche après la grand'messe.*

DIMANCHE, s. m. Endroit d'un navire ou d'une maison qu'on a oublié de nettoyer, — dans l'argot des marins.

DIMASINE, s. f. Chemisette, — dans l'argot des voleurs.

DINDE, s. f. Femme sotte, maladroite, sans aucun des charmants défauts de son sexe, — dans l'argot du peuple, qui a, du reste, l'honneur de se rencontrer avec Shakespeare : *Goose* (oie), dit celui-ci en deux ou trois endroits de ses comédies.

DINDON, s. m. Imbécile, dupe.

Être le dindon de la farce. Être la victime choisie, payer pour les autres.

DINDONNER, v. a. Tromper, duper.

DINDORNIER, s. m. Infirmier, — dans l'argot des voleurs.

DINER EN VILLE, v. a. Manger un petit pain en marchant à travers les rues, — dans l'argot parfois navrant des bohèmes.

DÎNER PAR CŒUR, v. n. Ne pas dîner du tout, — dans l'argot du peuple.

DINGUER, v. n. Flâner ; se promener , — dans l'argot des faubouriens.

Envoyer quelqu'un dinguer. Le congédier brusquement, s'en débarrasser en le mettant à la porte.

DIRE, v. n. Plaire , agréer, convenir, — dans l'argot du peuple.

Cela ne me dit pas. Je n'ai pas d'appétit, de goût pour cela.

DISCUSSION AVEC DES PAVÉS (Avoir une). Tomber sur les pavés et s'y égratigner le visage, soit en état d'ivresse, soit par accident, — dans l'argot des ouvriers, qui ont de ces discussions-là presque tous les lundis , en revenant de la barrière.

DIX-HUIT, s. m. Soulier ressemelé, c'est-à-dire deux fois neuf (9), — dans l'argot calembourique du peuple.

DODO, s. m. Lit , — dans l'argot des enfants et des filles.

Faire dodo. Dormir.

DOMINOS , s. m. pl. Les dents , — dans l'argot du peuple, qui emploie là, sans s'en douter, une expression du *slang* anglais.

Avoir le jeu complet. Avoir toutes ses dents.

Jouer des dominos. Manger.

DONDON, s. f. Femme chargée d'embonpoint ; Servante de cabaret, — dans le même argot.

DONDON, s. f. Maîtresse, — dans l'argot dédaigneux des bourgeoises.

DONNER (S'en), v. réfl. Prendre d'un plaisir avec excès , — dans l'argot du peuple.

DONNER (Se la), v. S'en aller, s'enfuir, — dans l'argot elliptique des faubouriens.

DONNER CINQ ET QUATRE, v. a. Donner deux soufflets, l'un de la paume de la main, où les cinq doigts assemblés frappent ensemble ; l'autre du revers de la même main, le pouce demeurant alors sans action.

On dit aussi *Donner dix-huit.*

DONNER DANS L'ŒIL, v. n. Plaire , — dans l'argot des petites dames, qui l'emploient aussi bien à propos des gens que des choses dont elles ont envie.

Les faubouriens disent : *Taper dans l'œil.* C'est plus expressif, — parce que c'est plus brutal.

Molière a employé *Donner dans la vue* avec la même signification.

DONNER DE LA GROSSE CAISSE,

7.

Faire des réclames à un livre ou à un médicament, — dans l'argot des journaux.

DONNER DE L'AIR (Se), v. a. S'en aller de quelque part, non parce qu'on y étouffe, mais parce qu'on s'y ennuie, ou parce qu'il est l'heure de se retirer.

DONNER DE LA SALADE, v. a. Battre, secouer quelqu'un, — dans l'argot des faubouriens, qui ne se doutent pas que cette expression est une corruption de *Donner la salle*, c'est-à-dire fouetter un écolier en public.

Ils disent aussi *Donner une chicorée*.

DONNER DU BALAI, v. n. Chasser quelqu'un, remercier un employé, congédier un domestique, — dans l'argot des bourgeois.

DONNER DU BON TEMPS (Se), v. réfl. Se divertir, « cueillir le jour » et la nuit, — dans le même argot.

DONNER LA MIGRAINE A UNE TÊTE DE BOIS, v. a. Être excessivement ennuyeux, — dans l'argot des gens de lettres.

L'expression appartient à Hippolyte Babou.

DONNER SON BOUT, v. a. Congédier un ouvrier, — dans l'argot des tailleurs.

On dit aussi *Donner son bout de ficelle*.

DONNER UN COUP DE POING DONT ON NE VOIT QUE LA FUMÉE, v. a. L'appliquer sur le visage avec une grande violence, — dans l'argot du peuple.

J'ai entendu la phrase, et j'ai frémi pour celui à qui elle s'adressait: « Je te donnerai un coup de poing au nez, que tu n'en verras que la fumée!» disait un robuste Auvergnat à un ouvrier d'apparence médiocre.

DONNER UN PONT A FAUCHER, v. a. Tendre un piége, — dans l'argot des voleurs.

DONNER UN REDOUBLEMENT DE FIÈVRE, v. a. Révéler un nouveau méfait à la charge d'un accusé, — dans le même argot.

DONT AUQUEL, adj. A qui rien n'est comparable, — dans l'argot du peuple.

Il y a plus d'un siècle déjà que ce barbarisme court les rues.

DONZELLE, s. f. Fille qui préfère la compagnie des hommes à celle des femmes, — dans le même argot.

Signifie aussi Maîtresse.

DOR, s. m. Or, — dans l'argot des enfants.

DORANCHER, v. a. Dorer, — dans l'argot des voleurs.

DORMIR EN CHIEN DE FUSIL, v. n. C'est — dans l'argot du peuple — prendre en dormant une posture qui donne au corps la forme d'une S ou du morceau de fer qu'on abat sur le bassinet de certaines armes à feu lorsqu'on veut tirer.

DORT-DANS-L'AUGE, s. m. Paresseux, homme qui s'endort sur la besogne, — dans le même argot.

DOS D'AZUR, s. m. Souteneur de filles.
(V. *Dauphin.*)
On dit aussi *Dos vert.*

DOSSIÈRE, s. f. Fille publique, — dans l'argot des voleurs.

DOSSIÈRE DE SATTE, s. f. Chaise, fauteuil, — dans le même argot.

DOUBLAGE, s. m. Vol, — dans l'argot des voyous, qui appellent les voleurs *Doubleurs*, probablement parce qu'ils témoignent une grande *duplicité.*

DOUBLE, s. m. Sergent-major, — dans l'argot des soldats, qui l'appellent ainsi probablement à cause de ses deux galons dorés.

DOUBLER, v. a. Voler.

DOUBLEUR, s. m. Voleur.
Doubleur de sorgue. Voleur de nuit.

DOUBLER UN CAP, v. a. Passer heureusement une échéance, un 1er ou un 15, sans avoir un seul billet protesté, — dans l'argot des commerçants, qui connaissent les écueils de la Fortune.

Henry Murger, dans sa *Vie de Bohème,* appelle ce 1er et ce 15 de chaque mois le *cap des Tempêtes,* à cause des créanciers qui font rage à ce moment-là pour être payés.

DOUBLURE, s. f. Acteur secondaire, chargé de remplacer, de *doubler* son chef d'emploi malade ou absent, — dans l'argot des coulisses.

DOUBLURE DE LA PIÈCE, s. f. « Ce qu'il y a sous le corsage d'une robe de femme, » — dans l'argot des bourgeois, qui, quoique très Orgon, sont parfois de la famille de Tartufe.

DOUCE, s. f. Étoffe de soie ou de satin, — dans l'argot des voleurs.

DOUCE, s. f. Fièvre, — dans le même argot.

DOUCE (A la), adv. Doucement, — dans l'argot du peuple.
On dit quelquefois : *A la douce, comme les marchands de cerises.*

DOUCETTE, s. f. Lime, — dans l'argot des voleurs.

DOUCEURS, s. f. pl. Choses de diverse nature qu'on porte aux malades ou aux prisonniers, — aux uns des oranges, aux autres du tabac.

DOUILLARD, s. m. Homme riche, fourni de *douille.*

DOUILLE, s. f. Argent, monnaie, — dans l'argot des voleurs et des faubouriens.

DOUILLES, s. f. pl. Cheveux, — dans le même argot.
Douilles savonnées. Cheveux blancs.

DOUILLET, s. m. Crin, crinière.

Douillure, s. f. Chevelure.

Doussin, s. m. Plomb, — dans l'argot des voleurs.

Doux, s. m. Crème de menthe, anisette, vespétro, etc. — dans l'argot des bourgeoises.

Dragée, s. f. Balle, — dans l'argot des troupiers.

Recevoir une dragée. Être atteint d'une balle. On dit aussi *Gober la dragée.*

Drague, s. f. Attirail d'escamoteur, tréteaux de charlatan, — dans l'argot des faubouriens, qui savent avec quelle facilité les badauds se laissent *nettoyer* les poches.

Dragueur, s. m. Charlatan, escamoteur, saltimbanque.

Drapeau, s. m. Serviette, — dans l'argot des francs-maçons.

Grand drapeau. Nappe.

Dringue, s. f. *Ventris fluxus*, — dans l'argot des faubouriens.

Drogue, s. f. Femme acariâtre et, de plus, laide, — dans l'argot du peuple, qui a de la peine à *avaler* ces créatures-là.

Se dit aussi d'un homme difficile à vivre.

Droguer, v. n. Attendre, faire le pied de grue, — dans le même argot.

Droguer, v. n. Demander, — dans l'argot des voleurs, qui savent qu'on *attend* toujours, et quelquefois longtemps, une réponse.

Droguerie, s. f. Demande.

Drogueur de la haute, s. m. Escroc habile, qui sait battre monnaie avec des histoires.

Drôle (Pas ou Peu), adj. « Expression singulière dont le peuple de Paris connaît seul la valeur saisissante. Si quelqu'un est ruiné, blessé, frappé par un accident grave, on le plaint sincèrement par ces seuls mots : *Le pauvre homme! ça n'est pas drôle!* Un homme sans ressources dira de même : *Je ne sais pas si je mangerai ce soir, et ça n'est pas drôle!* »

Drôlesse, s. f. Habitante de Breda-Street, ou de toute autre Cythère, — dans l'argot des bourgeois, qui ont la bonté de les trouver drôles quand elles ne sont que dévergondées.

Drôlesse, s. f. Maîtresse, concubine,—dans l'implacable argot des bourgeoises, jalouses de l'empire que ces créatures prennent sur leurs maris, avec leur fortune.

Duc de Guiche, s. m. *Guichetier*, — dans l'argot des faubouriens.

Dulcinée, s. f. Maîtresse, —dans l'argot des bourgeois, qui cependant se garderaient bien de se battre pour la leur, même contre des moulins.

DUMANET, s. m. Soldat crédule à l'excès, — dans l'argot du peuple, qui a conservé le souvenir de ce type de vaudeville, né le jour de la prise d'Alger.

DUR, s. m. Eau-de-vie, — dans l'argot des faubouriens.

On dit aussi *Raide*.

DUR, s. m. Fer, — dans l'argot des voleurs.

Ils disent aussi *Durin*.

DUR A AVALER, adj. Se dit — dans l'argot du peuple — d'une histoire invraisemblable à laquelle on se refuse à croire, ou d'un accident dont on a de la peine à prendre son parti.

On dit aussi, dans le même sens : *Dur à digérer*.

DUR-A-CUIRE, s. m. Homme insensible à la douleur, physique ou morale, — dans le même argot.

DURAILLE, s. f. Pierre, — dans l'argot des voleurs.

Ils disent aussi *Dure*.

Dure-à-briquemon. Pierre à briquet.

Ils disent aussi *Dure à rifle*.

DUR-A-LA-DÉTENTE, adj. et s. Homme avare, qui ne lâche pas volontiers les ressorts de la bienfaisance ou du crédit, — dans l'argot du peuple, pour qui ces sortes de gens sont de « singuliers pistolets. »

DURE, s. f. La terre, — dans l'argot des voleurs et du peuple.

Coucher sur la dure, coucher à la belle étoile.

DURÊME, s. m. Fromage blanc, — dans l'argot des voleurs.

DURINER, v. a. Ferrer.

DU VENT ! DE LA MOUSSE ! Phrase de l'argot des faubouriens, qu'ils emploient fréquemment en réponse à quelque chose qui leur déplaît ou ne leur va pas.

Ils disent aussi soit : *De l'anis !* soit : *Des navets !* soit : *Des nèfles !* soit : *Du flan !*

Qu'on ne croie pas l'expression moderne, car elle a des chevrons : « Si on la loue en toutes sortes de langues, elle n'aura que du vent en diverses façons, » — dit La Serre, historiographe de France, dans un livre adressé à Mlle D'Arsy, fille d'honneur de la reine (1638 .

E

EAU BÉNITE DE CAVE, s. f. Vin, — dans l'argot du peuple, qui sait que tous les cabaretiers font concurrence à saint Jean-Baptiste.

EAU D'AFF, s. f. Eau-de-vie,

— dans l'argot des voleurs et des faubouriens, dont cela doit brûler la poitrine comme de l'essence de naphte, ou de *naffe* pour parler populairement.

EAU DE BOUDIN, s. f. Chose illusoire, — dans l'argot du peuple.

Tourner en eau de boudin. Se dit d'une promesse qu'on ne tient pas, d'un héritage qui échappe, d'un projet qui avorte.

EAUX SONT BASSES (Les). N'avoir plus ou presque plus d'argent, — dans l'argot des bourgeois.

ÉBASIR, v. a. Assassiner, — dans l'argot des prisons.

ÉBAUBI, adj. et s. Étonné, émerveillé, — dans l'argot du peuple.

ÉBERLUÉ, adj. Surpris, émerveillé, *aveuglé* par l'étonnement, — dans le même argot.

ÉBOUFFER (S'), v. réfl. Rire aux éclats, — dans le même argot.

ÉCACHER, v. a. Écraser, — dans l'argot du peuple, qui a eu l'honneur de prêter une seule fois ce verbe à Diderot.

On disait et on écrivait autrefois *Esquacher.*

ÉCARBOUILLER, v. a. Écraser, aplatir, — dans le même argot.

Il dit aussi *Écrabouiller,* et *Escarbouiller.*

ÉCARTER DU FUSIL, v. n. Envoyer, en parlant, une pluie de salive au visage de son interlocuteur, — dans le même argot.

On disait autrefois *Écarter la dragée.*

ÉCHALAS, s. m. pl. Jambes, surtout quand elles sont maigres, — dans l'argot des faubouriens.

Avoir avalé un échalas. Être d'une maigreur remarquable.

ÉCHAPPÉ D'HÉRODE, s. m. Homme innocent, c'est-à-dire niais, — dans l'argot ironique du peuple.

ÉCHARPILLER, v. a. Briser une chose en mille morceaux, — dans le même argot.

Se faire écharpiller. Se faire accabler de coups.

ÉCHASSES, s. f. pl. Jambes fines, et même maigres, — dans le même argot.

ÉCHASSIER, s. m. Homme long et maigre.

ÉCHAUBOULURE, s. f. Petite élevure rouge qui vient sur la peau à la suite d'une brûlure (*calda,* chaude, *bulla,* bulle).

ÉCHAUDÉ (Être). Trompé par un marchand, volé par un restaurateur, carotté par un neveu.

ÉCHAUDER, v. a. Surfaire un prix, exagérer le *quantum* d'une note, — dans l'argot des bourgeois, qui, depuis le temps qu'il y a des marchands et des restaurateurs, doivent avoir l'eau froide en horreur.

ÉCHOS, s. m. pl. Les bruits de ville et de théâtre, — dans l'argot des petits journalistes.

ÉCHOTIER, s. m. Faiseur ou collecteur d'échos.

ÉCLAIRER, v. n. Payer, — dans l'argot du peuple, qui sait quand il le faut montrer pièce d'or *reluisante* ou pièce d'argent toute battante neuve.

ÉCLAIRER, v. n. Montrer qu'on a l'argent pour parier, pour jouer ou pour faire des galanteries, — dans l'argot de Breda-Street.

ÉCLIPSER (S'), v. réfl. S'en aller, s'enfuir, — dans l'argot des bourgeois frottés d'astronomie.

ÉCLOPÉ, s. et adj. Qui marche difficilement, — dans l'argot du peuple, fidèle à la tradition.

Se dit aussi pour Blessé.

ÉCLUSER, v. n. *Meiere*, — dans l'argot des ouvriers facétieux.

Ils disent aussi *Lâcher les écluses*.

ÉCONOMIE DE BOUTS DE CHANDELLE, s. f. Économie mal entendue, qu'il est ridicule parce qu'inutile de faire, — dans l'argot des bourgeois, pourtant fort économes.

ÉCORCHE-CUL (A), loc. adv. En glissant, en se traînant sur le derrière, — dans l'argot du peuple.

Signifie aussi A contre-cœur.

ÉCORCHER, v. a. Surfaire un prix, exagérer le *quantum* d'une addition, de façon à faire *crier* les consommateurs et à les empêcher de revenir.

ÉCORNÉ, adj. Voleur sur la sellette.

ÉCORNER, v. a. Injurier, faire les *cornes*, — dans l'argot des voleurs.

ÉCORNER LES BOUCARDS, v. a. Forcer les boutiques, — dans le même argot.

ÉCOSSAIS, s. et adj. Hospitalier, — dans l'argot des gens de lettres, qui ont conservé bon souvenir des montagnards de *la Dame Blanche*.

Hospitalité écossaise. Hospitalité gratuite, désintéressée, aimable.

ÉCRACHE, s. m. Passeport, — dans l'argot des voleurs.

Écrache-tarte. Faux passeport.

ÉCRACHER, v. a. Exhiber son passeport.

ÉCRASANT, adj. Étonnant, inouï, accablant, — dans l'argot des littérateurs, qui emploient ce mot à propos des gens aussi bien qu'à propos des choses.

ÉCRASER DES TOMATES, v. a. Avoir ses *menses*, — dans l'argot des petites dames.

ÉCRASER UN GRAIN, v. a. Boire un canon de vin sur le comptoir du cabaretier, —

dans l'argot des faubouriens, qui ont un fier pressoir dans l'estomac.

ÉCREVISSE, s. f. Cardinal, — dans l'argot des voleurs, qui ont l'honneur de se rencontrer avec Jules Janin, lequel a employé le même trope à propos du Homard, « ce cardinal de la mer. » Cardinaux sans doute, ces crustacés décapodes, — mais seulement lorsqu'ils ont subi la douloureuse épreuve du court-bouillon.

ÉCRIRE A UN JUIF, v. n. Se servir de papier, non pour faire une lettre, mais comme aniterge, — dans l'argot des débiteurs, en haine de leurs créanciers.

ÉCUELLE, s. f. Assiette, — dans l'argot du peuple, fidèle à la tradition.

ÉCUME DE TERRE, s. f. Étain, — dans l'argot des voleurs.

ÉCUMOIRE, s. f. Visage marqué de petite vérole, — dans l'argot des faubouriens, par une allusion cruelle aux trous dont est percé cet instrument de cuisine.

ÉCURER SON CHAUDRON, v. a. Aller à confesse, — dans l'argot du peuple, pour qui c'est un moyen de nettoyer sa conscience de tout le vert-de-gris qu'y ont déposé les passions mauvaises.

ÉDREDON DE TROIS PIEDS, s. m. Botte de paille, — dans le même argot.

EF, s. m. Apocope d'effet, — dans l'argot de Breda-Street.

Faire de l'ef. Briller ; Faire des embarras.

EFFAROUCHER, v. a. Voler, — dans l'argot des voleurs, qui sont si adroits qu'en effet la chose qu'ils dérobent a l'air de s'enfuir, effarouchée, de la poche du volé dans la leur.

EFFETS DE BICEPS, s. m. pl. Vanité de boucher ou de débardeur, — dans l'argot du peuple.

Faire des effets de biceps. Battre quelqu'un, uniquement pour lui prouver qu'on est plus fort que lui.

EFFETS DE POCHE, s. m. pl. Étalage de pièces d'or et de billets de banque, — dans le même argot.

Faire des effets de poche. Payer.

EFFONDRER, v. a. Enfoncer, — dans l'argot des voyous.

EFFONDRILLES, s. f. pl. Les scories du pot-au-feu, — dans l'argot des ménagères.

ÉGAYER, v. n. Siffler, — dans l'argot des coulisses.

Se faire égayer. Se faire envoyer des trognons de pommes.

ÉGRAFFIGNER, v. a. Égratigner, — dans l'argot du peuple.

ÉGRUGEOIR, s. m. Chaire

à prêcher, — dans l'argot des voleurs, par allusion à sa forme et à celle du bonnet du prédicateur, qui ressemble assez à un pilon.

ÉGUEULER, v. a. Écorner un vase, l'ébrécher, — dans l'argot du peuple.

ELBEUF, s. m. Habit, — dans l'argot du peuple, qui emploie fréquemment la métonymie.

ÉLIXIR DE HUSSARD, s. m. Eau-de-vie inférieure, — dans le même argot.

ÉLOQUENT (Être). Faire *sentir* ses paroles, — dans l'argot facétieux des bourgeois, qui croient seulement pour eux au pouvoir de l'Eau de Botot.

ÉMANCIPER (S'), v. réfl. Se permettre des familiarités déplacées envers les femmes, — dans l'argot des bourgeoises, à qui leur devoir impose l'obligation de s'en fâcher.

EMBALLER, v. a. Arrêter, — dans l'argot des voleurs et des filles.

EMBALLER, v. n. Se dit — dans l'argot des maquignons — d'un cheval qui prend le mors aux dents, sans se soucier des voyageurs qu'il traîne après lui.

EMBALLER (Se faire). Se faire mettre à Saint-Lazare, — dans l'argot des filles.

EMBALLES, s. f. pl. Ma-nières, *embarras*, — dans le même argot.

Faire des emballes. Faire des embarras.

EMBALUCHONNER, v. a. Empaqueter, faire un *baluchon*.

EMBARDER, v. n. Tergiverser, digressionner, — dans l'argot des ouvriers qui ont servi dans l'infanterie de marine, et se rappellent combien de faux coups de barres donnés au gouvernail peuvent retarder le navire.

EMBARQUER SANS BISCUIT (S'), v. réfl. Oublier l'essentiel, ne prendre aucune précaution, — dans l'argot des bourgeois, d'ordinaire prudents comme Ulysse.

EMBARRAS, s. m. pl. Grands airs, manières arrogantes, dédaigneuses, — dans l'argot du peuple.

Faire ses embarras. Éclabousser des rivales du haut de son coupé, — dans l'argot des petites dames.

EMBAUDER, v. a. Prendre de force, — dans l'argot des voleurs.

EMBÉGUINER (S'), v. réfl. S'éprendre d'amitié pour un homme ou d'amour pour une femme, — dans l'argot du peuple.

EMBÊTER (S'), v. réfl. S'ennuyer, — dans l'argot des bourgeois, qui ne veulent pas employer le verbe poli des gens bien élevés et n'osent

pas employer le verbe énergique des faubouriens.

*S'embêter comme une croûte
de pain derrière une malle.*
S'ennuyer extrêmement, —
dans l'argot du peuple.

EMBLÈME, s. m. Trom-
perie, — dans l'argot des
voleurs.

EMBLÉMER, v. n. Tromper.

EMBLÈMES (Des)! Se dit —
dans l'argot des faubouriens
— pour se moquer de quel-
qu'un qui se vante, qui ment,
ou qui ennuie.

EMBOBINER, v. a. Circon-
venir, enjôler, — dans l'argot du peuple.

On disait autrefois, et on
dit quelquefois encore aujourd'hui, *Embobeliner.*

EMBOUCHÉ (Bien ou mal),
adj. Homme poli ou grossier,
— dans l'argot des bour-
geois.

EMBROCHER, v. a. Passer
son épée ou sa baïonnette au
travers du corps, — dans
l'argot des troupiers.

Se faire embrocher. Se
faire tuer.

EMBROUILLER (S'), v. réfl.
Commencer à ressentir les
atteintes de l'ivresse, — dans
l'argot des ouvriers.

Ils disent aussi *s'embrouil-
larder.*

ÉMÉCHER (S'), v. réfl. Se
griser, être sur la pente de
l'ivresse, — dans l'argot des
faubouriens.

EMMASTOQUER (S'), v. réfl.
Se bien nourrir, — dans l'argot du peuple, pour qui c'est
une façon de devenir *mastoc.*

EMMERDER, v. a. Ennuyer,
obséder quelqu'un, — dans le
même argot.

Les bourgeois disent *Em-
mieller.*

EMMITOUFLER (S'), v. réfl.
Se couvrir de trop de vêtements, — dans le même
argot.

On dit aussi *S'empaleto-
quer.*

ÉMOUSTILLÉ, adj. Aiguil-
lonné, égayé, éveillé, — dans
l'argot du peuple, qui connaît l'effet du vin doux, du
moût (*mustum*).

ÉMOUSTILLER (S'), v. réfl.
Se remuer, changer de place.

ÉMOUVER (S'), v. réfl. Se
remuer, s'agiter, s'empresser,
— dans l'argot du peuple,
fidèle à l'étymologie (*emo-
vere*).

EMPAFFES, s. m. pl. Draps
de lit, — dans l'argot des
voleurs.

Ils disent aussi *Embarras,*
— parce qu'en effet il leur
est assez difficile de les emporter.

EMPAUMER, v. a. Circon-
venir; Tromper, — dans l'argot du peuple, qui a eu
l'honneur de prêter ce verbe
à Corneille.

EMPAVE, s. f. Carrefour,
pavimentum, — dans l'argot
des voleurs.

Quelques Gilles Ménage de Clairvaux veulent que ce mot, au pluriel, signifie aussi Draps de lit. Dont acte.

EMPÊTRER (S'), v. réfl. S'embarrasser dans une affaire, sans savoir comment en sortir.

EMPIFRER (S'), v. réfl. Manger gloutonnement, comme un animal plutôt que comme un homme, — dans l'argot du peuple, qui emploie ce verbe depuis longtemps.

EMPIOLER, v. a. Enfermer, mettre en *piole*, — dans l'argot des voleurs.

EMPLATRE, s. m. Homme sans énergie, pusillanime, — dans l'argot du peuple.

EMPLATRE, s. m. Empreinte, — dans l'argot des voleurs, qui se garderaient d'en prendre avec du plâtre (comme l'insinue M. Francisque Michel) et qui se servent au contraire de substances molles, ou se malaxant entre les doigts, *collant* enfin (ἐνπλάσσω) comme la cire, la gomme-résine, etc.

EMPOIGNER, v. a. Critiquer vertement un livre, — dans l'argot des gens de lettres; Siffler un acteur ou une pièce, — dans l'argot des coulisses.

EMPOIGNER (Se faire). Se faire arrêter par un agent de police.

EMPORTAGE A LA COTELETTE,

s. m. Variété de vol, dont Vidocq donne les détails dans son livre *Les Voleurs*, page 108.

EMPORTER SES CLIQUES ET SES CLAQUES, v. a. Emporter ses outils, — dans l'argot du peuple.
Signifie aussi Mourir.

EMPORTEUR, s. m. Filou qui a pour spécialité de raccrocher des provinciaux sous un prétexte quelconque, et de les amener dans un estaminet borgne, où ils sont plumés par *le bachotteur* et *la bête*.
Voir, à propos de ce mot, le volume de Vidocq.

EMPOTÉ, s. et adj. Paresseux, maladroit, — dans l'argot du peuple, qui trouve volontiers bêtes comme des *pots* tous les gens qui n'ont pas ses biceps et ses reins infatigables.

EMPOUSTEUR, s. m. Variété de voleur dont Vidocq décrit les allures à la page 115 de son volume

EMPRUNTÉ, adj. Gauche, maladroit, timide, — dans l'argot des bourgeois.

EMPRUNTER UN PAIN SUR LA FOURNÉE, v. a. Avoir un enfant d'une femme avant de l'avoir épousée, — dans l'argot du peuple, à qui ses boulangères font volontiers crédit.

ÉMU (Être). Être gris à ne

plus pouvoir parler ni marcher, — comme un homme à qui l'émotion enlèverait l'usage de la parole et des jambes.

On dit aussi *Être légèrement ému.*

EN AVOIR PLEIN LE DOS. Être excessivement ennuyé de quelque chose ou par quelqu'un, — dans l'argot du peuple.

ENBOHÉMER (S'), v. réfl. Perdre sa jeunesse, son esprit et son argent dans les parlottes artistiques et littéraires.

ENBONNETDECOTONNER (S'), v. réfl. Prendre des allures bourgeoises, mesquines, vulgaires, — dans l'argot des artistes.

ENCAGER, v. a. Emprisonner, — dans l'argot du peuple.

Il dit aussi *Encoffrer.*

ENCARRADE, s. f. Entrée, — dans l'argot des voleurs.

ENCARRER, v. n. Entrer.

ENCASQUER, v. n. Entrer quelque part ou dans quelque chose, — dans l'argot des voleurs.

ENCEINTRER, v. a. Mettre une femme dans une « position intéressante. »

Le peuple, qui emploie ce verbe aujourd'hui, a dit autrefois *Enceinturer.*

ENCENSOIR, s. m. Fressure d'animal, — dans l'argot des voleurs, qui ont probablement voulu faire allusion au *plexus* de graisse qui enveloppe cette partie.

Ils l'appelaient autrefois *Pire.*

ENCHARIBOTTÉ, adj. Ennuyé, chagriné; embarrassé, — dans l'argot du peuple.

Il a dit autrefois *Encharbotté.*

ENCHIFRENÉ, adj. Enrhumé du cerveau, — dans le même argot.

ENCOLIFLUCHETER (S'), v. réfl. S'ennuyer, être tout je ne sais comment, — dans le même argot.

On dit aussi *S'encornifistibuler.*

ENDÊVER, v. n. Enrager, être dépité, — dans l'argot du peuple, qui n'emploie pas ce verbe en trop mauvaise part.

Faire endêver quelqu'un. Le taquiner, l'importuner de coups d'épingle.

ENDIMANCHÉ, adj. Gauchement et ridiculement habillé, — dans l'argot des bourgeois, impitoyables pour le peuple, d'où ils sont sortis.

ENDIMANCHER (S'), v. réfl. Mettre son habit ou sa redingote.

ENDORMI, s. m. Juge, — dans l'argot des voyous.

ENDORMIR, v. a. Étourdir, tuer, — dans l'argot des prisons.

ENDORMIR SUR LE RÔTI (S'), v. réfl. Se relâcher de son activité ou de sa surveillance; se contenter d'un premier avantage ou d'un premier succès, sans profiter de ce qui peut venir après.

Cette expression, qui s'emploie plus fréquemment avec la négative, est de l'argot des bourgeois. Le peuple, lui, dit : *S'endormir sur le fricot*.

Rester sur le rôti. Agir prudemment, au contraire, en n'allant pas plus loin dans une affaire sur l'issue de laquelle on a des doutes.

ENDOS, s. m. L'échine du *dos*, — dans l'argot des voyous.

On prononce aussi *Endosse*.

EN DOUCEUR, adv. Doucement, prudemment, avec précaution, — dans l'argot du peuple.

ENDROGUER, v. n. Chercher à faire fortune, — dans l'argot des voleurs.

ENFANT DE CHŒUR, s. m. Pain de sucre, — dans l'argot des faubouriens.

ENFANT DE LA FOURCHETTE, s. m. Académicien, — dans l'argot des voyous.

ENFANT DE TROUPE, s. f. Fils de comédien, enfant né sur les planches, — dans l'argot des coulisses.

ENFILER (S'), v. réfl. S'endetter, — dans l'argot des faubouriens.

Signifie aussi Se laisser entraîner à jouer gros jeu.

ENFLAQUÉ, adj. Emprisonné, — dans l'argot des voleurs.

ENFLAQUER, v. a. Mettre, revêtir, endosser, — dans le même argot.

ENFLÉE, s. f. Vessie, — dans le même argot.

ENFLER, v. n. Boire, — dans l'argot du peuple.

ENFONCÉ, adj. Ruiné, blessé mortellement, perdu sans rémission.

Signifie aussi Avoir perdu la partie, quand on joue.

ENFONCER, v. a. Tromper, faire tort; duper, — dans l'argot du peuple.

Signifie aussi Surpasser.

ENFONCEUR, s. m. Mercadet gros ou petit; agent suspect d'affaires véreuses.

ENFONCEUR DE PORTES OUVERTES, s. m. Faux brave, qui ne se battrait même pas contre des moulins, de peur de recevoir un coup d'aile.

ENFRIMER, v. a. Regarder quelqu'un au visage, — dans l'argot des voleurs.

Les faubouriens disent *Enfrimousser*.

ENGANTER, v. a. Prendre, saisir, empoigner, voler avec la main, qui est le moule du gant, — dans le même argot.

Signifie aussi Traiter quelqu'un comme il le mérite.

ENGANTER (S'), v. réfl. S'amouracher, — dans le même argot.

ENGONCÉ, adj. Vêtu sans goût ni grâce, — dans l'argot des bourgeois.

ENGOULER, v. a. Manger *goulûment*, — dans l'argot du peuple.

Il dit aussi *Engoulifrer*.

ENGRAILLER, v. a. Prendre, — dans l'argot des voleurs.

Engrailler l'ornie. Dévaliser un poulailler.

ENGUEULEMENT, s. m. Injure de parole, — dans l'argot du peuple. Injure de plume, — dans l'argot des gens de lettres.

ENGUEULER, v. a. Injurier grossièrement; provoquer, chercher querelle.

Se faire engueuler. Se faire attraper.

ENGUEULEUR, s. m. Écrivain qui trempe sa plume dans la boue et qui en éclabousse les livres dont il n'aime pas les auteurs.

ENJÔLER, v. a. Caresser, endormir la résistance par des discours flatteurs, — dans l'argot du peuple, qui prononce ce mot comme l'écrivait Charron et comme le veut l'étymologie : *Engeôler* (mettre *en geôle*).

ENJÔLEUR, s. m. Homme qui trompe les hommes par des promesses d'argent et les femmes par des promesses de mariage.

ENLEVER, v. a. Débiter un rôle, ou passage d'un rôle, avec feu, verve ou aplomb, — dans l'argot des coulisses.

ENLEVER (S'), v. réfl. Souffrir de la faim, — dans l'argot des voleurs.

ENLUMINER (S'), v. réfl. Commencer à ressentir les effets de l'ivresse, qui colore le visage d'un fard intense.

ENLUMINURE, s. f. Demi-ivresse.

ENNUYER (S'), v. réfl. Être sur le point de mourir, — dans l'argot des bourgeois, que cela chagrine beaucoup.

ENQUILLER, v. a. Cacher, — dans l'argot des voleurs.

Enquiller une thune de camelotte. Cacher entre ses cuisses une pièce d'étoffe.

ENQUILLER, v. n. Entrer quelque part comme une boule au jeu de *quilles*, — dans l'argot du peuple.

ENQUILLEUSE, s. f. Femme qui porte un tablier pour dissimuler ce qu'elle vole.

ENROSSER, v. a. Dissimuler les vices rédhibitoires d'un cheval, d'une *rosse*, — dans l'argot des maquignons.

ENTAILLER. Tuer, — dans l'argot des prisons.

ENTENDRE DE CORNE, v. n. Entendre autre chose que ce qu'on dit, — dans l'argot des bourgeois.

ENTENDRE QUE DU VENT (N'y).

N'y rien entendre, — dans l'argot du peuple.

ENTERREMENT, s. m. Morceau de viande quelconque fourré dans un morceau de pain fendu, — comme, par exemple, une tranche de gras-double revenu dans la poêle et que la marchande vous donne tout apprêté, tout *enterré* dans une miche de pain de marchand de vin.

ENTICHER (S'). Se prendre d'affection pour quelqu'un ou pour quelque chose, — dans l'argot du peuple.

ENTIFFER, v. n. Entrer, — dans l'argot des faubouriens.

ENTIFFER, v. a. Enjôler, ruser, — dans l'argot des voleurs.

Ils disent aussi *Entifler*.

ENTONNER, v. n. Boire, — dans l'argot du peuple.

ENTONNOIR, s. m. La bouche, — dans l'argot des faubouriens, imitateurs involontaires des *Beggars* anglais, qui disent de même *gan*, aphérèse de *began* (commencer, entonner).

ENTORTILLER, v. a. Circonvenir, — dans l'argot des marchands. Captiver, *allumer*, — dans l'argot des petites dames. Ennuyer, — dans l'argot du peuple.

ENTORTILLER (S'), v. réfl. S'embarrasser, s'empêtrer dans ses réponses.

EN-TOUT-CAS, s. m. Parapluie à deux fins, trop grand pour le soleil, trop petit pour la pluie, — dans l'argot des bourgeoises, qui font toujours les choses à moitié.

ENTRAINEMENT, s. m. Méthode anglaise, devenue parisienne, qui s'applique aux hommes aussi bien qu'aux chevaux, et qui consiste à faire maigrir, ou plutôt à *dégraisser* les uns et les autres pour leur donner une plus grande légèreté et une plus grande vigueur.

ENTRAINER, v. a. et n. Soumettre un cheval, un jockey ou un rameur à un régime particulier, de façon qu'ils pèsent moins et courent et rament mieux.

ENTRAVAGE, s. m. Conception d'un vol, d'un mauvais coup.

ENTRAVER, v. a. Comprendre, entendre, — dans l'argot des voleurs, qui emploient là un des plus vieux mots de la langue des honnêtes gens, car ils disent aussi *Enterver* comme Rutebeuf et l'auteur d'*Ogier le Danois*.

Entraver bigorne ou *arguche*. Comprendre et parler l'argot.

Signifie aussi Embarrasser la police.

Entraver nibergue ou *niente*. N'y entendre rien.

ENTRECÔTE DE BRODEUSE. Morceau de fromage de Brie, — dans l'argot du peuple, qui sait que les brodeuses, comme les autres ouvrières, ne gagnent pas assez d'argent pour déjeuner à la fourchette comme les filles entretenues.

ENTRELARDÉ, s. et adj. Homme qui n'est ni gras ni maigre, — dans le même argot.

ENTRELARDER, v. a. Mêler, farcir, — au propre et au figuré.

ENTRER AUX QUINZE-VINGTS, Dormir, — dans l'argot des faubouriens, qui ont cette facétie à leur disposition chaque fois qu'ils éprouvent le besoin de fermer les yeux.

ENTRER DANS LA CONFRÉRIE DE SAINT-PRIS, v. n. Se marier, — dans l'argot du peuple, qui s'y laisse *prendre* plus volontiers que personne.

ENTRETENEUR, s. m. Galant homme qui a un faible pour les femmes galantes et dépense pour elles ce que bien certainement il ne dépenserait pas pour des rosières.

ENTRETENIR (Se faire). Préférer l'oisiveté au travail, le champagne à l'eau filtrée, les truffes aux pommes de terre, l'admiration des libertins à l'estime des honnêtes gens.
L'expression est vieille comme l'immoralité qu'elle peint.

ENTRIPAILLÉ, adj. Gros, gras, ventripotent, — dans l'argot du peuple.

ENTRIPAILLER (S'), v. réfl.

Manger de façon à devenir pansu.

ENTROLER, v. a. Emporter, — dans l'argot des voleurs.

ENVELOPPER, v. a. Arrêter les contours d'un dessin, d'une peinture, — dans l'argot des artistes.

ENVOYER, v. a. et n. Injurier, se moquer, critiquer, — dans l'argot du peuple.
C'est bien envoyé ! Se dit d'une repartie piquante, ou d'une impertinence réussie.

ENVOYER A L'OURS, v. a. Prier impoliment quelqu'un de se taire ou de s'en aller, — dans l'argot des faubouriens, qui n'aiment pas à être « gênés dans leurs entournures. »

ENVOYER FAIRE LAN LAIRE, v. a. Se débarrasser de quelqu'un, — dans l'argot des bourgeois, qui n'osent pas employer un plus gros mot.
Ils disent aussi *Envoyer promener*.

ENVOYER PAITRE, v. a. Prier brusquement quelqu'un de s'en aller ou de se taire, — dans l'argot du peuple.

ENVIES, s. f. pl. Les *reduviæ* de la racine des ongles, — dans l'argot du peuple, qui donne des significations puériles à ces taches insignifiantes.
Se dit aussi des *nœvi materni* que les enfants apportent en naissant sur certaines parties du corps et auxquels

on attribue de la ressemblance avec certains objets convoités par la mère durant sa grossesse.

ÉOLE, s. m. *Ventris flatus*, — dans l'argot des faubouriens, heureux que le fils de Jupiter leur fournisse un prétexte à une équivoque.

ÉPAIS, s. m. Le cinq et le six,—dans l'argot des joueurs de dominos.

ÉPARGNER LE POITOU, v. a. Prendre des précautions,— dans l'argot des voleurs.

ÉPATAGE, s. m. Action d'éblouir, — dans l'argot des faubouriens.

On dit aussi *Épatement.*

ÉPATANT, adj. Étonnant, extraordinaire.

ÉPATE, s. f. Apocope d'*Épatage.*

Faire de l'épate. Faire des embarras, en conter, en imposer aux simples.

ÉPATER, v. a. Étonner, émerveiller, par des actions extravagantes ou par des paroles pompeuses.

ÉPATEUR, s. m. Homme qui fait des embarras, qui raconte des choses invraisemblables que les imbéciles s'empressent d'accepter comme vraies.

ÉPATEUSE, s. f. Drôlesse qui fait des effets de crinoline exagérés sur le boulevard, pour faire croire aux passants — ce qui n'existe pas.

ÉPICEMAR, s. m. Épicier,— dans l'argot des faubouriens.

ÉPICÉPHALE, s. m. Chapeau,—dans l'argot des étudiants, à qui le grec est naturellement familier : (ἐπὶ, sur, et κεφάλή, tête).

ÉPICER, v. a. Médire, railler, et même calomnier, – dans l'argot des faubouriens, à qui le *poivre* ne coûte rien quand il s'agit d'assaisonner une réputation.

ÉPICERIE, s. f. Bourgeoisisme, — dans l'argot des romantiques.

Le mot est de Théophile Gautier.

ÉPICE-VINETTE, s. m. Épicier, — dans l'argot des voleurs.

ÉPICIER, s. et adj. Homme vulgaire, sans goût, sans esprit, sans rien du tout, — dans l'argot des gens de lettres et des artistes, pleins de dédain pour les métiers où l'on gagne facilement sa vie.

ÉPICIER, s. m. Élève qui passe à côté de la classe de latin pour suivre la classe de français, qui lui sera plus utile dans le Commerce, auquel sa famille le destine.

ÉPONGE, s. f. Maîtresse, — dans l'argot des voyous, qui révèlent ainsi d'un mot tout un détail de mœurs. Autrefois (il n'y a pas longtemps), les filles et leurs souteneurs hantaient certains cabarets borgnes connus de la police.

Ces messieurs consommaient, on inscrivait sur l'ardoise, ces dames payaient, et le cabaretier acquittait la note d'un coup d'*éponge*.

Éponge, s. f. Ivrogne, — dans l'argot du peuple.

Éponge a sottises, s. f. Imbécile, qui accepte tout ce qu'on lui dit comme paroles d'Évangile.

L'expression sort du *Théâtre Italien* de Ghérardi.

Éponge d'or, s. f. Avoué, — dans l'argot des prisons, où l'on sait mieux qu'ailleurs quels, parmi les gens de justice, absorbent le plus clair argent des procès.

Époques (Avoir son ou ses). Se dit — dans l'argot des bourgeois — des *menses* des femmes.

Épouse, s. f. Maîtresse, —dans l'argot des étudiants, qui se marient souvent pour rire avant de se marier pour de bon.

Épouser la camarde, v. a. Mourir,—dans l'argot des voleurs, qui préféreraient souvent une autre fiancée.

Épouser la foucandière, v. a. Se débarrasser des objets volés en les jetant çà et là, quand on est poursuivi.

« *Épouser* est ici une altération d'*époufer*, qui faisait autrefois partie du langage populaire avec le sens de *glisser*, de *se dérober*. » C'est M. Francisque Michel qui dit cela, et il a raison.

Épouser la veuve, v. a. Être exécuté, — dans l'argot des malfaiteurs, dont beaucoup sont fiancés dès leur naissance avec la guillotine.

Éreinter, v. a. Dire du mal d'un auteur ou de son livre, — dans l'argot des journalistes; siffler un acteur ou un chanteur, — dans l'argot des coulisses.

Éreinteur, s. m. Homme-merle qui sait siffler au lieu de savoir parler, et remplace le style par l'injure, la bonne foi de l'écrivain digne de ce nom par la partialité du *condottiere* digne de la police correctionnelle.

Énéné, adj. et s. Éreinté, fourbu, — dans l'argot du peuple.

Ce mot, du meilleur français et toujours employé, manque au Dictionnaire de M. Littré.

Ergots, s. m. pl. Les pieds, ou les talons, — dans l'argot du peuple.

Être sur ses ergots. Tenir son quant-à-soi; avoir une certaine raideur d'attitude frisant de très-près l'impertinence. *Monter sur ses ergots*. Se fâcher.

Es, s. m. Apocope d'*Escroc*, —dans l'argot des faubouriens, qui se plaisent à lutter de concision et d'inintelligibilité avec les voleurs.

Ils disent aussi *Croc*, par aphérèse.

Esbigner (S'), v. réfl. S'en

aller, s'enfuir, — dans l'argot des faubouriens, à qui Désaugiers a emprunté cette expression.

ESBLOQUANT, adj. Étonnant, ébouriffant, — dans l'argot des soldats, qui songent au bloc plus souvent qu'ils ne le voudraient et le mettent naturellement à toutes sauces.

ESBROUFFANT, adj. Inouï, incroyable, — dans l'argot du peuple.

ESBROUFFE, s. f. Embarras, manières, vantardises.

Faire de l'esbrouffe. Faire plus de bruit que de besogne.

ESBROUFFER, v. a. En imposer; faire des embarras, des manières, intimider par un étalage de luxe ou d'esprit.

ESBROUFFEUR, s. et adj. Gascon de Paris, qui vante sa noblesse apocryphe, ses millions improbables, ses maîtresses imaginaires, pour escroquer du crédit chez les fournisseurs et de l'admiration chez les imbéciles.

ESBROUFFEUSE, s. f. Drôlesse qui éclabousse d'autres drôlesses, ses rivales, par son luxe insolent, par ses toilettes tapageuses, par le nombre et la qualité de ses amants.

ESCAFIGNONS, s. m. Souliers, — dans l'argot du peuple, qui employait déjà cette expression du temps de Rabelais.

Les écoliers du temps jadis disaient *Escaffer* pour Donner un coup de pied « quelque part. »

ESCANNER, v. n. Fuir, — dans l'argot des voleurs.

A l'escanne! Fuyons!

ESCARGOT, s. m. Homme mal fait, mal habillé, — dans l'argot du peuple.

Signifie aussi Vagabond, homme qui se traîne sur les chemins, rampant pour obtenir du pain, et quelquefois montrant les cornes pour obtenir de l'argent.

ESCARPE, s. m. Meurtrier, — dans l'argot des bagnes.

Escarpe-Zéxigue. Suicide.

ESCARPER, v. a. Tuer, écharper un homme.

On disait autrefois *Escaper.*

Escarper un zigue à la capahut. Assassiner un camarade pour lui voler sa part de butin.

ESCARPINS DE LIMOUSIN, s. m. pl. Sabots, — dans l'argot du peuple, qui sait que les Lémovices n'ont jamais porté d'autre chaussure, si l'on en excepte toutefois des souliers pachydermiques qui ont plus de clous que l'année n'a de semaines.

On dit aussi *Escarpins en cuir de brouette.*

ESCARPOLETTE, s. f. Charge de bon ou de mauvais goût, interpolation bête ou spirituelle, — dans l'argot des comédiens.

Esclots, s. m. pl. Sabots,
— dans l'argot du peuple,
qui se servait déjà de cette
expression du temps de Rabelais.

Escoffier, v. a. Tuer, —
dans le même argot.

Je rappellerai en passant
qu'autrefois on appelait *esco-
fier* un marchand de peaux,
un corroyeur, un *tanneur de
cuirs*.

Escogriffe, s. m. Homme
de grande taille et de mine
suspecte, — dans le même
argot.

On dit aussi *Grand esco-
griffe*—pour avoir l'occasion
de faire un pléonasme.

Escors, s. m. Marge, dis-
tance réservée,—dans l'argot
des enfants.

Bon escors! Se dit pour ra-
mener sa bille d'un trou dans
le droit chemin.

Espalier, s. m. Figurante,
— dans l'argot des coulisses.

Espalier, s. m. Galérien,
— dans l'ancien langage des
voleurs.

Espèce, s. f. Femme entretenue, — dans l'argot mé-
prisant des bourgeoises, hé-
ritières des rancunes des duchesses contre les jolies filles
qui leur enlèvent leurs fils et
leurs maris.

Espérances, s. f. pl. Héritage paternel ou maternel
qu'une jeune fille apporte
comme surcroît de dot à son

époux, — dans l'immoral argot des honnêtes gens.

Esquinte, s. m. Abîme, —
dans l'argot des voleurs.

Esquinter, v. a. Fracturer,
briser, perdre, *abîmer*.

Signifie aussi Tromper, enfoncer quelqu'un.

Esquinter, v. a. Éreinter,
battre, — dans l'argot du
peuple.

S'esquinter, v. pron. Se
fatiguer à travailler, à marcher, à jouer, à — n'importe
quoi de fatigant.

On dit aussi *S'esquinter le
tempérament*.

Essence de chaussette, s.
f. Sueur des pieds, — dans
l'argot des faubouriens.

Essuyer les platres, v. a.
Habiter une maison récem-
ment construite, dont les plâ-
tres n'ont pas encore eu le
temps de sécher.

Se dit aussi, ironiquement,
des gandins qui embrassent
des filles trop maquillées.

Essuyeuse de platres, s. f.
Lorette, petite dame, parce
que ce type parisien, essentiellement nomade, plante sa
tente où le hasard le lui permet, mais surtout dans les
maisons nouvellement con-
struites, où l'on consent à les
admettre à prix réduits, et
même souvent pour rien. C'est
ainsi qu'on fait essayer les
ponts aux soldats.

Estaffier, s. m. Sergent
de ville, mouchard, — dans

l'argot du peuple, fidèle à la tradition.

ESTAFFION, s. m. Chat, — dans l'argot des voleurs.

Ils disent aussi *Griffart*.

ESTAFFION, s. m. Taloche, coup de poing léger, — dans l'argot du peuple.

ESTAMPILLER, v. a. Marquer du fer rouge, — dans l'argot des prisons.

ESTOC, s. m. Esprit, finesse, malice, — dans l'argot des voleurs, qui emploient là une expression de la langue des honnêtes gens.

ESTOME, s. m. Apocope d'*Estomac*,—dans l'argot des faubouriens.

ESTOMAQUÉ, adj. Étonné, stupéfait, — dans l'argot du peuple.

ESTORGUE, s. f. Fausseté, méchanceté, — dans l'argot des vo eurs.

Centre à l'estorgue. Faux nom.

Chasse à l'estorgue. OEil louche, — *storto*.

ESTOURBIR, v. a. Tuer, — dans l'argot des faubouriens et des voleurs.

Le vieux français avait *esturbillon*, tourbillon, et le latin *exturbatio*. L'homme que l'on tue au moment où il s'y attend le moins doit être en effet estourbillonné.

ESTRANGOUILLADE, s. f. Action d'étrangler, *strangulare*, — dans l'argot du peuple.

ESTRANGOUILLER, v. a. et n. Étrangler quelqu'un, étouffer.

ESTROPIER UN ANCHOIS, v. a. Manger un morceau pour se mettre en appétit; faire un déjeuner préparatoire, — dans l'argot des ouvriers.

ET ALLEZ DONC! Phrase exclamative, une selle à tous chevaux : on l'emploie volontiers pour renforcer ce qu'on vient de dire, comme coup de fouet de la fin.

ÉTAMINE, s. f. Chagrin, misère, — dans l'argot du peuple, qui sait que l'homme doit passer par là pour devenir meilleur.

Passer par l'étamine. Souffrir du froid, de la faim et de la soif.

ÉTEINDRE SON GAZ, v. a. Se coucher, — dans l'argot des ouvriers.

Le mot est de Gavarni.

Se dit aussi pour Mourir.

ÉTERNUER DANS DU SON, v. n. Être guillotiné, — dans l'argot des bagnes.

On dit aussi *Éternuer dans le sac.*

ET MÈCHE! Formule de l'argot des faubouriens, employée ordinairement pour renforcer une réponse, pour exagérer un récit : « Combien cette montre a-t-elle coûté? soixante francs? — Soixante francs, et mèche! » c'est-à-dire beaucoup plus de soixante francs.

ÉTOILE, s. f. Cantatrice en

8.

renom , comédienne hors ligne, premier rôle d'un théâtre, — dans l'argot des coulisses, où il y a tant de nébuleuses.

ÉTOILE DE L'HONNEUR, s. f. La croix de la Légion d'honneur,—dans l'argot des vaudevillistes , plus académiciens qu'ils ne s'en doutent.

ÉTOILES, s. f. pl. Bougies, allumées ou non , — dans l'argot des francs-maçons.

ÉTOUFFER UNE BOUTEILLE, v. a. La boire, la faire disparaître jusqu'à la dernière goutte , — dans l'argot du peuple.

ÉTOUFFOIR , s. m. Table d'hôte où l'on joue l'écarté, — dans l'argot des voleurs, qui savent que dans ces endroits-là on *ferme* tout avec soin , portes et fenêtres, de peur de surprise policière.

ÉTOURDIR, v. n. Solliciter, — dans le même argot.

ÉTOURDISSEUR, s. m. Solliciteur.

ÉTRANGLER UNE DETTE, v. a. L'acquitter, pour s'en débarrasser lorsqu'elle est trop criarde , — dans l'argot des bohèmes.

ÊTRE (En), v. n. Faire partie de la corporation des non-conformistes.

ÊTRE (En) , v. n. Euphémisme de l'argot du peuple, qui est une allusion aux *In-*

surgés de Romilly. (Voir ce mot.)

ÊTRE (L'). Être trompé par sa femme, — dans l'argot des bourgeois, qui se plaisent à équivoquer sur ce verbe elliptique.

ÊTRE A FOND DE CALE. N'avoir plus d'argent, — dans l'argot des ouvriers.

ÊTRE A LA BONNE, v. n. Inspirer de la sympathie, de l'intérêt, de l'amitié, de l'amour, — dans l'argot du peuple, qui a conservé là, en la modifiant un peu , une vieille expression française : « Mademoiselle de Limeuil, qui n'estoit pas ce jour *en ses bonnes*, ne fit pas grand cas de luy, » — dit Brantôme.

ÊTRE A LA CAMPAGNE, v. n. Être à Saint-Lazare, — dans l'argot des filles, qui rougissent d'aller en prison et ne rougissent pas d'autre chose, plus grave.

ÊTRE A LA FÊTE, v. n. Être de bonne humeur, — dans l'argot du peuple.

ÊTRE A LA MANQUE, v. n. Tromper quelqu'un, le trahir, — dans l'argot des voyous.

ÊTRE A L'OMBRE, v. n. Être en prison, — dans l'argot du peuple.

ÊTRE A PLUSIEURS AIRS, v. n. Faire ses embarras ; faire ses coups à la sourdine, — dans l'argot des ouvriers.

ÊTRE ARGENTÉ, v. n. Avoir

dans la poche quelques francs disposés à danser le menuet sur le comptoir du marchand de vins.

Être désargenté. N'avoir plus un sou pour boire.

ÊTRE A SEC. N'avoir plus d'argent, — dans l'argot du peuple.

C'est la même expression que *Les eaux sont basses.*

ÊTRE AUX ÉCOUTES, v. n. Faire le guet; surprendre une conversation, — dans l'argot du peuple.

L'expression sort de la langue romane.

ÊTRE AVEC UNE FEMME, v. n. Vivre maritalement avec elle, — dans l'argot des ouvriers.

ÊTRE AVEC UN HOMME, v. n. Vivre en concubinage avec lui, — dans l'argot des grisettes.

ÊTRE BIEN, v. n. Être en état d'ivresse, — dans l'argot du peuple.

ÊTRE BIEN PORTANT. Être libre, — dans l'argot des voleurs.

ÊTRE BIEN DE SON PAYS. Avoir de la naïveté, s'étonner de tout et de rien, se fâcher au lieu de rire, — dans l'argot du peuple, qui gouaille volontiers les gens candides.

ÊTRE BREF. Être à *court* d'argent, — dans le même argot.

ÊTRE CHARGÉ A CUL. Être pressé, scatologiquement par-lant, — dans l'argot des commissionnaires.

ÊTRE COMPLET. Être ivre-mort,—dans l'argot des bourgeois.

Signifie aussi, dans un sens ironique, Être parfait—en vices.

ÊTRE COUSU D'OR, v. p. Avoir beaucoup d'argent, — dans l'argot du peuple, qui a l'hyperbole facile.

ÊTRE CROTTÉ. N'avoir pas le sou,—dans l'argot des ouvriers tailleurs. Ils le disent aussi d'un travail pour lequel il manque la quantité d'étoffe voulue, ou qui nécessite une économie extraordinaire.

ÊTRE DANS DE BEAUX DRAPS. Se dit ironiquement de quelqu'un qui s'est attiré une fâcheuse affaire, ou qui est ruiné.

ÊTRE DANS LE SIXIÈME DESSOUS. Être ruiné, ou mort, — forme explétive de *Troisième dessous* qui est la dernière cave pratiquée sous les planches de l'Opéra pour en recéler les machines.

ÊTRE DANS LES PAPIERS DE QUELQU'UN. Avoir sa confiance, son affection.

On dit aussi *Être dans les petits papiers de quelqu'un.*

ÊTRE DANS LES VIGNES. Être complétement ivre, — dans l'argot du peuple.

Il dit aussi *Être dedans.*

ÊTRE DANS TOUS SES ÉTATS. Être très-préoccupé d'une

chose; se donner beaucoup de mal, se remuer extrêmement à propos de n'importe quoi et de n'importe qui, — et souvent ne pas faire plus de besogne que la mouche du coche.

ÉTRE DANS UN ÉTAT VOISIN. Être ivre, — dans l'argot des typographes, qui pratiquent volontiers l'ellipse et la syncope.

ÉTRE DE LA BONNE, V. n. Être heureux, avoir toutes les chances, — dans l'argot des voleurs.

ÉTRE DE LA HAUTE. Appartenir à l'aristocratie du mal, — dans le même argot. Faire partie de l'aristocratie du vice, — dans l'argot des filles.

ÉTRE DE LA PAROISSE DE LA NIGAUDAIE. Être un peu trop simple d'esprit, — dans l'argot du peuple.

ÉTRE DE LA PAROISSE DE SAINT-JEAN-LE-ROND. Être ivre, — dans l'argot des ouvriers, irrévérencieux sans le savoir envers d'Alembert.

ÉTRE DE LA PROCESSION. Être du métier, — dans le même argot.
On dit aussi En être

ÉTRE DÉMATÉ. Être vieux, impotent, — dans l'argot des marins.

ÉTRE DESSOUS Être ivre, — dans l'argot du peuple.

ÉTRE DU BATIMENT, V. n.

Faire partie de la rédaction d'un journal; être feuilletonniste ou vaudevilliste, — dans l'argot des gens de lettres, qui forment une corporation dont l'union ne fait pas précisément la force.

ÉTRE D'UN BON SUIF. Être ridicule, mal mis, ou contrefait, — dans l'argot du peuple.
On dit aussi *Être d'un bon tonneau.*

ÉTRE DU QUATORZIÈME BÉNÉDICITÉ. Faire partie du régiment, ou plutôt de l'armée des imbéciles, — dans l'argot du peuple, qui connaît le quatorzième verset du Cantique des Trois Enfants, lequel porte *Benedicite omnes bestiæ et pecora Domino.*

ÉTRE ENCORE (L'). Avoir encore le droit de recevoir un bouquet de roses blanches, le jour de l'Assomption, sans être exposée à considérer le présent comme une épigramme.

ÉTRE EN DÉLICATESSE AVEC QUELQU'UN. Être presque brouillé avec lui; l'accueillir avec froideur, — dans l'argot des bourgeois.

ÉTRE EN FINE PÉGRAINE, V. n. Être à toute extrémité, — dans l'argot des prisons.

ÉTE EN TRAIN, V. n. Commencer à se griser, — dans l'argot des ouvriers.

ÉTRE LE BŒUF, V. a. Être victime de quelque mauvaise farce, de quelque mauvais coup, — dans l'argot du peuple, qui a voulu faire allusion au dieu Apis que l'on abat tous les jours dans les échaudoirs sans qu'il proteste, même par un coup de corne.

ÉTRENNER, v. n. Recevoir un soufflet, un coup quelconque, — dans l'argot des faubouriens.

ÊTRE PAF, v. n. Être en état d'ivresse, dans l'argot des ouvriers.

ÊTRE PRIS DANS LA BALANCINE. Se trouver dans une position gênante.

L'expression est de l'argot des marins.

ÊTRE RAIDE. Avoir trop bien dîné, — dans l'argot du peuple.

ÊTRE RAIDE. Se dit d'une chose excessive, qu'on a peine à croire ou qui blesse la morale.

ÊTRE SUR LA PLANCHE, v. n. Comparaître en police correctionnelle ou devant la Cour d'assises, — dans l'argot des voleurs.

ÊTRE SUR LE SABLE, v. n. N'avoir pas de maîtresse, — dans l'argot des souteneurs, que cela expose à crever de faim.

ÊTRE VENT DESSUS VENT DEDANS. Être en état d'ivresse, — dans l'argot des ouvriers qui ont servi dans l'infanterie de marine.

ÉTRILLER, v. a. Donner des coups, — dans l'argot du peuple, toujours irrespectueux envers son semblable.

Signifie aussi Voler, surfaire un prix, surcharger une addition.

ET TA SŒUR! Expression fréquemment employée par les faubouriens, à tout propos et même sans propos, comme réponse à une importunité, à une demande extravagante, ou pour se débarrasser d'un fâcheux.

On dit quelquefois aussi : *Et ta sœur, est-elle heureuse?*

ÉTUDIANTE, s. f. Grisette, — dans l'argot des ouvriers.
Étudiante pur sang. Fille destinée à embellir l'existence de plusieurs générations d'étudiants.

ÉTUI, s. m. La peau du corps, dans l'argot du peuple, qui a l'honneur de se rencontrer avec Shakespeare, (*case*).

Se dit aussi pour Vêtements.

ÉTUI A LORGNETTE, s. m. Cercueil, — dans l'argot des voyous, qui ont parfaitement saisi l'analogie de forme existant entre deux choses pourtant si différentes comme destination.

EUSTACHE, s. m. Couteau, — dans l'argot du peuple.

ÉVANOUIR (S'). S'en aller de quelque part, — dans l'argot des faubouriens.

ÉVAPORER, v. a. Voler quelque chose adroitement,— dans le même argot.

ÉVENTAIL A BOURRIQUE, s. m. Bâton, — dans l'argot du peuple.

ÉVÊQUE DE CAMPAGNE, s. m. Pendu, — dans l'argot du peuple, qui veut dire que ces sortes de suicidés bénissent avec les pieds.

EXCELLENT (Être). Puer de l'aisselle, — dans l'argot des bourgeois, qui font des calembours par à peu près, et, pour faire celui-ci, sont forcés de prononcer essellent.

EXÉCUTER QUELQU'UN, v. a. Lui interdire l'entrée de la Bourse, parce qu'insolvable, — dans l'argot des coulissiers.

EXTRA, s. m. Garçon de supplément, — dans l'argot des cafés et des restaurants.

F

FACE, s. f. Pièce de cinq centimes, — dans l'argot des faubouriens, qui peuvent ainsi contempler à peu de frais la figure du monarque régnant.

FACE DE CARÊME, s. f. Mine fatiguée, pâlie par l'étude ou es veilles malsaines, — dans l'argot du peuple.

FACE DU GRAND TURC, s. f. Un des nombreux pseudonymes de messire Luc, — dans le même argot.

FACES, s. f. pl. Joues, — dans l'argot des bourgeois.

FACIÈS, s. m. Visage,— dans l'argot du peuple, qui parle comme Cicéron sans s'en douter.

FACTIONNAIRE, s. m. (V. Insurgé de Romilly.)

FACTOTON, s. m. Valet, homme à tout faire (factotum), — dans l'argot du peuple, qui n'emploie jamais cette expression qu'en mauvaise part.

FADAGE, s. m. Partage, — dans l'argot des voleurs.

FADARD, adj. et s. Bon, beau, agréable, — dans l'argot des faubouriens.

FADASSE, s. f. Femme blonde, — dans l'argot du peuple, qui ne sait pas que ses grand'mères les Gauloises avaient les cheveux flaves.

FADE, s. m. Quote-part de chacun dans une dépense générale ; écot que l'on paye dans un pique-nique.

Mot de l'argot des voleurs qui a passé dans l'argot des ouvriers.

FADE, s. m. Fat, — dans

l'argot du peuple, qui trouve que ce mot exprime bien le dégoût que lui causent les gens amoureux de leur personne.

FADER, v. n et a. Partager des objets volés.

FADEURS, s. m. pl. Mensonges ordinaires de la conversation, — dans l'argot du peuple, payé pour être sceptique.

Il n'emploie ordinairement cette expression que pour se moquer, et à propos de n'importe quoi. On lui raconte que le roi d'Araucanie est monté sur son trône. « Des fadeurs ! » dit-il. On lui assure que la France va avoir la guerre avec l'Angleterre à propos de Madagascar : « Des fadeurs ! » On lui apprend une mauvaise nouvelle : « Des fadeurs ! » Une bonne : « Des fadeurs ! » etc.

FAFFE ou **FAFIOT**, s. m. Onomatopée de l'argot des voleurs, par laquelle on désigne le Papier, blanc ou imprimé.

Fafiot garaté. Billet de banque, autrefois signé *Garat* et aujourd'hui *Soleil.*

Fafiot mâle. Billet de mille francs.

Fafiot femelle. Billet de cinq cents francs.

FAFIOTEUR, s. m. Marchand de papiers ; Banquier.

Signifie aussi Écrivain.

FAFIOTS, s. m. pl. Souliers,

— dans l'argot des revendeuses du Temple.

FAGOT, s. m. Forçat, — homme qui est lié à un autre homme : en liberté, par une complicité de sentiments mauvais ; au bagne, par des manicles.

Fagot à perte de vue. Condamné aux travaux forcés à perpétuité. *Fagot affranchi.* Forçat libéré.

FAGOT, s. m. Vieillard, — dans l'argot des marbriers de cimetière, qui savent mieux que personne ce qu'on fait du bois *mort.*

FAGOT, s. m. Élève de l'École des eaux et forêts, — dans l'argot des Polytechniciens

FAGOTÉ, adj. Habillé, arrangé, — dans l'argot des bourgeois, qui n'emploient jamais ce mot qu'en mauvaise part.

FAGOTER, v. a. Travailler sans soin, sans goût, maladroitement, — dans l'argot des ouvriers.

FAGOTER (Se), v. réfl. S'habiller extravagamment, grotesquement.

A signifié autrefois Se moquer.

FAGOTS, s. m. pl. Contes à dormir debout, niaiseries, — dans l'argot du peuple

Débiter des fagots. Dire des fadaises, des sottises.

FAIBLE, s. m. Penchant, tendresse particulière et souvent injuste, — dans l'argot des bourgeois.

Prendre quelqu'un par son faible. Caresser sa marotte, flatter son vice dominant.

FAILLOUSE, s. f. Le jeu de la bloquette, — dans l'argot des écoliers.

FAINE, s. f. Pièce de cinq centimes, — dans l'argot des ouvriers, qui, pour trouver cette analogie, ont dû se reposer *sub tegmine fagi.*

FAININ, s. m. Liard, — qui est une petite faîne.

FAIRE, s. m. Façon d'écrire ou de peindre, — dans l'argot des gens de lettres et des artistes.

FAIRE, v. a. Dépecer un animal, — dans l'argot des bouchers, qui *font* un veau comme les vaudevillistes un vaudeville.

FAIRE, v. a. Visiter tel quartier commerçant, telle ville commerçante, pour y offrir des marchandises, — dans l'argot des commis-voyageurs et des petits marchands.

FAIRE, v. n. *Cacare*, — dans l'argot à moitié chaste des bourgeois.

Faire dans ses bas. Se conduire en enfant, ou comme un vieillard en enfance; ne plus savoir ce qu'on fait.

FAIRE, v. n. Jouer, — dans l'argot des bohèmes.

Faire son absinthe. Jouer son absinthe contre quel-

qu'un, afin de la boire sans la payer.

On fait de même son dîner, son café, le billard, et le reste.

FAIRE, v. n. Travailler, être ceci ou cela, — dans l'argot des bourgeois.

Faire dans l'épicerie. Être épicier.

Faire dans la banque. Travailler chez un banquier.

FAIRE, v. a. Voler, et même Tuer, — dans l'argot des prisons.

Faire le foulard. Voler des mouchoirs de poche.

Faire des poivrots ou *des gavés.* Voler des gens ivres.

Faire une maison entière. En assassiner tous les habitants sans exception et y voler tout ce qui s'y trouve.

FAIRE (Le), v. a. Réussir, — dans l'argot du peuple, qui emploie ordinairement ce verbe avec la négative, quand il veut défier ou se moquer. Ainsi : *Tu ne peux pas le faire,* signifie : Tu ne me supplanteras pas, — tu ne peux pas lutter de force et d'esprit avec moi, — tu ne te feras jamais aimer de ma femme, — tu ne deviendras jamais riche, ni beau, — etc., etc. Comme quelques autres du même argot, ce verbe, essentiellement parisien, est une selle à tous chevaux.

FAIRE (Se), v. réfl. S'habituer, — dans l'argot des bourgeois.

Se faire à quelque chose. Y prendre goût.

Se faire à quelqu'un. Perdre de la répugnance qu'on avait eue d'abord à le voir.

Faire (Se), v. réfl. Se bonifier, — dans l'argot des marchands de vin.

Faire accrocher (Se). Se faire mettre à la salle de police, — dans l'argot des soldats.

Faire a la raideur (La). Se montrer raide, exigeant, dédaigneux, — dans l'argot des petites dames.

Elles disent de même : *La faire à la dignité*, ou *à la bonhomie*, ou *à la méchanceté*, etc.

Faire aller, v. a. Se moquer de quelqu'un, le berner, — dans l'argot du peuple.

Faire a l'oseille (La), v. a. Jouer un tour désagréable à quelqu'un, — dans l'argot des vaudevillistes.

L'expression sort d'une petite gargote de cabotins de la rue de Malte, derrière le boulevard du Temple, et n'a que cinq ou six ans. La maîtresse de cette gargote servait souvent à ses habitués des œufs à l'oseille, où il y avait souvent plus d'oseille que d'œufs. Un jour elle servit une omelette — sans œufs. — « Ah ! cette fois, tu nous la fais trop à l'oseille, » s'écria un cabotin. Le mot circula dans l'établissement, puis dans le quartier ; il est aujourd'hui dans la circulation générale.

Faire au même, v. a. Tromper, prendre sa revanche de quelque chose, — dans l'argot du peuple.

Il dit aussi *Refaire au même.*

Faire baiser (Se). Se faire arrêter, ou *engueuler*, — dans le même argot.

On dit aussi *Se faire choper.*

Faire balai neuf, v. n. Montrer un zèle exagéré qui ne pourra pas se soutenir, — dans le même argot.

Faire bruler Moscou. Faire un punch monstre, — dans l'argot des soldats, qui connaissent tous, par ouï-dire, les belles flammes qui s'échappaient, le 29 septembre 1812, de l'antique cité des czars, brûlée par Rostopchin.

Faire cascader la vertu, v. a. Obtenir d'une femme l'aveu de son amour et en abuser, — dans l'argot de Breda-Street.

Faire Charlemagne. Se retirer du jeu, après y avoir gagné, et sans vouloir donner de revanche, — dans l'argot des joueurs, qui font ainsi une allusion aux nombreuses conquêtes du grand empereur, qui mourut « sans avoir rien rendu du fruit de ses victoires. »

Faire corps neuf, v. a. *Alvum deponere*, et le remplir ensuite de nouveaux aliments, — dans l'argot du peuple.

9

FAIRE COUCOU. Jouer à se cacher, — dans l'argot des enfants.

FAIRE COULER UN ENFANT, v. a. « Prendre un médicament abortif », — dans l'argot des filles.

FAIRE CUIRE SA TOILE, v. a. Employer les tons rissolés, les grattages, les ponçages, — dans l'argot des critiques d'art, qui n'ont pas encore digéré la peinture de Decamps.

FAIRE CUIRE SON HOMARD, v. a. Rougir d'émotion ou d'autre chose, — dans l'argot des faubouriens.

On dit aussi *Faire cuire son écrevisse.*

FAIRE DE CENT SOUS QUATRE FRANCS, v. a. Dépenser follement son argent, — dans l'argot des bourgeois, qui ajoutent quelquefois : *Et de quatre francs rien.*

FAIRE DE LA POUSSIÈRE, v. a. Faire des embarras, — dans l'argot des petites dames, qui recommandent toujours à leurs cochers d'aller grand train quand il s'agit de *couper* une rivale sur le boulevard ou dans l'avenue des Champs-Elysées, ou dans les allées du Bois de Boulogne.

FAIRE DE L'EAU, v. a. *Meiere,* — dans l'argot des bourgeois.

Ils disent aussi *Épancher de l'eau, Pencher de l'eau* et *Lâcher de l'eau.*

FAIRE DES AFFAIRES, v. a.

Faire beaucoup de bruit pour rien, exagérer l'importance des gens et la gravité des choses, — dans l'argot du peuple, qui se gausse volontiers des Prudhommes.

On dit aussi *Faire des affaires de rien.*

FAIRE DES AFFAIRES (Se), v. réfl. S'attirer des désagréments, des querelles, des embarras.

FAIRE DES CHOUX ET DES RAVES, v. a. Faire n'importe quoi d'une chose, s'en soucier médiocrement, — dans l'argot des bourgeois.

FAIRE DES CORDES, v. a. *Difficillime excernere,* — dans l'argot du peuple, qui emploie là une expression déjà vieille : *Tu funem cacas?* dit à son camarade un personnage d'une comédie grecque traduite en latin.

FAIRE DES CRÊPES, v. a. S'amuser, comme il est de tradition de le faire au Mardi-Gras, — dans l'argot des artistes, gouailleurs de leur nature.

Se dit volontiers pour retenir quelqu'un : « *Restez donc; nous ferons des crêpes.* »

FAIRE DES GRACES, v. a. Minauder ridiculement, — dans l'argot du peuple.

Signifie aussi S'étendre paresseusement au lieu de travailler.

FAIRE DES SIENNES, v. a. Faire des folies ou des sottises,— dans l'argot des bourgeois.

Faire des yeux de hareng, v. a. Crever les yeux à quelqu'un, — dans l'argot des voleurs.

Faire de vieux os (Ne pas), v. a. Ne pas demeurer longtemps dans un emploi, dans un logement, etc.

Signifie aussi N'être pas destiné à mourir de vieillesse, par suite de maladie héréditaire ou de santé débile.

Faire du lard, v. a. Dormir; se prélasser au lit, — dans l'argot du peuple, à qui les exigences du travail ne permettront jamais d'engraisser.

Aller faire du lard. Aller se coucher.

Faire du papier marbré, v. a. Avoir la mauvaise habitude de se réchauffer les pieds avec un *gueux*, — dans l'argot du peuple, qui a eu maintes fois l'occasion de constater les inconvénients variqueux de cette habitude, familière aux marchandes en plein vent, aux portières, et généralement à toutes les femmes trop pauvres pour pouvoir employer un autre mode de chauffage que celui-là.

Faire ensemble, v. n. Jouer ou manger ensemble, — dans l'argot des écoliers, qui prêtent quelquefois cette expression aux grandes personnes.

Faire feu, v. a. Boire, —

dans l'argot des frâncs-maçons, qui ont des *canons* pour verres.

Faire Jacques déloge, v. n. Partir précipitamment sans payer son terme ou sans prendre congé de la compagnie, — dans l'argot du peuple.

Faire la balle élastique. Manquer de vivres, — dans l'argot des voleurs, que cela doit faire *bondir*.

Faire la barbe, v. a. Se moquer de quelqu'un, lui jouer un vilain tour, — dans l'argot du peuple.

Faire la bête, v. a. Faire des façons, — dans l'argot du peuple.

On dit aussi *Faire l'âne pour avoir du son.*

Faire la grande soulasse, v. a. Assassiner, — dans l'argot des voleurs.

Faire la grasse matinée, v. a. Rester longtemps au lit à dormir ou à rêvasser, — dans l'argot des bourgeois, à qui leurs moyens permettent ce luxe de prélat.

Faire la manche, v. a. Faire la quête, — dans l'argot des saltimbanques.

Faire la place pour les pavés a ressorts. Faire semblant de chercher de l'ouvrage et prier le bon Dieu de ne pas en trouver, — dans l'argot des ouvriers, ennemis nés des paresseux.

Faire la retape, v. a. Aller se promener sur le trot-

toir des rues et des boulevards, en toilette tapageuse et
voyante, bien *retapée* en un
mot, pour y faire la chasse à
l'homme, — dans l'argot des
filles et de leurs souteneurs.

FAIRE L'ARTICLE, v. a. Vanter sa marchandise, — dans
l'argot des marchands. Parler
de ses titres littéraires, —
dans l'argot des gens de lettres. Faire étalage de ses vices, — dans l'argot des petites
dames.

FAIRE LA SOURIS, v. n. Enlever délicatement et sans
bruit son argent à un homme
au moment où il doit y penser
le moins, — dans l'argot des
petites dames, qui ne craignent pas d'ajouter le vol au
vice.

FAIRE LA TORTUE. Jeûner,
— dans l'argot des voleurs et
des faubouriens, qui font allusion à l'abstinence volontaire ou forcée à laquelle l'intéressant *testudo* est astreint
pendant des mois entiers.

FAIRE LA VIE, v. n. Se débaucher, courir les gueuses
ou avoir de nombreux amants,
selon le sexe, — dans l'argot
des bourgeois, qui pensent
peut-être que c'est plutôt *défaire sa vie*.

FAIRE LE BON FOURRIER, v.
n. C'est, dans un repas, servir ou découper de façon à ne
pas s'oublier soi-même.

Faire le mauvais fourrier.
Servir ou découper de façon

à contenter tout le monde excepté soi-même.

FAIRE LE BOULEVARD, v. n.
Se promener, en toilette pro-
vocante et en crinoline exagérée, sur les boulevards élégants, — dans l'argot de Breda-Street, qui est l'écurie d'où
sortent chaque soir, vers quatre heures, de si jolis pur-
sang, miss Arabella, miss
Love, etc.

On dit aussi *Faire la rue*
et *Faire le trottoir*.

FAIRE LE CUL DE POULE, v.
n. Faire la moue en avançant
les lèvres et en les pressant,
— dans l'argot du peuple.

FAIRE L'ÉCUREUIL. Faire une
besogne inutile, marcher sans
avancer, — dans le même argot.

FAIRE L'ÉGARD. Détourner
à son profit partie d'un vol.

On disait autrefois *Écarter*,
— ce qui est faire son *écart*.

FAIRE LE GRAND, v. a. *Alvum deponere*, — dans l'argot
des pensionnaires.

Elles disent aussi *Faire le
grand tour*.

FAIRE LE LÉZARD, v. n. S'é-
tendre au soleil et y dormir
ou y rêver, — dans l'argot des
gens de lettres et du peuple.

FAIRE LE MOUCHOIR, v. a.
Voler une idée de drame, de
vaudeville ou de roman, —
dans l'argot des gens de lettres.

FAIRE LE PETIT, v. a. *Meiere*,

— dans l'argot des pensionnaires.

Elles disent aussi *Faire le petit tour.*

Faire le plongeon, v. a. Se confesser *in extremis*, — dans l'argot du peuple, qui a horreur de l'eau.

C'est le mot de Condorcet parlant des derniers moments de d'Alembert : « Sans moi, dit-il, il faisait le plongeon. »

Faire l'œil de carpe. Rouler les yeux de façon à n'en montrer que le blanc, — dans l'argot des petites dames, qui croient ainsi donner fort à penser aux hommes.

Faire mal. Faire pitié, — dans l'argot des faubouriens et des filles, qui disent cela avec le plus grand mépris possible. *Ah! tu me fais mal!* est d'une éloquence à nulle autre pareille : on a tout dit quand on a dit cela.

Faire mourir (S'en). Désirer ardemment une chose, — dans l'argot du peuple.

S'emploie d'ordinaire comme formule de refus à une demande indiscrète ou exagérée : *Ah! tu t'en ferais mourir!*

C'est le refrain d'une chanson récente qui a fait son tour de Paris comme le drapeau rouge, et qui est en train de faire son tour du monde comme le drapeau tricolore.

Faire passer le goût du pain. Tuer quelqu'un, — dans le même argot.

On dit aussi *Perdre le goût du pain*, pour Mourir.

Faire péter le cylindre (S'en). Se dit, dans l'argot des faubouriens, de toute chose faite avec excès, comme de manger, de boire, etc., et qui pourrait faire éclater un homme, — c'est-à-dire le tuer.

Faire petite chapelle, v. n. Se chauffer comme ont la pernicieuse habitude de le faire les femmes du peuple, qui s'exposent ainsi à des maladies variqueuses.

Faire pieds neufs, v. a. Accoucher d'un enfant, — dans l'argot du peuple, qui se souvient, sans l'avoir lu, du livre Ier, chap. VI, de *Gargantua*.

Faire ramasser (Se). Se faire arrêter, — dans l'argot des voleurs et des filles.

Faire sa balle, v. a. Suivre les instructions ou les conseils de quelqu'un, — dans l'argot des prisons.

Faire sa Sophie, v. n. Se scandaliser à propos d'une conversation un peu libre, montrer plus de sagesse, σοφία, qu'il ne convient, — dans l'argot des faubouriens.

On dit aussi *Faire sa poire, Faire sa merde*, et *Faire son étroite.*

Faire sauter la coupe. Battre les cartes de façon à amener toujours le roi, — dans l'argot des *grecs*.

FAIRE SAUTER LE SYSTÈME (Se), v. réfl. Se brûler la cervelle, — dans l'argot des faubouriens.

FAIRE SES CHOUX GRAS DE QUELQUE CHOSE. En faire ses délices, s'en arranger, — dans l'argot des bourgeois.

FAIRE SES FRAIS, v. a. Emmener un homme du Casino, — dans l'argot des petites dames, à qui leur toilette de combat coûterait bien cher, en effet, si elles étaient forcées de la payer.

FAIRE SES FRAIS, v. a. Réussir à plaire à une jolie femme un peu légère, — dans l'argot des libertins, qui sèmeraient en vain leur esprit et leur amabilité s'ils ne semaient en même temps quelques gouttes de « boue jaune ».

FAIRE SES ORGES, v. a. Faire des profits illicites, — dans l'argot du peuple.

FAIRE SES PETITS PAQUETS, v. a. Être à l'agonie, — dans l'argot des infirmiers, qui ont remarqué que les malades ramassent leurs draps, les ramènent vers eux instinctivement, à mesure que le froid de la mort les gagne.

FAIRE SON DEUIL D'UNE CHOSE. La considérer comme perdue, s'en passer, — dans l'argot du peuple.

FAIRE SON MICHAUD, v. a. Dormir, — dans le même argot.

FAIRE SON TEMPS, v. a. Rester en prison ou au bagne pendant un nombre déterminé de mois ou d'années, à l'expiration duquel on est libre.

— Se dit aussi du Service militaire auquel on est astreint pendant sept ans lorsqu'on est tombé à la conscription.

FAIRE SUER, v. a. Tuer, — dans l'argot des escarpes, qui, d'un coup de surin, procurent immédiatement à un homme des sueurs de sang.

— *Faire suer un chêne.* Tuer un homme.

FAIRE UN DIEU DE SON VENTRE, v. a. Ne songer qu'à bien manger et à bien boire, — dans l'argot des bourgeois.

FAIRE UNE BELLE JAMBE, v. a. Ne servir à rien, — dans l'argot du peuple, qui emploie cette expression ironiquement et à propos de n'importe quoi.

La « Belle Heaulmière » de François Villon disait dans le même sens : *J'en suis bien plus grasse!*

FAIRE UNE COMMISSION, v. a. *Levare ventris onus,* — dans l'argot des bourgeoises.

FAIRE UNE COQUILLE DE BERGERAC, v. a. Se dit, — dans l'argot des tailleurs, quand un ouvrier a fait une pièce dont les pointes de collet ou de revers, au lieu de se courber en dessous, relèvent le nez en l'air et *poignardent le ciel.*

C'est une plaisanterie de Gascon, maintenant parisiennée.

FAIRE UNE ENTRÉE DE BAL-
LET, v. a. Entrer quelque part
sans saluer, — dans l'argot
des bourgeois, amis des bien-
séances.

FAIRE UNE FEMME, v. n.
Nouer une intrigue amou-
reuse avec elle, — dans l'argot des étudiants.

FAIRE UNE FIN, v. n. Se
marier, — dans l'argot des
viveurs, qui finissent par où
les gens rangés commencent,
et qui ont lieu de s'en repen-
tir.

FAIRE UNE MOULURE, v. a.
Levare ventris onus, — dans
l'argot des menuisiers.

FAIRE UN HOMME, v. n. Se
faire emmener du bal par un
noble inconnu, coiffeur ou
banquier, — dans l'argot des
petites dames.

FAIRE UN TASSEMENT, v. a.
Boire un verre de cognac ou
de madère au milieu d'un repas, — dans l'argot des bohèmes.

FAISANDER (Se), v. réfl.
Vieillir, — dans l'argot des
faubouriens, qui ne se font
aucun scrupule d'assimiler
l'homme au gibier.

Ils disent aussi *S'avarier.*

FAISANT, s. m. Camarade,
copain, — dans l'argot du
collége, où l'on éprouve le
besoin d'avoir un second soi-
même, un confident des premières joies et des premières
douleurs, un ami qui fasse

vos thèmes et de qui l'on *fasse*
les billes et les confitures.

FAISEUR, v. n. Type essentiellement parisien, à double
face comme Janus, moitié escroc et moitié brasseur d'affaires, Mercadet en haut et
Robert-Macaire en bas, justi-
ciable de la police correctionnelle ici et gibier de Clichy
là, — coquin quand il échoue,
et seulement audacieux quand
il réussit.

FAISEUR D'ŒIL, s. m. Lo-
velace qui jette l'hameçon de
son regard chargé d'amour
sur toutes les femmes qu'il
suppose appelées à y mordre.

L'expression est de Nestor
Roqueplan.

FALOURDE, s. f. Le double-
six, — dans l'argot des joueurs
de dominos.

On l'appelle aussi le *Bateau
à charbon* et l'*Ami.*

FANAL, s. m. La gorge, —
dans l'argot des faubouriens.

S'éclairer le fanal. Boire
un verre de vin ou d'eau-
de-vie.

FANANDEL, s. m. Frère,
ami, compagnon, — dans l'argot des prisons.

Grands fanandels. Association de malfaiteurs de la haute
pègre, formée en 1816, « à
la suite d'une paix qui mettait tant d'existences en question, » d'après Honoré de
Balzac.

FANFAN, s. f. Jeune fille, —
dans l'argot du peuple, qui a

parfois la parole caressante, s'il a la main rude.

Se dit aussi d'un enfant quelconque.

FANFARER, v. n. et a. Faire des réclames à une pièce ou à un livre, à une danseuse ou à un chien savant, — dans l'argot des gens de lettres.

FANFOUINER, v. n. Priser, — dans l'argot des voyous.

FANFOUINEUR, s. m. Priseur.

FANTAISIE, s. f. Caprice amoureux, — dans l'argot de Breda-Street, où l'on est très-fantaisiste.

FANTAISISTE, s. et adj. Ecrivain pyrotechnicien, plus fier de parler aux yeux que de s'adresser à l'esprit, plus amoureux des fulgurants effets de style que bon observateur des règles du bien dire, et, comme tel, destiné à durer autant qu'un feu d'artifice : fusées tombées, fusées mortes !

FARAUD, s. m. Monsieur,— dans l'argot des voleurs et des faubouriens.

Faire son faraud. Se donner des airs de gentilhomme.

FARAUDEC, s. f. Mademoiselle, — dans le même argot.

FARAUDÈNE, s. f. Madame. Les voleurs disaient autrefois faraude.

FARCE, adj. Amusant, grotesque, — dans l'argot du peuple.

FARCE, s. f. Plaisanterie en paroles ou en action, — dans l'argot du peuple, qui a été souvent la victime de farces sérieuses de la part de farceurs sinistres.

Chose farce. Chose amusante.

Homme farce. Homme grotesque.

Etre farce. Avoir le caractère joyeux ; être ridicule.

FARCES, s. f. pl. Actions plus ou moins répréhensibles, justiciables de la Morale ou de la Police correctionnelle.

Faire des farces. Faire des dupes ; tromper des actionnaires par des dividendes fallacieux.

Avoir fait ses farces. Avoir eu beaucoup de maîtresses ou un grand nombre d'amants.

FARCEUR, s. m. Homme d'une moralité équivoque, qui jongle avec les choses les plus sacrées et se joue des sentiments les plus respectables ; débiteur qui restera toujours volontairement insolvable ; amant qui exploitera toujours la crédulité — et la bourse — de ses maîtresses, etc., etc.

FARCEUSE, s. f. Femme ou fille qui ne prend au sérieux rien ou personne, pas plus l'amour que la vertu, pas plus les hommes que les femmes, et qui se dit, comme Louis XV : « Après moi le déluge ! »

FARD, s. m. Mensonge, broderie ajoutée à un récit, — dans l'argot du peuple.

Sans fard. De bonne foi.

FARDER (Se), v. réfl. Se griser, — dans le même argot, par allusion aux rougeurs que l'ivresse amène sur le visage en congestionnant le cerveau.

FARFOUILLER, v. n. Chercher quelque chose avec la main, remuer tout pour le trouver, — dans le même argot.

FARGUE, s. f. Charge, poids, — dans l'argot des voleurs, qui doivent avoir emprunté cette expression aux marins.

FARGUEMENT, s. m. Charment.

FARGUER, v. a. Charger. Signifie aussi Rougir.

FARGUEUR, s. m. Chargeur.

FARIBOLE, s. f. Farce, plaisanterie, gaminerie, — dans l'argot du peuple.

Signifie aussi Chose sans importance, objet de peu de valeur.

On disait autrefois et on dit dit encore quelquefois *Falibourde*.

FARINEUX, adj. Excellent, parfait, — dans le même argot.

FASSOLETTE, s. f. Mouchoir de poche, — dans l'argot des voleurs, qui ont *fait* ce mot aux Italiens.

FATIGUER, v. n. et act. Salir un livre à force de le consulter, — dans l'argot des relieurs.

FAUBOURG SOUFFRANT, s. m. Le quartier Saint-Marcel, —

dans l'argot du peuple, qui dit juste, comme on peut s'en assurer en parcourant les statistiques officielles. La rue Mouffetard, les rues qui avoisinent la montagne Sainte-Geneviève et la place Maubert, nids à misérables, sont le quartier Saint-Gilles de Paris. On les assainit tous les jours en y ouvrant des voies nouvelles et en y démolissant de vieilles maisons ; mais les habitudes de misère et de vices, quand et comment les démolira-t-on ?

FAUBOURIEN, s. m. Homme mal élevé, grossier, — dans l'argot des bourgeois, qui voudraient bien être un peu plus respectés du peuple qu'ils ne le sont.

FAUCHANTS, s. m. pl. Ciseaux, — dans l'argot des voleurs.

Ils disent aussi *Faucheux*.

FAUCHÉ (Être). Etre guillotiné au bagne.

FAUCHE-ARDENT, s. m. Mouchettes, — dans l'argot des voleurs.

FAUCHER, v. a. Couper, — dans le même argot.

Faucher dans le pont. Donner aveuglément dans un piège.

Faucher le grand pré. Être au bagne.

FAUCHER LE PERSIL, v. a. Se promener, en toilette « esbrouffante, » sur les trottoirs les plus et les mieux fréquen-

9.

tés, — dans l'argot des filles et de leurs souteneurs.

On dit aussi *Cucillir le persil*, *Aller au persil* et *Persiller*.

FAUCHEUR, s. m. Le bourreau, — dans l'argot des prisons, où l'allégorie du Temps est une sinistre réalité.

FAUCHEUX, s. m. Homme à jambes longues et frêles comme les pattes du *Phalangium*, — dans l'argot du peuple, qui ne laisse passer devant lui aucune infirmité, grave ou légère, sans la saluer d'une injure ou tout au moins d'une épigramme.

FAUCHURE, s. f. Coupure.

FAUSSE-COUCHE, s.f. Homme raté, sans courage, sans vertu, sans talent, sans quoi que ce soit, — dans l'argot du peuple.

FAUTER, v. n. Commettre une faute, — dans le même argot.

FAUX-BOND, s. m. Manque de parole, — dans l'argot des bourgeois.

Faire faux-bond à l'échéance. N'être pas en mesure de payer.

FAYOTS, s. m. pl. Légumes en général, haricots, lentilles, ou fèves, *fayols*, — dans l'argot des ouvriers qui ont servi dans l'infanterie de marine.

Le cap Fayot. Moment de la traversée où l'équipage, ayant épuisé les provisions fraiches, est bien forcé d'entamer les légumes secs. C'est ce qu'on appelle alors *Naviguer sous le cap Fàyot.*

FÉE, s. f. Maîtresse, — dans l'argot des ouvriers, qui ne savent pas dire si vrai en disant si poétiquement.

FEIGNANT, s. m. Poltron, — dans l'argot du peuple, qui emploie ce mot comme suprême injure. C'est l'*ignavus* de Cicéron. Barbarisme nécessaire, car *fainéant* ne rendrait pas du tout la même idée, parce qu'il n'a pas la même énergie et ne contient pas autant de mépris.

FÊLER (Se), v. réfl. Donner des preuves de folie, faire des excentricités, — dans l'argot des faubouriens, qui prennent la boîte osseuse pour une faïence.

FELOUSE, s. f. Prairie, — dans l'argot des voleurs, qui ont seulement démarqué la première lettre du mot généralement employé.

FEMME DE BREDA-STREET, s. f. Femme de mœurs qui n'ont pas même la ressource d'être équivoques. Elle a fait élection de domicile sur les hauteurs du faubourg Montmartre, entre Notre-Dame-de-Lorette et la place Vintimille, d'où elle descend chaque jour, vers quatre heures, en toilette de combat, pour aller «faire le boulevard.» Le quartier Breda est le faubourg de Cologne de Paris, comme le faubourg de Cologne est le quartier Breda de Bruxelles.

Femme de la troisième catégorie, s. f. Fille de mauvaise vie, — dans l'argot des faubouriens, qui ont saisi avec empressement, il y a quelques années, les analogies que leur offraient les divisions officielles de la viande de boucherie.

Femme du quartier, s. f. Grisette qui a la spécialité de l'étudiant et qui se garderait bien de frayer avec les bourgeois ou les militaires, de peur de déplaire à Paul de Cock.

Femme du régiment, s. f. La grosse caisse, — dans l'argot des soldats.

Femme entretenue, s. f. Fille ou femme qui croit que la vertu est un « meuble inutile » et qui préfère acheter les siens à *tant par amant*.

Les Belges disent : *Une Entretenue*.

Fendard, s. m. Homme qui marche d'un air conquérant, le chapeau sur le coin de l'oreille, les moustaches relevées en crocs, la main gauche sur la hanche, et de la droite manœuvrant une canne — qui n'effraye personne.

Faire son fendard. Se donner des allures de matamore.

On dit aussi *Fendant*.

Fendre (Se), v. réfl. Montrer de la générosité, dépenser beaucoup d'argent, *s'ouvrir*, — dans l'argot des faubouriens.

Signifie aussi Se dévouer.

Se fendre à s'écorcher. Pousser à l'excès la prodigalité.

Fendre l'arche, v. a. Importuner, ennuyer, — dans le même argot.

Tu me fends l'arche ! est une des exclamations que les étrangers sont exposés à entendre le plus fréquemment en allant aux Gobelins.

Fendre l'ergot. S'enfuir, — dans l'argot du peuple, fidèle aux vieilles traditions.

On dit aussi, mais moins, *Bander l'ergot*.

Fer chaud, s. m. Le pyrosis, — dans l'argot du peuple, qui, ne connaissant pas le mot grec à donner à cette affection, emploie une expression fort simple et très-caractéristique de la douleur cruelle qu'elle occasionne à l'estomac.

Ferlampier, s. m. Homme à tout faire, excepté le bien, — dans l'argot des voleurs, qui ont emprunté là un des vieux mots du vocabulaire des honnêtes gens, en le dénaturant un peu.

Ferlingante, s. f. Verrerie, faïencerie, — dans le même argot.

Ferré a glace (Être). Savoir parfaitement son métier ou sa leçon, — dans l'argot du peuple.

Fers, s. m. pl. Le forceps,
— dans l'argot du peuple,
qui ne connaît pas le nom
latin de l'instrument inventé
par Palfyn.

Fertange ou Fertille, s.
f. Paille, — dans l'argot des
voleurs.

Fertilliers, s. m. pl.
Blés, — les graminées *fer-
tiles* par excellence.

Fesse, s. f. Femme, *moitié*,
— dans l'argot des faubouriens.

Fessée, s. f. Correction paternelle ou maternelle comme
celle dont Jean-Jacques Rousseau avait conservé un si
agréable souvenir.

Fesse - Mathieu, s. m.
Avare, usurier, — dans l'argot
du peuple.

Fesser le champagne, v. n.
Boire des bouteilles de vin de
Champagne, — dans l'argot
des viveurs.

Du temps de Rabelais on
disait *Fouetter un verre*.

Fessier, s. m. Les *nates*,
— dans l'argot du peuple.

Festillante, s. f. Queue
d'animal, — par exemple du
chien, qui fait *fête* à son
maître en remuant la sienne.

Le mot est de l'argot des
voleurs.

Festiner, v. n. Boire et
manger à ventre déboutonné,
— dans l'argot du peuple.

Festonner, v. n. Être en
état d'ivresse et décrire en
marchant des zigzags dont
s'amusent les gamins, et dont

rougissent les hommes au
nom de la Raison et de la
Dignité humaines insultées.

Fête du boudin, s. f. Le
25 décembre, fête de Noël,
— dans l'argot du peuple,
qui ce jour-là fait réveillon
à grands renforts de charcuterie.

Feuille de chou, s. f.
Journal littéraire sans autorité, — dans l'argot des gens
de lettres.

Feuille de chou, s. f.
Guêtre de cuir, — dans l'argot des troupiers, à qui elle
rappelle sans doute, déployée,
la forme et l'odeur du légume
sous lequel les mères font
croire aux enfants qu'ils sont
nés.

Fiasco, s. m. Insuccès, —
dans l'argot des coulisses et
des petits journaux.

Faire fiasco. Échouer dans
une entreprise amoureuse;
avoir sa pièce sifflée; faire
un mauvais article.

Se dit aussi pour Manquer
de parole.

Ficeler, v. a. et n. Faire
avec soin, — dans l'argot du
peuple.

Signifie aussi S'habiller
correctement, « se tirer à quatre épingles. »

Ficelle, s. f. Secret de
métier, procédé particulier
pour arriver à tel ou tel résultat, — dans l'argot des artistes et des ouvriers.

Ficelle, adj. et s. Malin,

rusé, habile à se tirer d'affaire, — dans l'argot du peuple, qui a gardé le souvenir de Cadet-Roussel.

Cheval ficelle. Cheval qui « emballe » volontiers son monde, — dans l'argot des maquignons.

Ficelles, s. f. pl. Ruses, imaginations pour tromper, — dans l'argot du peuple.

Ficelles, s. f. pl. « Les procédés épuisés et les conventions classiques, » — dans l'argot des gens de lettres.

Fichaise, s. f. Chose de peu d'importance, — dans l'argot des bourgeois, qui n'osent pas dire *Foutaise*.

Fiche de consolation, s. f. Compensation, dédommagement, — dans le même argot.

Ficher, v. n. Faire, — dans le même argot.

Une remarque en passant : On écrit *Ficher*, mais on prononce *Fiche*, à l'infinitif.

Ficher, v. a. Donner.

Signifie aussi Appliquer, envoyer, flanquer.

Ficher, v. n. Importer, convenir.

Même remarque que pour le précédent verbe : On écrit « Q'est-ce ce que cela peut me ficher », mais on dit « Qu'est-ce que cela peut me fiche. »

Ficher (Se), v. réfl. S'habiller de telle ou telle façon.

Se ficher en débardeur. Se costumer en débardeur.

Ficher (Se), v. réfl. Se moquer.

Se ficher du monde. N'avoir aucune retenue, aucune pudeur.

Je t'en fiche ! Se dit comme pour défier quelqu'un de faire telle ou telle chose.

Ficher (Se), v. réfl. Se mettre dans l'esprit.

Ficher le camp, v. a. S'en aller, s'enfuir.

Le peuple dit : *Foutre le camp.*

Ficher son billet (En). Donner mieux que sa parole, faire croire qu'on y engagerait même sa signature.

Le peuple dit *En foutre son billet.*

Fichtre ! Exclamation de l'argot des bourgeois, qui remplace *Diable !* et marque l'étonnement, quand elle ne marque pas la colère.

Fichu, adj. Perdu, en parlant des choses ; à l'agonie, en parlant des gens.

Fichu, adj. Détestable, archi-mauvais, en parlant des choses et des gens.

Fichu livre. Livre mal écrit.

Fichu raisonnement. Raisonnement faux.

Fichue connaissance. Triste amant, ou désagréable maîtresse.

Fichu, adj. Capable de.

Fichu, adj. Habillé.

Être mal fichu. Être habillé sans soin, sans grâce.

On dit aussi *Être fichu
comme un paquet de sottises*
ou *comme un paquet de linge
sale.*

FIER, adj. Étonnant, —
dans l'argot du peuple, qui
prend ce mot plutôt dans le
sens virgilien (*Sævus Hector*,
le redoutable Hector), que
dans le sens cicéronien (*su-
perbus*).

Signifie aussi Habile, malin.

FIÈREMENT, adv. Beau-
coup, *étonnamment.*

FIÉROT, adj. et s. Homme
un peu fier.

FIÈVRE CÉRÉBRALE, s. f.
Condamnation à mort, —
dans l'argot des assassins, à
qui cela doit donner en effet
le transport au cerveau, et
même le *delirium tremens.*

FIFI, s. m. Vidangeur, —
dans l'argot ironique du peuple, qui tire aussi bien sur
ses propres troupes que sur
les autres, le Bourgeois et le
Monsieur.

FIFI-LOLO, s. m. Homme
qui fait la bête ou l'enfant, —
dans l'argot des faubouriens.

FIGER (Se), v. réfl. Avoir
froid, — dans l'argot du
peuple.

FIGNARD, s. m. Le *podex*,
— dans l'argot des voyous.

FIGNOLADE, s. f. Roulade à
perte de vue, vocalise infini-
ment prolongée, — dans
l'argot des coulisses.

FIGNOLER, v. a. Achever
avec soin, *finir* avec amour,
— dans l'argot des ouvriers
et des artistes.

Lorédan Larchey veut que
ce mot signifie : « Exécuter
avec *fions.* » C'est possible,
mais j'ai entendu souvent
prononcer *Finioler* : or, la
première personne du verbe
finire n'est-elle pas *finio?*

FIGURATION, s. f. Les figurants, — dans l'argot des
coulisses.

FIGURE, s. f. Tête de mouton, bonne pour le pot-au-
feu, — dans l'argot des faubouriens.

Demi-figure. Moitié de tête
de mouton achetée chez le
tripier.

FIGURE (Ma), pron. pers.
Moi, — dans le même argot.

FIGURE DE CAMPAGNE, s. f.
Celle qu'on ne montre — ou
plutôt qu'on ne découvre —
qu'à la campagne, au coin
d'une haie bien fournie, ou à
l'ombre d'un hêtre touffu,
lorsqu'on se croit bien seul
dans la nature.

V. *Pleine lune* et *Visage.*

FIGURE DE VILLE, s. f. Le
visage qu'on peut montrer
découvert, en plein jour, —
quoiqu'il y en ait beaucoup
qui ne devraient jamais être
vus que masqués d'une feuille
de figuier, à cause de leur
trop grande ressemblance
avec le visage de campagne.

FIGURER, v. n. Paraître
comme comparse sur un

théâtre, à raison de vingt sous par soirée quand on est homme et pauvre, et pour rien quand on est femme et jolie.

Figurer, v. n. Être exposé au poteau d'infamie, — dans l'argot des voleurs, qui paradaient là comme des *figurants* sur un théâtre.

Fil, s. m. Adresse, habileté, — dans l'argot du peuple, qui assimile l'homme à un couteau, et l'estime en proportion de son acuité.

Avoir le fil. Savoir comment s'y prendre pour une affaire.

On dit d'une personne médisante ou d'un beau parleur : *C'est une langue qui a le fil.*

Filasse, s. f. Cheveux roux ou blonds, — dans l'argot des faubouriens.

Fil-en-quatre, s. m. Eau-de-vie très-forte, — dans l'argot du peuple.

On dit aussi *Fil-en-trois.*

Filer, v. a. Suivre un malfaiteur, — dans l'argot des agents de police. Suivre un débiteur, — dans l'argot des gardes du commerce.

On dit aussi *Faire la filature*, — dans l'argot des voleurs.

Filer, v. a. Voler, — dans l'argot des voyous.

Filer une pelure. Voler un paletot.

Filer, v. n. S'en aller,

s'enfuir, — dans l'argot des faubouriens.

Filer, v. n. *Levare ventris onus*, — dans le même argot.

Filer le parfait amour, v. n. S'abandonner aux douceurs de l'amour platonique, — dans l'argot du peuple, qui a des tendresses particulières pour *Estelle et Nemorin.*

Filer son cable par le bout. S'enfuir, et, par extension, Mourir, — dans l'argot des ouvriers qui ont servi dans l'infanterie de marine.

Filer son nœud, v. a. S'en aller, s'enfuir, — dans l'argot du peuple, qui a emprunté cette expression à l'argot des marins.

Filer un mauvais coton. Être malade et sur le point de mourir, — dans le même argot.

Signifie aussi Faire de mauvaises affaires ; mener une vie déréglée.

Filer un sinve, v. a. Suivre quelqu'un, — dans l'argot des voleurs.

Filet coupé (Avoir le). Être extrêmement bavard, — dans l'argot du peuple, qui, en entendant certains avocats, souhaiterait qu'on ne leur eût pas incisé le repli triangulaire de la membrane muqueuse de la bouche.

On dit de même : *Il n'a pas le filet.*

FILET DE VINAIGRE, s. m. Voix aigre et fausse, — dans l'argot des coulisses.

FILEUSE, s. f. Chevalier dont l'industrie consiste à *suivre* les *floueurs* et les *emporteurs*, et à prélever un impôt de trois francs par chaque louis escroqué à un *sinve*. C'est du moins ce qu'affirme Vidocq (p. 162).

FILLE, s. f. Femme publique, — dans l'argot du peuple.

Fille d'amour. Femme qui exerce par goût et qui n'appartient pas à la maison où elle exerce.

Fille en carte. — Femme qui, avec l'autorisation de la préfecture de police, exerce chez elle ou dans une maison.

Fille à parties. Variété de la précédente.

Fille soumise. Fille en carte.

Fille insoumise. Femme qui exerce en fraude, sans s'assujettir aux règlements et aux obligations de police, — une contrebandière galante.

FILLE, s f. Femme qui vit maritalement avec un homme, — dans l'argot des bourgeoises, implacables pour des fautes qu'elles n'ont pas le droit de commettre.

FILLE DE MARBRE, s. f. Petite dame qui a un caillou à la place du cœur, — dans l'argot des gens de lettres, qui emploient cette expression en souvenir de la pièce de Théodore Barrière et de Lambert-Thiboust, jouée au Vaudeville il y a une dizaine d'années.

FILLE DE TOURNEUR, s. f. Femme de mauvaise vie, — dans l'argot du peuple, qui a voulu jouer sur le mot *toupie.*

FILOCHE, s. f. Bourse, — dans l'argot des voleurs, qui devraient bien changer d'expression, aujourd'hui qu'on a remplacé les bourses en *filet*, à glands et à anneaux, par des porte-monnaie en cuir.

Avoir sa filoche à jeun. N'avoir pas un sou en poche.

FILOU, s. m. Voleur, — dans l'argot du peuple, qui a dû se passer, pour inventer ce mot, des étymologies pénibles de Caseneuve et des autres savants à la suite.

FILOU, s. et adj. Malin, rusé, — dans l'argot du peuple, qui, quoi qu'en dise M. Francisque Michel, continue à employer ce mot avec le même sens qu'au XVIIᵉ siècle.

FILSANGE, s. f. Filoselle, — dans l'argot des voleurs.

FILS-DE-FER, s. m. pl. Jambes grêles, — dans l'argot des ouvriers.

FILS DE L'AUTRE. Nom donné par les bonapartistes, sous la Restauration, au duc de Reichstadt, fils de Napoléon, dont il était défendu de parler.

FINANCE, s. f. Argent, — dans l'argot du peuple.

FINANCER, v. n. Payer.

FINE LAME, s. f. Homme habile à l'escrime, — dans l'argot des salles d'armes.

FINE MOUCHE, s. f. Femme rusée, experte; homme « malin », — dans l'argot des bourgeois.

FINESSES COUSUES DE FIL BLANC, s. f. pl. Finesses grossières, farces qui sont facilement devinées, trahisons qui sont facilement éventées.

FINIR EN QUEUE DE POISSON, v. n. Finir désagréablement, fâcheusement, tristement, platement, bêtement, — dans l'argot du peuple, qui cependant ne connaît pas le *desinit in piscem* d'Horace.

FINIR EN QUEUE DE RAT, v. n. Finir fâcheusement, tristement, bêtement, — dans l'argot des ouvriers qui ont servi dans l'infanterie de marine.

FIOLE, s. f. Bouteille de vin, — dans l'argot du peuple, qui ne sait pas être si près de la véritable étymologie : φιάλη (vase à boire).

FIOLER, v. a. Boire, vider une ou plusieurs *fioles* de vin.
Fioler le royome. Boire de l'eau-de-vie.

FION, s. m. Dernière main mise à un ouvrage, — dans l'argot des ouvriers et des artistes.
Coup de fion. Soins de propreté, et même de coquetterie.

FIONER, v. a. et n. Donner le dernier coup de lime ou de rabot ; mettre la dernière main à une chose.

FIORITURES, s. f. pl. Choses ajoutées à un récit pour l'embellir et souvent pour le dénaturer, — dans l'argot des gens de lettres, qui ont emprunté cette expression aux chanteurs et en font le même abus.

FIQUER, v. a. Enfoncer, *ficher*, — dans l'argot des voleurs.

FISTON, s. m. Fils, enfant, — dans l'argot des faubouriens.
Signifie aussi Ami.

FLAC, s. m. Sac, — dans l'argot des voleurs, qui ont voulu rendre la *flaccidité* de cette enveloppe.
Flac d'al. Sacoche à argent.
Ils disent aussi *Flacul.*

FLAFLA, s. m. Étalage pompeux, en paroles ou en actions, — dans l'argot du peuple.
Faire du flafla. Faire des embarras.

FLAGEOLER, v. n. Trembloter, — dans l'argot du peuple, qui emploie ce verbe à propos des jambes des ivrognes et des poltrons, et fait sans doute allusion aux trémolos ordinaires du *flageolet* des aveugles.

FLAGEOLETS, s. m. pl. Jambes, dans le même argot.
On dit aussi *Flûtes.*

FLAMBANT, s. m. Artilleur

à cheval, — dans l'argot des troupiers.

FLAMBANT, adj. et s. Propre, net, beau, superbe, — dans l'argot du peuple, qui a eu longtemps les yeux éblouis par les magnificences des costumes des gentils-hommes et des nobles dames, lesquels

« ... Riches en draps de soye, alloient Faisant flamber toute la voye. »

FLAMBANT NEUF (Être tout). Porter des vêtements neufs.

Toute flambante neuve. Pièce de monnaie nouvellement frappée.

FLAMBARD, s. m. Canotier de la Seine.

FLAMBE, s. f. Épée, — dans l'argot des voleurs.

Petite flambe. Couteau.

FLAMBÉ (Être). Être ruiné ou atteint de maladie mortelle, — dans l'argot des faubouriens.

FLAMBERGE, s. f. Épée, — dans l'argot du peuple, qui a conservé bon souvenir du fameux bran d'acier de Renaud de Montauban.

Mettre flamberge au vent. Dégaîner.

Se dit aussi pour Montrer « la figure de campagne, » et pour Jeter au vent l'aniterge dont on vient de se servir.

FLAMME, s. f. Amour, — dans l'argot des académiciens.

FLAMSIK, s. m. Flamand, — dans l'argot des voleurs.

FLAN (Du)! Expression de l'argot des faubouriens, qu'ils emploient à propos de rien, comme formule de refus ou pour se débarrasser d'un ennuyeux.

Ce *flan*-là est de la même famille que les *navets*, les *emblèmes*, et autres *zut* consacrés par un long usage.

FLANCHE, s. f. La roulette et le trente et un, — dans l'argot des voleurs.

Grande flanche. Grand jeu.

FLANCHE, s. m. Affaire, — dans le même argot.

S'emploie ordinairement avec l'adjectif comparatif *mauvais*. « C'est un mauvais flanche », pour : C'est une mauvaise affaire.

FLANCHER, v. n. Jouer franchement.

FLANCHER, v. n. Se moquer, — dans l'argot des voyous.

FLANCHET, s. m. Part, lot, — dans l'argot des voleurs.

FLANDRIN, s. m. Imbécile ; grand dadais, — dans l'argot du peuple.

Les Anglais disent dans le même sens *Lanky fellow.*

FLANELLE, s. et adj. « Homme qui se livre à une sorte de flânerie galante, c'est-à-dire qui se borne, près des femmes dont l'amour se paye, à des frais de conversation. »

N'en déplaise à Lorédan Larchey et à sa spirituelle définition, la *flânerie* n'a rien à voir là dedans. Un hommeflanelle est tout bonnement un homme timide, en amour comme en autre chose ; un poltron qui craint les fluxions de poitrine et les coups.

Flanocher, v. n. Flâner timidement, sans en avoir le droit, à une heure qui devrait être consacrée au travail, — dans l'argot des ouvriers qui ignorent la flânerie et ne se livrent à cette dissipation que par hasard.

On dit aussi *Flanotter*.

Flanquer, v. a. Donner, — dans l'argot des bourgeois, qui n'osent pas employer le verbe énergique des faubouriens.

Flanquette (A la bonne), adv. Franchement, avec bonhomie, — dans l'argot du peuple.

On disait autrefois, et mieux : *A la bonne franquette*.

Flaquadin, s. m. Poltron, homme mou, irrésolu, sur lequel on ne peut compter, parce que la peur produit sur lui un effet physique désagréable.

Expression de l'argot des faubouriens.

Flaquer, v. n. *Alvum deponere*, — dans l'argot des voyous.

Se dit aussi pour Accoucher, mettre un enfant au monde.

Flaquet, s. m. Gousset de

montre, poche de gilet, — dans l'argot des voleurs.

Flème, s. f. Lassitude d'esprit et de corps, — dans l'argot des faubouriens, qui cependant ne sont pas de tempérament *phlegmatique*.

Jour de flême. Où il est de toute impossibilité qu'on travaille à quoi que ce soit, envahi que l'on est par la *lymphe*.

Avoir la flême. Être dans les dispositions d'esprit et de corps que je viens de dire.

Fleur de mari, s. f. Ce que pleurait sur la montagne la fille de Jephté, — dans l'argot des voleurs, qui ont rarement autant de délicatesse.

Fleur des pois, s. f. Le plus brillant causeur d'une compagnie, — dans l'argot des gens de lettres ; le plus vaillant compagnon d'un atelier, — dans l'argot des ouvriers ; la plus belle fille d'un bal, — dans l'argot des gandins.

Fleurer, v. a. et n. Respirer, sentir, — dans l'argot du peuple, qui trouve que *flairer* n'emporte pas assez avec soi l'idée d'odeurs, de parfums. C'était aussi l'opinion de Mathurin Régnier.

Fleurettes, s. m. pl. Galanteries, — dans l'argot des bourgeois.

Conter fleurettes. Faire la cour à une femme.

Conteur de fleurettes. Libertin.

Fligadier, s. m. Pièce de

cinq centimes, — dans l'argot des voleurs.

FLIQUADARD, s. m. Sergent de ville, — dans l'argot des faubouriens.

FLONFLONS, s. m. pl. Chansons, — dans l'argot du peuple.

Faiseur de flonflons. Vaudevilliste.

FLOPÉE, s. f. Foule, — dans l'argot des faubouriens.

FLOTTANT, s. m. Poisson, — dans l'argot des voleurs.

FLOTTE, s. f. Argent paternel ou avunculaire, — dans l'argot des étudiants, qui dédaignent de dire *galion*.

Recevoir sa flotte. Toucher sa pension.

FLOTTE, s. f. Grande quantité de monde, — dans l'argot du peuple.

Être de la flotte. Être de la compagnie.

FLOTTER, v. n. Se baigner, nager, — dans le même argot.

FLOTTEUR, s. m. Nageur.

FLOU, s. m. Variété de morbidesse, de douceur de touche, de coloris vaporeux, — dans l'argot des artistes, qui seront longtemps à reconnaître Le Guaspre et Corot pour de grands paysagistes.

Faire flou. Dessiner ou peindre sans arrêter suffisamment les contours, en laissant flotter autour des objets une sorte de brume agréable.

Se dit aussi à propos de la sculpture; car Le Puget ne craignait pas de *faire flou.*

FLOUE, s. f. Foule, — dans l'argot des voleurs, qui peuvent y *flouer* à leur aise.

FLOUER, v. a. Tricher au jeu; voler, — dans l'argot du peuple.

FLOUERIE, s. f. Tricherie; escroquerie, vol pour ainsi dire légal.

Signifie aussi Duperie, dans le sens figuré.

FLOUEUR, s. m. Tricheur; escroc; voleur.

FLOUME, s. f. Femme, — dans l'argot des voleurs et des troupiers.

FLUT ! Expression de l'argot de Breda-Street, où l'on dédaigne d'employer le *zut* traditionnel, comme trop populaire.

FLUTE, s. f. Bouteille de vin, — dans l'argot des ouvriers.

FLUTE, s. f. L'instrument avec lequel les matassins poursuivent M. de Pourceaugnac, — dans l'argot du peuple, Tulou médiocre.

FLUTENCUL, s. m. Pharmacien, — dans l'argot du peuple, qui fait semblant d'ignorer qu'il n'y a plus d'apothicaires.

FLUTER, v. a. et n. Boire.

Fluter, v. n. Parler inutilement.

Le peuple n'emploie ordinairement ce verbe que dans cette phrase, qui est une formule de refus : *C'est comme si tu flûtais.*

Fluter (Se faire). Se faire administrer un détersif dans la valvule iléo-cœcale.

Fogner. *Alvum deponere*, — dans l'argot des ouvriers, qui parlent comme écrivait Bonaventure Des Périers.

Foin, s. m. Synonyme d'argent, — dans l'argot du peuple.

Avoir du foin au râtelier. Avoir de la fortune.

Mettre du foin dans ses bottes. Amasser de l'argent, faire des économies.

On dit aussi *Avoir du foin dans ses bottes.*

Foire d'empoigne, s. f. Vol, — dans le même argot.

Aller à la foire d'Empoigne. Voler.

On disait autrefois : *Passer dans l'île des Gripes.*

Foirer, v. n. Avoir peur, — dans l'argot des voyous.

Par extension , Mourir.

Foireux, s. et adj. Poltron, homme dont le cœur est débilité et l'esprit dévoyé.

Folichon, s. et adj. Homme amusant, chose agréable, — dans l'argot du peuple.

Être folichon. Commencer à se griser.

Signifie aussi : Dire des gaudrioles aux dames.

Folichonnade, s. f. Amusement plus ou moins décent ; farce plus ou moins drôle.

On dit aussi *Folichonnerie.*

Folichonne, s. f. Femme qui n'est pas assez bégueule ; bastringueuse.

On dit aussi *Folichonnette.*

Folichonner, v. n. Folâtrer avec plus ou moins de décence.

Signifie aussi Courir les bals et les cabarets.

Foncé, adj. Riche, — dans l'argot du peuple, qui parle comme écrivait Jean Marot.

Foncer, v. a. et n. Donner de l'argent, — dans le même argot.

On dit encore quelquefois, dans le même sens : *Foncer à l'appointement.*

Foncer, v. n. Courir, s'abattre, se précipiter, dans l'argot des écoliers.

Fondant, s. m. Beurre,— dans l'argot des voyous.

Fondre sa cloche, v. a. Devenir riche, — dans l'argot du peuple, qui sait que cela n'est pas permis à tout le monde.

Fondrière, s. f. Poche,— dans l'argot des voleurs, qui ne craignent d'y descendre avec la main.

Fonfe, s. f. Tabatière, — dans le même argot.

On dit aussi *Fonfière.*

Fort de café, adj. Inouï, incroyable, — dans l'argot du peuple.

Comme cette expression court les rues depuis plus de cent ans, on a éprouvé le besoin de la rajeunir. *C'est trop fort de moka*, a dit Henri Murger. *C'est un peu fort de chicorée*, a dit Commerson. Mais le peuple continue à dire : *C'est trop fort de café.*

Fort en mie, s. m. Homme très-gras, — dans l'argot des faubouriens, qui prennent les os pour la croûte du corps.

Les voyous anglais ont la même expression : *Crummy.*

Fort-en-thème, s. m. Jeune homme qui obtient de brillants succès au collége, — dans l'argot des gens de lettres, parmi lesquels on compte bon nombre de « fruits secs. »

Fortin, s. m. Poivre, — dans l'argot des voleurs.

Fortinière, s. f. Poivrière.

Fossile, s. m. Académicien, — dans l'argot des Romantiques, qui prenaient Népomucène Lemercier pour un *Megatherium* et Andrieux pour un *Ichthyosaurus.*

Fouailler, v. n. Manquer d'énergie, de courage, — dans l'argot du peuple.

Fouailler, v. n. Échapper ; éclater ; manquer, — en parlant des choses.

Signifie aussi Faire faillite.

Fouailleur, s. m. Homme irrésolu et même lâche.

Le mot a un autre sens auquel fait allusion Lorédan Larchey, et qui serait seulement à sa place dans un Dictionnaire érotique.

Foucade, s. f. Lubie, envie subite, *fougue* d'un moment, — dans le même argot.

Travailler par foucades. Irrégulièrement.

On a dû dire originairement *fougade*, — du nom de la petite mine à l'aide de laquelle on fait sauter une muraille.

Fouetteux de chats, s. m. Homme-femme, sans énergie, sans virilité morale, — dans le même argot.

Fouille-au-pot, s. m. Homme qui s'occupe plus qu'il ne le devrait des soins du ménage, qui fait la cuisine au lieu de la laisser faire par sa femme, — dans l'argot du peuple, qui n'aime pas qu'on change de sexe.

Fouillouse, s. f. Poche, — dans l'argot des voleurs, qui *fouillent* volontiers les passants pour s'assurer de leur *aubert.*

Le mot est contemporain de François Villon.

Fouiner, v. n. S'occuper de ce qui ne vous regarde pas, — dans l'argot du peuple, qui n'aime pas les gens du genre *chat.*

Signifie aussi S'enfuir.

Fouineur, s. m. Homme

qui se mêle des affaires des autres, et rapporte chez lui ce qui se passe chez ses voisins.

FOULAGE, s. m. Besogne pressée, — dans l'argot des ouvriers.

Il y a du foulage. Les travaux arrivent en *foule*.

FOULETITUDE, s. f. Grande quantité de gens ou de choses, — dans l'argot du peuple, qui a trouvé moyen de fondre deux mots en un seul.

FOUR, s. m. L'amphithéâtre, — dans l'argot des coulisses.

FOUR, s. m. « Fausse poche dans laquelle les enquilleuses cachent les produits de leurs vols. »

FOUR, s. m. Insuccès, — dans l'argot des théâtres et des petits journaux.

Faire four. Faire *fiasco.*
Signifie aussi Être mal accueilli.

FOURBANAL, s. m. Omnibus, — dans l'argot des voleurs.

FOURBI, s. m. Piége; malice, — dans l'argot du peuple, qui ne sait pourtant pas que le *fourby* (le Trompé) était un des 214 jeux de Gargantua.

Connaître le fourbi. Être malin.

Connaître son fourbi. Être aguerri contre les malices des hommes et des choses.

FOURCHETTE, s. f. Baïonnette, — dans l'argot des soldats.

Travailler à la fourchette. Se battre à l'arme blanche.

FOURCHETTE, s. f. Mangeur, — dans l'argot du peuple.

Belle fourchette ou *Joli coup de fourchette.* Beau mangeur, homme de grand appétit.

FOURCHETTE D'ADAM, s. f. Les doigts, — dans le même argot.

FOURCHU, s. m. Bœuf, — dans l'argot des voleurs.

FOURGAT, s. m. Recéleur, — dans le même argot.

FOURGONNER, v. a. et n: Remuer le feu avec la pelle ou la pincette, — dans l'argot des bourgeois.
Signifie aussi Remuer les tiroirs d'une commode ou d'une armoire pour y chercher quelque chose.

FOURGUER, v. a. Vendre à un recéleur des objets volés.

FOURLIGNER, v. a. Voler, détourner, « tirer hors de la ligne droite. »

FOURLINE, s. m. Meurtrier, — dans l'argot des prisons.
Signifie aussi Voleur.

FOURLINE, s. f. Association de meurtriers, ou seulement de voleurs.

FOURLOURD, s. m. Malade, — dans l'argot des prisons.

FOURLOUREUR, s. m. Assassin.

FOURMILLON, s. m. Marché qui *fourmille* de monde, — dans le même argot.

Fourmillon à gayets. Marché aux chevaux.

FOURNÉE, s. f. Promotions périodiques à des grades ou à des distinctions honorifiques, — dans l'argot des troupiers.

FOURNIL, s. m. Lit, — dans l'argot des faubouriens, par allusion à la chaleur qu'on y trouve ordinairement.

FOURNION, s. m. Insecte, de *fournil* ou d'ailleurs, — dans l'argot des voyous.

FOUROBE, s. f. Fouille, — dans l'argot des bagnes.

FOUROBER, v. a. Fouiller les effets des forçats.

FOURRER DANS LE GILET (S'en). Boire à tire-larigot, sans précaution et avec excès, — dans l'argot du peuple.

FOURRER LE DOIGT DANS L'ŒIL (Se). S'illusionner, se faire une fausse idée des choses, des hommes et des femmes, — dans l'argot des faubouriens.

FOURRER SON NEZ, v. a. Se mêler de ce qui ne vous regarde pas, — dans l'argot des bourgeois.

Fourrer son nez partout. Se mêler de toutes sortes de choses, surtout de celles qui vous regardent le moins.

FOUTAISE, s. f. Chose de peu d'importance. morceau de peu de valeur, — dans l'argot du peuple.

Dire des foutaises. Dire des niaiseries.

FOUTIMASSER, v. n. Ne rien faire qui vaille, — dans le même argot.

FOUTIMASSEUR, s. m. Homme qui fait semblant de travailler.

FOUTRE (S'en), v. réfl. Se moquer, — dans l'argot du peuple, qui ne mâche pas ses mots, et d'ailleurs n'attache pas à celui-ci d'autre sens que les bourgeois au verbe *se ficher.*

D'ailleurs aussi, n'est-il pas autorisé à dire ce que le Bibliophile Jacob n'a pas craint d'écrire? (Voir *Vertu et Tempérament*, roman de 1832, dans lequel on lit : « Je me fouts de la guillotine. »)

FOUTRE LA PAIX, v. a. La donner.

En général, ce verbe énergique, si fréquemment employé par le peuple, a les mêmes acceptions que *ficher.*

FOUTRE LE CAMP, v. n. Déguerpir, s'enfuir au plus vite.

FOUTRIQUET, s. m. Petit homme

A signifié, il y a soixante-dix ans, fat, imbécile, intrigant.

On dit aussi *Foutriot.*

FOUTU, adj. Mauvais, détestable, exécrable.

Foutue besogne. Triste besogne.

Foutue canaille. Canaille parfaite.

FOUTU, adj. Mal habillé.

Foutu comme quatre sous.

Habillé sans goût, et même grotesquement.

Fouyou, s. m. Gamin, — dans l'argot des coulisses, où l'on a gardé le souvenir de la pièce des Variétés (*le Maître d'École*) où jouait un enfant de ce nom.

Fracturer (Se la). S'en aller de quelque part, s'enfuir, — dans l'argot des faubouriens.

Franc-Bourgeois, s. m. Escroc du grand monde, — dans l'argot des prisons.

Franc de maison, s. m. Recéleur d'objets volés, et même de voleurs.

Franc du collier, adj. Homme ouvert, loyal, comme on n'en fait plus assez,— dans l'argot du peuple.

Francillon, s. m. Français, — dans l'argot des voleurs.

Les Belges nous appellent *Fransquillons*.

Frangin, s. m. Frère, — dans l'argot des voleurs et des faubouriens.

On dit aussi *fralin*.
Frangin-Dab. Oncle.

Frangine, s. m. Sœur.
Frangine-Dabuche. Tante.

Frasque, s. f. Folie aimable, coup de tête, — dans l'argot des bourgeois.
Faire des frasques. Faire des folies, des escapades.

Frayer, v. n. Convenir, s'accorder, vivre ensemble, — dans l'argot du peuple, qui a voulu faire allusion à la *fraie* des poissons.

Fredaine, s. f. Intrigue amoureuse, — dans l'argot des bourgeois.
·*Faire ses fredaines.* Aimer « le cotillon. »

Freluquet, s. m. Jeune homme, gandin, — dans l'argot du peuple, probablement par allusion au *parler frelu* d'autrefois.

Fréquenter (Se), v. réfl. Ne pas tenir compte des avertissements contenus dans le livre de Tissot.

Frère, s. m. Initié,—dans l'argot des francs-maçons.

Frérot, s. m. Frère, — dans l'argot du peuple, qui parle comme écrivait Bonaventure Des Périers.

Frérot de la caque, s. m. Filou, — dans l'argot des prisons.

Frétillante, s. f. Plume, — dans le même argot.

Frétin, s. m. Poivre, — dans le même argot.

Friauche, s. m. Condamné à mort qui s'est pourvu en cassation, — dans le même argot.

Fricassé (Être). Être ruiné, perdu, déshonoré, à l'agonie, — dans l'argot des faubouriens.

Ils disent aussi *Être cuit.*

Fricassée, s. f. Coups donnés ou reçus.

10

FRICASSER, v. a. Dépenser. *Fricasser ses meubles.* Les vendre.

FRIC-FRAC, s. m. Effraction de meuble ou de porte, — dans l'argot des voleurs, qui se plaisent parfois aux onomatopées.

Faire fric-frac. Voler avec effraction.

Ils disent aussi *frique-fraque.*

FRICHTI, s. m. Ragoût aux pommes de terre, — dans l'argot des ouvriers, qui prononcent à leur manière le *früstück* allemand.

FRICOT, s. m. Ragoût; mets quelconque, — dans l'argot du peuple.

FRICOTER, v. n. Se mêler d'affaires véreuses; pêcher en eau trouble, — dans le même argot.

FRICOTEUR, s. m. Homme qui aime les bons repas.

Signifie aussi Agent d'affaires véreuses.

FRIGOUSSE, s. m. Cuisine, ou plutôt chose cuisinée, — dans l'argot des faubouriens.

Signifie spécialement Ragoût de pommes de terre.

FRIGOUSSER, v. a et n. Cuisiner, préparer un ragoût quelconque.

FRILEUX, adj. et s. Poltron, homme qui a *froid* aux yeux et au cœur, — dans l'argot du peuple.

S'emploie surtout avec la négative.

FRIMAS, s. m. pl. Le froid, la neige, l'hiver, — dans l'argot des académiciens.

FRIME, s. f. Mensonge; fausse alerte, — dans l'argot des faubouriens.

C'est pour la frime. C'est pour rire.

FRIME, s. f. Apocope de *Frimousse,* — dans l'argot des voyous.

FRIMER, v. a. Envisager et dévisager.

FRIMOUSSE, s. f. Visage, — dans l'argot des faubouriens.

C'est pour ma frimousse. C'est pour moi.

FRIMOUSSER, v. n. Tricher au jeu en se donnant les *figures* à chaque coup, — dans l'argot des voleurs.

FRIMOUSSEUR, s. m. Tricheur.

FRIPOUILLE, s. f. Homme malhonnête et même canaille, — dans l'argot du peuple.

Il dit aussi *Frapouille.*

FRIPPE, s. f. Action de manger, dans le même argot.

Signifie aussi Dépense, écot de chacun.

FRIPPER, v. a. Manger.

On disait autrefois *Fripper la soupe.*

FRIQUET, s. m. Mouchard, — dans l'argot des voleurs.

FRIRE, v. a. et n. Faire; Manger, — dans l'argot du peuple, dont la cuisine se fait en plein vent, sur le fourneau portatif des friturières.

N'avoir rien à frire. N'avoir pas un sou pour manger ou boire.

L'expression est vieille, car elle se trouve en latin et en français dans Mathurin Cordier : « Il n'a que frire : il n'a de quoy se frapper aux dez. *Nullam habet rem familiarem. Est pauperio Codro* » (qui est le « pauvre comme Job » de Juvénal).

FRIRE DES ŒUFS A QUELQU'UN, v. a. Lui préparer une mauvaise affaire; s'apprêter à lui jouer un méchant tour,— dans le même argot.

J'ai entendu souvent : *Prends garde, Jean, on te frit des œufs.*

FRISÉ, s. m. Juif, — dans l'argot des voleurs.

FRISQUET, s. m. Froid vif, — dans l'argot du peuple.
Il fait frisquet. Il fait froid.

FRISQUETTE, adj. et s. Fille jeune, *fraîche* et avenante,— dans le même argot.

Le vieux français avait l'adjectif *frisque.*

FRIT, adj. Perdu, compromis, arrêté, atteint d'une maladie mortelle, — dans le même argot.

FRITES, s. f. pl. Pommes de terre frites.

FRITURER, v. a. Manger; cuisiner.

FRITURIER, ÈRE, s. Marchand, Marchande de pommes de terre frites ou de gras double à la poêle.

FROID AUX YEUX, s. m. Manque de courage, — dans l'argot du peuple.
Avoir froid aux yeux. Avoir peur.
N'avoir pas froid aux yeux. Être résolu à tout.

FROIDUREUX, adj. Sujet à avoir froid, — dans le même argot.

FROLLAU, s. m. Traître, — dans l'argot des voleurs.

FROLLER, v. n. Médire, — dans le même argot.
On dit aussi *Froller sur la balle.*

FROME, s. m. Apocope de *Fromage,* — dans l'argot des voyous.

FROMAGES (Faire des). Se dit — dans l'argot des petites filles — d'un jeu particulier qui consiste à imprimer un mouvement de rotation à leur robe et à se baisser rapidement de façon à former par terre « une belle cloche ».

FROTESKA, s. f. Correction, *frottée,* — dans l'argot du peuple, qui a saisi cette occasion de donner un nom de plus à la *danse* qu'il a inventée pour son plaisir et pour sa défense.

FROTIN, s. m. Billard, — dans l'argot des faubouriens.
Coup de frotin. Partie de billard.

FROTTÉE, s. f. Coups donnés ou reçus, — dans l'argot du peuple.

FROTTER, v. a. Battre, donner des coups.

On dit aussi *Frotter les
reins* et *Frotter le dos.*

FROUFROU, s. m. Bruisse-
ment d'une robe de soie, —
dans l'argot des amoureux, à
qui cette onomatopée fait toujours bondir le cœur.

FROUFROU, s. m. Onoma-
topée par laquelle les voleurs
désignent un Passe-partout.

FROUMI, s. f. Fourmi, —
dans l'argot du peuple, qui
parle comme on écrivait au
XIVe siècle.

FROUSSE, s. f. Peur, fris-
sonnement, — dans le même
argot.

FRUCTIDORISER, v. a. Agir
comme le Directoire le 18
fructidor (4 septembre 1797),
c'est-à-dire transporter des
députés, supprimer la liberté
de la presse, etc., enfin faire
une Terreur pour son compte
personnel, comme Barras,
Laréveillère-Lépeaux et Rew-
bell pour le leur.

FRUGES, s. f. pl. Bénéfices
plus ou moins licites sur la
vente,—dans l'argot des commis de nouveautés.

FRUIT, s. m. Enfant nou-
veau-né, — dans l'argot des
faubouriens, qui, tout en
gouaillant, font une allusion
philosophique au fameux pom-
mier du Paradis de nos premiers pères.

FRUIT SEC, s. m. Jeune
homme qui sort bredouille du
collège, ou d'une école spéciale, — dans l'argot des gens
de lettres, qui n'ont pas tous
été des « forts-en-thème. »

FRUSQUE, s. f. Redingote,
—dans l'argot des marchandes
du Temple.

FRUSQUES, s. f. pl. Vête-
ments en général,—dans l'argot des faubouriens.

FRUSQUIN (Saint), s. m. Vêtements ; économies serrées
dans une armoire, à même le
linge et les habits.

FRUSQUINER (Se), v. réfl.
S'habiller.

FRUSQUINEUR, s. m. Tail-
leur.

FUIR, v. n. Mourir, s'en aller comme le vin d'un tonneau défoncé, — dans le même
argot.

FUMÉ, adj. Pris, perdu,
ruiné, mort, — dans le même
argot.

FUMELLE, s. f. Femme, —
dans l'argot des faubouriens,
qui parlent comme écrivait
Jean Marot.

FUMER, v. n. Enrager, s'impatienter, s'ennuyer, — dans
le même argot.

On dit aussi *Fumer sans
pipe et sans tabac.*

FUMERIE, s. f. Science du
fumeur.

FUMERON, s. m. Fumeur
acharné, — dans l'argot des
bourgeoises, que la fumée de la
pipe incommode et qui ne pardonnent qu'à celle du cigare.

FUMERONS, s. m. pl. Jambes, — dans l'argot des faubouriens, qui disent cela surtout quand elles sont maigres.

Ils disent aussi *Fuseaux*.

FUNÉRAILLISTE, s. m. Partisan d'Auguste Vacquerie, — dans l'argot des gens de lettres, qui consacrent ainsi le souvenir des tempêtes excitées il y a deux ans par les *Funérailles de l'honneur*.

On dit aussi *Vacqueriste*; — comme on a dit *Hugolâtre* en 1830, *Gluckiste* et *Picciniste* un demi-siècle auparavant.

FUSÉE, s. f. Jet de vin qui sort de la bouche d'un homme qui en a trop bu.

Lâcher une fusée. Vomir.

FUSER, v. n. *Levare ventris onus*, — dans l'argot des troupiers.

FUSIL, s. m. Estomac, — dans l'argot des faubouriens.

Se coller quelque chose dans le fusil. Manger ou Boire.

Ecarter du fusil. Cracher une pluie de salive en parlant à quelqu'un.

FUSILLER, v. n. Donner un mauvais dîner, — dans l'argot des troupiers.

FUTÉ, adj. et s. Malin, rusé, habile, — dans l'argot du peuple, qui emploie souvent ce mot en bonne part.

G

GABATINE, s. f. Plaisanterie, — dans l'argot du peuple, héritier des anciens *gabeurs*, dont il a lu les prouesses dans les romans de chevalerie de la *Bibliothèque Bleue*.

Donner de la gabatine. Se moquer de quelqu'un, *le faire aller*.

GABEGIE, s. f. Fraude, — dans le même argot, qui consacre ainsi un souvenir désagréable de la *gabelle*.

GABELOU, s. m. Employé de l'octroi, le *Gabellier* de nos pères.

On l'appelle aussi *Vous n'avez rien*, — par allusion à sa phrase habituelle : « Vous n'avez rien à déclarer ? »

GACHER, v. n. Se dit à propos du mauvais temps, de la boue et de la neige qui rendent les rues impraticables.

Cependant, au lieu de : *Il gâche*, on dit plus fréquemment : *Il fait gâcheux*.

GACHER DU GROS, v. a. *Levare ventris onus*, — dans l'argot du peuple.

GACHEUSE, s. f. Femme ou

10.

fille du monde de la galanterie, qui ne connaît le prix de rien, — excepté celui de ses charmes.

Gachis, s. m. Embarras politique ou financier, — dans l'argot du peuple.

Il y aura du gâchis. On fera des barricades, on se battra.

Gadoue, s. f. Immondices des rues de Paris, qui servent à faire pousser les fraises et les violettes des jardiniers de la banlieue de Paris.

D'où l'on a fait *Gadouard*, pour Conducteur des voitures de boue.

Gadoue, s. f. Fille ou femme de mauvaise vie, — dans l'argot des faubouriens, sans pitié pour les ordures morales.

Gaffe, s. f. Les représentants de l'autorité en général, — dans l'argot des voleurs, qui redoutent probablement leur *gaflach* (épée, dard).

Être en gaffe. Monter une faction ; faire sentinelle, ou faire le guet.

Gaffe, s. m. Représentant de l'autorité, en particulier.

Gaffe à gail. Garde municipal à cheval; gendarme.

Gaffe de sorgue. Gardien de marché; patrouille grise.

On dit aussi *Gaffeur.*

Gaffe, s. m. Gardien de cimetière, — dans l'argot des marbriers.

Gaffe, s. f. Bouche; langue, — dans l'argot des ouvriers.

Coup de gaffe. Criaillerie.

Gaga, s. m. Gâteau, — dans l'argot des enfants, qui, de même que M. Jourdain faisait de la prose sans le savoir, emploient à leur insu l'allitération, l'aphérèse et l'apocope.

Gagner des mille et des cents, v. a. Gagner beaucoup d'argent, — dans l'argot des bourgeois.

Gai (Être). Avoir un commencement d'ivresse, — dans le même argot.

Gail, s. m. Cheval, — dans l'argot des souteneurs de filles et des maquignons. Au pluriel : des *Gails.*

Quelques Bescherelle de Poissy veulent qu'on écrive *gaye*, et d'autres *gayet.*

Galapiat, s. m. Fainéant, voyou, — dans l'argot du peuple.

On dit aussi : *Galapiau, Galapian, Galopiau,* qui sont autant de formes du mot *Galopin.*

Galbe, s. m. Physionomie, bon air; élégance, — dans l'argot des petites dames, dont quelques-unes ont fréquenté, comme *modèles,* les ateliers d'artistes.

Être truffé de galbe. Être à la dernière mode, ridicule ou non, — dans l'argot des gandins.

Ils disent aussi *Être pourri de chic.*

GALBEUX, adj. Qui a du *chic*, une désinvolture souverainement inpertinente ou souverainement ridicule.

GALE, s. f. Homme difficile à vivre, ou agaçant comme un *acarus*, — dans l'argot du peuple.

On dit aussi *Teigne*.

GALERIE, s. f. La foule sur une place publique, les consommateurs dans un café, les auditeurs dans une réunion.

Parler pour la galerie. Ne parler que pour être applaudi, non de celui à qui l'on parle, mais de ceux à qui l'on ne devrait pas parler.

GALETTE, s. f. Imbécile, — dans l'argot du peuple, qui n'aime pas les gens *plats*.

Se dit aussi d'un Matelas d'hôtel garni.

GALIFARD, s. m. Cordonnier, — dans l'argot des revendeuses du Temple.

GALIFARDE, s. f. Fille de boutique, — dans le même argot.

GALIOTE, s. f. « Complot entre deux joueurs qui s'entendent pour faire perdre ceux qui parient contre un de leurs compères. »

On dit aussi *Gaye*.

GALONS D'IMBÉCILE, s. m. pl. Grade subalterne obtenu à l'ancienneté, — dans l'argot des troupiers.

GALOP, s. m. Réprimande, — dans l'argot des ouvriers.

GALOPÉ, adj. Fait à la hâte, sans soin, sans goût.

GALOPIN, s. m. Apprenti, — dans l'argot des ouvriers. Mauvais sujet, — dans l'argot des bourgeois. Impertinent, — dans l'argot des petites dames.

GALOUBET. s. m. Voix, — dans l'argot des coulisses.

Avoir du galoubet. Avoir une belle voix.

Donner du galoubet. Chanter.

GALUCHE, s. m. Galon, — dans l'argot des voleurs.

GALUCHER, v. a. Galonner.

GALUCHET, s. m. Valet, — dans l'argot des voyous.

GALURIN. Chapeau, — dans le même argot.

Ce mot ne viendrait-il pas, par hasard, du latin *galea*, casque, ou plutôt de *galerum*, chapeau?

GALVAUDAGE, s. m. Désordre, gaspillage de fortune et d'existence, — dans l'argot des bourgeois.

GALVAUDER (Se). Vivre dans le désordre; ou seulement Hanter les endroits populaires.

On dit aussi *Galvauder sa vie*.

GALVAUDEUX, s. m. Fainéant; bambocheur.

GAMBILLER, v. n. Danser, remuer les *jambes*, — dans l'argot du peuple, à qui Molière a fait l'honneur d'emprunter ce verbe.

GAMBILLES, s. f. pl. Jambes.

GAMBILLEUR, s. m. Danseur, — dans l'argot des voleurs, qui, comme de simples vaudevillistes, prennent le bien des autres où ils le trouvent.

Gambilleur de tourlouse. Danseur de corde.

GAMBRIADE, s. f. La danse, et spécialement le Cancan, — dans l'argot des voleurs.

GAMIN, s. m. Enfant qui croît comme du chiendent entre les pavés du sol parisien, et qui est destiné à peupler les ateliers ou les prisons, selon qu'il tourne bien ou mal une fois arrivé à la Patte d'Oie de la vie, à l'âge où les passions le sollicitent le plus et où il se demande s'il ne vaut pas mieux vivre mollement sur un lit de fange, avec le bagne pour perspective, que de vivre honnêtement sur un lit de misères et de souffrances de toutes sortes.

Ce mot, né à Paris et spécial aux Parisiens des faubourgs, a commencé à s'introduire dans notre langue sous la Restauration, et peut-être même un peu auparavant, — bien que Victor Hugo prétende (Voir son livre des *Misérables*) l'avoir employé le premier dans *Claude Gueux*, c'est-à-dire en 1834.

GAMIN, s. m. Homme trop impertinent, — dans l'argot des petites dames, qui ne pardonnent les impertinences qu'aux hommes qui en ont les moyens.

GAMINER, v. n. Faire le gamin ou des gamineries.

GAMINERIE, s. f. Plaisanterie que font volontiers les grandes personnes à qui l'âge n'a pas apporté la sagesse et le tact.

Faire des gamineries. Écrire ou faire des choses indignes d'un homme qui se respecte un peu.

GAMME, s. f. Correction paternelle, — dans l'argot du peuple.

Faire chanter une gamme. Châtier assez rudement pour faire crier.

On dit aussi *Monter une gamme.*

GANACHE, s. f. Homme qui ne sait rien faire ni rien dire, — dans le même argot.

Père Ganache. Rôle de Cassandre, — dans l'argot des coulisses.

On dit aussi *Père Dindon.*

GANACHE, s. f. Fauteuil large, — dans l'argot des tapissiers.

GANCE, s. f. Clique, bande, — dans l'argot des voleurs.

GANDIN, s. m. Oisif riche qui passe son temps à se ruiner pour des drôlesses, — et qui n'y passe pas beaucoup de temps, ces demoiselles ayant un appétit d'enfer.

Le mot n'a qu'une dizaine d'années. Je ne sais plus qui l'a créé. Peut-être est-il né tout seul, par allusion aux *gants* luxueux que ces messieurs donnent à ces demoiselles, ou au boulevard de *Gand* (des Italiens) sur lequel ils promènent leur oisiveté.

GANDIN D'ALTÈQUE, s. m. Décoration honorifique quelconque, — dans l'argot des voleurs.

GANDINE, s. f. La femelle du gandin,—un triste mâle et une triste femelle.

GANTER, v. a. et n. Convenir, agréer, — dans l'argot des bourgeois, qui trouvent les mains plus nobles que les pieds, au contraire des ouvriers, qui trouvent les pieds plus distingués que les mains.

GANT JAUNE, s. m. Homme distingué — en 1840, où les gants jaunes étaient le suprême bon ton, comme en 1864 les gants de peau de chien.

Le *Gant jaune* est le frère aîné du Gandin.

GANTS, s. m. pl. Les *deux sous du garçon* des filles, — avec cette différence que les sous du premier sont en cuivre et les sous des secondes en argent, et même en or.

« Ce sont nos anciennes *épingles*, la *drinkgeld* des Flamands, le *paraguantes* des Espagnols et la *buona mancia* des Italiens. »

GARCE, s. f. Fille ou femme qui recherche volontiers la compagnie des hommes, — surtout quand ils sont riches.

Un mot charmant de notre vieux langage, que l'usage a défloré et couvert de boue. Il n'y a plus aujourd'hui que les paysans qui osent dire d'une jeune fille chaste : « C'est une belle garce. »

GARÇON DE CAMPAGNE, s. m. Voleur de grand chemin.

GARDE-MANGER, s. m. *Water-closet*, — dans l'argot du peuple, moins décent que l'argot anglais, qui ne fait allusion qu'à l'estomac en disant : *Victualling-Office*.

GARDE NATIONAL, s. m. Paquet de couenne, — dans l'argot des faubouriens, irrévérencieux envers l'institution inventée par Lafayette.

GARDER UN CHIEN DE SA CHIENNE A QUELQU'UN, v. a. Se proposer de lui jouer un tour ou de lui rendre un mauvais office, — dans le même argot.

GARDIEN, s. m. Variété de *Sentinelle* ou de *Factionnaire*.

(V. *Insurgé de Romilly*.)

GARE-L'EAU, s. m. « Pot qu'en chambre on demande », — dans l'argot des voleurs.

Ils disent aussi *Reçoit-tout*.

GARGANTUA, s. m. Grand mangeur, — dans l'argot du peuple, qui cependant n'a pas lu Rabelais, et n'a pas assisté aux plantureuses goinfreries de ce fils de Grandgousier.

GARGOINE, s. f. Gorge, gosier, γαργαρεών, —dans l'argot des faubouriens.

Se rincer la gargoine. Boire.

GARGOT, s. m. Petit restaurant où l'on mange à bon marché et mal, — dans l'argot des ouvriers.

On dit aussi *Gargote.*

GARGOTIER, s. m. Mauvais traiteur, au propre; mauvais ouvrier, au figuré.

GARGOTER, v. a. et n. Cuisiner malproprement; travailler sans goût.

GARGOUILLADE, s. f. Borborygmes, — dans l'argot du peuple.

GARGOUILLER, v. n. Avoir des borborygmes.

On dit aussi *Trifouiller.*

GARGUE, s. f. Bouche, — dans l'argot des voleurs.

C'est l'apocope de *Gargoine.*

GARNAFFE, s. f. Ferme, — dans le même argot.

On dit aussi *Garnafle.*

GARNAFFIER, s. m. Fermier; paysan.

GARNI, s. m. Chambre d'hôtel meublé à l'usage des ouvriers et des gens pauvres.

Champfleury a été généreux en accordant à ces nids à punaises, outre le lit en bois peint, « une commode en noyer, un secrétaire en acajou, une pendule en cuivre, des vases de porcelaine peinte avec des bouquets de fleurs artificielles sous verre. » Le véritable garni ne s'appelle ainsi que par antiphrase, — parce qu'il est dégarni des meubles les plus nécessaires et n'a que le lit, et quelquefois la commode, mais jamais d'acajou, jamais de pendule, jamais de vases de porcelaine!

GAS, s. m. Garçon, enfant mâle, — dans l'argot du peuple, qui trouve plus doux de prononcer ainsi que de dire *gars.*

Beau gâs. Homme solide.

Mauvais gâs. Vaurien, homme suspect.

GATEAU FEUILLETÉ, s. m. Bottes qui se délitent, — dans l'argot des faubouriens.

GATE-MÉTIER, s. m. Ouvrier qui met trop de cœur à l'ouvrage; marchand qui vend trop bon marché, — dans l'argot du peuple, qui, s'il le connaissait, citerait volontiers le mot de Talleyrand : « Pas de zèle! Pas de zèle! »

GATER LA TAILLE (Se). « Devenir enceinte », — dans le même argot.

GATE-SAUCE, s. m. Garçon pâtissier, — dans le même argot.

GATEUX, s. m. Journaliste sans esprit, sans style et sans honnêteté, — dans l'argot des gens de lettres, qui n'y vont pas de plume morte avec leurs confrères.

GAU, s. m. Pou, — dans l'argot des voleurs.

Basourdir des gaux. Tuer des poux.

On a écrit autrefois *Goth*; Goth a été pris souvent pour *Allemand*; les Allemands passent pour des gens qui « se peignent avec les quatre doigts et le pouce » : concluez.

GAUDINEUR, s. m. Peintre-décorateur, — dans le même argot.

GAUDISSARD, s. m. Commis voyageur; loustic, — dans l'argot du peuple.

Le type appartient à Balzac, qui en a fait un roman; mais le mot appartient à la langue du XVIe siècle, puisque Montaigne a employé *Gaudisserie* pour signifier Bouffonnerie, plaisanterie.

GAUDRIOLE, s. f. Parole leste, dont une femme a le droit de rougir, — dans l'argot des bourgeois, qui aiment assez à faire rougir les dames par leurs équivoques.

GAUDRIOLEUR, s. et adj. Bourgeois farceur, qui a de l'esprit aux dépens de Piron, qu'il a lu sans le citer, et de la morale, qu'il blesse sans l'avertir.

GAULÉ, s. m. Cidre, — dans l'argot des voleurs et des paysans.

GAULOIS, adj. et s. Homme gaillard en action et surtout en paroles, — dans l'argot du peuple, qui a conservé « l'esprit gaulois » de nos pères, lesquels étaient passablement orduriers.

GAUPE, s. f. Fille d'une con-

duite lamentable, — dans le même argot.

GAVÉ, s. m. Ivrogne, — dans l'argot des voleurs.

Ils disent aussi *Gaviolé*.

GAVER (Se), v. réfl. Manger, — dans l'argot du peuple, qui prend l'homme pour un pigeon.

GAVIOT, s. m. Gorge, gosier, — dans le même argot.

GAVOT, s. m. Rival du *Dévorant*, — dans l'argot du compagnonnage.

GAVROCHE, s. m. Voyou, — dans l'argot des gens de lettres, qui ont lu *les Misérables* de Victor Hugo.

GAZ, s. m. Les yeux, que la passion *allume* si vite, — dans l'argot des faubouriens.

Allumer son gaz. Regarder avec attention.

GAZ, s. m. *Ventris flatus*, — dans l'argot scatologique du peuple.

On dit aussi *Fuite de gaz*.

Lâcher son gaz. Crepitare.

Avoir une fuite de gaz dans l'estomac. Fetidum halitum emittere.

GAZER, v. a. et n. Ne pas dire les choses crûment, — dans l'argot des bourgeois.

GAZON, s. m. Perruque plus ou moins habilement préparée, destinée à orner les crânes affligés de calvitie.

GAZOUILLER, v. n. Parler, — dans l'argot des faubouriens.

GEIGNEUR, s. et adj. Homme qui aime à se plaindre sans avoir de sérieux motifs de plainte, — dans l'argot du peuple, ennemi de ces hommes-femmes-là.

GEINDRE, v. n. Se plaindre, — dans l'argot du peuple, qui sait ce qu'il y a de lamentable dans le ahannement du « mitron ».

GENDARME, s. m. Femme délurée et de grande taille,— dans le même argot.

GENDARMER (Se), v. réfl. S'offenser, — dans le même argot.

Signifie aussi Regimber, résister.

GENDARMES, s. m. pl. Moisissures que le contact de l'air développe à la surface du vin, — dont cela *arrête* ainsi le travail de bonification.

GÊNE, s. f. Pauvreté, — dans l'argot du peuple, dont c'est le vice capital.

GÊNÉ DANS SES ENTOURNURES. Ennuyé, agacé par quelqu'un ou par quelque chose, — dans l'argot des faubouriens, qui aiment les vêtements larges et les « bons enfants ».

GÉNÉRAL MACADAM, s. m. Le public, qui est le Salomon de toutes les *filles*, — dans l'argot ingénieux des yoyous.

Ils disaient *Le général Pavé*, avant l'introduction en France du système d'empierrement des rues dû à l'ingénieur anglais Mac-Adam.

GÊNEUR, s. et adj. Type essentiellement parisien, — comme la punaise. C'est plus que l'importun, plus que l'indiscret, plus que l'ennuyeux, plus que le raseur : c'est — le gêneur.

GÉNISSE, s. f. Femme trop libre, — dans l'argot des faubouriens, qui ont parfois des euphémismes incompréhensibles.

GENOU, s. m. Crâne affligé de calvitie, dans le même argot.

Avoir son genou dans le cou. Être chauve.

GENRE, s. m. Manières; embarras; pose, — dans l'argot du peuple.

Que ça de genre! est son exclamation favorite à propos de choses ou de gens qui « l'épatent ».

GENTLEMAN, s. m. Homme d'une correction de langage et de manières à nulle autre pareille, — dans l'argot des gandins.

On dit aussi *Parfait gentleman*, mais c'est un pléonasme, puisqu'un gentleman qui ne serait pas parfait ne serait pas gentleman.

GERBER, v. a. Condamner, — dans l'argot des voleurs.

Gerber à la passe ou *à conir.* Condamner à mort.

GERBERIE, s. f. Tribunal, Cour d'assises.

GERBIER, s. m. Avocat d'office, — dans l'argot des voleurs, qui, certainement à leur insu, donnent à leur défenseur médiocre porte-toge, le nom d'un très-célèbre avocat au parlement de Paris.

GÉRONTOCRATIE, s. f. Puissance des préjugés, de la routine et des idées caduques, « sous laquelle tout se flétrit en France, » — où les Gérontes sont encore plus nombreux que les Scapins.

L'expression est d'Honoré de Balzac.

GERSE, s. f. Maîtresse, dans l'argot des voyous.

GÉSIER, s. m. Gorge, gosier, — dans l'argot du peuple.

Avoir mal au gésier. Avoir une laryngite ou une bronchite.

GESSEUR, s. m. Homme qui fait des embarras, — dans l'argot des faubouriens.

Signifie aussi Grimacier, excentrique.

Je n'ai pas besoin de dire que l'étymologie de ce mot est *geste*, et que c'est par euphonie qu'on le prononce ainsi que je l'écris.

GESSEUSE, s. f. Femme minaudière, qui fait sa sucrée — et même « sa Sophie ».

GIBELOTTE DE GOUTTIÈRE, s. f. Chat de toits, — dans l'argot du peuple.

GIBERNE, s. f. La partie du corps dont les femmes augmentent encore le volume à grand renfort de jupons et de crinolines.

Ce mot — de l'argot des faubouriens — s'explique par la position que les soldats donnaient autrefois à leur cartouchière.

GIBIER DE CAYENNE, s. m. Voleur, ou meurtrier, — dans l'argot du peuple.

GIFFE ou GIFFLE, s. f. Soufflet, — dans l'argot du peuple, qui se rappelle sans doute que ce mot signifiait autrefois *joue*.

GIFFLER, v. a. Souffleter quelqu'un.

GIGOLETTE, s. f. Jeune fille qui a jeté sa pudeur et son bonnet par-dessus les moulins, et qui fait consister son bonheur à aller jouer des *gigues* dans les bals publics, — surtout les bals de barrière.

Je crois avoir été un des premiers, sinon le premier, à employer ce mot, fort en usage dans le peuple depuis une quinzaine d'années. J'en ai dit ailleurs : La gigolette est une adolescente, une muliéricule. Elle tient le milieu entre la grisette et la gandine, — moitié ouvrière et moitié fille. Ignorante comme une carpe, elle n'est pas fâchée de pouvoir babiller tout à son aise avec le gigolo, tout aussi ignorant qu'elle, sans redouter ses sourires et ses leçons. (V. *les Cythères parisiennes.*)

GIGOLO, s. m. Mâle de la gigolette. C'est un adolescent, un petit homme. Il

11

tient le milieu entre Chérubin et don Juan, — moitié nigaud et moitié greluchon. Type tout à fait moderne, que je laisse à d'autres observateurs le soin d'observer plus en détail.

GIGOTER, v. n. Remuer les *gigues*; danser, — dans l'argot du peuple.

GIGOTS, s. m. Cuisses de l'homme, — dans l'argot des faubouriens, toujours contempteurs de l'humanité.

GIGUE, s. f. Femme maigre et d'une taille élevée, — dans le même argot.

On dit aussi *Grande gigue*.

GIGUES, s. f. pl. Jambes,— dans l'argot du peuple.

On disait autrefois *gigoteaux*.

GILMON, s. m. Gilet, — dans l'argot des voleurs.

On dit aussi *Georget*.

GINGIN, s. m. L'endroit « consacré par la jurisprudence du Palais-Royal, » où le coup de pied des anciens tréteaux est toujours en honneur.

GINGINER, v. n. Faire des effets de crinoline en marchant, — dans l'argot des faubouriens.

GIRAFE, s. f. Escalier en spirale, — dans l'argot des écoles de natation.

GIRIES, s. f. pl. Fausse modestie, refus des lèvres et non du cœur, — dans l'argot du peuple, qui a horreur de l'hypocrisie.

Faire des giries. Faire semblant de pleurer quand on n'en a pas envie; refuser ce qu'on meurt d'envie d'accepter.

Faiseuse de giries. Fausse Agnès, fausse prude, — et vraie femme.

GIROFLÉE A CINQ FEUILLES, s. f. Soufflet, — dans l'argot des faubouriens, qui savent très-bien le nombre des feuilles du *cheiranthus*, et encore mieux celui des doigts de leur main droite.

On dit aussi *giroflée à plusieurs feuilles*, — autre ravenelle qui pousse sur les visages.

GIROFLÉTER, v. a. Souffleter.

Ce verbe a été créé par Balzac.

GIROLLE, adv. Soit, — dans l'argot des voleurs.

GIRON, s. m. La partie du corps comprise entre la ceinture et les genoux d'une femme assise, — dans l'argot du peuple, qui a conservé précieusement ce mot, en souvenir de ce qu'il représente pour lui, fils reconnaissant.

GIRONDE, adj. f. Se dit de toute fille ou femme agréable, plaisante à voir et à avoir, — dans l'argot des voleurs, parmi lesquels il y a des Bordelais.

On dit aussi *Girofle*.

GIRONDINE, adj. Femme plus jeune et plus gentille que celle qui n'est que gironde.

GIROUETTE, s. f. Homme sans conscience et sans moralité, mais non sans habileté et sans esprit, qui tourne à tous les vents sociaux et politiques : royaliste avec les Bourbons, républicain avec la République, napoléonien avec l'Empire, mouton avec les gens qui bêlent, dogue avec les gens qui mordent, roquet avec les gens qui aboient, enclume avec le peuple et marteau avec le Pouvoir.

GÎTER, v. n. Habiter, demeurer, — dans l'argot du peuple.

GIVERNER, v. n. Passer la nuit à vagabonder, — dans l'argot des cochers de fiacre.

GIVERNEUR, s. m. Vagabond, rôdeur de nuit.

GLACIS, s. m. Verre, — dans l'argot des voleurs, qui parlent anglais (glass) sans le savoir.
Un glacis de lance. Un verre d'eau.

GLACIS, s. m. Ton reluisant, — dans l'argot des artistes.
Se poser un glacis. Boire, — ce qui amène la transpiration sur le visage et le fait reluire.

GLAÇON, s. m. Homme d'un abord un peu raide, — dans l'argot du peuple, que la distinction effarouche.

GLAIVE, s. m. Couteau à découper, — dans l'argot des francs-maçons.

GLAS, s. m. Homme ennuyeux, qui répète toujours la même chose, — comme la cloche qui sonne la mort de quelqu'un.

GLAUDE, s. m. Innocent, et même niais, — dans l'argot du peuple, qui depuis longtemps s'amuse à donner à certains noms propres un sens injurieux. Évidemment le Glaude d'ici est un Claude, comme Colas est un Nicolas, et Miché peut-être un Michel.

GLAVIOT, s. m. Mucosité expectorée, — dans l'argot des faubouriens.

GLAVIOTTER, v. n. Cracher fréquemment et malproprement.

GLAVIOTTEUR, s. m. Homme qui crache fréquemment et abondamment.

GLIER, s. m. Le Diable, — dans l'argot des voleurs.
C'est une syncope de sanglier probablement.
Le Glier t'enrôle en son pasclin! Le Diable t'emporte en enfer (son pays)!

GLISSANT, s. m. Savon, — dans le même argot.

GLISSER, v. n. Mourir, — dans l'argot des faubouriens.

GLORIA, s. m. Tasse de café noir avec un petit verre d'eau-de-vie, — dans l'argot des limonadiers, qui ont consacré cette expression sur les carreaux de leurs boutiques.

GLOUSSER, v. n. Parler, — dans l'argot des faubouriens.

GLUANT, s. m. C'est — dans le même argot — un enfant à la mamelle que le lait qu'il tète et qu'il laisse baver sur lui rend tout poisseux et désagréable à toucher pour quiconque n'est ni son père ni sa mère.

GNANGNAN, adj. des 2 g. Mou, paresseux, sans courage, — dans le même argot.

GNIAF, s. m. Ouvrier, — dans l'argot des cordonniers. Savetier, — dans l'argot des ouvriers.

GNIAFFER, v. a. Travailler mal; faire une chose sans soin, sans goût, comme un savetier.

GNOGNOTE, s. f. Marchandise sans valeur; chose sans importance, — dans l'argot du peuple.

Balzac a employé aussi ce mot à propos des personnes, — et dans un sens péjoratif, naturellement.

GNOLLE, adj. des 2 g. Paresseux; niais, — dans l'argot des faubouriens.

Quelques lexicographes du ruisseau veulent que l'on écrive et prononce *gniole*.

GNON, s. m. Meurtrissure que reçoit une toupie ou un sabot, — dans l'argot des enfants; et, par extension, blessure que se font les hommes en se battant.

S'emploie aussi au figuré.

Go (De, ou Tout de), adv. Librement, sans façon, sans obstacle, — dans l'argot du peuple.

GOBELOTTER, v. n. Aller de cabaret en cabaret, — dans le même argot.

GOBELOTTEUR, s. m. Ami des franches lippées et des plantureuses réfections.

GOBE-MOUCHERIE, s. f. La franc-maçonnerie, — dans l'argot des voleurs.

GOBE-MOUCHES, s. m. Imbécile, homme qui bée au vent au lieu de regarder à ses côtés, où se trouve parfois un pick-pocket.

GOBER, v. a. Avoir de la sympathie pour quelqu'un, ressentir de l'enthousiasme pour certaines idées, — dans l'argot des faubouriens.

Éprouver un sentiment subit de tendresse pour un homme, — dans l'argot des petites dames.

GOBER (La), v. n. Accepter pour vraie une chose fausse, et, par extension, Mourir.

GOBERGER (Se), v. réfl. Se complaire dans un endroit, dans un bon fauteuil, auprès d'un bon feu ou d'une bonne table.

GOBER SON BŒUF, v. a. Être furieux d'une chose ou contre quelqu'un, — dans l'argot des ouvriers.

GOBE-SON, s. m. Calice, — dans l'argot des voleurs.

GOBET, s. m. Polisson; ouvrier qui se débauche, — dans l'argot du peuple.

Mauvais gobet. Méchant drôle.

GOBICHONNADE, s. f. Ripaille, — dans le même argot.

GOBICHONNER, v. n. Courir les cabarets; faire le lundi toute la semaine.

GOBICHONNEUR, s. m. Ami des franches lippées.

GODAILLER, v. n. Courir les cabarets, — dans l'argot du peuple, qui rappelle ainsi, sans le vouloir, l'occupation de Paris par les Anglais, amateurs de *good ale.*

GODAILLEUR, s. m. Ivrogne, pilier de cabaret.

GODAN, s. m. Rubrique, mensonge, supercherie, — dans l'argot des faubouriens.

Connaître le godan. Savoir de quoi il s'agit; ne pas se laisser prendre à un mensonge.

Tomber dans le godan. Se laisser duper; tomber dans un piége.

GODANCER, v. n. Croire à un mensonge; tomber dans un piége, — dans un *godan.*

GODDAM, s. m. Anglais, — dans l'argot du peuple, qui a trouvé moyen de désigner toute une nation par son juron favori.

GODELUREAU, s. m. Jeune homme qui fait l'agréable auprès des « dames », — dans l'argot des bourgeois, qui n'aiment pas les Lovelaces.

GODET, s. m. Verre à boire, — dans l'argot des ouvriers.

GODICHE, adj. et s. Niais, ou seulement timide, — dans l'argot du peuple.

On dit aussi *Godichon.*

GODILLER, v. n. Se réjouir, être content, — dans l'argot des faubouriens.

Lorédan Larchey donne un autre sens à ce verbe, qui alors serait mieux à sa place dans un dictionnaire érotique.

GODINETTE, s. f. Grisette, maîtresse, — dans l'argot des ouvriers.

Baiser en godinette. « Baiser sur la bouche en pinçant les joues de la personne, » — sans doute comme baisent les grisettes des romans de Paul de Kock.

GOGAILLE, s. f. Repas joyeux et plantureux, — dans l'argot du peuple.

GOGO, s. m. Homme crédule, destiné à prendre des actions dans toutes les entreprises industrielles, même et surtout dans les plus véreuses, — chemins de fer de Paris à la lune, mines de café au lait, de charbon de bois, de cassonade, enfin de toutes les créations les plus fantastiques sorties du cerveau de Mercadet ou de Robert-Macaire.

A propos de ce mot encore, les étymologistes bien intentionnés sont partis à fond de train vers le passé et se sont égarés en route, — parce qu'ils tournaient le dos au poteau indicateur de la bonne voie. L'un veut que *gogo* vienne de *gogue*, expression du moyen âge qui signifie raillerie; l'autre trouve *gogo* dans François Villon et n'hésite pas un seul instant à lui donner le sens qu'il a aujourd'hui. Pourquoi, au lieu d'aller si loin si inutilement, ne se sont-ils pas baissés pour ramasser une expression qui traîne depuis longtemps dans la langue du peuple, et qui leur eût expliqué à merveille la crédulité des gens à qui l'on promet qu'ils auront tout *à gogo*?

Ce mot « du moyen âge » date de 1830-1835.

Gogo (A), adv. A profusion, en abondance, — dans l'argot du peuple.

Gogotte, adj. Faible, mou, sans caractère, — dans l'argot des faubouriens.

Avoir la vue gogotte. Avoir de mauvais yeux, n'y pas voir clair, ou ne pas voir de loin.

Être gogotte. Être un peu niais; faire l'enfant.

Goguenot, s. m. Vase de ferblanc de la contenance d'un litre, — dans l'argot des troupiers d'Afrique, qui s'en servent comme casserole et comme gobelet.

Goguenot, s. m. Baquet-latrine, — dans l'argot des prisons et des casernes,

On dit aussi *Goguenenaux*.

Goguette, s. f. Société chantante, — dans l'argot du peuple, qui, lui aussi, a son Caveau.

Goguette, s. f. Chanson joyeuse.

Être en goguette. Être de bonne humeur, grâce à des libations réitérées.

Goguettier, s. m. Chanteur de goguettes; membre d'une société chantante.

Goinfrade, s. f. Repas copieux, — dans l'argot du peuple.

Goinfre, s. m. Chantre, — dans l'argot des voleurs.

Goinfrer (Se), v. réfl. Boire et manger avec excès, — comme font les gens qui ne mangent pas tous les jours.

Goitreux, s. m. Aménité, de l'argot des gens de lettres, qui se croient autorisés à l'adresser à leurs rivaux, — qu'ils appellent aussi *crétins*, pour varier leurs injures.

Golgother, v. n. Poser en martyr; se donner des airs de victime; faire croire à un Calvaire, à un Golgotha imaginaire.

Ce verbe appartient à Alexandre Pothey, graveur et chansonnier — sur bois.

Gomberger, v. a. Compter, — dans l'argot des prisons.

Gonce, s. m. Homme quelconque du bois dont on fait les dupes, — dans l'argot des voleurs, qui ont remarqué que les bourgeois se parfumaient (*concio*).

On dit aussi *Goncier*.

GONZESSE, s. f. Femme en général, et, en particulier, Maîtresse, concubine.

GORET, s. m. Premier ouvrier, — dans l'argot des cordonniers.

GORGE, s. f. Étui, — dans l'argot des voleurs.

GORGNIAT, s. m. Homme malpropre, *cochon*, — dans l'argot du peuple, qui emploie cette expression au propre et au figuré.

GOSSE, s. f. Menterie, conte à dormir debout, — dans l'argot des faubouriens, qui se *gaussent* volontiers du monde.

Conter des gosses. Mentir.

Monter une gosse. Faire une farce.

GOSSE, s. m. Apprenti, — dans l'argot des typographes. Ils disent aussi *Attrape-science* et *Môme*.

GOSSELIN, s. m. Nouveau-né, — dans l'argot des voleurs.

GOSSEMARD, s. m. Gamin, — dans l'argot des faubouriens.

On dit aussi *Goussemard*.

GOTEUR, s. m. Débauché, libertin, — dans l'argot des voleurs.

GOTHON, s. f. Cuisinière malpropre, — dans l'argot du peuple. Coureuse, — dans l'argot des bourgeois.

GOUALANTE, s. f. Chanson, — dans l'argot des voleurs.

GOUALER, v. a. et n. Chanter.

On dit aussi *Galouser*.

GOUALEUR, s. m. Chanteur des rues.

Goualeuse. Chanteuse.

GOUAPE, s. f. Vagabondage, — dans le même argot.

GOUAPE, s. f. Fainéant, — dans l'argot du peuple; filou, — dans l'argot des faubouriens; faiseur de poufs, — dans l'argot des cabaretiers.

On dit aussi *Gouapeur*. Cependant *gouape* a quelque chose de plus méprisant.

GOUGE, s. f. Fille ou femme qui vend l'amour au lieu de le donner, — dans l'argot du peuple, qui a déshonoré là un des plus vieux et des plus charmants mots de notre langue. *Gouge*, comme *garce*, n'avait pas à l'origine la signification honteuse qu'il a aujourd'hui; cela voulait dire jeune fille ou jeune femme. « En son aage virile espousa Gargamelle, fille du roy des Parpaillos, belle gouge », dit Rabelais.

GOUGNOTTE, s. f. « Femme ou fille qui abuse des personnes de son sexe, — d'où le verbe *gougnotter*, » — dit Lorédan Larchey, d'après M. Francisque Michel.

GOUILLE (A la). A la volée, — dans l'argot des enfants, quand ils jouent à jeter des billes.

Envoyer à la gouille. Renvoyer quelqu'un qui importune, — dans l'argot des faubouriens.

GOUILLOU, s. m. Gamin, *voyou,* — avec cette différence que le premier est le père du second, comme la *lorette* est la mère de la *boule-rouge.*

GOUINE, s. f. Coureuse, — dans l'argot du peuple, qui a un arsenal d'injures à sa disposition pour foudroyer les drôlesses, ses filles.

GOUJAT, s. m. Homme mal élevé, — dans l'argot des bourgeoises.

GOUJON, s. m. Homme facile à duper, — dans l'argot des filles, qui ont pour hameçon leurs sourires et leurs regards; ainsi que dans l'argot des *faiseurs,* qui ont pour hameçon des dividendes invraisemblables.

GOUJONNER, v. a. Tromper, duper quelqu'un.

On disait autrefois *Faire avaler le goujon.*

GOULE, s. f. La gorge, le gosier, — dans l'argot du peuple, qui parle latin sans le savoir *(gula).*

GOULÉE, s. f. Bouchée de viande ou cuillerée de soupe.

GOULIAFFE, s. m. Gourmand, ou plutôt goinfre.

Le mot est vieux, puisqu'on le trouve dans la langue romane.

On dit aussi *Gouillafre,* ou *gouillaffe.*

GOULOT, s. m. Bouche, gosier, — dans l'argot des faubouriens.

Trouillotter du goulot. Fetidum halitum habere.

GOULU, s. m. Poêle, — dans l'argot des voleurs.

Se dit aussi d'un Puits.

GOUPINER, v. a. Voler, — dans le même argot.

Goupiner les poivriers. Dévaliser les ivrognes endormis sur la voie publique.

GOUPLINE, s. f. Litre, — dans le même argot.

GOUR, s. m. Pot, — dans le même argot.

GOURD, DE, adj. Engourdi par le froid, — dans l'argot du peuple qui emploie spécialement ce mot à propos des doigts ou des mains.

GOURDEMENT, adv. Beaucoup, — dans l'argot des voyous.

GOURDIN, s. m. Gros bâton, — dans l'argot du peuple, qui pour le manœuvrer ne doit pas avoir les mains *gourdes.*

GOURDINER, v. a. Bâtonner quelqu'un.

GOURGANDINE, s. f. Fille ou femme qui court plus que ses jambes et la morale ne le lui permettent, et qui, en courant ainsi, s'expose à faire une infinité de faux pas.

GOURGANDINER, v. n. Mener une vie libertine.

GOURGANES, s. f. pl. Lentilles ou haricots, — dans l'argot des prisons et des ateliers, où les hommes sont nourris comme des bestiaux.

Gourganes des prés. Celles qui constituent la nourriture des forçats.

GOURGOUSSAGE, s. m. Murmure de mécontentement ou de colère, — dans l'argot des typographes.

GOURGOUSSER, v. n. Murmurer.

GOURME, s. f. La fougue de la jeunesse, — dans l'argot du peuple, qui sait que cet *impetigo* finit toujours par disparaître avec les années, — malheureusement !

Jeter sa gourme. Vivre follement, en casse-cou, sans souci des périls, des maladies et de la mort.

GOURRER, v. a. Tromper, duper, — dans l'argot des voleurs, qui se sont appropriés là un verbe du langage des honnêtes gens.

GOURREUR, s. m. Trompeur.

GOUSPIN, s. m. Voyou, jeune apprenti voleur, — dans l'argot des faubouriens, qui se servent de cette expression depuis longtemps.

GOUSPINER, v. n. Vagabonder au lieu de travailler.

GOUSSET, s. m. Aisselle, — dans l'argot du peuple.

Sentir du gousset. Puer.

[« Μασχάλη, *axilla*, aisselle, sale odeur, »] dit M. Romain Cornut, expurgateur de Lancelot et continuateur de Port-Royal.

GOUTER, v. n. Plaire, faire plaisir, — dans le même argot.

GOUTTE, adv. Peu ou point, — dans le même argot.

N'y voir goutte. N'y pas voir du tout.

On dit aussi *N'y entendre goutte.*

GOUTTE, s. f. Petit verre d'eau-de-vie, — dans l'argot des ouvriers et des soldats.

Marchand de goutte. Liquoriste.

GOUVERNEMENT, s. m. Épée d'ordonnance, — dans l'argot des Polytechniciens, qui distinguent entre les armes que leur fournit le gouvernement et celles qu'ils se choisissent eux-mêmes.

(V. *Spickel.*)

GRABUGE, s. m. Trouble, vacarme, — dans l'argot du peuple.

GRAILLON, s. f. Servante malpropre, cuisinière peu appétissante, — dans l'argot des ouvriers.

On dit aussi *Marie-Graillon.*

GRAILLONNER, v. n. Cracher fréquemment, — dans l'argot du peuple.

GRAILLONNER, v. n. S'entretenir à haute voix, d'une fenêtre ou d'une cour à l'autre, — dans l'argot des prisons.

Graillonneur, s. m. Homme qui crache à chaque instant.

Graillonneuse, s. f. Femme qui vient laver son linge au bateau sans être du métier, — dans l'argot des blanchisseuses.

Grain, s. m. Pièce de cinquante centimes, — dans l'argot des voleurs.

Grain (Avoir un), v. a. Être un peu fou, ou seulement maniaque, — dans l'argot du peuple.

Graine d'attrape, s. f. Mensonge, moquerie, tromperie.

Graine de chou colossal, s. f. Amorce pour duper les simples, — dans l'argot du peuple, qui a gardé souvenir des réclames faites il y a vingt ans par un industriel possesseur d'une variété de *brassica oleracea* fantastique, « servant à la fois à la nourriture des hommes et des bestiaux, et donnant un ombrage agréable pendant l'été. »

Graine d'épinards, s. f. Épaulettes des officiers supérieurs, — dans l'argot des troupiers, dont ce légume est le *desideratum* permanent.

Porter la graine d'épinards. Avoir des épaulettes d'officier supérieur.

Graisse, s. m. Variété de voleur dont Vidocq donne le signalement et l'industrie. (P. 193.)

Graisse, s. f. Argent, — dans l'argot du peuple, qui sait que c'est avec cela qu'on enduit les consciences pour les empêcher de crier lorsqu'elles tournent sur leurs gonds.

Graisser, v. a. Gratter,— dans l'argot des voleurs.

Graisser la patte, v. a. C'est — dans l'argot du peuple — acheter la discrétion de quelqu'un, principalement des inférieurs, employés, concierges ou valets.

On dit aussi *graisser le marteau*, — mais plus spécialement en parlant des concierges.

Graisser les bottes, v. a. Donner des coups à quelqu'un, — dans l'argot des faubouriens.

Signifie aussi Faire des compliments à quelqu'un, le combler d'aise en flattant sa vanité.

Graisser ses bottes, v a. Recevoir l'extrême-onction, être en état de faire le grand voyage d'où l'on ne revient jamais.

Grand arroseur, s. f. Dieu, — dans l'argot du peuple, qui devrait pourtant savoir (depuis le temps !) comment se forment les nuages et la pluie.

Grand court-bouillon, s. m. La mer,—dans l'argot des voyous.

On dit aussi la Grande tasse, — où tant de gens qui n'avaient pas soif ont bu leur dernier coup.

GRANDE BOUTIQUE, s. f. La préfecture de police, — dans l'argot des voleurs, qui voudraient bien dévaliser celle-là de ses sommiers judiciaires.

GRAND LUMIGNON, s. m. Le soleil, — dans l'argot des voyous.

GRAND TOUR, s. m. Résultat de la fonction du plexus mésentérique, — dans l'argot des enfants et des grandes personnes timides.

GRAND TURC, s. m. Personnage imaginaire qui intervient fréquemment dans l'argot des bourgeois.

S'en soucier comme du Grand Turc. Ne pas s'en soucier du tout.

Travailler pour le Grand Turc. Travailler sans profit.

Ce Grand Turc est un peu parent du roi de Prusse, auquel il est fait allusion si souvent.

GRAS, adj. Gaillard, grivois, — dans l'argot des bourgeois.

Parler gras. Dire des choses destinées à effaroucher les oreilles.

GRAS, s. m. Profit, — dans l'argot des faubouriens.

Il y a gras. Il y a de l'argent à gagner.

Il n'y a pas gras. Il n'y a rien à faire là dedans.

GRAS A LARD, s. et adj. Homme chargé d'embonpoint, — dans l'argot du peuple.

GRAS-DOUBLE, s. m. Plomb volé et roulé, — par allusion à la ressemblance qu'il offre ainsi avec les tripes qu'on voit à la devanture des marchands d'abats.

GRAS-DOUBLIER, s. m. Plombier, — dans l'argot des voleurs.

GRATOU, s. m. Rasoir, — dans le même argot.

GRATOUILLE, s. f. Gale, — dans le même argot.

GRATOUSE, s. f. Dentelle, — dans le même argot.

GRATTE, s. f. Dîme illicite prélevée sur une étoffe, — dans l'argot des couturières, qui en prélèvent tant et si fréquemment qu'elles arrivent à s'habiller de soie toute l'année sans dépenser un sou pour cela. C'est un vol non puni, mais très-punissable.

Les tailleurs ont le même mot pour désigner la même chose, — car eux aussi ont la conscience large.

GRATTE-CUL, s. m. Femme qui a été jolie comme une rose et n'a rien conservé de sa fraîcheur et de son parfum, — dans l'argot du peuple, qui ne sait pas que

Si la jeunesse est une fleur,
Le souvenir en est l'odeur.

GRATTER, v. n. et a. Prélever un morceau plus ou moins considérable sur une pièce d'étoffe, — de façon à pouvoir trouver un gilet dans une redingote et un tablier dans une robe.

GRATTOIR, s. m. Rasoir,— dans l'argot du peuple.

Se passer au grattoir. Se raser.

GRAVEUR SUR CUIR, s. m. Cordonnier, — dans l'argot des faubouriens, qui prennent le tranchet pour un burin.

GREC, s. m. Filou, homme qui triche au jeu, — dans l'argot des ennemis des Hellènes.

GRÉER (Se), v. réfl. S'habiller, — dans l'argot des ouvriers qui ont servi dans l'infanterie de marine.

GREFFIER, s. m. Chat, — dans l'argot des faubouriens, qui n'aiment pas les gens à robe noire, et emploient à dessein ce mot à double compartiment où l'on sent la griffe.

GRÊLE, s. f. Petite vérole, — dans l'argot du peuple.

On dit d'un homme dont le visage porte des traces de virus variolique : *Il a grêlé sur lui.*

GRÊLE, s. m. Patron, maître, — dans l'argot des tailleurs.

La grêle d'en haut. Dieu.

Grêlesse. Patronne.

GRELOT, s. m. La voix humaine, — dans l'argot des faubouriens.

Faire entendre son grelot. Parler.

GRELU, s. m. Blé, — dans l'argot des voleurs, qui font sans doute allusion à la gracilité de cette graminée.

GRELUCHON, s. m. Amant de cœur, — dans l'argot des gens de lettres qui ont lu *le Colporteur* de Chevrier, et connaissent un peu les mœurs parisiennes du XVIIIe siècle.

GRELUCHONNER, v. n. Se conduire en greluchon, comme se conduisent beaucoup de jeunes gens à qui leur famille a coupé les vivres, et qui font de petits articles de petite littérature dans de petits journaux.

GRENADIER, s. m. *Pediculus,*—dans l'argot des enfants, dont les mères assurent que c'est « la santé, » et qui tous pourraient servir de modèles au fameux tableau de Murillo.

GRENAFE, s. f. Grange, — dans l'argot des voleurs.

GRENIER A COUPS DE POING, s. m. Femme d'ivrogne, — dans l'argot du peuple.

GRENIER A COUPS DE SABRE, s. m. Fille à soldats, — dans le même argot.

GRENIER A LENTILLES, s. m. Homme dont le visage est marqué de la petite vérole,— dans le même argot.

GRENOUILLARD, s. m. Buveur d'eau, — dans le même argot.

GRENOUILLE, s. f. Prêt de la compagnie, — dans l'argot des troupiers.

Manger la grenouille. Dissiper le prêt de la compagnie.

S'emploie aussi, dans l'argot du peuple, pour signifier : Dépenser l'argent d'une société, en dissiper la caisse.

GRENOUILLE, s. f. Femme, — dans l'argot des faubouriens, qui emploient cette expression injurieuse, probablement à cause du ramage assourdissant que font les femmes en échangeant des caquets.

GRENOUILLER, v. n. Boire de l'eau.

GRÈVE, s. f. Cessation de travail, — dans l'argot des ouvriers, qui avaient, il y a quelques années encore, l'habitude de se réunir sur la place de l'Hôtel-de-Ville.

Faire grève. Cesser de travailler et se réunir pour se concerter sur les moyens d'augmenter le salaire.

On dit aussi *se mettre en grève.*

GRIBLAGE, s. m. Plainte; cri; reproche, — dans l'argot des voleurs.

Ils disent aussi *Gourpline.*

GRIBOUILLAGE, s. m. Écriture mal formée; dessin confus, incohérent, — dans l'argot du peuple.

On dit aussi *Gribouillis.*

GRIBOUILLER, v. a. et n. Écrire, dessiner incorrectement, illisiblement.

GRIBOUILLETTE, s. f. Objet quelconque lancé au milieu d'enfants, — dans l'argot des écoliers, qui se bousculent alors pour s'en emparer. Cela constitue un jeu.

Jeter une chose à la gribouillette. La lancer un peu au hasard, — dans l'argot du peuple.

GRIE, adj. Froid, — dans l'argot des voleurs.

Grielle. Froide.

GRIFFER, v. a. Saisir, prendre, dérober, — dans l'argot du peuple.

On dit aussi *Agriffer.*

GRIGNON, s. m. Morceau, de pain spécialement, — dans le même argot.

GRIGNOTTER, v. n. Faire de maigres profits, et surtout des profits illicites, — dans le même argot.

GRIGOU, s. m. Avare, homme qui vit sordidement, — dans le même argot.

GRILLER UNE (En), v. a. Fumer une pipe ou une cigarette, — dans l'argot des artistes et des lorettes.

GRILLEUSE DE BLANC, s. f. Repasseuse, — dans l'argot des faubouriens, qui savent, par expérience personnelle, que les blanchisseuses roussissent souvent les chemises en les repassant avec un fer trop chaud.

GRIME, s. m. Rôle de vieux, — dans l'argot des coulisses.

GRIMOIRE, s. m. Le Code pénal, — dans l'argot des voleurs.

Grimoire mouchique. Les sommiers judiciaires.

GRINCHE, s. m. Voleur.

On dit aussi *Grinchisseur*.

GRINCHEUX, s. et adj. Homme difficile à vivre, — dans l'argot du peuple et des gens de lettres.

GRINCHIR, v. a. Voler quelque chose.

On dit aussi *Grincher*.

Grinchir à la cire. Voler des couverts d'argent par un procédé que décrit Vidocq (p. 205).

GRINCHISSAGE, s. m. Vol. (V. Vidocq, p. 205-220, pour les nombreuses variétés de grinchissages : *à la limonade, à la desserte, au voisin, aux deux lourdes,* etc.)

GRINCHISSEUR A LA CHICANE, s. m. Voleur adroit, qui travaille sans compère.

GRINGALET, s. m. Gamin, homme d'apparence chétive, — dans l'argot des faubouriens.

GRINGUENAUDES, s. f. pl. Ordures des environs du *podex,*—dans l'argot du peuple, qui sent souvent le faguenat à cause de cela.

GRIPPE s. f. Caprice, mauvaise humeur contre quelqu'un, — dans l'argot des bourgeois.

Avoir en grippe. Ne pas pouvoir sentir quelqu'un ou quelque chose.

Prendre en grippe. Avoir de l'aversion pour quelqu'un ou quelque chose.

GRIPPER, v. a. Chiper, et même voler, — dans l'argot du peuple.

GRIPPE-JÉSUS, s. m. Gendarme, — dans l'argot des voleurs.

GRIPPE-SOUS, s. m. Usurier, avare.

GRIS, adj. Cher, précieux, — dans l'argot des voleurs.

Grise. Chère, aimable.

GRISAILLE, s. f. Sœur de charité, — dans l'argot des faubouriens, qui savent qu'on appelle ces saintes filles des *sœurs grises.*

GRISE, s. f. Chose extraordinaire et désagréable,—dans l'argot du peuple.

En voir de grises. Peiner, pâtir.

En faire voir de grises. Jouer des tours désagréables à quelqu'un.

GRISERIE, s. f. Ivresse légère, — dans l'argot des bourgeois.

GRIS JUSQU'A LA TROISIÈME CAPUCINE (Être). Être en complet état d'ivresse, *à en déborder,* — dans l'argot des troupiers, qui savent que la troisième capucine est près de la *bouche* du fusil.

GRISOTTER (Se), v. réfl. Se griser légèrement, honnêtement pour ainsi dire, — dans l'argot des bourgeois, ennemis des excès parce qu'amis de la vie.

GRIVE, s. f. La garde, — dans l'argot des voleurs, qui se rappellent peut-être que les soldats s'appelaient autrefois des *grivois*.

Corps de grives. Corps de garde.

Harnais de grive. Uniforme.

GRIVOIS, s. m. Libertin, — dans l'argot du peuple.

GROGNARD, s. m. Homme chagrin, mécontent, qui gronde sans cesse, — dans le même argot.

L'expression (qui vient de *grundire*, grogner) ne date pas de l'Empire, comme on serait tenté de le croire : elle se trouve dans le Dictionnaire de Richelet, édition de 1709.

On dit aussi *Grognon*.

GROGNE, s. f. Mauvaise humeur, chagrin.

GROGNER, v. n. Se plaindre ; gronder sans raison.

GROLLER, v. n. Murmurer d'une façon désagréable ; gronder, faire un bruit semblable à celui que fait en criant le freux, ou plutôt la *grolle*, une corneille.

Signifie aussi Remuer des tiroirs, ouvrir et fermer des portes, — et alors c'est un verbe actif.

GROS, adv. Beaucoup, — dans l'argot du peuple.

Coucher gros. Dire quelque chose d'énorme.

Gagner gros. Avoir de grands bénéfices.

Il y a gros à parier. Il y a de nombreuses chances pour que...

Tout en gros. Seulement.

GROS LOT, s. m. Mal de Naples, — dans le même argot.

GROS PAPA, s. m. Homme bon enfant, rond de caractère comme de ventre, ayant ou non des enfants, — dans le même argot.

On dit aussi *Gros père*.

GROSSE CAVALERIE, s. f. Cureurs d'égout, — dans l'argot des faubouriens, qui font allusion aux grosses bottes de ces ouvriers troglodytes.

GROSSIER COMME DU PAIN D'ORGE, adj. Extrêmement brutal, — dans l'argot des bourgeois, amis du pain blanc et des discours amènes.

GROUCHY, s. m. Article qui arrive trop tard à l'imprimerie, — dans l'argot des journalistes.

L'expression est d'H. de Balzac.

On dit aussi *Rappel de Waterloo*.

GROUILLER, v. n. Remuer, s'agiter, — dans l'argot du peuple.

GROUILLIS-GROUILLOT, s. m. Foule de gens ou d'animaux, — par allusion à leurs mouvements vermiculaires.

Ce mot, du même argot que le précédent, fait image et mérite d'être conservé, malgré sa trivialité.

GROUIN, s. m. Visage, —

dans l'argot des faubouriens, qui n'ont pas le moindre respect pour le « miroir de l'âme ».

Grue, s. f. Femme entretenue, que la Nature a douée d'autant de bêtise que de beauté, et qui abuse de celle-ci pour faire accepter celle-là.

C'est un mot du XVIIIe siècle, qui avait fait le plongeon comme tant d'autres, et qui vient de reparaître il y a quelques années. J'ai trouvé *drue*, avec le même sens, dans *la Précaution inutile*, du Théâtre-Italien.

Gruerie, s. f. Bêtise rare, comme il en sort tant de tant de jolies bouches.

Gruger, v. a. Manger le bien de quelqu'un, — dans l'argot du peuple.

Grugeur, s. m. Parasite, faux ami qui vous aide à vous ruiner, comme si on avait besoin d'être aidé dans cette agréable besogne.

Guano, s. m. Fèces, non pas des phénicoptères des mers du Sud, mais de l'homme, — dans l'argot des faubouriens, qui aiment les facéties grasses et remuent volontiers la lie de l'esprit pour en dégager les parfums nauséabonds au nez des autres et même à leur propre nez.

Guelte, s. f. Bénéfice (*geld*) qu'on abandonne aux commis d'un magasin qui sont parvenus à vendre un objet jugé invendable. Grâce

à la faconde des Gaudissards modernes, il est rare qu'un *rossignol* reste sur les rayons, et leur guelte s'en accroît d'autant.

Guenillon, s. m. Fille ou femme mal habillée, — dans l'argot des bourgeoises, qui ne tolèrent pas les infractions à la mode.

Guenon, s. f. Femme laide ou corrompue, — dans l'argot du peuple.

C'est la *trot* des Anglais.

On dit aussi *Guenippe* et *Guenuche*.

Guérets, s. m. pl. Les blés mûrs, — dans l'argot des Académiciens.

Guérite, s. f. Chapelle, — dans l'argot des marbriers de cimetière, qui s'y réfugient au moment des averses.

Guette, s. f. Gardien, — dans l'argot du peuple, qui dit cela à propos des chiens.

Bonne guette. Chien qui aboie quand il faut, pour avertir son maître.

Être de guette. Aboyer aux voleurs, ou aux étrangers.

Gueulard, s m. Gourmand, — dans le même argot.

Signifie aussi Homme qui parle trop haut, ou qui gronde toujours à propos de rien.

Gueulard, s. m. Poêle, — dans l'argot des voleurs.

Signifie aussi Bissac.

Gueularde, s. f. Poche, — dans le même argot.

Gueulardise, s. f. Gourmandise, — dans l'argot du peuple.

Gueule, s. f. Visage.

Bonne gueule. Visage sympathique.

Casser la gueule à quelqu'un. Lui donner des coups de poing en pleine figure.

Gueule, s. f. Appétit énorme ; voix stentoréenne.

Être porté sur sa gueule. Aimer les bons repas et les plantureuses ripailles.

Donner un bon coup de gueule. Manger avec appétit ; crier d'une voix sonore.

Gueule, s. f. Bouche.

Bonne gueule. Bouche fraîche, saine, garnie de toutes ses dents.

Gueule de bois, s. f. Ivresse, — dans l'argot des faubouriens, qui ont voulu exprimer son résultat le plus ordinaire.

Se sculpter une gueule de bois. Commencer à se griser.

Gueule d'empeigne, s. f. Homme qui a une voix de Stentor, ou qui mange très-chaud ou très-épicé.

Avoir une gueule d'empeigne. Avoir le palais assuré contre l'irritation que causerait à tout autre l'absorption de certains liquides frelatés.

On dit aussi *Avoir la gueule ferrée.*

Gueulée, s. f. Repas.

Chercher la gueulée. Piquer l'assiette.

Signifie une Grosse bouchée.

Gueule enfarinée (Avoir la). Être alléché par quelque chose, par une promesse de dîner ou d'amour, et se créer par avance une indigestion et une félicité sans pareilles.

Gueule fine. s. f. Gourmet, — dans l'argot du peuple, qui connaît l'emploi de la métonymie, tout en ignorant l'existence de ce trope.

Gueulées, s. f. pl. Paroles fescennines — et même odurières.

Gueuler, v. n. Crier ; gronder.

Signifie aussi Parler.

Gueuleton, s. m. Repas plantureux, ou seulement Repas.

Fin gueuleton. Ripailles où tout est en abondance, le vin et la viande.

Gueuletonner, v. n. Faire un gueuleton.

Gueusailler, v. n. Vagabonder, mendier, — dans l'argot des bourgeois.

Gueusard, s. m. Polisson, — dans le même argot.

Gueuse, s. f. Drôlesse qui exploite le plus pur, le plus exquis des sentiments humains, l'amour, et « s'en fait des tapis de pieds », — pour employer l'abominable expression que j'ai entendue un jour sortir, comme un crapaud visqueux, de la bouche de l'une d'elles.

Courir les gueuses. Fréquenter le monde interlope

des drôlesses de Breda-Street.

En 1808 on disait : *Courir la gueuse.*

GUEUSERIE, s. f. Action vile, honteuse, comme les coquins en peuvent seuls commettre.

GUEUX, s. m. Petit pot de terre qu'on emplit de cendres rouges et que les marchandes en plein vent et les bonnes femmes pauvres placent sous leurs pieds pour se chauffer.

GUEUX, s. m. Coquin, — dans l'argot du peuple, qui, d'un seul mot, prouve ainsi éloquemment que le Vice est le fils naturel de la Misère.

GUEUX D'ARGENT! Expression du même argot, qui équivaut à l'*argentum sceleratum!* (c'est-à-dire *causa omnium scelerum*) de l'argot des convives de Trimalcion, dans Pétrone. C'est un cri que poussent depuis longtemps les misérables et qui retentira longtemps encore à travers les âges.

GUIBOLLES, s. f. pl. Jambes, — dans l'argot des faubouriens.

Jouer des guibolles. Courir, s'enfuir.

GUICHEMAR, s. m. Guichetier, — dans l'argot des voyous.

GUIGNE, s. f. Mauvaise chance, — dans l'argot des cochers, qui ne veulent pas dire *guignon.*

Porter la guigne. Porter malheur.

GUIGNE-A-GAUCHE, s. m. Homme qui louche, — dans l'argot des faubouriens.

GUIGNER, v. a. Viser, convoiter, attendre, — dans l'argot du peuple.

GUIGNON, s. m. Pseudonyme moderne du vieux Fatum, — dans le même argot.

Avoir du guignon. Jouer de malheur ; ne réussir à rien de ce qu'on entreprend.

GUIGNONNANT, adj. Désagréable.

C'est guignonnant! C'est une fatalité!

On dit aussi — à tort — *Guignolant.*

GUIMBARDE, s. f. Voiture mal suspendue, comme les coucous d'il y a quarante ans, — dans l'argot des faubouriens, qui emploient aussi cette expression à propos de n'importe quelle voiture.

GUINAL, s. m. Juif, — dans l'argot des voleurs.

Grand Guinal. Le Mont-de-Piété.

GUINCHE, s. f. Bal de barrière, — dans l'argot des voyous, qui appellent de ce nom la *Belle Moissonneuse,* aux Deux-Moulins ; le *Vieux Chêne,* rue Mouffetard ; le *Salon de la Victoire,* à Grenelle, etc.

GUINCHEUR, s. m. Habitué de bastringues.

GUINDÉ, adj. Plein de raideur, de fausse dignité, — dans l'argot des bourgeois.

GUINGOIS (De), adv. De travers, — dans l'argot du peuple.

GUINGUETTE, s. f. Grisette, — parce que hantant les bals de barrière.

GUITARE, s. f. Rengaine ; plainte banale ; *blague* sentimentale, — dans l'argot des artistes et des gens de lettres, reconnaissants à leur manière envers les beaux vers des *Orientales* de Victor Hugo.

GY, adv. Oui, — dans l'argot des voleurs.

H

HABILLÉ DE SOIE, s. m. Cochon de lait, — dans l'argot des faubouriens et des paysans des environs de Paris.

HABILLER, v. a. Préparer un animal pour l'étal, — dans l'argot des bouchers.

HABILLER DE SAPIN (S'), v. réfl. Mourir, — par allusion au bois dont se composent ordinairement les cercueils.

HABIN, s. m. Chien, — dans l'argot des voleurs, qui ont emprunté ce mot au vieux langage des honnêtes gens.

On dit aussi *Happin* et *Hubin.*

Habin engamé. Chien enragé.

HABINER, v. a. Mordre.

HABIT NOIR, s. m. Bourgeois, — dans l'argot des souteneurs de filles, gens du peuple et, à cause de cela, ennemis de l'habit.

Être habit noir. Être par trop simple, par trop naïf, — comme les bourgeois le sont d'ordinaire aux yeux des voyous, qui ont une morale différente de la leur.

HABITONGUE, s. f. Habitude, — dans l'argot des voleurs.

HACHER DE LA PAILLE, v. a. Parler allemand, — dans l'argot des ouvriers.

HALEINER, v. a. Respirer l'haleine de quelqu'un, — dans l'argot du peuple.

Signifie aussi, au figuré, Flairer, chercher à deviner ce qu'une personne pense.

HALLE AUX DRAPS, s. f. Le lit, — dans l'argot des faubouriens.

Aller à la halle aux draps. Se coucher.

HALLEBARDE, s. f. Femme trop grande et mal habillée, — dans le même argot.

On disait autrefois, et plus justement *Hallebréda*, qui était une corruption de *Halbrené* (dépenaillé).

HALOT, s. m. Soufflet, — dans l'argot des voleurs.

HALOTER, v. n. et a. Souffleter.

Signifie aussi Souffler.

HANNETON, s. m. Manie quelconque, idée fixe, — dans l'argot de Breda-Street, où les hannetons-hommes viennent d'eux-mêmes s'attacher le fil à la patte.

Avoir un hanneton dans le plafond. Être fou de quelqu'un ou de quelque chose.

HANNETONNER, v. n. Se conduire comme un enfant; avoir des distractions.

HARDES, s. f. pl. Vêtements, — dans la langue du peuple.

HARDI A LA SOUPE, adj. Homme doué de plus d'appétit que de courage, — *gulo.*

On dit aussi, dans le même sens : *N'avoir de courage qu'à la soupe.*

HARENGÈRE, s. f. Femme du peuple quelconque, « un peu trop forte en gueule »,— dans l'argot des bourgeoises, qui se souviennent des plaisanteries salées dont les accablaient jadis les Dames de la Halle, aujourd'hui muselées par ordonnance de police.

HARIA, s. m. Embarras; chose ennuyeuse à faire ou à dire, — dans l'argot du peuple.

J'ai suivi pour ce mot l'orthographe de Balzac, mais je crois que c'est à tort et qu'il doit s'écrire sans *H,* venant probablement de l'italien *aria,* air, — d'où *arietta,* ariette, air de peu d'importance. A moins cependant que *Haria* ne vienne d'*hariolus,* sorcier.

HARICANDER, v. n. Chamailler quelqu'un sur des vétilles ; être de mauvaise composition.

HARICOTS, s. m. pl. Maison d'arrêt de la garde nationale, — dans l'argot du peuple, qui sait que l'ordinaire de cette prison pour rire se compose de légumes, comme celui des prisons sérieuses.

On dit aussi l'*Hôtel des Haricots.*

Aug. Villemot prétend que cette expression est une corruption d'*Hôtel Darricaud.* Il a peut-être raison.

HARIDELLE, s. f. Femme maigre et grande, — dans l'argot des faubouriens.

On dit aussi, mais en moins mauvaise part, *Haquenée.*

HARNACHÉ, adj. Mal habillé, — dans l'argot du peuple.

HARPE, s. f. Barreaux de fer qui garnissent les fenêtres des prisons, — dans l'argot des voleurs.

HARPIE, s. f. Femme acariâtre comme la femme de Socrate, — dans l'argot des bourgeois, qui ont souvent le malheur d'épouser une Xantippe.

HARPIGNER (Se), v. réfl. Se quereller, se battre, — dans l'argot du peuple.

HASARD! Expression de l'argot des typographes, qui s'en servent ironiquement à propos des choses qu'on répète trop souvent devant eux.

HASARD DE LA FOURCHETTE (Au). Expression adverbiale de l'argot du peuple, qui, après l'avoir longtemps employée au propre, l'emploie maintenant au figuré.

C'est l'équivalent de *Au petit bonheur*.

HAÜS, s. m. Nom que les commis de nouveautés donnent à toute personne qui entre dans un magasin, y marchande plusieurs choses, et s'en va sans rien acheter.

HAUSSIER, s. m. Spéculateur qui joue plus souvent à la hausse qu'à la baisse, — dans l'argot des boursiers.

HAUT-DE-TIRE, s. m. Bas, — dans l'argot des voleurs, pour qui ce mot a signifié originairement Haut-de-chausses.

Ils disent aussi et mieux *Tirants*. (V. cette expression.)

HAUTE, s. f. La fraction riche de chaque classe de la société, bourgeois, lorettes, — et même ouvriers.

Cette expression, très-employée par le peuple et par le monde interlope, appartient à l'argot des voleurs, qui se sont divisés en deux grandes catégories, *Haute et basse pègres*.

HAUTE-BICHERIE, s. f. « Les plus élégantes et les plus courues d'entre les coureuses parisiennes, reines d'un jour qui ne font que paraître et disparaître sur le boulevard, leur champ de bataille. »

HAUT-MAL, s. m. L'épilepsie, — dans l'argot du peuple.

HAUTOCHER, v. n. Monter, — dans l'argot des voleurs.

HAUTS-ET-BAS, s. m. pl. Chances diverses de bonheur et de malheur, de perte et de gain, de tristesse et de joie, — dans l'argot du peuple, qui connaît le jeu de bascule de la vie.

Avoir des hauts et des bas. N'avoir pas de position solide, de commerce à l'abri de la ruine.

HERBE SAINTE, s. f. L'absinthe, — à cause de la désinence, et par antiphrase.

HERBES DE LA SAINT-JEAN, s. f. pl. Moyens extraordinaires employés pour faire réussir une affaire ; soins excessifs donnés à une chose, — dans l'argot du peuple, qui a une Flore à lui, comme il a sa Faune.

HIBOU, s. m. Homme d'un commerce difficile et désagréable, — dans l'argot des bourgeois, incapables de comprendre les susceptibilités sauvages d'Alceste, qui préférait la nuit, avec son silence solennel, au jour, avec ses bruits discordants, et le désert, avec les loups, à la ville, avec les hommes.

Hic, s. m. Difficulté, obstacle, ennui quelconque. *Hic jacet lepus.*

Voilà le hic. Voilà le difficile de l'affaire, son côté scabreux, ou périculoseux, ou seulement désagréable.

Expression « usitée dès 1808 », dit Lorédan Larchey — qui ne se trompe que de cent ans au moins.

Hirondelle, s. f. Ouvrier récemment débarqué de province, — dans l'argot des tailleurs.

Hirondelle, s. f. Commis voyageur, — dans l'argot des faubouriens.

Hirondelle de grève, s. f. Gendarme, — dans l'argot des voleurs, qui se souviennent du temps où l'on exécutait en Grève.

On disait autrefois, avant Guillotin, *Hirondelle de potence.*

Hirondelles d'hiver, s. f. pl. Les marchands de marrons, et aussi les petits ramoneurs, parce que c'est au milieu de l'automne, aux approches de l'hiver, que les premiers viennent s'installer dans les boutiques des marchands de vin, et que les seconds font leur apparition dans les rues de Paris.

Hirondelles du pont d'Arcole, s. f. pl. Petits vagabonds qui, il y a quelques années, avaient imaginé d'é-

lire domicile sous les arches, ou plutôt dans les arches du pont d'Arcole, où non-seulement ils couchaient, mais encore apportaient le produit de leurs déprédations de la journée.

Histoire, s. f. Bagatelle, chose de rien, fadaise, — dans l'argot du peuple, qui donne ce nom à tout ce qui n'en a pas pour lui.

Histoire, s. f. *Visage de campagne* que découvrent si volontiers et si innocemment les petits garçons et les petites filles.

Histoires, s. f. pl. Discussion à propos de quelque chose, — et surtout à propos de rien.

Faire des histoires. Se fâcher sans motif raisonnable ; exagérer un événement de peu d'importance.

Hogner, v. n. Murmurer, se plaindre, pleurer, — dans l'argot du peuple.

Homard, s. m. Soldat de la ligne, — dans l'argot des faubouriens, qui, sans connaître l'anglais, imitent cependant les malfaiteurs de Londres appelant les soldats de leur pays *lobsters*, à cause de la couleur rouge de leur uniforme.

Homélie, s. f. Discours ennuyeux, — dans l'argot du peuple, qui se soucie peu des Pères de l'Église, et bâille aussi volontiers devant un sermon profane que Gil-Blas devant les sermons religieux de l'archevêque de Grenade.

HOMICIDE, s. m. L'Hiver, — dans l'argot des vagabonds, pour qui cette saison est en effet meurtrière.

HOMMASSE, adj. Femme que son embonpoint exagéré rapproche trop de l'homme, — dans l'argot du peuple.

HOMME, s. m. « Nom que les filles donnent à leur amant de prédilection. »
C'est aussi le nom que les femmes du peuple donnent à leur mari.

HOMME DE LETTRES, s. m. Faussaire, — dans l'argot des voleurs.

HOMME DE PAILLE, s. m. Gérant responsable, machine à signatures, — dans l'argot des bourgeois.
Les Anglais, qui ont inventé les sociétés en commandite, devaient inventer aussi le *man of straw*, — et l'homme de paille fut.

HOMMELETTE, s. f. Homme qui n'a rien des qualités et des vices de l'homme, — dans l'argot du peuple, ami des « lurons ».

HONNÊTE, adj. Plus que suffisant, — dans l'argot des bourgeois.

HOPITAL, s. m. Prison, — dans l'argot des voleurs, dont la conscience est souvent malade.

HORION, s. m. Coup donné ou reçu, — dans l'argot du peuple.

HORLOGER, s. m. Le Mont-de-Piété, — dans l'argot des ouvriers, qui y portent volontiers leur montre lorsqu'elle retarde de 20 francs.

HORREUR D'HOMME, s. f. Homme qui fait rougir et que l'on n'ose pas chasser, — dans l'argot des bourgeoises, qui commencent à se *shockiner* comme les ladies anglaises.

HORREURS, s. f. pl. Ce que Cicéron appelle *turpitudo verborum*, — dans l'argot des bourgeois.
Dire des horreurs. Tenir des propos plus que grivois.
Dire des horreurs de quelqu'un. L'accuser de choses monstrueuses, invraisemblables, — par exemple d'avoir volé les tours Notre-Dame.
Faire des horreurs. « En venir des paroles à l'action », dit Lorédan Larchey.

HOSTO, s. m. Prison, — dans l'argot des ouvriers.

HÔTEL DE LA MODESTIE, s. m. Hôtel garni, mauvaise auberge, — dans l'argot des faubouriens, qui savent que les locataires de ces maisons-là n'ont pas le droit de faire les fiers.
Ils disent aussi *Être logé à l'Enseigne des Haricots.*

HÔTEL DU RAT QUI PÈTE, s. m. Cabaret populacier, — dans l'argot des marbriers de cimetière.

HOTTERIAU, s. m. Chiffonnier, — dans l'argot des faubouriens.

HOURVARI, s. m. Vacarme, dispute bruyante, — dans l'argot du peuple, qui a emprunté ce mot à l'argot des chasseurs.

HOUSPILLER, v. a. Maltraiter quelqu'un par paroles ou par action, — dans le même argot.

HUCHER, v. a. Appeler quelqu'un, crier après lui, — dans le même argot.

HUGREMENT, adv. Beaucoup, victorieusement, — dans l'argot des faubouriens.

HUILE, s. f. Vin, — dans l'argot du peuple, qui oint ses muscles avec cette onctueuse liqueur.

Pomper les huiles. Boire avec excès.

HUILE, s. f. Soupçon, — dans l'argot des voyous.

HUILE BLONDE, s. f. Bière, — dans l'argot des étudiants, habitués de brasseries.

HUILE DE BRAS, s. f. Vigueur physique; volonté de bien faire, qui remplace avantageusement l'huile pour graisser les ressorts de notre machine.

On dit aussi *Huile de poignet.*

HUILE DE COTRET, s. f. Coups de bâton, — dans l'argot des ouvriers, qui, dans les Jours Gras, se plaisent à envoyer les nigauds chez les épiciers pour demander un litre de cette huile-là.

La plaisanterie et l'expression sortent du roman de Cervantes.

HUILE DE MAINS, s. f. L'argent, qui vous glisse toujours entre les doigts, — dans l'argot du peuple, plagiaire involontaire des voyous anglais : *Oil of palms,* disent ces derniers.

HUIT, s. m. Entrechat, — dans l'argot des troupiers.

Battre un huit. S'en aller gracieusement, en pirouettant sur les talons.

HUIT ÉCUS, s. m. La mésange, — dans l'argot des paysans des environs de Paris, qui ont voulu faire allusion au chant de cet oiseau.

HUÎTRE, s. f. Mucosité expectorée, — dans l'argot des faubouriens, qui prennent les produits des cryptes muqueuses des bronches pour des mollusques acéphales.

Faire des huîtres. Cracher beaucoup et malproprement.

HUÎTRE, s. f. Imbécile, — dans l'argot du peuple, qui jette volontiers ses coquilles à la tête des gens.

Le parti des huîtres. Nom qu'on a donné, sous Louis-Philippe, aux députés du centre, gens satisfaits — et attachés à leurs *bancs.*

HUMECTER (S'), v. réfl. Boire, — dans l'argot des ouvriers, qui avalent assez de poussières malsaines pour avoir le droit de se mouiller un peu le palais.

HUMIDE EMPIRE (L'). La mer, — dans l'argot des académiciens.

Ils disent de même *Les plaines humides*.

La première expression peut s'appliquer aussi justement à l'Égout collecteur, et la seconde aux prairies suffisamment irriguées.

HUMORISTE, s. m. Écrivain de l'école de Swift et de Sterne en Angleterre, et de Jean-Paul Richter et Henri Heine en Allemagne, — dans l'argot des gens de lettres, qui ont emprunté le mot (*humourist*) et la littérature qu'il représente.

HUMOUR, s. m. Mélange d'esprit et de sentiment, de gaieté et de mélancolie, d'ironie et de tendresse, qui se rencontre à foison chez les écrivains anglais, et qu'on remarque depuis une quarantaine d'années chez quelques-uns des écrivains français, Charles Nodier, Gérard de Nerval, etc.

HUPPÉ, adj. Bien habillé, — dans l'argot des faubouriens.

Monsieur huppé. Personne de distinction.

HURLUBERLU, s. m. Homme fantasque, excentrique, étourdi, et même un peu fou, — dans l'argot du peuple.

HURON, s. m. Homme rude d'aspect et de langage, — dans l'argot des bourgeois, qui n'aiment pas Alceste.

HUS-MUS! Grand merci, — dans l'argot des voleurs.

HUSSARD A QUATRE ROUES, s. m. Soldat du train, — dans l'argot des troupiers.

HUSSARD DE LA GUILLOTINE, s. m. Gendarme, — dans l'argot des prisons.

On dit aussi *Hussard de la veuve*.

HYDRE DE L'ANARCHIE, s. f. Le socialisme, — dans l'argot des bourgeois, qui ont peur de leur ombre.

HYDROPIQUE, adj. et s. Fille ou femme enceinte, — dans l'argot facétieux du peuple.

HYMÉNÉE, s. m. Mariage, — dans l'argot des académiciens.

Serrer les liens ou *le nœud de l'hyménée.* Se marier.

I

ICIGO, adv. Ici, — dans l'argot des voleurs.

Ils disent aussi *Icicaille*.

IDÉE, s. f. Petite quantité

12

de quelque chose, solide ou liquide , — dans l'argot du peuple.

Cette expression est de la même famille que *scrupule*, *larme*, *soupçon* et *goutte*.

Idées, s. f. pl. Soupçons jaloux , — dans l'argot des bourgeoises et des petites dames.

Se forger des idées. Concevoir des soupçons sur la fidélité d'une femme.

Idiot, s. m. Aménité de l'argot des gens de lettres, qui l'adressent volontiers à ceux de leurs confrères qui leur déplaisent.

Idiotisme, s. m. Bêtise complète; ânerie renversante.

Illico, adv. Sur-le-champ, tout de suite, — dans l'argot du peuple, qui, sans s'en douter, parle comme écrivait Cicéron.

Il pleut ! Terme de refus ironique , — dans l'argot des gamins et des ouvriers.

Il pleut ! Exclamation de l'argot des typographes, pour annoncer la présence d'un étranger dans l'atelier. — Exclamation de l'argot des francs-maçons , pour s'avertir mutuellement de l'intrusion d'un *profane* dans une réunion.

Il tombera une roue de votre voiture ! Phrase souvent employée — dans l'argot du peuple — à propos des gens trop gais, ou d'une gaieté intempestive.

Image, s. f. Lithographie, gravure, dessin, — dans l'argot des enfants et du peuple, ce grand enfant.

Imbiber (S'), v. réfl. Boire, — dans l'argot des faubouriens.

Imbriaque, s. m. Écervelé, excentrique, maniaque, — dans l'argot du peuple.

A signifié autrefois Homme pris de vin.

Immeuble, s. m. Maison, — dans l'argot des bourgeois.

Immortel, s. m. Académicien, — dans l'argot ironique des gens de lettres, qui savent très-bien que l'Institut est un Léthé.

Les quarante immortels. Les quarante membres de l'Académie à tort dite Française.

Impair, s. m. Insuccès, *fiasco*, — dans l'argot des artistes.

Impavide, adj. Impassible, que rien ni personne n'émeut.

J'ai employé cette expression il y a quatre à cinq ans, quelques-uns de mes confrères l'ont employée aussi, — et maintenant elle est dans la circulation.

Impayable , adj. Qui est d'une haute bouffonnerie, d'un caractère extrêmement plaisant, — dans l'argot du peuple, qui emploie ce mot à propos des choses et des gens.

Impayable , adj. Étonnant à force d'exigences, ennuyeux

à force de caprices, — dans l'argot de Breda-Street.

IMPÈRE, s. f. Apocope d'*Impériale*, — dans l'argot des faubouriens.

IMPOSSIBLE, adj. « Inimaginable, quoique réel, » — dans l'argot des gens de lettres.

IMPURE, s. f. Femme entretenue, — dans l'argot des vieux galantins, qui ont conservé les traditions du Directoire.

INCOMMODE, s. m. Réverbère, — dans l'argot des malfaiteurs, ennemis-nés des lumières.

INCONGRUITÉ, s. f. *Ventris crepitus*, ou *Ructus*, — dans l'argot des bourgeois, qui oublient que leurs pères éructaient et même crépitaient à table sans la moindre vergogne.

Faire une incongruité. Crepitare, vel eructare.

Dire une incongruité. Dire une gaillardise un peu trop poivrée.

INCONOBRÉ, s. et adj. Inconnu, étranger, — dans l'argot des voleurs.

INCONSÉQUENCE, s. f. Infidélité galante, — dans l'argot de Breda-Street, où le manque de probité en amour est naturellement considéré comme péché véniel.

INCONSÉQUENTE, adj. Femme qui change souvent d'amants, soit parce qu'elle a la *papillonne* de Fourier, soit parce

qu'ils n'ont pas la fortune de M. de Rothschild.

INCONVÉNIENT, s. m. Infirmité, — dans l'argot du peuple.

Avoir l'inconvénient de la bouche. Fetidum halitum emittere.

Avoir l'inconvénient des pieds. Suer outrageusement des pieds.

INCROYABLE, s. m. Le gandin du Directoire.

INDÉCROTTABLE, adj. Incorrigible, — dans l'argot des bourgeois.

INEXPRESSIBLE, s. m. Pantalon, — dans l'argot des Anglaises pudiques, qui est devenu celui des gouailleurs parisiens.

INFANTE, s. f. Maîtresse, — dans l'argot des troupiers.

Les infantes étant les filles puînées des rois d'Espagne et de Portugal, sont supposées belles, et l'on sait que tous les amants jouent volontiers de l'hyperbole à propos de leurs maîtresses : ils disent « mon infante, » comme ils disent « ma reine ». Une couronne leur coûte moins à donner avec les lèvres qu'une robe de soie avec les mains.

INFECT, adj. Détestable, mal écrit, — dans l'argot des gens de lettres, qui disent cela à propos des articles ou des livres de ceux de leurs confrères qu'ils n'aiment pas, à tort ou à raison.

INFECT, adj. Peu généreux,
— dans l'argot des petites
dames, pour qui ne pas regarder à la dépense c'est sentir bon, et n'avoir pas d'argent c'est puer.

INFÉRIEUR, adj. Qui est in-
différent; qui semble peu important, — dans l'argot des
faubouriens.

Cela m'est inférieur. Cela
m'est égal.

INFIRME, s. et adj. Imbécile,
— dans l'argot du peuple et
des gens de lettres.

Jouer comme un infirme.
Jouer très-mal.

INGLICHE, s. m. Anglais, —
dans l'argot des faubouriens,
qui prononcent à peu près
bien ce mot, mais l'écriraient
probablement très-mal.

Ils disent aussi *Ingliche-
mann* (englishman).

IN NATURALIBUS. En che-
mise, ou nu, — dans l'argot
du peuple, qui a retenu quelques bribes du latin appris
par les autres.

INODORES, s. m. pl. Water-
closets — dans l'argot des
bourgeois.

INQUIÉTUDES, s. f. pl. Démangeaisons, — dans l'argot
des faubouriens.

*Avoir des inquiétudes dans
le mollet.* Avoir une crampe.

INSINUANT, s. m. Apothi-
caire, — dans l'argot des voleurs, qui ont voulu détrôner
M. Fleurant,

INSOLPÉ, adj. et s. Insolent,
— dans le même argot.

INSURGÉ DE ROMILLY, s. m.
Résultat de la fonction du
plexus mésentérique.

Cette expression date de
1848. Les insurgés de Ro-
milly, dit *le Corsaire,* traver-
sent tous les matins un bois
voisin du canal qu'ils creu-
sent près de Conflans (Marne).
Non contents d'user du bénéfice que leur accorde le propriétaire du bois, pour abré-
ger leur chemin, ils aiment à
s'égarer dans des allées si-
nueuses tracées pour la médi-
tation, et ils y déposent des
marques nombreuses de leur
passage. Donc, le maître du
bois, se promenant un jour et
découvrant à chaque pas ces
faits inusités, ne put s'empêcher de s'écrier : « Dieux ! que
d'*insurgés !* » Le mot fut entendu, recueilli; il est resté
et il restera, au moins à Romilly. Il remplit d'ailleurs une
fonction utile dans la langue;
il remplace avantageusement
le mot de *sentinelle*, qui attendait impatiemment, depuis
des siècles, qu'on le relevât.

INTERLOPE, s. et adj. Qui
appartient au monde de la galanterie, — où les *smugglers*
des deux sexes fraudent sans
cesse la Morale, la Pudeur,
et même la Préfecture de police.

Le monde interlope. La
Bohème galante.

INTERLOQUER, v. a. Confondre, stupéfier, humilier, — dans l'argot du peuple.

INTIME, s. m. Ami, — dans l'argot du peuple, qui parle comme écrivait Plaute.

INVALO, s. m. Apocope d'*Invalide*, — dans l'argot des faubouriens.

INVITE, s. f. Apocope d'*Invitation*, — dans le même argot.

Faire une invite à l'as. Solliciter quelqu'un de vous offrir quelque chose.

IROQUOIS, s. m. Imbécile, — dans l'argot du peuple, qui ne respecte pas assez les héros de Cooper.

S'habiller en iroquois. D'une manière bizarre, extravagante.

Parler comme un iroquois. Fort mal.

ISOLAGE, s. m. Abandon, — dans l'argot des voleurs.

ISOLER, v. a. Abandonner.

INVALIDE, s. m. Ancienne pièce de quatre sous, — dans l'argot du peuple.

IVROGNER (S'), v. réfl. Avoir des habitudes d'ivrognerie, — dans l'argot des bourgeois.

J

JABOT, s. m. Estomac, — dans l'argot des faubouriens, qui savent pourtant bien que l'homme n'est pas un granivore.

Faire son jabot. Manger.

On dit aussi *Remplir son jabot*.

JABOTAGE, s. m. Bavardage, — dans l'argot du peuple.

JABOTER, v. n. Parler, bavarder.

JABOTEUR, s. m. Bavard.

JACASSE, s. f. Femme bavarde, — dans le même argot.

Se dit aussi d'un Homme bavard ou indiscret.

JACASSER, v. n. Bavarder.

JACASSEUR, s. m. Bavard, indiscret.

JACOBIN, s. m. Révolutionnaire, — dans l'argot des bourgeois, qui singent les aristocrates.

JACQUE, s. m. Pièce d'un sou, — dans l'argot des voleurs.

JACQUELINE, s. f. Grisette, — dans l'argot des bourgeois; Concubine, — dans l'argot des bourgeoises.

JACQUELINE, s. f. Sabre de cavalerie, — dans l'argot des soldats.

JACTER, v. n. Parler, — dans l'argot des voleurs, qui

12.

ont emprunté ce verbe à la vieille langue des honnêtes gens (*jactare*, vanter, prôner).

JAFFE, s. f. Soufflet, — dans l'argot du peuple, qui s'assimile volontiers les mots des ouvriers provinciaux transplantés à Paris, et qui a certainement emprunté celui-ci au patois normand.

JAFFES, s. f. pl. Joues.

JAFFIER, s. m. Jardin, — dans l'argot des voleurs.

JAFFIN, s. m. Jardinier.

JAFFLE, s. f. Soupe, potage, — dans l'argot des voleurs, qui ont certainement emprunté cette expression à l'argot du peuple.

JALO, s. m. Chaudronnier, — dans le même argot.

JAMBE DE VIN, s. f. Ivresse, — dans l'argot du peuple.

Faire jambe de vin. Boire à tire-larigot.

JAMBES EN L'AIR, s. f. Potence, — dans l'argot des voleurs.

JAMBES DE COQ, s. f. pl. Jambes maigres, — dans l'argot du peuple.

Jambes en coton. Flageolantes, comme le sont d'ordinaire celles des ivrognes, des poltrons et des convalescents.

Jambes en manches de veste. Jambes arquées, disgracieuses

JAMBONS, s. m. pl. Les cuisses, — dans l'argot des faubouriens, qui prennent l'homme pour un goret, et qui ont quelquefois raison.

JAPPER, v. n. Crier, — dans le même argot.

JARDINIER, s. m. Complice de l'*Américain* dans le vol au *charriage*. C'est lui qui est chargé de flairer dans la foule l'homme *simple* à dépouiller.

JARGOLLE, n. d. l. La Normandie, — dans l'argot des voleurs.

JARGOLLIER, s. m. Normand.

JARGONNER, v. n. Babiller, bavarder, — dans l'argot du peuple.

JARGOUILLER, v. n. Parler confusément, — dans le même argot.

On dit aussi *Gargouiller*.

JARNAFFE, s. f. Jarretière, — dans l'argot des voleurs.

Jeu de la jarnaffe. Escroquerie dont Vidocq donne le procédé, p. 233-34 de son ouvrage.

JARRET, s. m. Bon marcheur, — dans l'argot du peuple, qui emploie souvent la métonymie.

JAR, s. m. Argot des voleurs, — qui n'est pas autre chose qu'un *jargon*.

Dévider le jar. Parler argot.

Le peuple disait autrefois d'un homme très-fin, très-rusé : *Il entend le jars.* Et souvent il ajoutait : *Il a mené* les oies, — le *jars* étant le mâle de l'oie.

JASANTE, s. f. Prière, — dans l'argot des voleurs.

JASER, v. n. Prier.

JASER, v. n. Parler indiscrètement, de manière à compromettre des tiers ou soi-même, — dans l'argot du peuple.

JASPIN, adv. Oui, — dans l'argot des voleurs.

JASPINEMENT, s. m. Aboiement, — dans le même argot.

JASPINER, v. a. et n. Parler, bavarder.
Jaspiner bigorne. Entendre et parler le *cant* parisien.

JAUNE, s. m. Eau-de-vie, — dans l'argot des chiffonniers.

JAUNE, s. m. Été, la saison mûrissante, — dans l'argot des voleurs.

JAUNET, s. m. Pièce d'or de vingt francs, — dans l'argot des faubouriens.
Ils disent aussi *Jauniau.*
Au XVIIIe siècle, on disait *Rouget.*

JAUNIER, s. m. Débitant ou buveur d'eau-de-vie.

JAVANAIS, s. m. Langue de convention parlée dans le monde des coulisses et des filles, qui consiste à ajouter la syllabe *va* après chaque syllabe, de façon à rendre le mot prononcé inintelligible pour les profanes.
Les voleurs ont aussi leur javanais, qui consiste à donner des terminaisons en *ar* et en *or*, en *al* ou en *em*, de façon à défigurer les mots, soit français, soit d'argot, en les agrandissant. « C'est le chiffre diplomatique appliqué au langage, » a dit avec raison Balzac.

JAVARD, s. f. Lin, que l'on met en *javelles*, — dans l'argot des voleurs.

JAVOTTE, s. f. Homme bavard, indiscret, — dans l'argot du peuple.

JEAN, s. m. Imbécile ; mari que sa femme trompe sans qu'il s'en aperçoive, — dans le même argot.
On disait autrefois *Janin.*

JEAN-BÊTE, s. m. Imbécile, — dans le même argot.

JEAN DE LA SUIE, s. m. Savoyard, ramoneur, — dans le même argot.

JEAN DE LA VIGNE, s. f. Crucifix, — dans l'argot des voleurs.

JEANFESSE, s. f. Malhonnête homme, bon à *fouetter*, — dans l'argot des bourgeois.

JEANFOUTRE, s. m. Homme sans délicatesse, sans honnêteté, sans courage, sans rien de ce qui constitue un homme, — dans l'argot du peuple, dont cette expression résume tout le mépris.

JEAN-JEAN, s. m. Conscrit, — dans l'argot des vieux troupiers, pour qui tout soldat novice est un imbécile qui ne peut se dégourdir qu'au feu.

JEANLORGNE, s. m. Innocent, et même niais, — dans l'argot du peuple.

JEANNETON, s. f. Fille de moyenne vertu, — dans l'argot des bourgeois.

JE NE SAIS QUI, s. f. Femme de mœurs plus que légères, — dans l'argot méprisant des bourgeoises.

JÉRÔME, s. m. Canne; bâton, — dans l'argot du peuple.

JÉSUITE, s. m. Dindon, — dans l'argot des voleurs, qui doivent employer cette expression depuis l'introduction en France, par les missionnaires, de ce précieux gallinacé, c'est-à-dire depuis 1570.

JÉSUS, s. m. « Enfant dressé au vol et à la débauche, » — dans le même argot.

JET, s. m. Canne, jonc, — dans le même argot.

JETER, v. n. Suppurer, — dans l'argot du peuple.

JETER DES PERLES DEVANT LES POURCEAUX, v. a. Dire ou faire de belles choses que l'on n'apprécie point à leur juste valeur, — dans l'argot des bourgeois.

C'est le *margaritas ante porcos* des Anciens.

JETER LE MOUCHOIR, v. a. Distinguer une femme et lui faire agréer ses hommages et son cœur, — dans l'argot des vieux galantins.

JETER SA LANGUE AUX CHIENS, v. a. Renoncer à deviner une chose, à la comprendre, — dans l'argot des bourgeois.

On dit aussi *Jeter sa langue aux chats.*

JETER SON LEST, v. a. Se débarrasser involontairement du déjeuner ou du dîner dont on s'était lesté mal à propos.

JETER UN FROID, v. a. Commettre une incongruité parlée, dire une inconvenance, faire une proposition ridicule qui arrête la gaieté et met tout le monde sur ses gardes.

JETON, s. m. Pièce d'argent, — dans l'argot des faubouriens.

JEUNE, s. m. Petit enfant ou petit animal, — dans l'argot du peuple.

JEUNE, adj. Naïf, et même un peu sot, — dans l'argot des faubouriens.

Quand l'un d'eux dit de quelqu'un : *Il est trop jeune !* cela signifie : Il est incapable de faire telle ou telle chose, — il est trop bête pour cela.

JEUNE-FRANCE, s. m. Variété de Romantique, d'étudiant — ou de commis en pourpoint de velours, en barbe fourchue, en cheveux en broussailles, avec le feutre mou campé sur l'oreille.

JEUNE HOMME, s. m. Double

moos de bière, — dans l'argot des brasseurs parisiens.

Jeune homme (Avoir son), v. a. Être complétement ivre, de façon à se laisser mater et conduire même par un enfant, — dans l'argot des faubouriens, ironiques avec eux-mêmes.

On dit aussi : *Avoir son petit jeune homme.*

Jeunesse, s. f. Jeune fille, — dans l'argot du peuple.

Jeunet, ette, adj. Qui est un peu trop jeune, et par conséquent trop naïf.

S'emploie aussi à propos d'un vin trop nouveau et que sa verdeur rend désagréable au palais.

Jinglard, s. m. Petit vin suret, ou le vin au litre en général, — dans l'argot du peuple, qui ne veut plus dire *ginguet*, et encore moins *guinguet*, une étymologie cependant !

Job, s. m. Innocent, imbécile, dupe, — dans l'argot des faubouriens, qui parlent comme écrivaient Noël Du Fail en ses *Propos rustiques*, et d'Aubigné en sa *Confession de Sancy.*

Jobard, s. m. et adj. Homme par trop crédule, dont chacun se moque, les femmes parce qu'il est trop respectueux avec elles, les hommes parce qu'il est trop confiant avec eux.

C'est un mot de vieille souche, qu'on supposerait cependant né d'hier, — à voir le « silence prudent » que le Dictionnaire de l'Académie garde à son endroit.

Jobarder, v. a. Tromper ; se moquer ; duper.

Se faire jobarder. Faire rire à ses dépens.

Jobarderie, s. f. Confiance par trop excessive en la probité des hommes et la fidélité des femmes.

Joberie, s. f. Niaiserie ; simplicité de cœur et d'esprit, que les « malins » interprètent à mal et qu'ils exploitent pour leur bien.

Jobisme, s. m. Pauvreté complète, pareille à celle de *Job*.

L'expression appartient à H. de Balzac.

Jocrisse, s. m. Mari qui se laisse mener par sa femme, — dans l'argot du peuple, qui a eu l'honneur de prêter ce mot à Molière.

John Bull. Le peuple anglais, — dans l'argot national.

Cette expression, qui a passé la Manche, eût manqué à notre collection : je me suis empressé de la *piquer* ici. Jean Taureau me pardonnera.

Joint, s. m. Biais pour se tirer d'affaire, — dans l'argot des bourgeois, qui découpent mieux qu'ils ne parlent.

Connaître le joint. Savoir de quelle façon sortir d'embarras ; connaître le point caché d'une affaire.

Jonc, s. m. Or, — dans l'argot des voleurs, qui appellent ainsi ce métal, non, comme le veut M. Francisque Michel, par corruption de *jaune*, mais bien parce que c'est le nom d'une bague en or connue de tout le monde, et qui ne se porte qu'en souvenir de l'anneau de paille des gens mariés par condamnation de l'Officialité.

Joncher, v. a. Dorer.

Joncs, s. m. pl. Lit de prison, à cause de la paille qui en compose les matelas.

Être sur les joncs. Être arrêté ou condamné pour un temps plus ou moins long — toujours trop long! — à « pourrir sur la paille humide des cachots. »

Jordonne, s. m. Homme qui aime à commander, — dans l'argot du peuple, réfractaire à l'obéissance.

On dit aussi *Monsieur Jordonne*, et, de même, *Madame* ou *Mademoiselle Jordonne*, quand il s'agit d'une femme qui se donne des « airs de princesse. »

Jorne, s. m. Jour, — dans l'argot des voleurs, qui d'ordinaire ne travaillent pas *a giorno*.

Joseph, s. m. Homme par trop chaste, — dans l'argot des petites dames, qui ressemblent par trop à madame Putiphar.

Faire son Joseph. Repousser les avances d'une femme,

comme le fils de Jacob celles de la femme de Pharaon.

Joséphine, s. f. Mijaurée, bégueule, — dans l'argot des faubouriens, qui ont voulu donner une compagne à Joseph.

Faire sa Joséphine. Repousser avec indignation les propositions galantes et sonnantes d'un homme.

Jouasser, v. n. Jouer mal ou sans application, pour passer le temps plutôt que pour gagner la partie.

On dit aussi *Jouailler.*

Jouasson, s. m. Joueur malhabile, distrait, redouté des véritables joueurs, — qui lui préféreraient volontiers un *Grec.*

On dit aussi *Jouaillon.*

Jouer a courir, v. n. Se défier à la course, — dans l'argot des enfants.

Jouer a la main chaude, v. n. Être guillotiné, — dans l'argot des voleurs, qui font allusion à l'attitude du supplicié, agenouillé devant la machine, tête basse, les mains liées derrière le dos.

Jouer a la ronfle, v. n. Ronfler en dormant, — dans l'argot du peuple.

Jouer comme un fiacre, v. n. Jouer très-mal, — dans l'argot du peuple, qui sait que les voitures imaginées au XVIIe siècle par Sauvage sont les plus détestables véhicules du monde.

On dit aussi *Jouer comme une huître.*

JOUER DE QUELQU'UN, v. n. Le mener comme on veut, en tirer soit de l'argent, soit des complaisances de toutes sortes, — dans l'argot de Breda-Street, où l'on joue de l'homme comme Liszt du piano, Paganini du violon, Théophile Gautier de la prose, Théodore de Banville du vers, etc., etc.

JOUER DES JAMBES, v. a. S'enfuir, — dans l'argot des faubouriens.

JOUER DU CŒUR, v. a. Rejeter les vins ou les viandes ingérées en excès ou mal à propos, — dans l'argot du peuple, à qui les *concetti* ne déplaisent pas.

On dit aussi *Mettre du cœur sur du carreau.*

Nos aïeux disaient *Tirer aux chevrotins.*

JOUER DU NAPOLÉON, v. a. Payer; dépenser sans compter, — dans l'argot des bohèmes, à qui ce jeu-là est interdit.

JOUER DU PIANO, v. a. Se dit, — dans l'argot des maquignons, d'un cheval qui frappe inégalement des pieds en courant.

JOUER DU POUCE, v. a. Dépenser de l'argent, — dans l'argot du peuple.

Signifie aussi Compter de l'argent.

JOUER DU VIOLON, v. a.

Scier ses fers, — dans l'argot des voleurs.

On dit aussi *Jouer de la harpe.*

JOUER DU VIOLON, v. n. Se dit — dans l'argot des écrivains fantaisistes — à propos des mouvements de systole et de diastole du cœur humain en proie à l'Amour, ce divin Paganini.

JOUER LA FILLE DE L'AIR, v. a. S'en aller de quelque part; s'enfuir, — dans l'argot des faubouriens.

JOUJOU, s. m. Jouet, — dans l'argot des enfants.

Faire joujou. S'amuser, — au propre et au figuré.

JOUJOUTER, v. n. Jouer, faire joujou, — dans l'argot des faubouriens, qui emploient ce verbe au propre et au figuré.

JUBILATION, s. f. Contentement extrême, — dans l'argot du peuple.

Visage de jubilation. Qui témoigne d'un très-bon estomac

JUBILER, v. n. Se réjouir.

JUDAS, s. m. Traître; homme dont il faut se méfier. — dans l'argot du peuple, chez qui est toujours vivante la tradition de l'infamie de l'Iscariote.

Baiser de Judas. Baiser qui manque de sincérité.

Barbe de Judas. Barbe rouge.

Bran de Judas. Taches de rousseur.

Le point de Judas. Le nombre 13.

JUDAS, s. m. Petite ouverture au plancher d'une chambre située au-dessus d'une boutique, et qui *trahit* ainsi la présence d'un étranger dans celle-ci.

Les *judas* parisiens sont les cousins germains des *espions* belges.

JUDASSER, v. n. Embrasser pour tromper — comme Judas Iscariote fit au Christ.

JUDASSERIE, s. f. Fausse démonstration d'amitié ; tour perfide ; trahison.

JUDÉE, n. de v. Préfecture de police, — dans l'argot des voleurs, qui ont appris à leurs dépens le chemin de la rue de Jérusalem.

Ils disent aussi *Petite Judée.*

JUGE DE PAIX, s. m. Bâton, — parce qu'il est destiné à mettre le holà.

Cette expression fait partie de l'argot des voleurs et de celui des faubouriens.

JUGEOTE, s. f. Jugement, logique, raison, bon sens, — dans l'argot du peuple, pour qui cela remplace la *judiciaire.*

JUGULER, v. a. Importuner, ennuyer, *égorger* d'obsessions, — dans l'argot du peuple.

JUIF, s. m. Prêteur à la petite semaine, — dans l'argot des étudiants.

JUIF ERRANT, s. m. Grand marcheur, homme qui va par monts et par vaux, comme Aashvérus, que Jésus — « la bonté même » — a condamné à marcher « pendant plus de mille ans. »

JUIFFER, v. a. Tromper en vendant ; avoir un bénéfice usuraire dans une affaire.

JUILLETISER, v. a. Faire une révolution, détrôner un roi, — dans l'argot du peuple, qui a gardé le souvenir des « glorieuses journées » de 1830.

JULES, s. m. « Pot qu'en chambre on demande, » — dans l'argot des faubouriens révolutionnaires, qui ont éprouvé le besoin de décharger la mémoire de saint Thomas des ordures dont on la couvrait depuis si longtemps.

Aller chez Jules. C'est ce que les Anglais appellent *To pay a visit to mistress Jones.*

JUMELLES, s. f. pl. Partie du corps qui constitue la Vénus *Callipyge,* — dans l'argot des voleurs, héritiers des Précieuses, lesquelles appelaient cette partie *Les deux sœurs.*

JUS, s. m. Grâce, élégance, bon goût, — dans l'argot des faubouriens, pour qui certaines qualités extérieures, naturelles ou acquises, sont la *sauce* de certaines qualités de l'âme.

Avoir du jus. Avoir du *chic,* de la tournure.

JUS DE BATON, s. m. Coups

de bâton, — dans le même argot.

Jus d'échalas, s. m. Vin, — dans le même argot.

Jus de réglisse, s. m. Nègre ou mulâtre, — dans le même argot.

Juste, s. f. La Cour d'assises, — dans l'argot des voleurs, qui s'étrangleraient sans doute à prononcer le mot tout entier, qui est *Justice.*

Juste-milieu, s. m. L'endroit consacré par la jurisprudence du Palais-Royal comme cible aux coups de pied classiques et aux plaisanteries populaires.

K

Kinserlick, s. m. Autrichien, — dans l'argot des troupiers, qui ont entendu parler des Impériaux (*die Kaiserlichen*) battus par leurs pères, les soldats de la Grande Armée.

On dit aussi et mieux *Kaiserlick.*

Klebjer, v. n. Manger, — dans l'argot des marbriers de cimetière, qui, en souvenir de leurs campagnes d'Afrique, arabisent volontiers les noms et les choses.

Ils disent aussi *Tortorer.*

Kolbac, s. m. Coiffure généralement quelconque, — dans l'argot des faubouriens.

Kyrielle, s. f. Suite ou procession de gens ; famille nombreuse, — dans l'argot du peuple.

Avoir des kyrielles d'enfants. En avoir beaucoup.

L

La, s. m. Mot d'ordre, signal ; invitation à se mettre à l'unisson, — dans l'argot des gens de lettres.

Donner le la. Indiquer par son exemple, par sa conduite, ce que les autres doivent faire, dire, écrire.

Laboratoire, s. m. Cuisine, — dans l'argot des restaurateurs, chimistes ingénieux qui savent *transformer* les viandes et les vins de façon à dérouter les connaisseurs.

13

LACHE, s. et adj. Paresseux, — dans l'argot du peuple.

On dit aussi *Saint Lâche*.

LACHER, v. a. Quitter, — dans le même argot.

Lâcher d'un cran. Abandonner subitement.

LACHER LA RAMPE, v. a. Mourir, — dans l'argot des faubouriens.

LACHER (Se), v. réfl. Oublier les lois de la civilité puérile et honnête, *ventris flatum emittere,* — dans l'argot des bourgeois.

On dit aussi *En lâcher un* ou *une,* — selon le sexe de l'incongruité.

LACHER LE COUDE DE QUELQU'UN, v. a. Cesser de l'importuner, — dans l'argot des faubouriens.

C'est plutôt une exclamation qu'un verbe : *Ah ! tu vas me lâcher le coude !* dit-on à quelqu'un qui ennuie, pour s'en débarrasser.

LACHER SON ÉCUREUIL, v. a. *Meiere,* — dans l'argot des voyous.

LACHER UN CRAN, v. a. Se déboutonner un peu quand on a bien dîné, — dans l'argot des bourgeois.

LACHER UNE NAÏADE, v. a. *Meiere,* — dans l'argot facétieux des ouvriers.

Ils disent aussi *Lâcher les écluses.*

LACHEUR, s. et adj. Homme qui abandonne volontiers une femme, — dans l'argot de Breda - Street, où le rôle d'Ariane n'est pas apprécié à sa juste valeur.

LACHEUR , s. m. Homme qui laisse ses camarades « en plan », au cabaret, ou ne les reconduit pas chez eux lorsqu'ils sont ivres, — dans l'argot des ouvriers, que cette désertion humilie et indigne.

Beau lâcheur. Homme qui fait de cette désertion une habitude.

LA DONNER A LA BOURBONNAISE. Regarder quelqu'un d'un mauvais œil, — dans l'argot des voleurs.

LAFARGER, v. a. Se débarrasser de son mari en l'empoisonnant, ou de toute autre façon, — dans l'argot du peuple, plus cruel que la justice, puisqu'il fait survivre le châtiment au coupable.

LAGO, adv. Là, — dans l'argot des voleurs.

Labago. Là-bas.

LAIDERON , s. m. Fille ou femme fort laide, — dans l'argot des bourgeois, dont l'esthétique laisse beaucoup à désirer.

On dit aussi *Vilain laideron,* — quand on veut se mettre un pléonasme sur la conscience.

LAINE, s. f. Ouvrage, — dans l'argot des tailleurs.

LAINÉ, s. m. Mouton, — dans l'argot des voleurs.

Laisser aller (Se), v. réfl. N'avoir plus d'énergie, s'habiller sans goût et même sans soin; se négliger,—dans l'argot du peuple.

Laisser de ses plumes, v. a. Perdre de l'argent dans une affaire; ne sortir d'un mauvais pas qu'en finançant.

Laisser pisser le mérinos, v. n. Attendre une occasion favorable, — dans l'argot des faubouriens.

Laisser ses bottes quelque part, v. a. Y mourir, — dans l'argot du peuple.

Laisser tomber son pain dans la sauce. S'arranger de manière à avoir un bénéfice certain sur une affaire; montrer de l'habileté en toute chose, — dans le même argot.

Lait, s. m. Encre, — dans l'argot des voleurs.

Lait à broder. Encre à écrire.

Lait de cartaudier. Encre d'imprimerie.

Lait de vieillard, s. m. Vin, — dans l'argot du peuple, qui dit cela pour avoir le droit de *téter* jusqu'à cent ans.

Laïus, s. m. Discours quelconque, — dans l'argot des Polytechniciens, chez qui ce mot est de tradition depuis 1804, époque de la création du cours de composition française, parce que le sujet du premier morceau oratoire à traiter par les élèves avait été l'époux de Jocaste.

Piquer un Laïus. Prononcer un dicours.

Les Saint-Cyriens, eux, disent *Brouta* (du nom d'un professeur de l'École), *broutasser* et *broutasseur*.

Lambert. Nom qu'on donne, depuis l'été de 1864, à toute personne dont on ignore le nom véritable.

Appeler Lambert. Se moquer de quelqu'un dans la rue.

Lambin, s. et adj. Paresseux, flâneur, — dans l'argot du peuple.

Il emploie ce mot depuis très-longtemps, trois siècles à peu près, si l'on en croit le *Dictionnaire historique* de M. L.-J. Larcher, qui le fait venir de Lambin, philosophe français, « lent dans son travail et lourd dans son style. » Signifie aussi Poltron.

Lambiner, v. n. Hésiter à faire une chose, à prendre un parti; flâner.

Lame, s. f. Tombeau,— dans l'argot des romantiques, qui avaient ressuscité les mots des vieux poëtes du XVIe siècle.

Être couché sous la lame. Être mort.

Lamine, n. d. l. Le Mans, — dans l'argot des voleurs.

Lampe, s. f. Verre à boire, — dans l'argot des francs-maçons.

Ils disent aussi *Canon*.

LAMPÉE, s. f. Grand coup de vin, — dans l'argot du peuple.

LAMPER, v. a. et n. Boire abondamment.

On disait, il y a deux siècles : *Mettre de l'huile dans la lampe*, pour Emplir un verre de vin.

LAMPIE, s. f. Repas,—dans l'argot des voleurs.

LAMPION, s. m. Chapeau, — dans l'argot des voyous.

LAMPIONS, s. m. pl. Yeux, — dans le même argot.

Lampions fumeux. Yeux chassieux

LANCE, s. f. Pluie, — dans l'argot des faubouriens, qui ont emprunté ce mot à l'argot des voleurs.

A qui qu'il appartienne, il fait image

LANCE, s. f. Balai, — dans le même argot.

LANCÉ, adj. Sur la pente de l'ivresse, — dans l'argot des bourgeois.

LANCE DE SAINT-CRÉPIN, s. f. Alène, — dans l'argot du peuple, qui sait que saint Crépin est le patron des cordonniers.

LANCER (Se), v. réfl. De timide devenir audacieux auprès des femmes.

LANCEUR, s. m. Libraire qui fait vendre les livres qu'il édite, — dans l'argot des gens de lettres.

Bon lanceur Éditeur intelligent, habile, qui vendrait même des *rossignols*, — par exemple Dentu, Faure, Lévy, etc.

Le contraire de *lanceur* c'est *Étouffeur*,—un type curieux, quoiqu'il ne soit pas rare

LANCEUSE, s. f. Lorette vieillie sous le harnois, qui sert de chaperon — et de proxénète — aux jeunes filles inexpérimentées, dont la vocation galante est cependant suffisamment déclarée.

LANCIER, s. m. Balayeur

On dit aussi *Lancier du Préfet*.

LANDERNEAU, n. d. l. Ville de Bretagne située entre la Madeleine et la porte Saint-Martin, — dans l'argot des gens de lettres, qui ne se doutent peut-être pas que l'expression est octogénaire.

Il y a du bruit dans Landerneau. Il y a un événement quelconque dans le monde des lettres ou des arts.

LANDIER, s m Employé de l'octroi.— dans l'argot des voleurs, qui ont conservé le souvenir du *Landit* de St-Denis.

LANDIÈRE, s. f. Boutique de marchand forain.

LANGUARD, E, adj. et s. Bavard, bavarde, mauvaise langue, — dans l'argot du peuple

Le mot sort des *Contes* de La Fontaine.

LANGUE DES DIEUX, s. m. La poésie, — dans l'argot des académiciens, dont cependant les vers n'ont rien de divin.

LANSQUE, s. m. Apocope de Lansquenet, — dans l'argot de Breda-Street.

Faire un petit lansque. Jouer une partie de lansquenet.

LANSQUAILLER, v. n. *Meiere*, —dans l'argot des voleurs.
On dit aussi *Lascailler.*

LANSQUINE, s. f. Eau pluviale, — dans le même argot.

LANSQUINER, v. n. Pleuvoir.
Lansquiner des chasses. Pleurer.

LANTERNER, v. n. Temporiser; hésiter; marchander et n'acheter rien,— dans l'argot du peuple.

LANTERNER, v. a. Ennuyer quelqu'un, le faire attendre plus que de raison, se moquer de lui.

LANTERNES DE CABRIOLET, s. m. pl. Yeux gros et saillants, — dans le même argot.

LANTERNIER, s. m. Homme irrésolu, sur lequel il ne faut pas compter.

LANTIMÈCHE, s. m. Imbécile; jocrisse, — dans l'argot des faubouriens.

LANTIPONNAGE, s. m. Discours importun, hésitation à faire ou dire une chose, — dans l'argot du peuple.

LANTIPONNER, v. n. Passer son temps à bavarder, à muser.

LANTURLU, s. m. Écervelé, extravagant, hurluberlu, — dans le même argot.
On disait autrefois *L'Enturlé.*

LAPIN, s. m. Apprenti compagnon, — dans l'argot des ouvriers.

LAPIN, s. m. Homme solide de cœur et d'épaules, — dans l'argot du peuple.
Fameux lapin. Robuste compagnon, à qui rien ne fait peur, ni les coups de fusil quand il est soldat, ni la misère quand il est ouvrier.

LAPIN, s. m. Camarade de lit, — dans l'argot des écoliers, qui aiment à coucher seuls.

LAPIN (En), adv. Être placé sur le siége de devant, avec le cocher, — dans l'argot du peuple.

LAPIN FERRÉ, s. m. Gendarme à cheval, — dans l'argot des voleurs.
Ils l'appellent aussi *Liége.*

LARBIN, s. m. Domestique, — dans l'argot des faubouriens, qui ont emprunté ce mot à l'argot des voleurs.

LARBINERIE, s. f. Domesticité, valetaille.

LARCOTIER, s. et adj. Libertin, — dans l'argot des voleurs.

LARDER, v. a. Percer d'un coup d'épée ou d'un coup de sabre, — dans l'argot des troupiers.

Se faire larder. Recevoir un coup d'épée.

LARDOIRE, s. f. Épée ou sabre.

LARGE, adj. Généreux, qui ne regarde pas à la dépense, — dans l'argot du peuple, qui parle comme écrivait Clément Marot :

> ...... Ils sçavent bien
> Que vostre pere est homme large ;
> A souper l'auront, à la charge
> Pour dix beuveurs maistres passez.

> (Traduction du *Colloque d'Erasme.*)

LARGE DES ÉPAULES. Avare, — dans le même argot.

« Usité, dit Larchey, dès 1808, » — et même beaucoup d'années auparavant, puisque cette expression se trouve dans le Dictionnaire de Leroux, édition de 1786, qui n'est pas la première édition.

LARGUE, s. f. Femme, maîtresse, — dans l'argot des voleurs et des souteneurs.

Larguepé. Femme publique.

LARME, s. f. Très-petite quantité, — dans l'argot des bourgeois, qui prennent une larme d'eau-de-vie dans une larme de café et se trouvent gris.

LARTIF, ou **LARTILLE**, ou **LARTON**, s. m. Pain, — dans l'argot des voleurs qui ne veulent pas dire *artie*.

Larton brut. Pain bis.

Larton savonné. Pain blanc.

Lartille à plafond. Pâté, — à cause de sa croûte.

LARTONNIER, IÈRE, s. Boulanger, boulangère.

LASCAR, s. m. Nom que — dans l'argot des troupiers et du peuple — on donne à tout homme de mauvaises mœurs, à tout réfractaire social, à tout insurgé contre la loi, la morale et les choses établies.

C'est une allusion aux mœurs des matelots indiens, malais ou autres, qui naviguent sur des bâtiments européens, hollandais principalement, et qui, tirés de la classe des parias, ne passent pas pour de parfaits honnêtes gens. Lorédan Larchey a donc eu tort de faire de ce mot, sur la foi de M. Vauvineux, le synonyme de *fantassin*.

LATIF, s. m. Linge blanchi, — dans l'argot des voleurs.

LATTE, s. f. Sabre de cavalerie, — dans l'argot des troupiers.

Se ficher un coup de latte. Se battre en duel.

LAVABE, s. m. Place de parterre à prix réduit, — dans l'argot des voyous.

LAVAGE, s. m. Vente au rabais d'objets ayant déjà eu un premier propriétaire, — dans l'argot des filles et des bohèmes, qui ont l'habitude de *laver* précisément les choses les plus neuves et les plus propres, afin de s'en faire de l'argent comptant.

LAVASSE, s. f. Mauvais bouillon, trop lavé d'eau, où la viande a été trop épargnée, — dans l'argot des bourgeois.

Se dit aussi du Mauvais café.

LAVEMENT, s. m. Homme ennuyeux, tracassier, *canulant*, — dans l'argot du peuple, qui n'aime pas les détersifs.

LAVER, v. a. Vendre à perte les objets qu'on avait achetés pour les garder.

LAVER LA TÊTE, v. a. Faire de violents reproches, et même dire des injures, — dans l'argot du peuple, qui ne fait que traduire le verbe *objurgare* de Cicéron.

LAVETTE, s. f. Langue, — dans l'argot des faubouriens, qui le disent aussi bien à propos des hommes que des chiens.

LAVOIR, s. m. Le confessionnal, — dans l'argot des voyous, qui ne vont pas souvent y dessouiller leur conscience, même lorsqu'elle est le plus chargée d'impuretés.

LAZZI-LOFF, s. m. Maladie qui ne se guérit qu'à l'hôpital du Midi et à Lourcine, — dans l'argot des voleurs.

LÉCHECUL, s. m. Flatteur outré, flagorneur, — dans l'argot du peuple.

LÉCHER UN TABLEAU, v. a. Le peindre trop minutiense-ment, à la hollandaise, — dans l'argot des artistes.

LÉCHEUR, s. et adj. Qui aime à embrasser, qui se plaît à recevoir et à donner des baisers, — dans l'argot du peuple, qui n'est pas précisément de la tribu des *Amalécites*.

LÉGUMES, s. m. pl. Oignons, œils de perdrix, durillons des pieds, — dans l'argot des faubouriens.

J'en ai entendu un s'écrier : « Oui, quand il poussera des légumes entre les doigts de pied de Louis XIV ! »

On dit aussi *Champignons*.

LENDORE, s. f. Paresseux, nonchalant, *endormi*, — dans l'argot du peuple.

LÉON, n. d'h. Le président des assises, — dans l'argot des voleurs, renards qui se sentent en présence du *lion*.

LERMOD, s. m. Étain, — dans le même argot.

LERMONER, v. a. Étamer.

LESSIVANT, s. m. Avocat d'office, — dans l'argot des voleurs, qui ont grand besoin d'être blanchis.

Les Gilles Ménage de Poissy et de Sainte-Pélagie prétendent qu'il faut dire *Lessiveur*.

LESSIVE, s. f. Plaidoirie, — tout avocat ayant pour mission de blanchir ses clients, fussent-ils nègres comme Lacenaire, ce Toussaint-Louverture de la Cour d'assises.

LESSIVE, s. f. Perte, — dans l'argot des joueurs.

LESSIVE, s. f. Vente à perte de meubles, de vêtements ou de livres, — dans l'argot des bohèmes et des lorettes.

Faire sa lessive. Se débarrasser, au profit des bouquinistes, des livres envoyés par les éditeurs ou par les auteurs, — dans l'argot des bibliographes, qui n'en enlèvent pas assez souvent les *ex-dono.*

LESSIVE DE GASCON, s. f. Propreté douteuse, qui ne résiste pas à l'examen, — dans l'argot des bourgeois, heureux d'avoir du linge.

Faire la lessive du Gascon. Retourner sa chemise quand elle est sale d'un côté, — ce que font beaucoup de bohèmes.

On connaît ce mot d'un vaudevilliste propret à propos d'un autre vaudevilliste goret : « Faut-il que cet homme ait du linge sale, pour pouvoir en mettre ainsi tous les jours ! »

LESSIVER, v. a. Défendre un prévenu en police correctionnelle, un accusé en Cour d'assises.

LESSIVER (Se faire). Perdre au jeu.

LETTRE DE JÉRUSALEM, s. f. Escroquerie par lettre, dont Vidocq donne le détail aux pages 241-253 de son livre.

LETTRE MOULÉE, s. f. Le journal, — dans l'argot des gens de lettres, qui ont em-prunté cette expression à Paul-Louis Courier.

LEVÉ (Être). Être suivi par un garde du commerce, — dans l'argot des débiteurs.

LÈVE-PIEDS, s. m. Échelle, escalier, — dans l'argot des voleurs.

LEVER, v. a. Capter la confiance, — dans l'argot des faubouriens.

Se faire lever de tant. Se laisser gagner ou emprunter « une somme de ».

LEVER LA LETTRE, v. a. Être compositeur d'imprimerie, — dans l'argot des typographes.

LEVER LE BRAS, v. a. N'être pas content, — dans le même argot.

LEVER LE COUDE, v. a. Boire, — dans l'argot du peuple.

LEVER LE PIED, v. a. Fuir en emportant la caisse, — dans le même argot.

LEVER UNE FEMME, v. a. « Jeter le mouchoir » à une femme qu'on a remarquée au bal, au théâtre, ou sur le trottoir, — dans l'argot des gandins, des gens de lettres et des commis.

LEVER UN HOMME, v. a. Attirer son attention et se faire suivre ou emmener par lui, — dans l'argot des petites dames.

Lever un homme au souper. S'arranger de façon à se faire inviter à souper par lui.

LEVEUR, s. m. Pick-pocket.

Leveur, s. m. Lovelace de bal ou de trottoir.

Lézard, s. m. Mauvais compagnon, — dans l'argot des voleurs.

Léziner, v. a. Tromper au jeu; hésiter avant de faire un coup, — dans le même argot.

Liardeur, s. et adj. Homme qui couperait un liard en quatre pour moins dépenser, — dans l'argot du peuple, qui n'est point avare, n'étant pas riche.

Lichade, s. f. Embrassade, — dans l'argot des faubouriens.

Lichance, s. f. Repas plus ou moins plantureux, — dans le même argot.

Lichance soignée. Gueuleton.

On dit aussi *Lichade.*

Licher, v. a. et n. Manger et boire à s'en *lécher* les lèvres.

Lichette, s. f. Petit morceau de quelque chose.

Licheur, euse, s. Homme, femme, qui aime à manger et à boire.

Lie de froment, s. f. Les *fumées* humaines, — dans l'argot du peuple.

Lignard, s. m. Soldat de la *ligne*, — dans l'argot des faubouriens.

Lignotte, s. f. Corde, lien, — dans l'argot des voleurs, qui répugnent sans doute à employer *lignette*, un mot de

la langue des honnêtes gens. Ils disent aussi *Ligotte.*

Ligotter, v. a. Lier, — dans le même argot.

Lilange, n. d. l. Lille, — dans le même argot.

Lillois, s. m. Fil à coudre, — dans le même argot.

Limace, s. f. Chemise, — dans l'argot des voleurs et des revendeurs du Temple.

Limacière, s. f. Lingère, — dans le même argot.

Limande, s. f. Homme *plat*, — dans l'argot des voleurs et des faubouriens.

Limer, v. n. « Aller lentement en affaire », — dans l'argot du peuple.

Lime sourde, s. f. Sournois, — dans l'argot des voleurs.

Limousin, s. m. Maçon, — dans l'argot du peuple, qui sait que les castors qui ont bâti Paris et qui sont en train de le démolir, appartiennent à l'antique tribu des Lémovices.

Limousine, s. f. Blouse de charretier, — dans le même argot.

Limousine, s. f. Plomb, — dans l'argot des voleurs.

Limousiner, v. a. et n. Bâtir des maisons.

Limousineur, s. m. Voleur de plomb sur les toits.

Linge, s. m. Chemise, — dans l'argot du peuple; jupon

blanc de dessous, — dans l'argot des filles.

Avoir du linge. Porter une chemise blanche.

Dissimuler son linge. Se boutonner jusqu'au menton.

Faire des effets de linge. Retrousser adroitement sa robe, de façon à montrer trois ou quatre jupons éblouissants de blancheur et garnis de dentelles — de coton.

LINGE LAVÉ (Avoir son). S'avouer vaincu ; être pris, — dans l'argot des voleurs, qui, une fois en prison, n'ont plus à s'occuper de leur blanchisseuse.

LINGRE, s. m. Couteau, — dans l'argot des voleurs, qui savent que *Langres* est la patrie de la coutellerie.

Lingriot. Petit couteau ; canif ; bistouri.

LINGRER, v. a. Frapper à coups de couteau.

LINGRERIE, s. f. Coutellerie.

LINSPRÉ, s. m. Prince, — dans l'argot des voleurs, qui cultivent l'anagramme comme le grand Condé les œillets.

LION, s. m. Homme qui, à tort ou à raison, — à tort plus souvent qu'à raison, — a attiré et fixé sur lui, pendant une minute, pendant une heure, pendant un jour, rarement pendant plus d'un mois, l'attention capricieuse de la foule, soit parce qu'il a publié un pamphlet scandaleux, soit parce qu'il a commis une éclatante gredinerie, soit pour ceci, soit pour cela, et même pour autre chose ; homme, enfin, qui, comme Alcibiade, a coupé la queue à son chien, ou, comme Alphonse Karr, s'est fait dévorer par lui, ou, comme Empédocle,

> Du plat de sa sandale a souffleté l'histoire.

Être le lion du jour. Être le point de mire de tous les regards et de toutes les curiosités.

LION, s. m. Le frère aîné du gandin, le dandy d'il y a vingt-cinq ans, le successeur du *fashionable* — qui l'était du *beau* — qui l'était de l'*élégant* — qui l'était de l'*incroyable* — qui l'était du *muscadin* — qui l'était du *petit-maître* — etc.

LIONCEAU, s. m. Apprenti lion, — garçon tailleur qui cherche à se faire passer pour le comte d'Orsay ou pour Brummel, et qui y réussit rarement, le goût étant une fleur rare comme l'héroïsme.

LIONNE, s. f. Femme à la mode — il y a trente ans. C'était « un petit être coquet, joli, qui maniait parfaitement le pistolet et la cravache, montait à cheval comme un lancier, prisait fort la cigarette et ne dédaignait pas le champagne frappé. » Aujourd'hui, mariée ou demoiselle, grande dame ou petite dame, la lionne s'appelle de son vrai nom — qui est *drôlesse.*

LIONNERIE, s. f. Haute et basse fashion.

LIPPE, s. f. Moue, grimace, — dans l'argot du peuple.

Faire sa lippe. Bouder.

LIPPÉE, s. f. Simple bouchée; repas insuffisant.

Franche lippée. Repas copieux.

LIPPER, v. n. Courir de cabaret en cabaret, y manger, — et surtout y boire.

LIQUIDE, s. f. Apocope de *Liquidation*, — dans l'argot des coulissiers.

LIQUIDE, s. m. Vin, — dans l'argot du peuple, qui fait semblant d'ignorer qu'il existe d'autres corps aqueux.

Avoir absorbé trop de liquide. Être ivre.

LIRE AUX ASTRES, v. n. Muser, faire le gobe-mouches, regarder en l'air au lieu de regarder par terre, — comme l'astrologue de la fable.

LITRER, v. a. Avoir, posséder, — dans l'argot des voleurs.

LITRON, s. m. Litre douteux servi dans un pot qui n'a pas toujours la contenance légale. Argot du peuple.

LITTÉRATURE JAUNE, s. f. Le Réalisme, — une maladie ictérique désagréable qui a sévi avec assez d'intensité dans les rangs littéraires il y a une dizaine d'années, et dont a été particulièrement atteint Champfleury, aujourd'hui presque guéri.

L'expression, fort juste, appartient à Hippolyte Babou.

LITTÉRATURIER, s. m. Mauvais écrivain, — dans l'argot des gens de lettres.

LIVRAISON DE BOIS DEVANT SA PORTE (Avoir une), v. a. Se dit — dans l'argot des faubouriens — d'une femme richement *avantagée* par la Nature.

LIVRE DES ROIS, s. m. Jeu de cartes.

LOCATIS, s. m. Cheval de louage, — dans l'argot des commis de nouveautés, à qui leurs moyens défendent les pur-sang.

LOCHE, s. f. Paresseux; gras; mou, — dans l'argot du peuple, qui emploie ce mot au propre et au figuré, par allusion à la limace, grise ou rouge, qu'on voit se traîner, visqueuse, par les sentiers.

LOCHE, s. f. Oreille, — dans l'argot des voleurs.

LOCHER, v. a. et n. Écouter.

LOCHER, v. n. Branler, être près de tomber, — dans l'argot du peuple.

LOFFARD ou LOFF, s. et adj. Innocent; niais; pleurard, — dans l'argot des comédiens, qui ne se doutent pas qu'ils ont emprunté ce mot à l'argot des forçats, qui l'ont emprunté eux-mêmes à l'argot des marins.

Le *lof* est le côté d'un navire qui se trouve frappé par

le vent, qui le fait crier. Le *loffard*, au bagne, est le forçat frappé par une condamnation à perpétuité, et qui gémit comme un enfant sur son sort.

LOGE INFERNALE, s. f. Petite loge d'avant-scène, où se mettent, par tradition, les gandins,—imitateurs serviles des *lions*.

Se dit aussi des Premières chaises du premier rang, aux concerts en plein vent comme ceux des Champs-Élysées.

LOGER AUX QUATRE VENTS, v. n. Demeurer dans une maison mal close, où le vent entre comme chez lui.

LOGER RUE DU CROISSANT, v. n. Avoir pour femme une drôlesse qui donne dans le contrat autant de coups de canif qu'il y a de jours dans l'année.

LOIR, s. m. Homme paresseux, dormeur, ami de ses aises, — dans l'argot du peuple, qui sait que cette sorte de gens, comme le *mus nitela*, mange les meilleurs fruits des espaliers et de la vie : d'où le vieux verbe *loirer*, pour Dérober, voler.

LOLO, s. m. Lait, — dans l'argot des enfants.

LOLOTTE, s. f. Fille ou femme qui aime pour vivre au lieu de vivre pour aimer, — dans l'argot des faubouriens.

LOMBARD, s. m. Commissionnaire au Mont-de-Piété,

— dans l'argot des ouvriers qui ont travaillé avec des Belges ; car c'est en effet le nom qu'on donne, à Bruxelles, au Grand-Mont-de-Piété, et ce nom a sa valeur historique.

LONGCHAMP, s. m. Procession plus ou moins considérable de gens, — dans l'argot du peuple, qui consacre ainsi le souvenir d'une mode dont on ne parlera plus dans quelques années.

LONGCHAMP, s. m. Promenade favorite, — dans l'argot des Polytechniciens. C'est une cour oblongue, bordée d'une file de cabinets dont nous laissons deviner la destination, et où les élèves viennent fumer et causer pendant les heures d'étude.

LONG DU MUR (Le). Avec son argent, — dans l'argot du peuple.

Pour bien comprendre cette expression pittoresque, si fréquemment employée, je veux citer la réponse que me fit un jour un coiffeur :

« Combien gagnez-vous chez votre patron ? — Trois francs par jour.— Alors, vous êtes nourri ? — Nourri et blanchi, oui..... *le long du mur !* »

LONGE, s. f. Année, — dans l'argot des voleurs, qui tirent volontiers dessus lorsqu'ils sont en prison.

LONGÉ, adj. Âgé.

LONGIS, s. et adj. Homme nonchalant, lent à faire ce

qu'il entreprend, — dans l'argot du peuple.

Longie. Nonchalante, paresseuse.

On dit aussi *Sainte Longie.*

Lopin, s. m. Morceau, — dans le même argot.

Loques, s. f. pl. Boutons de guêtre ou de pantalon, en cuivre, — dans l'argot des écoliers, qui les recueillent avec soin.

Jouer aux loques. Jouer avec des boutons comme avec des billes, à la bloquette, à la pigoche, etc.

Lorcefé, s. f. La prison de la Force, — dans l'argot des voleurs, qui, pour ce mot, se sont contentés de changer la place des lettres, et de mettre un *é* au lieu d'un *a.*

La Lorcefé des largues. Saint-Lazare, qui est la prison, la maison de Force où l'on renferme les femmes.

Loret, s. m. Monsieur peu délicat et peu difficile, qui vit volontiers des miettes de la table amoureuse de la lorette.

Le mot appartient à Nestor Roqueplan.

Lorette, s. f. Fille ou femme qui ne vit pas pour aimer, mais au contraire aime pour vivre.

Le mot a une vingtaine d'années 1840), et il appartient à Nestor Roqueplan, qui, par un hypallage audacieux, a ainsi baptisé ces drôlesses du nom de leur quartier de prédilection, — le quartier Notre-Dame-de-Lorette.

Lorgne, s. m. Borgne, — dans l'argot des voleurs.

Ils disent aussi *Lorgne-bé.*

Lorgue, s. m. As, — dans le même argot.

Loubion, s. m. Bonnet d'homme ou de femme, — dans le même argot.

Loubionnier, s. m. Bonnetier

Louche, s. f. Cuiller à potage, — dans l'argot du peuple.

Un mot provincial acclimaté maintenant à Paris.

Louche, adj. Douteux, équivoque, — dans l'argot du peuple, ennemi du strabisme dans les actes et dans les discours.

Loucher (Faire). Donner envie; exciter la convoitise, — dans le même argot, où l'on emploie souvent cette expression ironique pour refuser quelque chose.

Loucher de la jambe, v. n. Boiter.

Loucher de l'épaule. Être bossu.

Loucher de la bouche. Avoir le sourire faux.

Louches, s. f. pl. Les mains, — dans l'argot des voleurs, qui ne savent pas prendre franchement, honnêtement, en en demandant la permission.

Louchon, s. m. Individu

affligé de strabisme, — dans l'argot du peuple.

LOUFIAT, s. m. Voyou, homme crapuleux, — dans l'argot des faubouriens.

LOUP, s. m. Créancier, — dans l'argot des typographes.

Faire un loup. Faire une dette — et ne pas la payer.

LOUP, s. m. Pièce manquée ou mal faite, — dans l'argot des tailleurs.

On dit aussi *Bête* ou *Loup qui peut marcher tout seul.*

LOUPE, s. f. Paresse, flânerie, — dans l'argot des ouvriers, qui ont emprunté ce mot à l'argot des voleurs.

Ici encore M. Francisque Michel, chaussant trop vite ses lunettes de savant, s'en est allé jusqu'en Hollande, et même plus loin, chercher une étymologie que la nourrice de Romulus lui eût volontiers fournie. « *Loupeur*, dit-il, vient du hollandais *looper* (coureur), *loop* (course), *loopen* (courir). L'allemand a *laufer*,... le danois, *læber;*... enfin le suédois possède *lopare*... Tous ces mots doivent avoir pour racine l'anglo-saxon *lleàpan* (islandais *llaupa*), courir. »

L'ardeur philologique de l'estimable M. Francisque Michel a cette fois encore égaré, à ce que je crois. Il est bon de pousser de temps en temps sa pointe dans la Scandinavie, mais il vaut mieux rester au coin de son feu, les pieds sur les landiers, et, ruminant ses souvenirs de toutes sortes, parmi lesquels les souvenirs de classe, se rappeler : soit les pois *lupins* dont se régalaient les philosophes anciens, les premiers et les plus illustres flâneurs,— la sagesse ne s'acquérant vraiment que dans le *far niente*, et le *far niente* ne s'acquérant que dans la pauvreté; soit les *Lupanarii*, où l'on ne fait rien — de bon, du moins; soit les *lupilli*, qu'employaient les comédiens en guise de monnaie; soit le houblon (*humulus lupulus*) qui grimpe et s'étend au soleil comme un lézard; soit enfin, et surtout, le loup classique (*lupus*), qui passe son temps à rôder çà et là pour avoir sa nourriture.

LOUPE (Camp de la), s. m. Réunion de vagabonds.

LOUPEL, s. m. Avare; homme tout à fait pauvre,—dans l'argot des voleurs.

LOUPER, v. n. Flâner, vagabonder.

LOUPEUR, s. m. Flâneur, vagabond, ouvrier qui se dérange.

LOUPEUSE, s. f. Fille ou femme de mauvaise vie qui, n'aimant pas le travail honnête et doux de l'atelier, préfère le rude et honteux travail de la débauche.

LOUPIAT, s. m. Fainéant, *loupeur*, — dans l'argot des ouvriers.

LOURDE, s. f. Porte, — dans l'argot des voleurs.

LOURDIER, s. m. Concierge, — dans le même argot.

LOUVETEAU, s. m. Fils d'affilié,—dans l'argot des francs-maçons.

LOUVRE, s. m. Maison quelconque en pierres de taille, — dans l'argot des bourgeois, pour qui la colonnade de Perrault est le *nec plus ultra* de l'art architectonique.

Ils disent aussi *Petit Louvre*, — pour ne pas scandaliser dans leurs tombes François Ier, Henri II et Charles IX !

LUCARNE, s. f. Monocle, — dans l'argot des faubouriens.

Crever sa lucarne. Casser le verre de son lorgnon.

LUCRÈCE, s. f. Femme chaste, en apparence du moins, — dans l'argot du peuple, qui a entendu parler de l'héroïsme de la femme de Collatin, et qui n'y croit que sous bénéfice d'inventaire.

Faire la Lucrèce. Contrefaire la prude et l'honnête femme.

LUISANT, s. m. Soleil, ou Jour, — dans l'argot des voleurs.

On dit aussi *Luisard.*

LUISANTE, s. f. La Lune. On dit aussi *Luisarde.*

LUNE, s. f. Caprice; mauvaise humeur, — dans l'argot du peuple.

Être dans ses lunes. Avoir un accès de mauvaise humeur, de misanthropie.

LUNE, s. f. Visage large, épanoui, rayonnant de satisfaction et de santé.

On dit aussi *Pleine lune.*

LUNE, s. f. Le second visage que l'homme a à sa disposition, et qu'il ne découvre jamais en public, — à moins d'avoir toute honte bue.

On dit aussi *Pleine lune.*

LUNE A DOUZE QUARTIERS, s. f. Roue, — dans l'argot des voleurs.

LUNETTE, s. f. Le cercle de la *trulla*, — dans l'argot du peuple.

LUNETTES, s. f. pl. Les *nates*, — qui sont en effet de petites *lunes.*

LUQUE, s. m. Faux certificat; faux passeport, *loques* de papiers, — dans l'argot des voleurs.

Porte-luque. Portefeuille.

LURELURE (A), loc. adv. Au hasard, sans dessein, sans réflexion surtout, — dans l'argot du peuple.

LURON, s. m. Homme hardi, *déluré,* — dans le même argot.

Joyeux luron. Bon compagnon.

LUSQUIN, s. m. Charbon,— dans l'argot des voleurs.

Lusquine. Cendre.

LUSTRE, s. m. La claque, — dans l'argot des coulisses.

Chevaliers du lustre. Gens

payés pour applaudir les pièces et les acteurs, qui se placent ordinairement au parterre au-dessous du lustre.

On dit aussi *Romains*.

Lustucru, s. m. Imbécile ; évaporé, extravagant, — dans l'argot du peuple.

Lycée, s. m. Prison, — dans l'argot des voleurs, qui y font leurs humanités et parmi lesquels se trouve, de temps en temps, un Aristote de la force de Lacenaire qui leur enseigne sa Logique du meurtre et sa Philosophie de la guillotine.

Lyonnaise, s. f. Soierie, — dans l'argot des faubouriens, qui pratiquent volontiers l'hypallage et la métonymie.

M

Mac, s. m. Apocope de *Maquereau*, — dans l'argot des faubouriens.

Macaire, s. m. Escroc ; agent d'affaires véreuses ; saltimbanque, — dans l'argot du peuple, qui a conservé le souvenir du type créé par Daumier au *Charivari* et par Frédérick-Lemaître au théâtre.

On dit aussi *Robert-Macaire*.

Macaron, s. m. Huissier, — dans l'argot des voyous ; traître, — dans l'argot des voleurs.

Macaroner, v. a. et n. Agir en traître.

Macchabée, s. m. Cadavre, — dans l'argot du peuple, qui fait allusion, sans s'en douter, aux sept martyrs chrétiens.

Mauvais macchabée. Mort de dernière classe, ou individu trop gros et trop grand qu'on est forcé de *tasser*, — dans l'argot des employés des pompes funèbres.

Mac-Farlane, s. m. Paletot sans manches, — dans l'argot des gandins et des tailleurs.

Macher de haut, v. a. Manger sans appétit, — dans l'argot des bourgeois.

Macher les morceaux, v. a. Préparer un travail, faire le plus difficile d'une besogne qu'un autre achèvera, — dans l'argot du peuple.

Macher les mots, v. a. Choisir les expressions les plus chastes, les moins blessantes, — dans le même argot.

Ne pas mâcher les mots à quelqu'un. Lui dire crûment ce qu'on a à lui dire.

Machin, s. m. Nom qu'on donne à une personne ou à

une chose sur laquelle on ne peut mettre une étiquette exacte.

On dit aussi *Chose*.

MACHINE, s. f. Chose quelconque dont on ne peut trouver le nom, — dans l'argot des bourgeois, qui ne connaissent pas exactement la propriété des termes. Ainsi il n'est pas rare d'entendre l'un d'eux dire à un artiste, en parlant de son tableau : « Votre petite machine est très-jolie. »

MACHOIRE, s. f. Imbécile, — dans l'argot du peuple, qui sait avec quelle arme Samson assomma tant de Philistins.

Signifie aussi Suranné, Classique, — dans l'argot des romantiques, — ainsi que cela résulte d'un passage des *Jeune France* de Théophile Gautier, qu'il faut citer pour l'édification des races futures : « L'on arrivait par la filière d'épithètes qui suivent : *cidevant, faux toupet, aile de pigeon, perruque, étrusque, mâchoire, ganache*, au dernier degré de la décrépitude, à l'épithète la plus infamante, *académicien* et *membre de l'Institut*. »

MACHONNER, v. n. Parler à voix basse, murmurer, maugréer, — dans le même argot.

MACHURER, v. a. Barbouiller, noircir, — dans le même argot.

MADAME, s. f. Dame, — dans l'argot des petites filles.

Jouer à la Madame. Contrefaire les mines, les allures des grandes personnes.

MADAME TIREMONDE, s. f. Sage-femme, — dans l'argot des faubouriens.

Les voyous disent *Madame Tire-pousse*.

Au XVIᵉ siècle, on disait *Madame du guichet* et *Portière du petit guichet*.

MADEMOISELLE MANETTE, s. f. Malle, — dans l'argot des faubouriens.

MADRICE, s. f. Finesse, habileté, *madrerie*, — dans l'argot des voleurs.

MADRIN, adj. et s. Habile, fin, *madré*.

MAFFLU, adj. et. s. Qui a une face large, épanouie, — dans l'argot du peuple.

Grosse mafflue. Grosse commère.

MAGNEUSE, s. f. « Femme qui se déprave avec des individus de son sexe », dit M. Francisque Michel, qui va bien loin chercher l'étymologie de ce mot, — dans lequel il veut voir une allusion malveillante et calomnieuse à une communauté religieuse, — tandis qu'il l'a sous la *main*, cette étymologie.

MAGOT, s. m. Économies, argent caché, — dans l'argot du peuple.

Manger son magot. Dépenser l'argent amassé.

MAGOT, s. m. Homme laid comme un *singe* ou grotesque

comme une figurine chinoise en pierre ollaire.

MAIGRE COMME UN CENT DE CLOUS, adj. Extrêmement maigre.

On dit aussi *Maigre comme un coucou*, et *Maigre comme un hareng-sauret*.

MAIGRE (Du)! interj. Silence! — dans l'argot des voleurs.

MAINS DE BEURRE, s. f. pl. Mains maladroites, qui laissent glisser ce qu'elles tiennent, — dans l'argot du peuple.

MAISON DE SOCIÉTÉ, s. f. Abbaye des S'offre-à-tous, — dans l'argot des bourgeois.

MAISONNÉE, s. f. Les personnes, grandes et petites, qui composent une famille, — dans l'argot du peuple.

MAJOR, s. m. Chirurgien, — dans l'argot des soldats.

MAJOR DE TABLE D'HÔTE, s. m. Escroc à moustaches grises et même blanches, à cheveux ras, à redingote boutonnée, à col-carcan, à linge douteux, qui sert de protecteur aux tripots de la banlieue.

MALADE, adj. et s. Prisonnier, — dans l'argot des voleurs, qui ont perdu la santé de l'âme.

MALADE DU POUCE, adj. Paresseux, — dans l'argot des faubouriens.

Signifie aussi Avare.

MALADIE, s. f. Emprisonnement.

MAL-A-GAUCHE, s. et adj. *Maladroit*, — dans l'argot facétieux et calembourique des faubouriens.

MALANDREUX, s. et adj. Infirme; malade, mal à son aise, — dans l'argot du peuple.

On disait aussi autrefois *Landreux*.

MAL BLANCHI, s. et adj. Nègre, — dans l'argot des faubouriens.

MALECHANCE, s. f. Fatalité, *mauvaise chance*, — dans l'argot du peuple.

MAL CHOISI, s. m. Académicien, — dans l'argot des faubouriens, qui ont parfois raison.

MALDINE, s. f. Pension bourgeoise, — dans l'argot des voyous.

MALE, s. m. Homme, — dans l'argot des faubouriennes, qui préfèrent les charretiers aux gandins.

Beau mâle. Homme robuste, plein de santé.

Vilain mâle. Homme d'une apparence maladive, ou de petite taille.

Signifie aussi Mari.

MAL EMBOUCHÉ, adj. et s. Insolent, grossier, — dans l'argot du peuple.

MALFRAT, s. m. Vaurien, homme qui mal fait, ou gamin qui *mal fera*, — dans l'argot des paysans de la banlieue de Paris.

M. Francisque Michel donne *Malvas*, en prenant soin d'a-

jouter que ce mot est « pro-
vençal » et qu'il est populaire
à Bordeaux. M. F. Michel a
beaucoup plus vécu avec les
livres qu'avec les hommes.
D'ailleurs, les livres aussi me
donnent raison, puisque je lis
dans l'un deux que le peuple
parisien disait jadis un *Malfé*
(*malefactus*) à propos d'un
malfaiteur, et donnait le même
nom au Diable.

MALINGRER, v. n. Souffrir,
— dans l'argot des voleurs.

MALINGREUX, s. et adj. Souffreteux, — dans l'argot du
peuple.

MALITORNE, s. f. Femme
disgracieuse, laide, mal faite,
malè tornata, — dans l'argot
du peuple, qui parle mieux
que les gens distingués, puisque les gens distingués appellent une cuisinière *maritorne*
sans savoir pourquoi.

MALTAISE, s. f. Pièce de
vingt francs, — dans l'argot
des voleurs.

MALTOUZE, s. f. Contre-
bande, — dans l'argot des voleurs, les *maltôtiers* modernes
(*male tollere*, enlever injustement).
Pastiquer la maltouze. Faire
la contrebande.

MALTOUZIER, s. m. Contre-
bandier.

MANCHE, s. f. Partie, — dans
l'argot des joueurs.
Manche à (sous-entendu :
Manche). Se dit quand chacun
des joueurs a gagné une partie
et qu'il reste à faire la *belle*.

MANCHE, s. f. Quête; Au-
mône, — dans l'argot des saltimbanques.
Faire la manche. Quêter,
mendier.

MANCHE (Avoir dans sa), v.
a. Disposer de quelqu'un
comme de soi-même, — dans
l'argot du peuple.

MANCHOT, s. m. Homme
maladroit comme s'il avait un
bras de moins.
N'être pas manchot. Être
très-adroit, — au propre et au
figuré.

MANDARIN, s. m. Person-
nage imaginaire qui sert de
tête de Turc à tous les crimi-
nels timides.
Il a été inventé par Jean-
Jacques Rousseau ou par Diderot comme cas de conscience. Vous êtes assis tranquillement dans votre fauteuil, au
coin de votre feu, à Paris,
cherchant, sans les trouver,
les moyens de devenir aussi
riche que M. de Rothschild et
aussi heureux qu'un roi, parce
que vous supposez avec raison que l'argent fait le bonheur, attendu que vous avez
une maîtresse très-belle, qui
a chaque jour de nouveaux
caprices ruineux, et que vous
seriez très-heureux de la voir
heureuse en satisfaisant tous
ses caprices à coups de billets
de banque. Eh bien, il y a, à
deux mille lieues de vous, un
mandarin, un homme que
vous ne connaissez pas, qui
est plus riche que M. de Rothschild : sans bouger, sans

même faire un geste, rien qu'avec la Volonté, vous pouvez tuer cet homme et devenir son héritier, — sans qu'on sache jamais que vous êtes son meurtrier.

Voilà le cas de conscience que beaucoup de gens ont résolu en chargeant leur Volonté à mitraille, sans pour cela en être plus riches, mais non sans en être moins déshonorés. Je ne devais pas oublier de le signaler dans ce Dictionnaire, qui est aussi bien une histoire des idées modernes que des mots contemporains. D'ailleurs il a passé dans la littérature et dans la conversation, puisqu'on dit *Tuer le mandarin.* A ce titre déjà je lui devais une mention honorable.

MANDIBULES, s. f. pl. Le bas du visage, — dans l'argot du peuple.

Jouer des mandibules. Manger.

On dit aussi *Jouer des badigoinces.*

MANDOLE, s. f. Soufflet, — dans l'argot des marbriers de cimetière.

Jeter une mandole. Donner un soufflet.

MANDRIN, s. m. Bandit, homme capable de tout, à quelque rang de la société qu'il appartienne, sur quelque échelon qu'il se soit posé.

Cette expression — de l'argot du peuple — est dans la circulation depuis longtemps.

On dit aussi *Cartouche,* —

ces deux coquins faisant la paire.

MANGEAILLE, s. f. Nourriture.

MANGEOIRE, s. f. Restaurant, cabaret, — dans l'argot des faubouriens.

MANGER, v. a. Subir, avoir, faire, — dans l'argot du peuple.

Manger de la misère. Être besogneux, misérable.

Manger de la prison. Être prisonnier.

Manger de la guerre. Assister à une bataille.

MANGER DANS LA MAIN, v. n. Prendre des familiarités excessives, abuser des bontés de quelqu'un.

MANGER DE CE PAIN-LA (Ne pas). Se refuser à faire une chose que l'on croit malhonnête, malgré le profit qu'on en pourrait retirer ; répugner à certains métiers, comme ceux de domestique, de souteneur, etc.

MANGER DE LA VACHE ENRAGÉE, v. a. Pâtir beaucoup ; souffrir du froid, de la soif et de la faim ; n'avoir ni sou ni maille, ni feu ni lieu ; vivre enfin dans la misère en attendant la richesse, dans le chagrin en attendant le bonheur.

Cette expression est de l'argot du peuple et de celui des bohèmes, qui en sont réduits beaucoup trop souvent, pour se nourrir, à se tailler des beefsteaks invraisemblables dans les flancs imaginaires de cette bête apocalyptique.

MANGER DES PISSENLITS PAR LA RACINE, v. a. Être mort, — dans l'argot des ouvriers.

MANGER DU BŒUF, v. a. Être pauvre,—dans l'argot du peuple, qui sait combien l'*ordinaire* finit par être fade et misérable.

MANGER DU MÉRINOS, v. a. Jouer au billard, — dans l'argot des habitués d'estaminet.

Ils disent aussi *Manger du drap.*

MANGER DU PAIN ROUGE, v. a. Vivre d'assassinats impunis,— dans l'argot du peuple.

MANGER DU PAVÉ, v. a. Chercher de l'ouvrage et n'en jamais trouver,— dans l'argot des coiffeurs. *Trimer,*— dans l'argot du peuple.

MANGER DU SUCRE, v. a. Recevoir des applaudissements, —dans l'argot des comédiens.

MANGER LA LAINE SUR LE DOS DE QUELQU'UN, v. a. Le tromper, et même le voler, sans qu'il proteste ou s'en aperçoive, — dans l'argot du peuple.

MANGER LE BLANC DES YEUX (Se). Se dit — dans l'argot des bourgeois — de deux personnes qui se regardent avec colère, comme prêtes à se jeter l'une sur l'autre et à se dévorer.

MANGER LE BON DIEU, v. a. Communier, — dans l'argot des faubouriens.

MANGER LE GIBIER, v. a. Ne rien exiger des hommes, ou ne pas *rapporter* intégralement l'argent qu'ils ont donné, —dans l'argot des souteneurs, qui disent cela à propos des filles, leurs maîtresses.

MANGER LE MORCEAU, v. a. Trahir un secret ; ébruiter trop tôt une affaire, — dans l'argot du peuple.

MANGER LE MOT D'ORDRE, v. a. Ne plus se le rappeler, — dans l'argot des troupiers.

MANGER LE NEZ (Se). Se battre avec acharnement, — dans l'argot des faubouriens, qui jouent parfois des dents d'une manière cruelle.

Par bonheur, ils jouent plus souvent de la langue, et, dans leurs « engueulements », — qui rappellent beaucoup ceux des héros d'Homère, — s'il leur arrive de dire, en manière de début : « Je vais te manger le nez ! » ils se contentent de *se moucher.*

MANGER LE PAIN HARDI, v. a. Être domestique, — dans l'argot du peuple, qui veut marquer que ces sortes de gens mangent le pain de leurs maîtres, sans se soucier autrement de le gagner.

MANGER LE POULET, v. a. Partager un bénéfice illicite, — dans l'argot des ouvriers, qui disent cela à propos des ententes trop cordiales qui existent parfois entre les entrepreneurs et les architectes, grands déjeuners.

MANGER LES SENS (Se). S'im-

patienter, se mettre en colère,
— dans l'argot des bourgeois.

MANGER SON BEEFSTEAK, v.
a. Se taire, — dans l'argot des
faubouriens, qui ne devraient
pourtant pas ignorer qu'il y a
des gens qui parlent la bouche
pleine.

MANGER SON PAIN BLANC LE
PREMIER, v. a. De deux choses
faire d'abord la plus aisée;
s'amuser avant de travailler,
au lieu de s'amuser après avoir
travaillé.

Cette expression — de l'argot du peuple — a signifié
aussi : Se donner du bon
temps dans sa jeunesse et
vivre misérablement dans sa
vieillesse.

MANGER SUR L'ORGUE, v. n.
Dénoncer un complice pour
se sauver soi-même ou atté-
nuer son propre crime, —
dans l'argot des voleurs.

MANGER UN LAPIN, v. a.
Enterrer un camarade, — dans
l'argot des typographes, qui,
comme tous les ouvriers, s'arrêtent volontiers chez le marchand de vin en revenant du
cimetière.

MANGEUR, s. m. Dissipateur,
viveur, — dans l'argot du
peuple.

MANGEUR DE BLANC, s. m.
Souteneur de filles, — dans
l'argot des faubouriens.

MANGEUR DE BON DIEU, s.
m. Bigot, homme qui hante
plus volontiers l'église que
le cabaret.

MANGEUR DE CHOUCROUTE,
s. m. Allemand ou Alsacien,
— dans l'argot du peuple.

MANGEUR DE GALETTE, s. m.
Homme qui trahit ses camarades pour de l'argent, —
dans l'argot des ouvriers.

MANGEUR DE POMMES, s. m.
Normand, — dans l'argot du
peuple.

MANICLE, s. f. Se dit — dans
le même argot — de toutes
les choses gênantes, embar-
rassantes, comme le sont en
effet les *manicles* des prisonniers.

Ce mot vient de *manica*,
menottes. Les forçats, qui ne
sont pas tenus de savoir le
latin, donnent ce nom aux
fers qu'ils traînent aux pieds;
en outre, au lieu de l'employer au pluriel, comme
l'exigerait l'étymologie, ils
s'en servent au singulier :
c'est ainsi que de la langue
du bagne il est passé dans
celle de l'atelier.

Frère de la manicle. Filou.

MANIÈRE, s. f. Façon de se
conduire avec les hommes, —
dans l'argot des drôlesses ha-
biles, qui ont ainsi, comme
les grands artistes, leur première, leur seconde, leur troisième manière. Le cynisme
en paroles et en actions peut
être la première manière
d'une courtisane, et la pudi-
cité, voire l'honnêteté, sa
troisième manière, — la plus
remarquable et la plus dangereuse.

MANIÈRES, s. f. pl. Embarras, importance exagérée; mines impertinentes; simagrées, — dans l'argot des faubouriens.

MANIGANCE, s. f. Intrigue, fourberie, — dans l'argot du peuple.

MANIGANCER, v. a. Méditer une fourberie; préparer une *farce*, un coup, une affaire.

MANIQUE, s. f. Métier.

Connaître la manique. Connaître à fond une affaire.

Sentir la manique. Sentir le cuir ou toute autre odeur d'atelier.

MANIVELLE, s. f. Chose qui revient toujours fastidieusement; travail monotone, ennuyeux.

C'est toujours la même manivelle. C'est toujours la même chanson.

MANNEQUIN, s. m. Imbécile, « homme de paille. »

MANNEQUIN, s. m. Voiture quelconque, et spécialement Tapecul, — dans l'argot des aubouriens.

MANNEQUIN DU TRIMBALLEUR DES REFROIDIS, s. m. Corbillard, — dans l'argot des voleurs.

MANNEZINGUE, s. m. Cabaret; marchand de vin, — dans l'argot des faubouriens, qui n'emploient ce mot que depuis une trentaine d'années.

On dit aussi *minzinguin* et *mannezinguin.*

MANNEZINGUEUR, s. m. Habitué de cabaret.

MANON, s. f. Gourgandine, — dans l'argot du peuple.

Signifie aussi Maîtresse, — dans l'argot des bourgeois.

MANQUE (A la), adv. A gauche, — dans l'argot des faubouriens.

MAQUA, s. f. Entremetteuse, — dans l'argot du peuple, qui emploie ce mot depuis quelques cents ans.

On a écrit aussi *Maca.*

MAQUECÉE, s. f. Abbesse de l'abbaye des S'offre-à-tous, — dans l'argot des voleurs.

MAQUEREAU, s. m. Souteneur de filles, ou plutôt Soutenu de filles, — dans l'argot du peuple.

Il est regrettable que M. Francisque Michel n'ait pas cru devoir éclairer de ses lumières philologiques les ténèbres opaques de ce mot, aussi intéressant que tant d'autres auxquels il a consacré des pages entières de commentaires. Pour un homme de son érudition, l'étymologie eût été facile à trouver sans doute, et les ignorants comme moi n'en seraient pas réduits à la conjecturer.

Il y a longtemps qu'on emploie cette expression; les documents littéraires dans lesquels on la rencontre sont nombreux et anciens déjà; mais quel auteur, prosateur ou poëte, l'a employée le premier, et pourquoi l'a-t-il em-

ployée ? Est-ce une corruption du *mœchus* d'Horace,
(« homme qui vit avec les
courtisanes, » *mœcha*, fille) ?
Est-ce le μαχρός grec, conservé en français avec sa prononciation originelle et son
sens natif (grand, fort) par
quelque helléniste en belle
humeur ? Est-ce une contraction anagrammatisée ou une
métathèse du vieux français
marcou (matou, mâle)? Est-ce
enfin purement et simplement
une allusion aux habitudes
qu'ont eues de tout temps les
souteneurs de filles de se réunir par bandes dans des cabarets *ad hoc*, par exemple
les tapis-francs de la Cité et
d'ailleurs, — comme les ma-
quereaux par troupes, par
bancs, dans les mers du Nord?
Je l'ignore, — et c'est précisément pour cela que je vou-
drais le savoir ; aussi atten-
drai-je avec impatience et
ouvrirai-je avec curiosité la
prochaine édition des *Etudes
de philologie* de M. Francisque Michel.

MAQUERELLAGE, s. m. Proxénétisme.

MAQUERELLE, s. f. Femme
qui trafique des filles.

Au XVIIIe siècle on disait
Maqua.

MAQUI, s. f. Rouge, fard,
— dans l'argot des voleurs.

C'est probablement une
apocope du vieux mot *Maquignonnage*.

MAQUIGNON, s. m. Homme

qui fait tous les métiers, excepté celui d'honnête homme,
— dans l'argot du peuple.

MAQUIGNONNAGE, s. m.
Proxénétisme ; tromperie sur
la qualité et sur la quantité
d'une marchandise ; abus de
confiance.

MAQUIGNONNER, v. a. Faire
des affaires véreuses.

MAQUILLAGE, s. m. Application de blanc de céruse et
de rouge végétal sur le visage,
— dans l'argot des acteurs et
des filles, qui ont besoin, les
uns et les autres, de tromper
le public, qui, de son côté, ne
demande qu'à être trompé.

MAQUILLÉE, s. f. Lorette,
casinette, boule rouge, petite
dame enfin, — dans l'argot
des faubouriens.

MAQUILLER, v. a. Faire,
agir, machiner, — dans l'argot des voleurs et des faubouriens.

Signifie aussi Tromper, tricher, user de supercherie.

MAQUILLER (Se), v. réfl. Se
couvrir le visage de carmin
et de blanc de perles, — dans
l'argot des petites dames,
dont la beauté est l'unique
gagne-pain, et qui cherchent
naturellement à dissimuler les
outrages que les années — et
la débauche — peuvent y faire.

MAR. Désinence ordinaire
fort à la mode vers 1830, —
comme les Osages. On re-
tranchait la dernière syllabe
des mots et on y substituait

ces trois lettres, qui donnaient un « cachet » au langage des gens d'esprit de ce temps-là. On disait *Boulangemar* pour Boulanger, *Epicemar* pour Épicier, etc. C'était une sorte de javanais mis à la portée de tout le monde. Il en est resté malheureusement quelques éclaboussures sur notre langue.

Marauder, v. n. Raccrocher des pratiques en route, — dans l'argot des cochers de voitures de place, qui frustrent ainsi leur administration.

On dit aussi *Aller à la maraude* et *Faire la maraude.*

Marbre, s. m. Pierre sur laquelle, dans les imprimeries de journaux, les typographes posent les *paquets* destinés à être mis en page.

Avoir un article sur le marbre. Avoir un article composé, sur le point de passer, — dans l'argot des gens de lettres.

Marcandier, s. m. Marchand, — dans l'argot des voleurs, qui emploient là une expression de la vieille langue des honnêtes gens.

Marcassin, s. m. Petit garçon malpropre et grognon, — dans l'argot du peuple.

Marchand de cerises, s. m. Mauvais cavalier.

Marchand de lacets, s. m. Gendarme, — dans l'argot des voleurs, qui se laissent *entortiller* par ces marchands-là.

Marchand de sommeil, s. m. Logeur en garni, — dans l'argot des faubouriens.

Marchand de soupe, s. m. Maître de pension, — dans l'argot des écoliers.

Marchand d'hommes, s. m. Agent de remplacement militaire, — dans l'argot du peuple.

Marche-a-terre, s. m. Fantassin, — dans l'argot de la cavalerie.

Marche de flanc, s. f. Le sommeil, ou seulement le repos, — dans l'argot des sous-officiers.

Marcher, v. n. Être de la même opinion: consentir, — dans l'argot des typographes.

Marcher sur la chrétienté, v. n. N'avoir pas de souliers ou avoir des souliers usés, — dans l'argot des bourgeois.

Marcher sur le pied, v. n. Chercher querelle à quelqu'un, — une querelle d'Allemand; saisir le moindre prétexte pour se fâcher.

N'aimer pas qu'on vous marche sur le pied. Être très-chatouilleux, très-susceptible.

Marches du palais, s. f. pl. Rides du front, — dans l'argot du peuple.

Marcheuse, s. f. « Rat d'une grande beauté que sa mère, fausse ou vraie, a vendu le jour où elle n'a pu devenir ni premier, ni deuxième, ni troisième sujet de la danse, et où elle a préféré l'état de coryphée à tout autre, par la grande raison qu'après l'emploi de sa jeunesse elle n'en pouvait pas prendre d'autre. C'est un débris de la fille d'Opéra du XVIIIe siècle.»

MARCHEUSE, s. f. Femme en bonnet et en tablier blanc, dont les fonctions « sont d'appeler les passants à voix basse et de les engager à monter dans la maison qu'elle représente. »

MARCO, s. f. Petite dame, — dans l'argot des gens de lettres, qui disent cela depuis la pièce de leurs confrères Lambert Thiboust et Barrière, *les Filles de marbre*, dont l'héroïne principale s'appelle Marco.

MARDI, S'IL FAIT CHAUD! Les calendes grecques du peuple, qui y renvoie volontiers quand il veut se moquer ou se débarrasser d'un importun.

Ce mardi-là et le *Dimanche après la grand'messe* font partie de la fameuse *Semaine des quatre jeudis*.

MARGAUDER, v. n. Dénigrer quelqu'un ; décrier une chose, — dans l'argot des bourgeois.

MARGOT, s. f. Fille ou femme qui a jeté son bonnet et sa pudeur par-dessus les moulins, — dans l'argot du peuple. On dit aussi *Margoton*.

MARGOT, s. f. Maîtresse, concubine, — dans l'argot des bourgeois.

Vivre avec des Margots. Vivre avec des filles ; passer le meilleur de son temps à filer le plus imparfait amour aux pieds d'Omphales d'occasion, sans avoir l'excuse du fils d'Alcmène, — qui du moins était un hercule.

MARGOUILLIS, s. m. Gâchis, — dans l'argot du peuple, qui emploie ce mot au propre et au figuré.

MARGOULETTE, s. f. La bouche, considérée comme avaloir.

Rincer la margoulette à quelqu'un. Lui payer à boire.

MARGOULIN, s. m. Débitant, — dans l'argot des commis-voyageurs.

MARGUERITES, s. f. pl. Poils blancs de la barbe, — dans l'argot du peuple, qui a parfois des images aussi poétiques que justes.

Il dit aussi *Marguerites de cimetière*.

MARIAGE A LA DÉTREMPE, s. m. Union morganatique, — dans l'argot des ouvriers.

MARIANNE, s. f. La République, — dans l'argot des démocrates avancés.

Avoir la Marianne dans l'œil. Clignoter des yeux sous l'influence de l'ivresse.

MARIE BON-BEC, s. f. Femme bavarde, « un peu trop

forte en gueule, » — dans l'argot du peuple.

Marie-Salope, s. f. Bateau dragueur, — dans l'argot des mariniers de la Seine.

Mari malheureux, s. m. « Le dernier de M. Paul de Kock, » — dans l'argot pudibond des bourgeois.

Marin d'eau douce, s. m. Canotier de la Seine, — dans l'argot du peuple.

Mariolle, s. et adj. Malin, ingénieux, rusé, — dans l'argot des faubouriens.

Marionnette, s. f. Soldat, — dans l'argot des voleurs.

Marionnettes, s. f. pl. Partisans, mâles ou femelles, d'une bastringueuse du nom de *Maria*, qui florissait en l'an de grâce 1839 à la Grande Chaumière et à la Chartreuse, et à qui une autre joueuse de flûte du nom de *Clara* disputait le sceptre du cancan et le prix de chahutage.

Les partisans de cette dernière s'appelaient *Clarinettes*.

Marlou, s. m. Soureteur de filles, — dans l'argot des faubouriens.

Pourquoi, à propos de ce mot tout moderne, M. Francisque Michel a-t-il éprouvé le besoin de recourir au Glossaire de Du Cange et de calomnier le respectable corps des *marguilliers?* Puisqu'il lui fallait absolument une étymologie, que ne l'a-t-il demandée plutôt à un Dictionnaire anglais? *Mar* (gâter), *love* (amour) : les souteneurs, en effet, souillent le sentiment le plus divin en battant monnaie avec lui.

Cette étymologie n'est peut-être pas très-bonne, mais elle est au moins aussi vraisemblable que celle de M. Francisque Michel.

Marlou, s. et adj. Malin, rusé, expert aux choses de la vie.

Marlouserie, s. f. Profession de Marlou.

Se dit aussi pour Habileté.

Marlousier, s. m. Apprenti marlou.

Marmaille, s. f. Troupe, nichée d'enfants, — dans l'argot du peuple.

On dit aussi *Marmaillerie*.

Marmite, s. f. Maîtresse, — dans l'argot des souteneurs, qui n'éprouvent aucune répugnance à se faire nourrir par les filles.

Marmite de cuivre. Femme qui gagne—et rapporte beaucoup.

Marmite de fer. Femme qui gagne — et rapporte un peu moins.

Marmite de terre. Femme qui ne rapporte pas assez, — car elle ne rapporte rien.

Marmiteux, s. et adj. Piteux, ennuyé; malade, — dans l'argot du peuple.

Marmiton de M. Domange, s. m. Vidangeur,—dans l'argot des faubouriens, qui ne se doutent guère qu'ils ne font que répéter une expression du XVIᵉ siècle : « Marmiton de la gadouarde, » lit-on dans les *Après-disnées du seigneur de Cholières.*

Cela ne vaut pas, comme délicatesse ironique, le *gold-finder* des Anglais.

MARMONNER, v. a. Parler entre les dents d'un air fâché; murmurer, gronder, — dans l'argot du peuple.

On dit aussi *Marmotter.*

MARMOT, s. m. Enfant, et, par extension, Homme chétif.

Croquer le marmot. Attendre en vain.

MARMOTTE, s. f. Madras que les femmes du peuple se mettent sur la tête pour dormir.

MARMOTTIER, s. m. Savoyard, — dans l'argot des faubouriens.

MARMOUSER, v. n. Bruire comme l'eau qui bout, — dans l'argot du peuple.

MARMOUSET, s. m. Gamin; homme de mine chétive.

MARMOUSET, s. m. Pot-au-feu, — dans l'argot des voleurs, par allusion au *marmousement* du bouillon.

Le marmouset riffode. Le pot bout.

MARNER, v. a. Voler, — dans l'argot des revendeuses du Temple.

MAROTTE, s. f. Caprice, entêtement, manie, — dans l'argot des bourgeois.

MARQUANT, s. m. Maître, chef, — dans l'argot des voleurs.

MARQUE, s. f. Femme, — dans le même argot.

Marque de cé. Femme légitime d'un voleur.

Marque franche. Concubine.

MARQUÉ, s. m. Mois, — dans le même argot.

Quart de marqué. Semaine.

MARQUÉ A LA FESSE, adj. et s. Homme méticuleux, maniaque, ennuyeux, — dans l'argot des typographes.

MARQUÉ AU B, adj. Borgne, ou bossu, ou bigle, ou boiteux, ou bavard, — dans l'argot du peuple.

MARQUER (Ne plus), v. n. Vieillir, — dans l'argot des faubouriens.

MARQUER AVEC UNE FOURCHETTE, v. a. Exagérer le compte d'un débiteur, en marquant 5 quand il a dépensé 1, — ainsi qu'il arrive de faire à beaucoup de cafetiers, de restaurateurs, de tailleurs, pour se rattraper sur une bonne paye, distraite, des pertes qu'ils ont subies avec une mauvaise, plus distraite encore.

MARQUER LE COUP, v. a. Trinquer, — dans l'argot des ouvriers.

MARQUIS D'ARGENCOURT, s. m. Homme qui rendrait des points à Job, mais ne pourrait lui rendre que cela, —

n'ayant absolument rien autre.

On dit aussi *Marquis de la bourse plate.*

MARQUISE, s. f. Maîtresse, — dans l'argot des faubouriens.

MARQUISE, s. f. Le saladier de vin blanc sucré des bourgeois, — comme le saladier de vin blanc est la marquise des ouvriers.

MARRON, s. m. Rapport, procès-verbal des chefs de ronde, — dans l'argot des soldats.

MARRON, s. m. Livre imprimé clandestinement, — dans l'argot des typographes.

MARRON (Être). Être la victime de quelque chose, être la dupe de quelqu'un, — dans l'argot des faubouriens.

Être servi ou *paumé marron.* Être pris sur le fait encore nanti des objets soustraits, — dans l'argot des voleurs.

Je ne crois pas qu'il faille, à propos de cette expression, remonter à Régnier, à La Fontaine et à Molière, et citer la fable de *Bertrand et Raton,* comme l'a fait M. Francisque Michel avec une vraisemblance plus apparente que réelle. Au premier abord, on songe à ces marrons que le singe fait tirer du feu par le chat; mais en y réfléchissant on ne tarde pas à comprendre qu'il faut chercher ailleurs l'origine de cette expression. Le verbe *marronner,* que M. Francisque Michel ne cite pas, quoiqu'il soit fréquemment et depuis longtemps employé par le peuple, ce verbe est-il antérieur ou postérieur à celui qui nous occupe en ce moment? Voilà ce qu'il aurait fallu rechercher et dire, car s'il est antérieur, comme tout le fait supposer, nul doute qu'il ait donné naissance à *Être marron.* En outre, voilà longtemps, me semble-t-il, qu'on appelle *nègre marron* un nègre fugitif — qu'on *reprend* toujours. Que le lecteur daigne conclure.

MARRONNER, v. a. Maugréer, être de mauvaise humeur, — dans l'argot du peuple.

Faire marronner quelqu'un. Le faire attendre plus que la politesse et la raison ne le permettent.

Signifie aussi Faire enrager, taquiner.

MARRONNER UNE AFFAIRE, v. a. Manquer un vol par maladresse, — dans l'argot des voleurs.

MARRON SCULPTÉ, s. m. Tête grotesque, personnage ridicule, — dans l'argot du peuple, qui fait allusion à ces fantaisies découpées dans des marrons d'Inde à la mode il y a une vingtaine d'années.

MARSOUIN, s. m. Homme laid et mal fait.

MARTYR, s. m. Le caporal, — dans l'argot des soldats, qui ont constaté que ce simple gradé se donnait plus de mal que les autres gradés ses supérieurs et pour une paye moins haute.

MASQUE, s. f. Fille ou femme un peu coquine, — dans l'argot du peuple, qui ne dit pas cela en trop mauvaise part.

MASQUE, s. m. Vilaine figure, homme fort laid.

MASSACRE, s. m. Ouvrier qui travaille mal, qui gâte l'ouvrage, — dans l'argot des bourgeois.

Signifie aussi Gaspillage de choses ou d'argent.

MASSE, s. f. Grande quantité de gens ou de choses, — dans l'argot du peuple.

MASSÉ, s. m. Coup de queue donné perpendiculairement à une bille, — dans l'argot des joueurs de billard.

MASSER, v. n. Travailler, — dans l'argot des ouvriers.

MASSEUR, s. et adj. Homme laborieux.

MASTIQUER, v. n. Manger, — dans l'argot du peuple en général, et en particulier des francs-maçons, qui se livrent à la *mastication* comme de simples profanes.

MASTOC, s. et adj. Homme gras, gros, épais, lourd, — dans l'argot du peuple.

MASTROQUET, s. m. Marchand de vin, — dans l'argot des faubouriens.

MATADOR, s. m. Homme

riche, de fait ou d'apparence, — dans l'argot du peuple.

Faire le matador. Faire des *embarras.*

MATAGOT, s. m. Homme bizarre, original, amusant par son esprit ou par sa laideur de *singe.*

MATASSIN, s. m. Personnage ridicule, en parole ou en action, — dans l'argot des gens de lettres qui se souviennent de leur Molière.

MATELASSER (Se), v. réfl. Garnir le corsage de sa robe d'assez de coton pour tromper les yeux — des myopes.

MATELOT, s. m. Copain, — dans l'argot des ouvriers qui ont servi dans l'infanterie de marine.

MATÉRIAUX, s. m. Mets, — dans l'argot des francs-maçons, pour qui manger c'est travailler.

Ils disent aussi *parfums.*

MATHURINS, s. m. pl. Dés à jouer, — dans l'argot des voleurs.

Mathurins plats. Dominos.

MATIN, s. m. Homme rusé, expert en toutes sortes de choses, — dans l'argot du peuple.

MATIN ! Exclamation qui sert à marquer l'admiration la plus violente ou la douleur la plus vive.

On dit aussi *Sacré mâtin !*

MATOIS, s. m. Homme rusé, et même un peu fourbe.

On dit aussi *Fin matois*, — malgré le pléonasme.

MATOISE, s. f. Intrigante— ou seulement Femme habile à vendre sa marchandise.

On dit aussi *Fine matoise*.

MAUVAIS COUCHEUR, s. m. Homme difficile à vivre.

MAUVIETTE, s. et adj. Enfant, et même grande personne d'un tempérament délicat, d'une apparence chétive.

MAUVIETTE, s. f. Décoration à la boutonnière, — dans l'argot des faubouriens.

Ils disent aussi *Trompe-l'œil*.

MAYEUX, s. m. Bossu, — dans l'argot du peuple, qui se souvient du type créé par le caricaturiste Traviès vers 1830.

Se dit, par extension, de tout homme laid, au physique et au moral.

MAZARO, s. m. Prison, — dans l'argot des troupiers, qui ont aussi leur *Mazas*, comme les pékins.

MAZAGRAN, s. m. Café froid à l'eau de Seltz, — dans l'argot des garçons de café.

MAZETTE, s. f. Conscrit,— dans l'argot des troupiers. Homme de petite taille, — dans l'argot du peuple.

MÉCANISER, v. a. Vexer quelqu'un, le tourmenter, se moquer de lui, et même en médire un peu, — dans l'argot des faubouriens.

M. Francisque Michel « trouve le germe de cette locution dans un passage des *Vies des dames illustres* de Brantôme », — et ce germe, c'est *mœquaniqueté*... Le malheur est que jamais « locution » ne fut plus moderne. Quant à son « germe », le premier *mécanicien* venu le trouverait en conduisant sa *machine*.

MÉCANISEUR, s. m. Railleur, médisant.

MÈCHE, s. f. Possibilité, moyen de faire une chose.

Il y a mèche. Il y a moyen.

Il n'y a pas mèche. Cela n'est pas possible.

On dit aussi elliptiquement: *Mèche!*

MÈCHE, s. f. Intrigue, secret.

Découvrir la mèche. Tenir les fils d'une intrigue; connaître à temps un dessein fâcheux.

MÈCHE, s. f. Travail, ouvrage à faire, — dans l'argot des typographes.

Chercher mèche. Chercher de l'ouvrage.

MÈCHE, s. f. Moitié, demi, — dans l'argot des voleurs.

Être de mèche. Partager un butin avec celui qui l'a fait.

MÉCHI, s. m. Malheur, — dans le même argot.

C'est assurément le *meschief* de notre vieille langue.

MÉDAILLE, s. f. Pièce de cinq francs en argent,—dans

l'argot des artistes et des faubouriens.

Le mot sort de la *Vie de Bohème* d'Henry Murger.

Médaille d'or. Pièce de vingt francs.

MÉDAILLE DE SAINT HUBERT, s. f. Pièce de cinq francs, — dans l'argot des marbriers de cimetière, qui savent que ces médailles-là préservent de la *rage de dents.*

MÉDAILLE EN CHOCOLAT, s. f. Médaille de Sainte-Hélène, — dans l'argot des faubouriens, par allusion à sa couleur de bronze noir.

On dit aussi *Médaille de commissionnaire* et *Contremarque du Père-Lachaise.*

MÉDAILLON, s. m. La partie du corps où M. Paul de Kock fait se fendre la culotte de ses héros, ou sur laquelle il les fait volontiers tomber.

C'est un mot de l'argot des voleurs, qui donnent ainsi un pendant au *portrait* de l'argot des faubouriens.

Médaillon de flac. Impasse, *cul-de-sac.*

MÉDECIN, s. m. Avocat, — dans l'argot des voleurs, qui ont besoin d'être guéris de l'accusation, souvent mortelle, qui pèse sur eux.

MÉDECINE, s. f. Plaidoirie.

MÉDIUM, s. m. Individu qui évoque les Esprits, — les *lémures*, auxquelles les modernes croient avec la même foi aveugle que les anciens.

Le mot est nouveau, si la chose est vieille.

MEG, s. m. Maître, roi, — dans l'argot des voleurs, qui, quoique *affranchis*, sont volontiers les esclaves de quiconque est plus fort, plus rusé, plus coquin qu'eux.

Meg des megs. Dieu.

Meg de la rousse. Le préfet de police.

Les Francisque Michel de la haute pègre prétendent qu'il faut écrire et prononcer *mec* et non *meg.*

MÊLÉ, s. m. Mélange d'eau-de-vie et de cassis, ou d'anisette et d'absinthe, — dans l'argot des faubouriens.

MÉLI-MÉLO, s. m. Confusion, mélange chaotique, — dans l'argot du peuple, qui emploie cette expression au propre et au figuré.

MELON, s. et adj. Imbécile, nigaud.

Cette injure — quoique le melon soit une chose exquise — a trois mille ans de bouteille, et son parfum est le même aujourd'hui que du temps d'Homère : « Thersite se moquant des Grecs, dit M. Francisque Michel, les appelle πέπονες. »

Il y a longtemps, en effet, que l'homme, ce « Dieu tombé », ne se souvient plus des cieux, puisqu'il y a longtemps que la moitié de l'Humanité méprise et conspue l'autre moitié.

MELON, s. m. Élève de première année, — dans l'argot des Saint-Cyriens.

MEMBRE DE LA CARAVANE, s. m. Fille ou femme de mœurs douteuses,—dans l'argot du peuple, qui emploie une périphrase pour dire *camelus*.

MENÉE, s. f. Douzaine, — dans l'argot des voleurs.

MENER LARGE (N'en pas). Avoir peur, se faire humble et petit, — dans l'argot des faubouriens.

MENER PISSER, v. a. Forcer un homme à se battre en duel, — dans l'argot des troupiers.

MENESSE, s. f. Femme en général, et, en particulier, femelle des voyous et des voleurs, — un monde peu lettré, et qui cependant a des mots d'une étymologie savante, comme celui-ci par exemple. La *menesse* est ordinairement une petite fille de quinze à seize ans (la puberté vient de bonne heure chez les créatures prédestinées à vivre vite et à mourir jeunes), — une jeune femelle délicate et frêle, grêle et menue, μινυὸς, ou *minus*, adverbe latin qui donne *minuce* en vieux français, et de *minuce* à *menesse* je ne vois qu'un pas. Les mots se corrompent vite dans un milieu corrompu.

Si cette étymologie — que je donne, non comme bonne, mais comme mienne — ne convenait pas, j'en ai une au-tre à la disposition des gens difficiles : c'est *menis*, petite lune, de μήνη, — car l'on sait que la lune joue un grand rôle, comme terme de comparaison, dans les conversations cyniques.

MENESSES, s. f. Filles de maison, — dans l'argot des soldats.

MENESTRE, s. f. Potage, — dans l'argot des voleurs, qui ont emprunté ce mot à Mathurin Régnier.

MENOTTES, s. f. pl. Mains, — dans l'argot des enfants, des mères et des amoureux.

On disait *mainettes* au temps jadis, — comme le prouvent ces vers de Coquillart :

Toujours un tas de petits ris,
Un tas de petites sornettes,
Tant de petits charivaris,
Tant de petites façonnettes.
Petits gants, petites mainettes,
Petite bouche à barbeter...

MENTEUSE, s. f. La langue, —dans l'argot des voleurs.

MENTON DE GALOCHE, s. m. Long, pointu et recourbé comme celui de Polichinelle, — dans l'argot du peuple.

MÉQUARD, s. m. Commandant, *mec*, — dans l'argot des voleurs.

MÉQUER, v. a. Commander.

MER A BOIRE (C'est la). Se dit — dans l'argot du peuple — de toute chose ennuyeuse ou difficile à faire; et — dans l'argot des bourgeois — de toute affaire qui traîne en longueur et ne peut aboutir.

Ce n'est pas la mer à boire.
Se dit, au contraire, de toute chose facile à faire, de toute entreprise qu'on peut aisément mener à bonne fin.

MERCADET, s. m. Nom d'un personnage de Balzac qui est devenu celui de tous les brasseurs d'affaires véreuses, de tous les pêcheurs de goujons en eau trouble.

MERDAILLON, s. m. Homme sans conséquence, méprisable; poltron, — dans l'argot du peuple.

On dit aussi *Merdeux.*

MERDAILLE, s. f. Troupe importune de petits enfants.

MERDE! Exclamation énergique dont Cambronne ne s'est servi qu'une fois, le 18 juin 1815, et dont le peuple se sert tous les jours, — dix fois plutôt qu'une.

Ah! merde alors! Exclamation qui n'échappe que dans les situations critiques, fatales, comme par exemple lorsqu'on perd au jeu, lorsqu'on casse sa pipe, etc.

MERDE, s. f. Homme sans consistance, sur lequel il n'y a pas moyen de compter dans les circonstances graves.

MERDEUX (Bâton), s. m. Homme d'un caractère inégal, fantasque, ombrageux, désagréable, — qu'on ne sait par quel bout prendre pour lui parler ou le faire agir.

MÈRE-ABBESSE, s. f. Grosse dame qui tient un pensionnat de demoiselles — indignes d'orner leur corsage du bouquet de fleurs d'oranger traditionnel.

MÈRE AU BLEU, s. f. La guillotine, — dans l'argot des voleurs, qui veulent faire croire aux autres que c'est le chemin du *ciel*, sans le croire eux-mêmes.

MÈRE D'OCCASION, s. f. Chaperon que se choisit une actrice jeune qui veut se faire respecter — des gens pauvres. C'est ordinairement une vieille drôlesse chevronnée par le vice,

Dont le menton fleurit et dont le nez trognonne,

et dont la principale fonction consiste à conclure les marchés avec les nobles étrangers attirés autour de sa fille — adoptive — comme les papillons autour d'une lampe.

MÉRINOS, s. m. Personne qui a l'*haleine forte*, — dans l'argot des faubouriens, qui se plaisent aux calembours.

MERLAN, s. m. Coiffeur,— dans l'argot du peuple, qui emploie cette expression depuis l'invention de la poudre à poudrer, parce qu'alors les perruquiers étaient toujours enfarinés comme prêts à mettre en la poêle à frire.

MÉRUCHE, s. f. Poêle, — dans l'argot des voleurs.

Méruchée. Poêlée.

Méruchon. Poêlon.

MESSE, s. f. Table où mangent en commun les officiers d'un même régiment.

Encore un mot d'importation anglaise, à ce qu'il paraît : *The Mess*, dit le Dictionnaire de Spiers ; *to mess*, ajoute-t-il. C'est plutôt un mot que nous reprenons à nos voisins, qui, pour le forger, ont dû se servir, soit de notre Mense (*mensa*), qui a la même signification, soit de notre Messe (*missa*), où le prêtre sacrifie sous les espèces du pain et du vin.

MESSE DU DIABLE, s. f. Interrogatoire, — dans l'argot des voleurs, qui sont volontiers athées.

MESSIÈRE, s. m. et f. Victime, — dans le même argot.

Messière franc. Bourgeois.

Ne serait-ce pas le *Messire* du vieux temps ?

MESSIRE LUC, s. m. Anagramme facile à deviner, — dans l'argot des érudits amis de la scatologie.

MÉTAL, s. m. Argent, — dans l'argot du peuple, qui, sans s'en douter, se sert de la même expression qu'Horace : *Metallis potior libertas* (La liberté vaut tout l'or du monde).

MÉTIER, s. m. Habileté d'exécution, adresse de main, — dans l'argot des artistes.

Avoir un métier d'enfer. Être d'une grande habileté.

METTRE A L'OMBRE, v. a. Mettre en prison, — dans l'ar-

got du peuple. Tuer, — dans l'argot des prisons.

METTRE A QUELQU'UN (Le), v. a. Le tromper ; lui conter des bourdes qu'il accepte pour des vérités, — dans l'argot des faubouriens.

METTRE A TOUTES LES SAUCES (Se), v. réfl. Faire tous les métiers pour gagner sa vie, — dans l'argot du peuple.

METTRE AVEC QUELQU'UN (Se), v. réfl. Vivre maritalement, — dans l'argot des ouvriers et des grisettes.

METTRE BIEN (Se), v. réfl. Ne rien se refuser, — dans l'argot du peuple, qui dit cela à propos de tout, excepté à propos de vêtements. Ainsi, en voyant quelqu'un boire beaucoup, il lui dira : « Tu te mets bien, toi ! »

METTRE DANS DE BEAUX DRAPS, v. a. Engager quelqu'un dans une affaire scabreuse, dans un mauvais pas, dans un danger quelconque.

On dit aussi : *Être dans de beaux draps.*

METTRE DANS LE MILLE, v. a. Réussir dans une entreprise.

Se dit aussi pour : Donner un coup de pied au derrière de quelqu'un.

METTRE DEDANS, v. a. Mettre en prison.

Signifie aussi Tromper.

METTRE DE L'EAU DANS SON VIN, v. a. S'humilier après

avoir été arrogant; reconnaître ses torts.

METTRE DU BEURRE DANS SES ÉPINARDS, v. a. Introduire un peu de gaîté dans sa vie; avoir des chances heureuses.

METTRE EN BRINGUES, v. n. Mettre en morceaux, briser.

METTRE EN PATE, v. a. Renverser un ou plusieurs *paquets* en les transportant ou en imposant, — dans l'argot des typographes.

On dit aussi *Tomber en pâte.*

METTRE EN QUATRE (Se), v. réfl. Montrer du zèle pour quelqu'un ou pour quelque chose, — dans l'argot des bourgeois.

METTRE EN RANG D'OGNONS (Se). Se placer les uns derrière les autres, — dans l'argot du peuple.

On disait autrefois d'un homme, qu'il se mettait en rang d'ognons quand il se plaçait dans celui où il y avait des gens de plus grande condition que lui.

METTRE LA PUCE A L'OREILLE, v. a. Inquiéter quelqu'un par une fausse nouvelle.

C'est l'*alicui curam et angorem animi creare* des Latins.

METTRE LA TÊTE A LA FENÈTRE, v. a. Être guillotiné, — dans l'argot des voleurs.

METTRE LE CHIEN AU CRAN DU REPOS. Dormir, — dans l'argot des soldats.

METTRE LE MOINE, v. a.

Passer un nœud coulant au pouce du pied d'un soldat pendant son sommeil, et tirer de temps en temps la corde par petites secousses : les contorsions douloureuses qu'il fait, sans se réveiller, sont *très-drôles*, — au dire des troupiers farceurs.

METTRE LES PETITS PLATS DANS LES GRANDS, v. a. Se mettre en frais pour bien recevoir ses invités, — dans l'argot des bourgeois.

METTRE SOUS PRESSE, v. a. Mettre en gage, — dans l'argot du peuple.

MEULARD, s. m. Veau, — — dans l'argot des voleurs.

MEULES DE MOULIN, s. f. pl. Les dents, principalement les *molaires*, qui broient le pain, — dans l'argot du peuple, qui emploie sans s'en douter une expression tout à fait biblique.

Les ouvriers anglais disent *grinders* (les broyeuses).

MEUNIER, s. m. Recéleur de plomb volé.

MEURT-DE-FAIM, s. m. Misérable, pauvre diable, — dans l'argot du peuple.

On dit aussi *Meurt-la-faim* et *Crève-la-faim.*

MEURT-DE-FAIM, s. m. Petit pain d'un sou, — dans l'argot des faubouriens.

MÉZIGO, pron. poss. Moi, — dans l'argot des voleurs.

Ils disent aussi *Mézigue*, *Mézère*, et *Ma fiole.*

Mib ou Mibre, s. m. Tour de force quelconque, chose où l'on excelle, — dans l'argot des gamins.

C'est mon mib. C'est mon triomphe.

Miche, s. f. Dentelle, — dans l'argot des voleurs.

Miche, s. f. Gros morceau de pain, — dans l'argot du peuple.

Se dit aussi pour Pain entier.

Miché, s. m. Homme quelconque, jeune ou vieux, laid ou beau, disposé à acheter ce qui ne devrait jamais se vendre, — dans l'argot des filles, qui emploient depuis longtemps cette expression, contemporaine de *michon* (argent) et de *miche* (pain).

Miché de carton. Amant de passage, qui n'offre que des gants de filoselle.

Miché sérieux. Protecteur, ou amant généreux qui offre une boîte entière de gants.

Miché, s. m. Client, — dans l'argot des photographes; homme ou femme qui achète, qui *paie*, — dans plusieurs autres argots.

Mic-mac, s. m. Fourberie, tromperie cachée, intrigue, — dans l'argot du peuple.

Midi ! Exclamation du même argot, employée pour signifier : Trop tard !

Mie de pain, s. f. Pou, — dans l'argot des voleurs, qui savent combien une miette de pain égarée sous la chemise cause de démangeaisons à la peau.

Miel ! Interjection de l'argot des bourgeois, amis de l'euphémisme.

Miette, s. f. Un peu, — dans l'argot du peuple.

Mijaurée, s. f. Femme dédaigneuse et plus bégueule qu'il ne convient, — dans l'argot des bourgeois.

Faire la mijaurée. Faire des manières, ou des façons pour accepter une chose.

On dit aussi *Minaudière.*

Mijoter, v. a. Entreprendre à la sourdine, préparer lentement, — dans l'argot du peuple, qui emploie ce verbe au figuré.

Mikel, s. m. Dupe, — dans l'argot des saltimbanques.

Mille-langues, s. f. Personne bavarde, indiscrète, — dans l'argot du peuple.

Milliasses, s. f. pl. Fort grand nombre.

Milord, s. m. Homme riche, en apparence du moins, — dans l'argot du peuple, qui emploie cette expression depuis l'occupation de Paris par les Anglais.

Milord, s. m. Entreteneur, — dans l'argot des petites dames.

Leurs mères, plus prosaïques, disaient *Milord Pot-au-feu.*

Milord, s. m. Cabriolet à quatre roues, — dans l'argot des cochers.

15

MIMI, s. f. Maîtresse,—dans l'argot des artistes et des bohèmes, qui ont emprunté cette expression à Henry Murger, qui l'avait empruntée à Alfred de Musset.

MINABLE, adj. et s. Pauvre, misérable; mesquin; de mauvaise *mine*, — dans l'argot du peuple.

MINCE, s. m. Papier à lettres, — dans l'argot des voleurs.

MINCES, s. m. pl. Billets de banque, — dans l'argot des faubouriens, qui, originairement, ont donné ce nom aux assignats.

MINET, s. m. Chat, — dans l'argot des enfants.
Ils disent aussi *Minon*.

MINOTAURISER, v. a. Tromper un homme avec sa femme, comme Pâris avec la femme de Ménélas, — dans l'argot des gens de lettres.
L'expression sort de la *Physiologie du mariage* d'H. de Balzac.

MINUIT, s. m. Nègre,—dans l'argot des voleurs.

MIOCHE, s. m. Enfant, — dans l'argot du peuple, pour qui un nouveau-né est une *miette* d'homme, et dont le corps pétri de lait, presque sans os et sans muscles, ressemble à de la *mie* de pain.

MIRADOU, s. m. Miroir, — dans l'argot des voleurs.

MIRE-LAID, s. m. Miroir,—dans l'argot du peuple.

MIRETTES, s. f. pl. Yeux,—dans l'argot des voyous.

MIRLIFLORE, s. m. Le gandin de la Restauration, qui est toujours le *Lion* pour le peuple.

MIROBOLAMMENT, adv. Merveilleusement.
Cet adverbe appartient à H. de Balzac.

MIROBOLANT, adj. Inouï, merveilleux, féerique,—dans l'argot du peuple.

MIROIR A PUTAINS, s. m. Beau garçon, — dans l'argot du peuple, qui dit cela depuis longtemps, comme le témoignent ces vers de Scarron :

Dis-lui qu'un miroir à putain,
Pour dompter le Pays Latin
Est un fort mauvais personnage.

MIRZALES, s. f. pl. Boucles d'oreilles, — dans l'argot des voleurs.

MISE-BAS, s. f. Vêtements des maîtres qui reviennent de droit aux domestiques,—qui se croiraient lésés et réclameraient si l'on portait trop longtemps ces vêtements.

MISE-BAS, s. f. Grève, chômage volontaire, — dans l'argot des typographes.

MISÉRABLE, s. m. Verre d'eau-de-vie d'un sou, — dans l'argot des ouvriers.

MISÈRE, s. f. Petite quantité; chose de peu d'importance; petite somme, — dans l'argot des bourgeois.

MISÈRES, s. f. pl. Taquineries, petites méchancetés, — dans l'argot du peuple, qui n'emploie pas cette expression en trop mauvaise part.

Dire des misères. Taquiner quelqu'un en lui contant des choses qui le contrarient, qui l'inquiètent.

Faire des misères. Agacer quelqu'un, lui jouer un tour plus ou moins désagréable.

MISLOQUE, s. f. Théâtre, — dans l'argot des voleurs.

Jouer la misloque. Jouer la comédie.

MISLOQUIER, ÈRE, s. Acteur, actrice.

MISSISSIPI (Au), adv. Très-loin, — dans l'argot du peuple, pour qui l'Amérique est un pays aussi éloigné de lui que la lune.

C'est l'équivalent de : *Au diable au vert* (ou *Vauvert*).

MISTI, s. m. Apocope de *Mistigri*, — dans l'argot des brelandières de brasseries.

MISTIGRI, s. m. Valet de trèfle, — dans l'argot des joueurs.

Se dit aussi d'un jeu de cartes où l'on a gagné quand on a fait un brelan avec le valet de trèfle escorté de deux autres valets.

MISTIGRIS, s. m. Apprenti, — dans l'argot des peintres en bâtiment.

Balzac a-t-il emprunté son rapin de ce nom aux peintres en bâtiment, ou ceux-ci à l'auteur de la *Comédie humaine*?

MISTOUFLE, s. f. Farce; méchanceté; trahison,—dans l'argot des typographes.

MISTRON, s. m. Le jeu de mistigri, — dans l'argot de Breda-Street.

MITAN, s. m. Milieu, — dans l'argot du peuple.

MITON-MITAINE, s. m. Remède inoffensif, expédient inutile, secours inefficace.

On dit aussi *Onguent miton-mitaine.*

MITONNER, v. a. Préparer de longue main.

MITRAILLE, s. f. Monnaie, gros sous, — dans l'argot des faubouriens, qui disent cela depuis longtemps.

MITRE, s. f. Cachot, — dans l'argot des voleurs.

MITRON, s. m. Ouvrier boulanger, — dans l'argot du peuple.

Le petit mitron. Le Dauphin, fils de Louis XVI, — du *boulanger*, comme l'appelaient les Parisiens en 1792.

MOBILE, s. f. La garde nationale mobile formée en 1848 avec les fils du peuple — et aux dépens du peuple.

C'est aussi le nom que portait, en 1830, la légion des Volontaires de la Charte.

MOBILE, s. m. Soldat de la garde nationale mobile.

MOBILIER, s. m. Les dents, — dans l'argot des voleurs, héritiers des Précieuses qui disaient : *l'ameublement de la bouche.*

MOCASSINS, s. m. pl. Souliers, — dans l'argot des ouvriers, qui ont lu les romans américains de Cooper, de Gabriel Ferry et de Gustave Aymard.

MODERNE, s. m. Fashionable, — dans l'argot des faubouriens.

MODISTE, s. f. Écrivain léger, petit journaliste d'esprit — et de talent même, quelquefois — qui travaille au goût des autres et non au sien propre, qui sacrifie à la Mode au lieu de sacrifier à la Muse, et qui attife ses phrases de fanfreluches, de passementeries et de pompons, pour déguiser la maigreur et le dénûment de ses idées.

C'est le *Gavarniste* d'Hippolyte Babou.

MOINEAU, s. m. Se dit par ironie — dans l'argot du peuple — d'un homme dont on a à se plaindre, ou qui se vante mal à propos.

On ajoute un qualificatif pour renforcer l'ironie : *Tu es un joli moineau !*

C'est le pendant de : *Tu es un joli coco !*

MOINE-LAI, s. m. Invalide tombé en enfance, comme on en voit quelques-uns dans la *Salle de la Victoire*, — l'infirmerie de l'Hôtel des vieux braves.

MOISIR, v. n. Rester longtemps à la même place, ou en possession du même emploi, — dans l'argot du peuple,

qui emploie surtout ce verbe avec la négative.

MOITIÉ, s. f. Épouse, — dans l'argot des bourgeois.

MOLANCHE, s. f. Laine, — dans l'argot des voleurs.

MOLARD, s. m. Mucosité expectorée, — dans l'argot des faubouriens.

MOLARDER, v. n. Graillonner, expectorer abondamment.

MOLLASSE, s. f. Femme lymphatique, dolente, sans énergie, — dans l'argot du peuple.

MOLLUSQUE, s. m. Homme à l'esprit étroit, aux idées arriérées, qui se renferme dans la tradition comme l'escargot dans sa coquille.

MOLOSSE, s. m. Gros chien, — dans l'argot des bourgeois, qui ne sont pas fâchés de prouver de temps en temps qu'ils ont quelque teinture d'Histoire Ancienne.

MOMAQUE, s. m. Enfant, — dans l'argot des voleurs.

MÔME, s. m. Petit garçon ; voyou ; apprenti, — dans l'argot des ouvriers.

On pourrait croire cette expression moderne ; on se tromperait, car voici ce que je lis dans *l'Olive*, poëme de Du Bellay adressé à Ronsard, à propos des envieux :

La Nature et les Dieux sont
Les architectes des hômes.
Ces deux (ô Ronsard), nous ont
Bâtis des mêmes atômes.
Or cessent donques les mômes
De mordre les écriz miens...

MÔME, s. f. Jeune fille; maîtresse, — dans l'argot des voleurs, pour qui elle ressemble plus à une enfant qu'à une femme.

Ils disent aussi *Mômeresse*.

MÔME D'ALTÈQUE, s. m. Adolescent, — dans le même argot.

MOMERIE, s. f. Hypocrisie; fausse dévotion, — dans l'argot du peuple.

MOMIE, s. f. Homme ou femme sans énergie, qui n'aime pas à se remuer.

MOMIÈRE, s. f. Sage-femme, — dans l'argot des voleurs.

Ils disent aussi *Momeuse* et *Madame Tire-môme*.

MOMIGNARD. Petit garçon, — plus petit encore que le môme.

On dit au féminin *Momignarde*.

MÔMIR, v. n. Accoucher.

MONACO, s. m. Sou de cuivre, — dans l'argot du peuple, qui consacre ainsi le souvenir d'un roitelet, Honoré V, prince de Monaco, « mort de dépit en 1841 de n'avoir pu faire passer pour deux sous en Europe ses monacos, qui ne valaient qu'un sou. »

MONANT, s. m. Ami, — dans l'argot des voleurs.

Monante. Amie.

MONARQUE, s. f. Pièce de cinq francs, — dans l'argot du peuple.

Monarques. Les rois d'un jeu de cartes.

MONDE RENVERSÉ, s. f. La guillotine, — dans l'argot des faubouriens.

MONNAIE, s. f. Argent, — dans le même argot.

Plus que ça de monnaie! Quelle chance!

MON ŒIL! Exclamation ironique et dédaigneuse de l'argot des faubouriens, qui l'emploient soit comme formule de refus, soit comme marque d'incrédulité.

MONSEIGNEUR, s. m. Pince de voleur, qui sert à crocheter les portes.

MONSEIGNEURISER, v. a. Crocheter une porte.

MONSIEUR, s. m. Bourgeois, homme bien mis, — dans l'argot du peuple.

Faire le Monsieur. Trancher du maître; dépenser de l'argent; avoir une maîtresse.

MONSIEUR, s. m. Entreteneur, — dans l'argot de Breda-Street.

On dit aussi *Monsieur Chose*.

Monsieur bien. Homme distingué, — qui ne regarde pas à l'argent.

MONSIEUR, s. m. Verre d'eau-de-vie de quatre sous, — dans l'argot des ouvriers.

MONSIEUR BAMBOU, s. m. Canne, — dans l'argot des souteneurs, qui en procurent la connaissance aux épaules des filles réfractaires à leurs demandes d'argent.

MONSIEUR DE PARIS, s. m.

L'exécuteur des hautes-œuvres, — dans l'argot des bourgeois.

MONSIEUR DE PÉTESEC, s. m. Homme un peu roide, un peu orgueilleux, — dans l'argot du peuple.

MONSIEUR DIMANCHE, s. m. Créancier, — dans l'argot des bohèmes, qui jouent souvent la scène de Don Juan.

MONSIEUR DUFOUR EST DANS LA SALLE. Phrase par laquelle un acteur avertit un de ses camarades qu'il joue mal et va se faire siffler.

Quelquefois on dit : *Le vicomte Du Four est dans la salle.*

MONSIEUR HARDI, s. m. Le vent, — dans l'argot du peuple, qui trouve qu'il entre chez les gens sans leur en demander la permission.

MONSIEUR RAIDILLON, s. m. Homme fier.

MONSIEUR VAUTOUR, s. m. Propriétaire, — dans l'argot des bohèmes.

MONSTRE, s. m. Les paroles qu'un musicien adapte à un air trouvé par lui, en attendant les paroles plus poétiques du librettiste.

MONSTRE, adj. Étonnant, colossal, — dans l'argot du peuple.

MONSTRICO, s. m. Personne laide comme un petit *monstre*.

Le mot appartient à H. de Balzac.

MONT, s. m. Établissement du Mont-de-Piété, — dans l'argot des faubouriens.

Le grand Mont. Le Mont-de-Piété de la rue des Blancs-Manteaux.

Le petit Mont. Le commissionnaire au Mont-de-Piété.

MONTAGNARD, s. m. Cheval de renfort destiné à être mis en flèche aux omnibus pour les montées difficiles telles que la rue des Martyrs, la rue Notre-Dame-de-Lorette, le boulevard Saint-Michel, etc.

MONTAGNARD, s. m. Beignet au centre duquel est un peu de confitures de groseilles.

L'expression date de 1848 : elle a été inventée, ainsi que cette sorte de beignet, par les Associations de cuisiniers.

MONTANT, s. m. Pantalon, — dans l'argot des voleurs.

MONTANTE, s. f. Échelle, — dans le même argot.

MONTER, v. n. S'emporter, se mettre en colère, — dans l'argot du peuple.

MONTER A L'ARBRE, v. n. Être le jouet innocent de quelques farceurs qui font pour vous, homme, ce que d'autres farceurs font pour Martin, ours, au Jardin des Plantes, — sans réfléchir que, furieux d'être ainsi joué, vous pouvez leur casser les reins d'un coup de griffe.

On dit aussi *Monter à l'échelle.*

MONTER EN GRAINE, v. n.

Vieillir, — dans l'argot des bourgeois, qui disent cela surtout à propos des filles destinées à coiffer sainte Catherine.

MONTER LA TÊTE (SE), v. réf. Se donner un courage factice, soit en buvant, soit en se répétant les outrages qu'on a subis et dont on veut tirer raison, — dans l'argot du peuple.

MONTER LE COUP (SE), v. réf. Se faire des illusions à propos de quelqu'un ou de quelque chose ; s'attendre à une félicité improbable ou à une fortune impossible.

MONTER LE COUP A QUELQU'UN, v. a. Le tromper ; lui promettre une chose qu'il désire et qu'on sait ne pas pouvoir lui donner ; mentir.

On dit aussi *Monter des couleurs*.

MONTER QUELQU'UN, v. a. L'exciter par des paroles à faire une chose qu'il ne ferait pas de lui-même.

Signifie aussi Exciter contre quelqu'un.

MONTER SUR LA TABLE, v. n. Lever le masque, — dans l'argot des voleurs, qui ne font cela que par bravade, comme Lacenaire s'accusant lui-même d'un crime pour entraîner dans sa chute un complice.

MONTER SUR SES ERGOTS, v. n. S'emporter, faire de violents reproches à quelqu'un, — dans l'argot du peuple.

On dit aussi *Monter sur ses grands chevaux*.

MONTER UN GANDIN, v. a. Raccrocher une pratique, — dans l'argot des marchandes du Temple.

MONTEUR DE COUPS, s. m. Homme qui vit de mensonges et d'expédients ; chevalier d'industrie ; escroc.

MONTEUSE DE COUPS, s. f. Drôlesse qui joue du sentiment avec plus ou moins d'habileté et s'en fait plus ou moins de revenus.

MONTMORENCY, s. f. Cerises de Montmorency, — dans l'argot du peuple, « qui dit de même *Montreuil* pour Pêche, *Fontainebleau* pour Raisin de treille, *Valence* pour Orange. »

MONTRER LES TALONS, v. a. S'en aller, s'enfuir.

MONTRER SON NEZ, v. a. Faire une courte apparition quelque part, — dans l'argot des employés qui, après avoir montré leur nez à leur ministère, ne craignent pas de lui montrer aussitôt les talons.

MORACE, s. f. Inquiétude, remords, — dans l'argot des voleurs, qui ont cependant très-rarement des « puces à la muette ».

Battre morace. Crier à l'assassin.

MORASSE, s. f. Dernière épreuve d'un journal, — dans l'argot des typographes.

MORBAQUE, s. m. Gamin, enfant désagréable, — dans

l'argot des faubouriens, qui emploient parfois une désinence plus connue.

MORCEAU D'ARCHITECTURE, s. m. Discours lu ou parlé, — dans l'argot des francs-maçons.

MORCEAU DE GRUYÈRE, s. m. Figure marquée de la petite vérole, — dans l'argot des faubouriens, qui font allusion aux trous du fromage de Gruyère.

MORCEAU DE SALÉ, s. m. Femme chargée d'embonpoint, — dans l'argot du peuple.

Se dit aussi de quelqu'un malpropre d'habits ou de discours.

MORCEAU HONTEUX, s. m. Le dernier morceau d'un plat, — dans l'argot des bourgeois, qui n'osent pas y toucher, malgré les sollicitations de leur appétit, parce que la « civilité puérile et honnête » le leur défend.

MORDANTE, s. f. Scie, lime, — dans l'argot des voleurs.

MORDRE (Ne pas), v. n. Être sans force, sans esprit, sans talent, sans beauté, — dans l'argot des faubouriens et des filles.

On dit aussi, en employant la même ironie : *N'être pas méchant.*

MORDRE (Se faire). Se faire reprendre, réprimander, humilier, battre, — dans l'argot du peuple.

MORFE, s. f. Repas, —

dans l'argot des voleurs, qui ont emprunté ce mot et ses dérivés à la vieille langue des honnêtes gens.

MORFIANTE, s. f. Assiette. On dit aussi *Limonade.*

MORFIER, v. n. Manger. On dit aussi *Morfer, Morfiler* et *Morfiailler.*

MORGANE, s. f. Sel, — dans le même argot.

Flouant de la morgane. Escroquerie commise au moyen d'un paquet de sel et d'un mal de dents supposé.

MORGANER, v. a. Mordre,— dans le même argot.

Signifie aussi Nuire.

MORICAUD, s. m. Charbon, — dans le même argot.

Signifie aussi Broc de marchand de vin, — qu'un long usage a noirci.

MORICAUD, s. et adj. Nègre, mulâtre, — dans l'argot des faubouriens.

Moricaude. Négresse.

MORILLO, s. m. Chapeau à petits bords que portaient les royalistes au temps de la guerre entre Bolivar et Morillo, c'est-à-dire entre les républiques de l'Amérique du Sud et le roi d'Espagne. Les libéraux, eux, portaient le bolivar.

MORNE, s. f. Brebis, mouton, — dans l'argot des voleurs.

On dit aussi *Morné,* ou plutôt *mort-né,* qui est la véritable orthographe, parce que c'est la véritable étymologie du mot.

MORNIER, s. m. Berger.

MORNIFLE, s. f. Soufflet, coup de poing, — dans l'argot du peuple.

MORNIFLE, s. f. Monnaie, — dans l'argot des voleurs, qui se la disputent quelquefois à coups de poing.

Mornifle tarte. Fausse monnaie.

MORNIFLEUR TARTE, s. m. Faux-monnayeur.

MORPHÉE, s. m. Sommeil, — dans l'argot des académiciens et des bourgeois.

Se jeter dans les bras de Morphée. Se coucher.

Être dans les bras de Morphée. Dormir.

MORT, s. m. Partner imaginaire à qui l'on réserve des cartes comme s'il était vivant, —dans l'argot des joueurs de whist et de mistigri.

Faire un mort. Jouer le whist à trois personnes, en découvrant le jeu de la quatrième — absente.

Prendre le mort. Changer les cartes qu'on vous a données, et qu'on trouve mauvaises, contre celles réservées au partner imaginaire.

MORUE, s. f. Femme sale, dégoûtante, — dans l'argot des faubouriens.

Se dit aussi, comme injure, d'une femme laide.

MORVEUX, s. m. Gamin; homme sans conséquence, — dans l'argot du peuple, qui

daigne quelquefois *moucher* ces adversaires-là comme les autres.

MORVIAU, s. m. Le nez, — dans l'argot des faubouriens.

Se dit aussi pour les mucosités qui sortent du nez.

MOT, s. m. Trait spirituel, repartie plaisante,—dans l'argot des gens de lettres.

Faire des mots. Emailler la conversation de plaisanteries et de concetti.

MOTIF, s. m. Sujet de paysage, — dans l'argot des artistes.

MOTS, s. pl. Injures; reproches, — dans l'argot des ouvriers et des grisettes.

Avoir des mots avec quelqu'un. Se fâcher avec lui.

MOTS GRAS, s. m. pl. Gaillardises, — dans l'argot des bourgeois, dont le langage est taché de ces mots-là.

MOTTEUX, s. m. Ouvrier en mottes à brûler, — dans l'argot des faubouriens.

Signifie aussi Marchand de mottes.

MOUCHAILLER, v. n. Regarder, observer sans en avoir l'air, —dans l'argot des voyous.

MOUCHARD, s. m. Agent de police, — dans l'argot du peuple.

Se dit aussi de tout individu qui a l'air d'espionner, de tout ouvrier qui *rapporte*, etc.

15.

MOUCHARD, s. m. Portrait peint, parce qu'il a l'air de vous regarder, où que vous vous mettiez.

MOUCHARD A BECS, s. m. Réverbère,— dans l'argot des voyous.

MOUCHARDE, s. f. La lune, qui, de ses gros yeux ronds, a l'air d'assister au détroussement ou au meurtre d'un homme sur une route.

MOUCHARDER, v. a. et n. Espionner la conduite de quelqu'un.

MOUCHE, s. f. Agent de police, — en général et en particulier.

MOUCHE, adj. des 2 g. Mauvais, laid, désagréable,—dans l'argot des faubouriens.

MOUCHER, v. a. Attraper, donner une correction, un soufflet, — dans le même argot.
Se faire moucher. Se faire battre.
On dit aussi *Se faire moucher le quinquet.*

MOUCHER, v. a. Tuer, — dans l'argot du peuple.

MOUCHER DU PIED (Ne pas se). Avoir le geste prompt et le soufflet facile.
Signifie aussi Avoir des allures de bourgeois,— et même de grand seigneur.
On dit dans le même sens : *Ne pas se moucher du coude.*

MOUCHER LA CHANDELLE, v. a. Être décidé à mourir sans postérité.

MOUCHERON, s. m. Gamin, enfant, apprenti.

MOUCHER SUR SA MANCHE (Se), v. réfl. N'avoir pas encore l'expérience nécessaire, la « rouerie » indispensable; en être à ses débuts dans la vie.
Ne pas se moucher sur sa manche. Être hardi, résolu, expérient, « malin. »
Cette expression est la révélation d'un trait de mœurs certainement oublié, et peut-être même ignoré de ceux qui l'emploient : elle apprend qu'autrefois on mettait son mouchoir sur sa manche gauche pour se moucher de la main droite.

MOUCHETTES (Des)! Exclamation de refus, de la même famille que *Des navets! Du flan!* etc.

MOUCHIQUE, adj. Extrêmement *chic*, — dans l'argot de Breda-Street, où l'on ne connaît pas le *multùm* explétif du moyen âge découvert par Lorédan Larchey, mais où, en revanche, on sait ce que signifie le *muche* de la place Maubert : *muche, muchique, mouchique.*

MOUCHIQUE, adj. Laid, mauvais, — dans l'argot des voleurs, qui, pour forger ce mot, n'ont pas dû songer aux *mujiks* russes de 1815, comme l'insinue M. Francisque Michel, mais ont eu certainement en vue leurs ennemis naturels, les *mouchards.*
Être mouchique à la sec-

tion. Être mal noté chez le commissaire de police de son quartier.

MOUCHOIR D'ADAM, s. m. Les doigts, — dans l'argot du peuple.

MOUFFLET, s. m. Enfant, gamin, apprenti, — dans l'argot du peuple, qui a dit autrefois *moufflard*, dérivé du verbe *mouffler* (enfler le visage), inusité aujourd'hui.

MOUILLANTE, s. f. Soupe, — dans l'argot des voyous.

MOUILLÉ (Être), v. pron. Être signalé comme suspect, — dans l'argot des agents de police.

MOUILLÉ (Être). Être ivre, — dans l'argot des faubouriens.

MOUILLER (Se), v. réfl. Boire avec excès.

MOUISE, s. f. Soupe économique, potage à la Rumfort, —dans l'argot des voleurs.

MOULE A BOUTONS, s. m. Pièce de vingt francs, —dans l'argot des voyous.

MOULE A CLAQUES, s. m, Figure impertinente qui provoque et s'attire des soufflets, — dans l'argot des faubouriens.

Se dit aussi pour la main, qui distribue si généreusement les soufflets.

MOULE A GAUFRES, s. m. Figure marquée de trous de petite vérole, — par allusion cruelle aux dessins capricieux des deux plaques de fer qui servent à faire la pâtisserie légère et croquante qui nous vient des Flandres et qu'affectionnent tant les enfants.

MOULE DE GANT, s. m. Soufflet, — dans l'argot des faubouriens.

MOULE DU BONNET, s. m. La tête, — dans l'argot du peuple, qui parle comme écrivait Rabelais.

MOULIN, s. m. Maison du recéleur de plomb volé, qu'on appelle le *meunier*.

MOULIN A CAFÉ, s. m. Orgue de Barbarie, — qui semble en effet moudre des airs. Argot du peuple

MOULINAGE, s. m. Bavardage, — dans l'argot des voleurs.

MOULIN A MERDE, s. m. La bouche, — dans l'argot du peuple.

L'expression est horriblement triviale, j'aurais mauvaise grâce à le dissimuler, mais le peuple est excusé de l'employer par certaine note du 1er volume de *la Régence* d'Alexandre Dumas.

MOULIN A VENT, s. m. Le *podex*, — dans l'argot facétieux et scatologique des faubouriens.

MOULINER, v. n. Bavarder.

MOUNIN, s. m. Petit garçon, apprenti, — dans l'argot des faubouriens.

MOUSCAILLE, s. f. Le résultat de la fonction du plexus mésentérique, — dans l'argot des voleurs.

MOUSCAILLER, v. a. *Alvum deponere.*

MOUSQUETAIRE GRIS, s. m. Pou,—dans l'argot du peuple, qui aime les facéties.

MOUSSANTE, s. f. Bière de mars, — dans l'argot des faubouriens.

MOUSSE, s. m. Apprenti commis, — dans l'argot des *calicots.*

MOUSSE, s. f. Le résultat de la fonction du plexus mésentérique,—dans l'argot des marbriers de cimetière.

MOUSSELINE, s. f. Fers dont on charge un prisonnier, — dans l'argot des voleurs.

MOUSSELINE, s. f. Pain blanc, léger, agréable au toucher comme au goût, — dans l'argot des faubouriens.

MOUSSER, v. n. *Alvum deponere.*

MOUSSER, v. n. S'emporter, être en *rage*, de dépit ou de colère,—dans l'argot des faubouriens.

MOUSSER, v. n. Avoir du succès, — dans l'argot des gens de lettres et des comédiens.

Faire mousser. Préparer le succès d'un auteur ou d'une pièce par des éloges exagérés et souvent répétés.

MOUSSEUX, adj. Redondant,

hyperbolique,—dans le même argot.

MOUSSU, s. m. Le sein de la femme, d'où sort le lait,— dans l'argot des voleurs.

MOUSTACHU, s. et adj. Homme à moustaches, —dans l'argot des bourgeois.

MOUTARD, s. m. Gamin, enfant, apprenti, — dans l'argot du peuple, qui, n'en déplaise à P. J. Leroux et à M. Francisque Michel, n'a eu qu'à regarder la chemise du premier polisson venu pour trouver cette expression.

MOUTARDE, s. f. Le *stercus* humain, — dans le même argot.

MOUTARDIER, s. m. Le *podex.*

On disait autrefois *Baril à la moutarde*, et *Réservoir à moutarde.*

MOUTARDIER DU PAPE, s. m. Homme qui s'en fait accroire, imbécile vaniteux,—dans l'argot du peuple.

MOUTON, s. m. Matelas, — dans l'argot des faubouriens, qui disent cela à cause de la laine dont il se compose ordinairement.

Mettre son mouton au clou. Porter son matelas au Mont-de-Piété.

MOUTON, s. m. Dénonciateur; voleur qui obtient quelque adoucissement à sa peine en trahissant les confidences de ses compagnons de prison.

MOUTONNAILLE, s. f. La

foule, — dans l'argot du peuple, qui sait par expérience personnelle quelle est la contagion de l'exemple.

Mouver (Se), v. réfl. Se remuer, — dans le même argot.

Moyen-agiste, s. et adj. Amateur des choses et admirateur des idées du moyen âge.

Le mot est de H. de Balzac.

Moyens, s. m. pl. Richesse, — dans l'argot des bourgeois.

Avoir des moyens. Être à son aise.

Signifie aussi Aptitude, Dispositions intellectuelles, Capacités.

Muche, adj. Excellent, délicieux, parfait,— dans l'argot des faubouriens, qui disent cela à propos des gens comme à propos des choses, à propos de la Patti comme à propos d'une soupe à l'ognon.

Muette, s. f. La conscience, — dans l'argot des voleurs, qui ont arraché la langue à la leur.

Avoir une puce à la muette. Avoir un remords; entendre, — par hasard ! — le cri de sa conscience.

Muette, s. f. « Exercice dans lequel, par espièglerie ou par antipathie pour un chef, les élèves de Saint-Cyr ne font pas résonner leurs fusils. » C'est ce qu'ils appellent dans leur argot *Donner une muette.*

Muffle, s. m. Visage laid ou grotesque, plus bestial que humain, — dans l'argot du peuple, qui se sert de cette expression depuis trois cents ans.

Il trouve plus euphonique de prononcer *Muffe.*

Muffle, s. et adj. Imbécile, goujat, brutal.

M. Francisque Michel, à qui les longs voyages ne font pas peur, s'en va jusqu'à Cologne chercher une étymologie probable à cette expression, et il en rapporte *muf* et *mouf,* — afin qu'on puisse choisir. Je choisis *muffle,* tout naturellement, autorisé que j'y suis par un trope connu de tous les philologues, la synecdoque, par lequel on transporte à l'individu tout entier le nom donné à une partie de l'individu.

Muffle, s. m. Ouvrier, — — dans l'argot des filles, qui n'aiment pas la blouse.

Mufflerie, s. f. Sottise, niaiserie; brutalité.

On dit aussi *Muffletonnerie.*

Muffleton, s. m. Petit muffle, jeune imbécile.

Je n'ai pas besoin d'ajouter qu'on prononce *Muffeton.*

Mulet, s. m. Ouvrier qui aide le metteur en page, — dans l'argot des typographes.

Murgérisme, s. m. Littérature mal portante, marmiteuse, pleurarde ; affectation de sensibilité; exagération du style et de la manière d'Henry Murger — dont les imitateurs n'imitent naturellement que les défauts.

MUSARD, s. et adj. Flâneur, gobe-mouches, — dans l'argot du peuple.

Nous avons, en vieux langage, *Musardie* pour Sottise.

MUSARDER, v. n. Flâner.
On dit aussi *Muser*.

MUSARDINE, s. f. Habituée des Concerts-Musard, — où n'allait pas précisément la fine fleur de l'aristocratie féminine.

Le mot a été créé par Albéric Second en 1855.

MUSCADIN, s. m. Fat, dandy plus ou moins authentique, — dans l'argot du peuple, qui a conservé le souvenir des gandins d'il y a soixante-dix ans.

MUSEAU, s. m. Entonnoir en carton, au petit bout duquel est adaptée la loupe, — dans l'argot des graveurs sur bois, qui s'en coiffent le front.

MUSELÉ, s. m. Imbécile, homme qui n'est bon à rien

qu'à bavarder, — dans l'argot du peuple.

MUSETTE, s. f. Voix.
Couper la musette de quelqu'un. Le forcer à se taire.

MUSETTE, s. f. Sac à avoine, — dans l'argot des charretiers, qui le pendent au *museau* de leurs chevaux.
Ils disent aussi *Pochet*.

MUSICIENS, s. m. pl. Les Haricots, qui provoquent le *crepitus ventris*, — dans l'argot du peuple, ami des plaisanteries triviales et des allusions blessantes pour la délicatesse.

MUSIQUE, s. f. Morceaux de drap cousus les uns après les autres, — dans l'argot des tailleurs.

MUSSER, v. n. Sentir, flairer, — dans l'argot du peuple.

MUTUELLE, s. f. L'École mutuelle.

N

NABOT, s. et adj. Homme de petite taille, *nain*, — dans l'argot du peuple.
On dit aussi *Nabotin*.

Nabote. Naine.
Je n'ai jamais entendu dire *Nabotine*.

NAGEOIR, s. m. Poisson, — dans l'argot des voleurs.

NAGEOIRES, s. f. pl. Favoris,

— dans l'argot des faubouriens.

NAGEOIRES, s. f. Les bras, — dans l'argot des voyous, qui voient des poissons partout.

Les voyous anglais ont la même expression : *Fin*.

NANAN, s. m. Friandise, gâteau, — dans l'argot des

enfants, qui disent cela de tout ce qui excite leur convoitise.

NANAN, s. m. Chose exquise, curieuse, rare, — dans l'argot des grandes personnes.

C'est du nanan ! C'est un elzévir, ou un manuscrit de Rabelais, ou une anecdote scandaleuse, ou n'importe quoi.

NASE, s. m. Nez, — dans l'argot des faubouriens, qui ne se doutent pas qu'ils parlent latin comme Ovide-*Nason*, et français comme Brantôme.

NATURE (Être). Être vrai comme la nature, — dans l'argot du peuple, qui dit cela à propos des gens. et des choses.

NATURE (Faire), v. n. Peindre avec exactitude, — dans l'argot des artistes, qui savent que l'Art consiste précisément à ne pas faire nature.

NAUTONIER, s. m. Pilote, — dans l'argot des académiciens.

Ils disent aussi *Nocher*.

NAVARIN, s. m. Navet, — dans l'argot des voleurs.

NAVARIN, s. m. Ragoût de mouton, de pommes de terre et de navets, — dans l'argot des restaurants du boulevard. C'est un nom nouveau donné à un mets connu depuis longtemps.

NAVET, s. m. Flatuosité sonore, — dans l'argot du peuple, qui l'attribue le plus

souvent au *Brassica napus*, quoiqu'elle ait souvent une autre cause.

NAVETS, s. m. pl. Jambes ou bras trop ronds, sans musculature apparente, — dans l'argot des artistes.

NAYER, v. a. Noyer, — dans l'argot du peuple, qui parle comme écrivait Rabelais : « Zalas ! mes amis, mes frères, je naye ! » s'écrie le couard Panurge durant la tempête.

NAZARETH, s. m. Nez, — dans l'argot des voleurs.

Ils disent aussi *Nazicot*.

NÉGOCIANT, s. m. Bourgeois, homme à son aise, — dans l'argot des matelots, qui ne connaissent pas de position sociable plus enviable.

NÉGOCIANT AU PETIT CROCHET, s. m. Chiffonnier, — dans l'argot des faubouriens.

NÈGRE BLANC, s. m. Remplaçant militaire, — dans l'argot des voleurs ; ouvrier, — dans l'argot du peuple.

NÉGRESSE, s. f. Toile cirée, — dans l'argot des voyous.

NÉGRESSE, s. f. Litre ou bouteille de vin, — dans l'argot des faubouriens.

Étouffer ou *Éventrer une négresse.* Boire une bouteille.

On dit aussi *Éternuer sur une négresse.*

NÉGRESSE, s. f. Punaise, — dans le même argot.

NÉNETS, s. m. pl. Seins, — dans l'argot des grisettes.

Quelques-uns écrivent *né-nais* ; mais ce mot n'est pas plus français que l'autre.

NÉNETS D'HOMME, s. m. pl. Les biceps, — dans l'argot des filles.

NET COMME TORCHETTE, adj. et s. Se dit — dans l'argot du peuple — des choses ou des gens excessivement propres.

NETTOYER, v. a. Voler ; ruiner, gagner au jeu ; dépenser ; battre, et même tuer, — dans l'argot des faubouriens.

Se faire nettoyer. Perdre au jeu ; se laisser voler, battre ou tuer.

NETTOYER UN PLAT, v. a. Manger ce qu'il contient, — dans l'argot du peuple.

On dit aussi *Torcher un plat.*

NEZ, s. m. Mauvaise humeur.

Faire son nez. Avoir l'air raide, ennuyé, mécontent.

NEZ (Avoir dans le), v. a. Détester une chose ou quelqu'un.

C'est le *Ne pouvoir sentir* de l'argot des bourgeois.

NEZ CREUX (Avoir le), v. a. Avoir le pressentiment d'une chose, d'un événement.

Signifie aussi Arriver quelque part juste à l'heure du dîner.

NEZ DANS LEQUEL IL PLEUT, s. m. Nez trop retroussé, dont les narines, au lieu d'être percées horizontale-

ment, l'ont été perpendiculairement.

C'est le *Nez en as de treuffle* de Rabelais.

NEZ-DE-CHIEN, s. m. Mélange de bière et d'eau-de-vie, — dans l'argot des faubouriens.

Avoir le nez-de-chien. Être gris, — parce qu'on ne boit pas impunément ce mélange.

NEZ QUI A COÛTÉ CHER, s. m. Nez d'ivrogne, érubescent, plein de bubelettes, qui n'a pu arriver à cet état qu'après de longes années d'un culte assidu à Bacchus.

On dit aussi *Nez qui a coûté cher à mettre en couleur.*

NEZ TOURNÉ A LA FRIANDISE, s. m. Nez retroussé, révélateur d'une complexion amoureuse, — dans l'argot des bourgeois, qui préfèrent Roxelane à la Vénus de Médicis.

NIAIS, s. m. Voleur qui a des scrupules ; prisonnier qui a des remords de sa faute ou de son crime.

NIB ou **NIBERGUE**, adv. Rien, zéro, — dans l'argot des voleurs.

Nib de braise ! Pas d'argent.

NICHÉE, s. f. Réunion d'enfants de la même famille, — — dans l'argot du peuple.

NICHER, v. n. Demeurer, habiter quelque part, — dans le même argot.

Se nicher. Se placer.

Nichons, s. m. pl. Seins,
— dans l'argot des enfants.

Nicodème, s. m. Niais, imbécile, — dans l'argot du
peuple.

Nicolas-j'-t'embrouille !
Exclamation de défi, — dans
l'argot des écoliers.

Nid a punaises, s. m.
Chambre d'hôtel garni, —
dans l'argot du peuple.

Nière, s. m. Individu quelconque, — dans l'argot des
voleurs.

Bon nière. Bon vivant, bon
enfant.

Mon nière bobéchon. Moi.

Nigaudinos, s. m. Imbécile,
nigaud, — dans l'argot du
peuple, qui se souvient du
Pied de mouton de Mar-
tainville.

Niguedouille, s. m. Imbé-
cile, *nigaud*, — dans l'argot
des faubouriens.

C'est une des formes du
vieux mot français *niau* — le
nidasius de la basse latinité
— dont nous avons fait *niais.*
Gniolle — qu'on devrait écrire
niolle, mais que j'ai écrit
comme on le prononce — a
la même racine.

N, i, ni, c'est fini ! Formule qu'on emploie — dans
l'argot des grisettes et du
peuple — pour faire mieux
comprendre l'irrévocabilité
d'une rupture, l'irrémédia-
bilité d'un dénoûment, en
amour, en amitié ou en
affaires.

Niole, s. m. Chapeau d'occasion, — dans l'argot des
marchandes du Temple.

Niolleur, s. m. Chapelier.

Nique de mèche (Être). Sans
aucune complicité, — dans
l'argot des voleurs.

Nisco ! interj. Rien, zéro,
néant, — dans l'argot des
faubouriens.

Ils disent aussi *Nix*, —
pour parodier le *Nicht* des
Allemands.

Nisco braisicoto ! Pas d'argent !

Ni vu ni connu, j' t'em-
brouille ! Exclamation de
l'argot du peuple, qui signifie:
Cherchez, il n'y a plus rien.

Noble étrangère, s. f.
Pièce de cinq francs en argent, — dans l'argot des gens
de lettres, qui ont lu *la Vie
de Bohême.*

Noce, s. f. Débauche de
cabaret, — dans l'argot du
peuple.

Faire la noce. S'amuser,
dépenser son argent avec des
camarades ou avec des drôlesses.

N'être pas à la noce. Être
dans une position critique ;
s'ennuyer.

Noce de batons de chaises,
s. f. Débauche plantureuse
de cabaret, — dans l'argot des
faubouriens, qui, une fois en
train de s'amuser, cassent
volontiers les tables et les
bancs du « bazar ».

Nocer, v. n. S'amuser plus ou moins crapuleusement.

Noceur, s. et adj. Ouvrier qui se dérange; homme qui se débauche avec les femmes.

Noceuse, s. f. Drôlesse de n'importe quel quartier, Bréda ou Latin, Mouffetard ou Saint-Denis, qui fuit toutes les occasions de travail et recherche tous les prétextes à plaisir.

Noctambule, s. et adj. Bohème, qui va des cafés qui ferment à minuit et demi dans ceux qui ferment à une heure, et de ceux-là dans les endroits où l'on soupe.

Noctambuler, v. n. Se promener la nuit, dans les rues, en causant d'amour et d'art avec quelques compagnons.

Nœud d'épée, s. m. Couennes de lard rassemblées en un petit paquet, — dans l'argot des charcutiers.

Noir, s. m. Café noir, — dans l'argot des voyous.

Ils disent aussi *Nègre* pour un gloria, et *Négresse* pour une demi-tasse.

Nombril, s. m. Midi, le centre du jour, — dans l'argot des voleurs, qui emploient, sans s'en douter, une expression familière aux Latins: *Ad umbilicum jam dies est* (Il est déjà midi), écrivait Plaute il y a plus de deux mille ans.

Nom d'un! Juron de la même famille que: *Nom de d'là! Nom d'un nom! Nom d'une pipe! Nom d'un chien! Nom d'un petit bonhomme! Nom d'un tonnerre!* tous jurons innocents chargés d'exprimer la colère, la surprise, l'admiration, le dépit — et même la joie.

Nonneur, s. m. Compère du *tireur* (V. ce mot); variété de voleur.

Manger sur ses nonneurs. Dénoncer ses complices.

Nordiste, s. et adj. Partisan du gouvernement fédéral, et, en même temps, de l'abolition de l'esclavage et de la liberté humaine, sans distinction de couleur d'épiderme.

Cette expression, qui date de la dernière guerre d'Amérique, que vient de clore le meurtre du président Lincoln, est désormais dans la circulation générale.

Notaire, s. m. Comptoir du marchand de vin, — dans l'argot des faubouriens, qui y font beaucoup de transactions, honnêtes ou malhonnêtes, et un certain nombre de mariages à la détrempe.

Nounou, s. f. Nourrice, — — dans l'argot des enfants.

Nourrice, s. f. Femme que la nature a *avantagée,* — — dans l'argot du peuple.

Nourrir le poupard, v. a. Préparer un vol, le mijoter, pour ainsi dire, avant de l'exécuter.

Quelques grammairiens du

bagne prétendent qu'il faut dire : *Nourrir le poupon.*

Nourrisseur, s. m. Voleur qui indique une affaire, qui la prépare à ses complices.

Nourrisseur, s. m. Restaurateur, cabaretier, — dans l'argot des bohèmes.

Nourrisson des Muses, s. m. Poëte, — dans l'argot des académiciens, qui ont été allaités par des Naïades.

Nousailles, pr. poss. Nous, — dans l'argot des voleurs.

Nouveau, s. m. Élève récemment arrivé au collége, —dans l'argot des collégiens ; soldat récemment arrivé au régiment, — dans l'argot des troupiers ; ouvrier récemment embauché, — dans l'argot du peuple; prisonnier récemment écroué, — dans l'argot des voleurs.

Noyaux, s. m. pl. Pièces de monnaie, — dans l'argot des faubouriens.

L'expression est plus que centenaire, comme le prouvent ces deux vers de Vadé :

L'sacré violon qu'avait joué faux
Voulut me d'mander des noyaux...

Numéro (Être d'un bon). Être grotesque, ou ennuyeux, — dans l'argot des artistes.

Numéro cent, s. m. Watercloset, — dans l'argot des bourgeois, qui ont la plaisanterie odorante.

Numéro un, adj. Très-bien, très-beau, très-grand, — dans l'argot du peuple.

Nymphe de Guinée, s. f. Négresse, — dans l'argot des faubouriens.

Nymphe potagère, s. f. Cuisinière.

O

Obélisqual, adj. Écrasant d'étonnement, « ruisselant d'inouïsme », — dans l'argot des romantiques, amis des superlatifs étranges.

Objet, s. m. Maîtresse, — dans l'argot des ouvriers.

Occase, s. f. Apocope d'*Occasion*, — dans l'argot des faubouriens.

Ocréas, s. m. pl. Souliers,

— dans l'argot des Saint-Cyriens, qui se souviennent de leur Virgile et de leur Horace. *Ocreatus in nive dormis*, a dit ce dernier, qui n'était pas fait pour dormir tout *botté* sous la neige, comme un soldat, car on sait qu'à la bataille de Philippes il prit la fuite en jetant son bouclier aux orties.

OEIL, s. m. Crédit, — dans l'argot des bohèmes.

Avoir l'œil quelque part. Y trouver à boire et à manger sans bourse délier.

Faire ou *Ouvrir un œil à quelqu'un.* Lui faire crédit.

Crever un œil. Se voir refuser la continuation d'un crédit.

Fermer l'œil. Cesser de donner à crédit.

Quoique M. Charles Nisard s'en aille chercher jusqu'au 1er siècle de notre ère un mot grec « forgé par saint Paul » (chap. VII de l'Épître aux Éphésiens, et chap. III de l'Épître aux Colossiens), j'oserai croire que l'expression *A l'œil* — que ne rend pas du tout d'ailleurs l'ὀφθαλμοδουλεία de l'Apôtre des Gentils — est tout à fait moderne. Elle peut avoir des racines dans le passé, mais elle est née, sous sa forme actuelle, il n'y a pas quarante ans. Les consommateurs ont commencé par *faire de l'œil* aux dames de comptoir, qui ont fini par leur *faire l'œil* : une galanterie vaut bien un dîner, Mme Grégoire le savait.

OEIL, s. m. Bon effet produit par une chose, bonne façon d'être d'une robe, d'un tableau, d'un paysage, etc.

OEIL, s. m. Le *podex*, — dans l'argot des faubouriens facétieux.

Crever l'œil à quelqu'un. Lui donner un coup de pied au derrière.

OEIL (Avoir l'). Faire bonne garde autour d'une personne ou d'une chose.

On dit aussi *Ouvrir l'œil.*

OEIL (Faire de l'). Donner à penser des choses fort agréables aux hommes, — dans l'argot des petites dames ; regarder langoureusement ou libertinement les femmes, — dans l'argot des gandins.

OEIL AMÉRICAIN (Avoir l'). Voir très-clair là où les autres voient trouble, — dans l'argot du peuple, qui a peut-être voulu faire allusion aux romans de Cooper et rappeler les excellents yeux de Bas-de-Cuir, qui aurait vu l'herbe pousser.

OEIL BORDÉ D'ANCHOIS, s. m. Aux paupières rouges et décillées, — dans l'argot des faubouriens.

OEIL DE BŒUF, s. m. Pièce de cinq francs, — dans l'argot des ouvriers.

OEIL DE VERRE, s. m. Lorgnon, — dans le même argot.

OEIL EN COULISSE, s. m. Regard tendre et provocateur, — ce que Sénèque appelle en son langage sévère *oculorum fluxus.*

Faire les yeux en coulisse. Regarder amoureusement quelqu'un.

OEIL MARÉCAGEUX, s. f. Regard langoureux, voluptueux, — dans l'argot des petites dames.

OIE DU FRÈRE PHILIPPE, s. f. Jeune fille ou jeune femme,

—dans l'argot des gens de let-tres, qui ont lu les *Contes* de La Fontaine.

L'expression tend à s'intro-duire dans la circulation gé-nérale ; à ce titre, j'ai dû lui donner place ici. Pourquoi le peuple, qui a à sa disposition, à propos de la « plus belle moitié du genre humain, » tant d'expressions brutales et cyniques, n'emploierait-il pas cette galante périphrase? Le peuple anglais dit bien depuis longtemps, à propos des de-moiselles de petite vertu, les *Oies de l'évêque de Winches-ter* (*The bishop of Winches-ter's geese*).

OFFICIER, s. m. Garçon d'office, — dans l'argot des garçons de café.

OFFICIER DE TOPO, s. m. Homme qui triche au jeu de la bassette,—dans l'argot des joueurs.

On dit aussi *Officier de tango.*

OGNON, s. m. Grosse mon-tre, de forme renflée comme un bulbe, — dans l'argot du peuple, ami des mots-images.

On remarque que, contrai-rement à l'orthographe offi-cielle, j'ai écrit *ognon* et non *oignon.* Pour deux raisons : la première, parce que le peu-ple prononce ainsi; la se-conde, parce qu'il a raison, *ognon* venant du latin *unio.* J'ai même souvent entendu prononcer *onion.*

OGNON (Il y a de l'). On va se fâcher, on est sur le point de se battre, par conséquent de *pleurer.* Argot des faubou-riens.

OGNONS (Aux)! Exclama-tion de l'argot des faubou-riens, qui l'emploient comme superlatif de bien, de bon, et de beau.

On dit aussi *Aux petits ognons !* et même *Aux petites oignes !*

Cette expression et celle-ci: *Aux petits oiseaux !* sont les descendantes de cette autre : *Aux pommes !* qu'explique à merveille une historiette de Tallemant des Réaux.

OGRE, s. f. Agent de rem-placement militaire, — dans l'argot des voleurs.

Signifie aussi Usurier, es-compteur.

OGRE, s. m. Marchand de chiffons, — dans l'argot des chiffonniers.

OGRESSE, s. f. Maîtresse de tapis-franc, de maison *borgne,* — dans l'argot des voleurs, qui ont sans doute voulu faire allusion à l'effroyable quantité de chair fraîche qui se consomme là dedans.

OGRESSE, s. f. Marchande à la toilette, proxénète, — dans l'argot des filles, ses victimes.

OH! LA LA! Exclamation ironique et méprisante de l'argot des faubouriens, qui la mettent à toutes sauces.

OISEAU, s. m. Original; homme difficile à vivre, — dans l'argot du peuple, qui n'emploie presque toujours ce mot que dans un sens péjoratif ou ironique. Ainsi il dira, à propos d'un homme qu'on lui vante et qu'il n'aime pas : « Oui, un bel oiseau ! » Ou, à propos d'un homme taré ou suspect : « Quel triste oiseau ! » Ou, à propos d'un homme laid ou ennuyeux : « Le vilain oiseau ! »

OISEAU DE CAGE, s. m. Prisonnier, — dans le même argot.

Les ouvriers anglais ont la même expression : *Jail bird.*

OLIM, s. m. Suranné, académicien, — dans l'argot des romantiques, qui cherchaient et trouvaient les injures les plus corsées pour en contaminer la gloire de leurs adversaires naturels, les classiques.

Celle-ci appartient à Théophile Gautier, qui, heureusement pour lui et pour nous, a fait *Émaux et Camées.*

OLIVIER DE SAVETIER, s. m. Navet, — dans l'argot des faubouriens, qui font sans doute allusion à l'huile qu'on extrait de la *navette*, un *Brassica napus* aussi, mais *oleifera.*

OMELETTE, s. f. Mystification militaire qui consiste à retourner sens dessus dessous le lit d'un camarade endormi.

Omelette du sac. Autre plaisanterie de même farine qui consiste à mettre en désordre tous les objets rangés dans un havre-sac, — ce qui est une façon comme l'autre de casser les œufs et de les brouiller.

OMNIBUS, s. m. Résidu des liquides répandus sur le comptoir d'un marchand de vins, et servi par ce dernier aux pratiques peu difficiles, amies des arlequins.

OMNIBUS, s. m. Verre de vin, de la contenance d'un demi-setier, — la mesure ordinaire de tout buveur.

OMNIBUS, s. m. Garçon supplémentaire pour les jours de fête, — dans l'argot des garçons de café.

OMNIBUS, s. m. Femme banale, — dans l'argot du peuple, pour qui cette Doña *Sol* du ruisseau *lucet omnibus.*

OMNIBUS DE CONI, s. m. Corbillard, — dans l'argot des voleurs.

ONCLE, s. m. Guichetier,— dans le même argot.

ONCLE, s. m. Usurier, — dans l'argot des fils de famille, qui ont voulu marier leur *tante* à quelqu'un.

ONGLE CROCHE, s. m. Avare, et même Voleur, — dans l'argot du peuple, qui suppose avec raison que ce qui est bon à garder pour l'un est bon à prendre pour l'autre.

Avoir les ongles croches. Avoir des dispositions pour la tromperie, — et même pour la filouterie.

ONGLES EN DEUIL, s. m .pl. Ongles noirs, malpropres.

ONGUENT, s. m. Argent, — dans l'argot des voleurs, qui savent qu'on guérit tout, ou presque tout, avec cela.

OPINEUR HÉSITANT, s. m., Juré, — dans l'argot des voyous, piliers de la Cour d'assises.

ORANGE A COCHONS, s. f. Pomme de terre, — dans l'argot des voleurs, qui apprennent ainsi aux gens honnêtes et ignorants qu'avant Parmentier, le savoureux tubercule dont nous sommes si friands aujourd'hui, pauvres et riches, était abandonné comme nourriture aux descendants du compagnon de saint Antoine.

Le peuple dit *Orange de Limousin*.

ORANGER DE SAVETIER, s. m. Réséda, — dans l'argot des faubouriens.

ORDINAIRE, s. m. Soupe et bœuf, — dans l'argot des ouvriers.

ORDINAIRES, s. f. pl. Les *menses* de la femme, — dans l'argot des bourgeois.

OREILLARD, s. m. Baudet, — dans l'argot des faubouriens.

ORGANEAU, s. m. « Anneau de fer placé au milieu de la chaîne qui joint entre eux les forçats suspects. »

ORIENTALISTE, s. m. Homme parlant le pur argot, — qui est du sanscrit et du chinois pour les gens qui n'ont appris que les langues occidentales.

ORIGINAL, s. m. Homme qui ne fait rien comme personne, — dans l'argot des bourgeois.

On dit aussi *Original sans copie*.

ORLÉANS, s. m. Vinaigre, — dans l'argot des faubouriens.

ORNIE, s. f. Poule, — dans l'argot des voleurs, pour qui cette volaille est l'oiseau par excellence (ὄρνις), au propre et au figuré, à manger et à plumer.

ORNIE DE BALLE, s. f. Dinde, — « à cause de la balle d'avoine dans laquelle elle est forcée de chercher sa nourriture, le grain étant réservé aux autres habitants de la basse-cour. »

ORNIÈRE, s. f. Poulailler.

ORNION, s. m. Chapon.

ORNICHON, s. m. Poulet.

ORPHELIN, s. m. Orfévre, — dans le même argot.

OS, s. m. Argent, or ou monnaie, — dans l'argot du peuple.

Avoir l'os. Être riche.

OSSELETS, s. m. Les dents, — dans l'argot des voleurs.

OSTROGOTH, s. m. Importun; niais, — dans l'argot du peuple.

OUATER, v. a. et n. Dessiner ou peindre avec trop de morbidesse et de flou, — dans l'argot des artistes, qui prétendent qu'en peignant ou en dessinant ainsi on ne peut faire que des *bonshommes en coton*.

OUICHE ! adv. Oui, — dans l'argot du peuple, qui emploie ce mot ironiquement.

C'est le *ouàis !* des paysans.

OUI, EN PLUME ! Expression de l'argot des typographes qui équivaut à cette autre, plus claire : « Tu blagues ! »

OUI, GARIBALDI ! Expression de dénégation méprisante qui a succédé, dans l'argot du peuple, depuis les événements d'Italie, à cette autre si connue : *Oui ! mon œil !*

On dit aussi *Oui ! les lanciers !*

OURLER LE BEQ, v. a. Terminer sa besogne, — dans l'argot des graveurs sur bois.

OURS, s. m. Vaudeville, drame ou comédie qui brille par l'absence d'intérêt, de style, d'esprit et d'imagination, et qu'un directeur de théâtre bien avisé ne joue que lorsqu'il ne peut pas faire autrement, — comme autrefois, aux cirques de Rome, on ne faisait combattre les ours que lorsqu'il n'y avait ni lions, ni tigres, ni éléphants.

On le dit aussi d'un mauvais article ou d'un livre médiocre.

Marchand d'ours, ou mieux *Meneur d'ours*. Auteur dramatique ou homme de lettres qui a la spécialité des ours et qui les promène de théâtre en théâtre ou de journal en journal.

Ce mot est assez curieux pour que je m'inquiète de son origine. Mais me voilà fort embarrassé, pris que je suis entre l'explication de M. Joachim Duflot et celle que me fournit Tallemant des Réaux. « Joubert (avocat), qui a eu de la réputation, et qui, en effet, plaidoit bien pour le fond quand on lui avoit donné tout le temps qu'il lui falloit pour *lécher son ours*, disoit de grandes sottises quand il se mettoit sur le bien dire. » Ainsi parle l'auteur des *Historiettes*. « Tout le monde, dit M. Joachim Duflot, se souvient de cette farce désopilante appelée *l'Ours et le Pacha*, que le théâtre des Variétés joua cinq cents fois au moins. Le père Brunet représentait le pacha blasé qui veut qu'on l'amuse ; Odry jouait le montreur de bêtes, répétant à tout propos : *Prenez mon ours*. Ces trois mots obtinrent une telle vogue au théâtre, que les directeurs, à l'aspect d'un auteur qui tenait un manuscrit, lui disaient de loin : « Vous voulez m'amuser, vous m'apportez votre ours. — C'est une pièce charmante, faite pour votre théâtre. — C'est bien ce que je pensais : *prenez mon ours !* » Depuis ce temps, l'*ours* est un vaudeville ou un mélodrame qui a vieilli dans les cartons. »

Qui a raison des deux? Le lecteur voudra bien prononcer.

Ours, s. m. Ouvrier imprimeur, — dans l'argot des typographes.

Ours, s. m. La salle de police, — dans l'argot des soldats.

Ourson, s. m. Bonnet de grenadier, — dans l'argot des gardes nationaux.

Outils, s. m. pl. Ustensiles de table, en général, — dans l'argot des francs-maçons.

Outu, adj. Ruiné, perdu, atteint de maladie mortelle, — dans l'argot des bourgeois, désireux de ménager la chèvre de la décence et le chou de la vérité.

Il y a longtemps qu'ils parlent ainsi, frisant la gaillardise et défrisant l'orthographe. On trouve dans les *Contes d'Eutrapel* : « Et bien, dit-elle, soit! Ce qui est faict est faict, il n'y a point de remède, qui est outu est outu (quelques docteurs disent qu'elle adjoucta une F). »

Ouvrage, s. m. L'engrais humain, à l'état liquide, — dans l'argot des faubouriens.

Tomber dans l'ouvrage. Se laisser choir dans la fosse commune d'une maison.

Ouvrage, s. m. Vol, — dans l'argot des prisons.

Ouvrier, s. m. Voleur.

Ouvrir sa tabatière, v. a. *Crepitare* sournoisement, sans bruit, mais non sans inconvénient, — dans l'argot du peuple qui, en parlant de cet inconvénient, ajoute : *Drôle de prise !*

P

Pachalesquement, adv. Voluptueusement, — dans l'argot des romantiques.

Cet adverbe oriental appartient à Théophile Dondey, plus inconnu sous le pseudonyme de Philotée O'Neddy.

Paclin ou **Pasquelin**, s. m. Pays natal, — dans l'argot des voleurs.

Pasquelin du Rabouin. L'Enfer, pays du diable.

Paf, adj. Gris, ivre, — dans l'argot des faubouriens

Paffer (Se), v. réfl. Boire avec excès.

Pafs, s. m. pl. Chaussures, neuves ou d'occasion.

Page blanche, s. f. Homme

distingué, ouvrier supérieur à son état, — dans l'argot des typographes.

Être page blanche en tout. Ne se mêler jamais des affaires des autres; être bon camarade et bon ouvrier.

PAGNE, s. m. Provisions que le malade ou le prisonnier reçoit du dehors et qu'on lui porte ordinairement dans un *panier.*

PAIE (Bonne), s. f. Homme qui fait honneur à sa parole ou à sa signature, — dans l'argot des bourgeois.

Mauvaise paie. Débiteur de mauvaise foi.

Il faut proncer *paye*, à la vieille mode.

PAÏEN, s. m. Débauché, homme sans foi ni loi, ne craignant ni Dieu ni diable, — dans l'argot du peuple, qui emploie là une expression des premiers temps de notre langue.

PAILLASSE, s. f. Corps humain, — dans l'argot des faubouriens.

Se faire crever la paillasse. Se faire tuer en duel, — ou à coups de pied dans le ventre.

On dit aussi *Paillasse aux légumes.*

PAILLASSE, s. f. Femme ou fille de mauvaise vie.

On dit aussi *Paillasse de corps de garde.*

PAILLASSE, s. m. Homme politique qui change d'opinions aussi souvent que de chemises, sans que le gouvernement qu'il quitte soit, pour cela, plus sale que le gouvernement qu'il met.

On dit aussi *Pitre* et *Saltimbanque.*

PAILLASSON, s. m. Libertin, — dans l'argot du peuple.

Signifie aussi Souteneur de filles.

PAILLE (C'est une)! Ce n'est rien !

L'expression est très-ironique, et signifie toujours, dans la bouche de celui qui l'emploie, que ce rien est un obstacle sérieux.

PAILLE AU CUL (Avoir la). Être réformé, congédié, mis hors de service, par allusion au bouchon de paille qu'on met aux chevaux à vendre.

PAILLE DE FER, s. f. Baïonnette, — dans l'argot des troupiers.

PAILLETÉE, s. f. Drôlesse du boulevard, — dans l'argot des voyous, qui sont souvent les premiers à fixer dans la langue une mode ou un ridicule. Pour les curieux de 1885, cette expression voudra dire qu'en 1865 les femmes du monde interlope portaient des paillettes d'or partout, sur leurs voilettes, dans leurs cheveux, sur leurs corsages, etc.

J'ai entendu aussi un voyou s'écrier, en voyant passer dans le faubourg Montmartre une de ces effrontées drôlesses qui ne savent comment dépenser l'or qu'elles ne gagnent pas : *Ohé! la Dantzick!*

PAILLOT, s. m. Paillasson, — dans l'argot du peuple.

PAIN, s. m. Coussin de cuir, — dans l'argot des graveurs, qui placent dessus la pièce à graver, bois ou acier.

PAIN (Et du)! Expression ironique de l'argot du peuple, qu'il coud à beaucoup de ses phrases quand il veut se moquer.

Gavarni n'a pas manqué à l'employer. «Pus-qu'ça de lorgnon!... Et du pain? » dit un masque abordant un domino qui l'attend, le binocle sur les yeux.

PAIRE DE CYMBALES, s. f. Pièce de dix francs, dans l'argot facétieux des faubouriens.

PALABRE, s. m. Discours ennuyeux, prudhommesque, — dans l'argot du peuple, qui a emprunté ce mot à l'argot des marins, qui l'avaient emprunté à la langue espagnole, où, en effet, *palabra* signifie *parole*.

« Un des adeptes de Fourier, Victor Considérant, a emprunté aux Espagnols le mot *palabre* pour exprimer des discours pompeux, mensongers et gonflés de vents.» J'en demande pardon à M. Francis Wey (*Remarques sur la langue française*, 1845), mais c'est aux Parisiens que M. Considérant a emprunté ce substantif expressif.

PALAIS DU FOUR, s. m. Mo-nument élevé par Charles Monselet, dans *le Figaro*, en l'honneur des victimes malheureuses de la littérature et de l'art,des artistes et des gens de lettres qui, en croyant faire une œuvre digne d'admiration, n'ont fait qu'une œuvre digne de risée.

PALE, s. m. As et deux, — dans l'argot des joueurs de dominos.

Asinet. As tout seul.

PALETOT, s. m. Cercueil, — dans l'argot des marbriers de cimetière.

PALETTE, s. f. Guitare, — dans l'argot des musiciens ambulants.

PALICHON, s. m. Double blanc, — dans l'argot des joueurs de dominos.

Ils disent aussi *Blanchinet.*

PALLAS, s. m. Discours, bavardage, — dans l'argot des typographes et des voleurs.

Faire pallas. Faire beaucoup d'embarras à propos de peu de chose.

PALLASSEUR, s. m. Faiseur de discours, bavard.

PALMÉ, s. et adj. Homme bête comme une *oie*, — dans l'argot du peuple.

PALPER, v. a et n. Toucher de l'argent, — dans l'argot des employés.

PALPITANT, s. m. Le cœur, — dans l'argot des voleurs.

PALTOQUET, s. m. Drôle,

intrus, balourd, — dans l'argot des bourgeois.

PAMEUR, s. m. Poisson, — dans l'argot des faubouriens, qui ont remarqué que les poissons, une fois hors de leur élément natal, font les yeux blancs.

PAMURE, s. f. Soufflet violent, à faire *pâmer* de douleur la personne qui le reçoit, — dans l'argot des faubouriens et des paysans de la banlieue de Paris.

PANACHER, v. a. Mélanger, mêler, — dans l'argot du peuple, qui emploie ce verbe au propre et au figuré, à propos des choses et à propos des gens.

PANADE, s. et adj. Chose de peu de valeur ; femme laide, — dans l'argot des faubouriens.

PANAIS (Être en). Être en chemise, sans aucun pantalon, — dans le même argot.

PANAMA, s. m. Gandin, — dans l'argot du peuple, qui dit cela par allusion à la mode des chapeaux de Panama, prise au sérieux par les élégants.

La mode est passée, mais le mot est resté.

PANIER A SALADE, s. m. Voiture affectée au transport des prisonniers, — dans l'argot du peuple.

On dit aussi *Souricière*.

PANIER A SALADE, s. m.

Petite voiture en osier à l'usage des petites dames, à la mode comme elles et destinée à passer comme elles.

PANIER AUX CROTTES, s. m. Le *podex* et ses environs, — dans l'argot du peuple.

Remuer le panier aux crottes. Danser.

PANIER PERCÉ, s. m. Prodigue, dépensier, — dans le même argot.

PANNE, s. f. Misère, gêne momentanée, — dans l'argot des bohèmes et des ouvriers, qui savent mieux que personne combien il est dur de manquer de *pain*.

PANNE, s. f. Rôle de deux lignes, — dans l'argot des comédiens, qui ont plus de vanité que de talent, et pour qui un petit rôle est un *pauvre* rôle.

PANNÉ, s. m. Homme qui n'a pas un sou vaillant, — dans l'argot des filles, qui n'aiment pas ces garçons-là.

PANOUFLE, s. f. Vieille femme ou vieille chose sans valeur, — dans l'argot du peuple, qui fait allusion au lambeau de peau qu'on mettait encore il y a quelques années aux sabots pour amortir le contact du bois.

Signifie aussi Perruque.

PANSER DE LA MAIN, v. a. Battre, donner des coups, — dans le même argot.

PANTALON ROUGE, s. m.

Soldat de la ligne, — dans l'argot des ouvriers.

Pantalonner une pipe, v. a. La fumer jusqu'à ce qu'elle ait acquis cette belle couleur bistrée chère aux fumeurs.

Je n'ai pas besoin d'ajouter que c'est le même verbe que *culotter*, mais un peu plus décent, — pas beaucoup.

Pantalons, s. m. pl. Petits rideaux destinés à dérober au public la vue des coulisses, qui, sans cette précaution, s'apercevraient par les portes ou les fenêtres du fond et nuiraient à l'illusion de la mise en scène.

Pantalzar, s. m. Pantalon, — dans l'argot des faubouriens.

Pante, s. m. Le monsieur inconnu qui tombe dans les piéges des filles et des voleurs, — volontairement avec les premières, contre son gré avec les seconds.

Pante argoté. Imbécile parfait.

Pante arnau. Dupe qui s'aperçoit qu'on la trompe, et qui *renaude*.

Pante désargoté. Homme difficile à tromper.

Quelques-uns des auteurs qui ont écrit sur la matière disent *pantre*. M. Francisque Michel, lui, dit *pautre*, et, fidèle à ses habitudes, s'en va chercher un état civil à ce mot jusqu'au fond du moyen âge. Pourquoi *pante* ne viendrait-il pas de *pantin* (homme

dont on fait ce qu'on veut) ou de *Pantin* (Paris)? Il est si naturel aux malfaiteurs des deux sexes de considérer les Parisiens comme leur proie!

Pantin, n. de v. Paris, — dans l'argot des voleurs et des faubouriens.

On dit aussi *Pampeluche* et *Pantruche.* « *Pantin*, dit Gérard de Nerval, c'est le Paris obscur. *Pantruche*, c'est le Paris canaille. »

Dans le goût de Pantin. A la dernière mode.

Pantin, s. m. Homme sans caractère, — dans l'argot du peuple, qui sait que nous sommes cousus de fils à l'aide desquels on nous fait mouvoir contre notre gré.

Pantinois, s. m. Parisien.

Pantoufle. Mot que le peuple ajoute ordinairement à *Et cœtera*, comme pour mieux marquer son dédain d'une énumération fastidieuse.

Dhautel dit, dans son *Dictionnaire du bas langage :* « *Et cœtera pantoufle.* Quolibet dont on se sert lorsqu'un ouvrage pénible et ennuyeux vient à être terminé. »

Pantouflé, s. m. Ouvrier tailleur, — dans l'argot des faubouriens, qui ont remarqué que ces ouvriers sortent volontiers en pantoufles.

Pantume, s. f. Fille ou femme de mauvaise vie, — dans l'argot des voleurs.

16.

Papa, s. m. Père, — dans l'argot des enfants, dont ce mot est le premier bégaiement.

Bon papa. Grand-père.

Papa (A la), adv. Avec bonhomie, tranquillement, — dans l'argot du peuple, qui emploie cette expression avec une nuance d'ironie.

Papavoiner, v. a. Assassiner aussi froidement que fit Papavoine des deux petits enfants dont il paya la vie de sa tête.

L'expression, qui a eu cours il y a une trentaine d'années, a été employée en littérature par le chansonnier Louis Festeau.

Pape Colas, s. m. Homme qui aime à prendre ses aises, à *se prélasser,* — dans l'argot du peuple.

Papelard, s. m. Papier, — dans l'argot des voleurs, qui ont voulu coudre une désinence de fantaisie au *papel* espagnol.

Papier Joseph, s. m. Billet de banque, — dans l'argot du peuple.

On dit aussi *Papier de soie.*

Papillon, s. m. Blanchisseur, — dans l'argot des voleurs, qui ont transporté à la profession l'épithète qui conviendrait à l'objet de la profession, les serviettes séchant au soleil et battues par le vent dans les prés ressemblant assez, de loin, à de grands lépidoptères blancs.

Papillonne, s. f. Amour du changement, ou plutôt Changement d'amour, — dans l'argot des fouriéristes.

On dit aussi *Alternante.*

Papillonner, v. a. et n. Dévaliser les blanchisseuses.

Papillonner, v. n. Aller de belle en belle, comme le papillon de fleur en fleur, — dans l'argot du peuple.

Il y a près de deux siècles que le mot est en circulation. On connaît le mot de Mme Deshoulières à propos de Mlle D'Ussel, fille de Vauban : « Elle papillonne toujours, et rien ne la corrige. » Fourier n'a inventé ni la chose ni le nom.

Papillotes, s. f. pl. Billets de banque, — dans lesquels les gens aussi riches que galants enveloppent les dragées qu'ils offrent aux petites dames.

Papotage, s. m. Causerie familière; bavardage d'enfants ou d'amoureux, — dans l'argot des gens de lettres.

Papoter, v. n. Babiller comme font les amoureux et les enfants, en disant des riens.

Paquet, s. m. Compte, — dans l'argot du peuple.

Avoir son paquet. Être complétement ivre.

Recevoir son paquet. Être congédié par un patron, ou abandonné par un médecin, ou extrême-onctionné par un prêtre.

Faire son paquet. Faire son testament.

Risquer le paquet. S'aventurer, oser dire ou faire quelque chose.

PARADIS, s. m. La fosse commune,— dans l'argot ironique des marbriers de cimetière.

PARADOUZE, s. f. Paradis, —dans l'argot calembourique du peuple, qui dit cela depuis longtemps, comme en témoignent ces vers extraits du *Roman du Renart :*

> ..... . Li sainz Esperiz
> Do la seue ame s'entremete
> Tant qu'en paradouse la mete,
> Deux lieues outre Paradiz,
> Où nus n'est povre ne maudis.

PAR-A-LANCE, s. m. Parapluie, — dans l'argot des voleurs et des faubouriens.

On dit aussi *En-tous-cas.* Cette dernière expression, dit Vidocq,— et cela va scandaliser beaucoup de bourgeoises qui l'employaient de confiance, lui croyant une origine honnête, — cette dernière expression a été trouvée par un détenu de Bicêtre, le nommé Coco.

PARAPHE, s. m. Soufflet,— dans l'argot du peuple, qui se plaît à déposer son seing sur la joue de ses adversaires.

Détacher un paraphe. Donner un soufflet.

PARÉ (Être). Avoir subi la « fatale toilette » et être prêt pour la guillotine,—dans l'argot des prisons.

Les bouchers emploient la même expression lorsqu'ils viennent de *faire* un mouton.

PAREIL AU MÊME (Du). La même chose ou le même individu, — dans l'argot des faubouriens.

PARER LA COQUE, v. a. Echapper par la fuite à un châtiment mérité ; parer habilement aux inconvénients d'une situation, — dans l'argot des ouvriers qui ont servi dans l'infanterie de marine.

PARFAIT AMOUR, s. m. Liqueur de dames, — dans l'argot des faubouriens.

On dit aussi *Crème de cocu.*

Parfait amour de chiffonnier. Eau-de-vie d'une qualité au-dessous de l'inférieure.

PARISIEN, s. m. Homme déluré, inventif, loustic, — dans l'argot des troupiers.

PARISIEN, s. m. Niais, novice, — dans l'argot des marins.

PARISIEN, s. m. Vieux cheval invendable, — dans l'argot des maquignons.

PARLER BOUTIQUE, v. n. Ne s'entretenir que des choses de l'état qu'on exerce, de l'emploi qu'on remplit, contrairement aux règles de la civilité, qui veulent qu'on s'occupe peu de soi quand on cause avec les autres.

PARLER CHRÉTIEN, v. n. Parler nettement, clairement,

de façon que personne ne s'y trompe.

PARLER LANDSMAN, v. n. Parler la langue allemande, — dans l'argot des ouvriers.

PARLER PAPIER, v. n. Écrire, dans l'argot des troupiers.

PARLOTTE, s. f. Lieu où l'on fait des commérages, — que ce soit la Chambre des Députés ou le Café Bouvet, tel foyer de théâtre ou telle loge de danseuse.

PARLOTTER, v. n. Bavarder.

PARLOTTERIE, s. f. Abondance de paroles avec une pénurie d'idées.

L'expression est d'Honoré de Balzac.

PARLOTTEUR, s. m. Bavard.

PARMESARD, s. m. Pauvre diable à l'habit râpé comme *parmesan*, — dans l'argot facétieux des faubouriens.

PAROISSIEN, s. m. Individu suspect,—dans l'argot du peuple.

Drôle de paroissien. Homme singulier, original, qui ne vit pas comme tout le monde.

PAROISSIEN DE SAINT PIERRE AUX BŒUFS, s. m. Imbécile, — dans l'argot du peuple, qui sait que ce saint est le *patron des grosses bêtes*.

PARON, s. m. Palier de maison, *carré*, — dans l'argot facétieux des voleurs.

PAROXISTE, s. m. Écrivain qui, comme Alexandre Dumas, Eugène Sue, Paul Féval et Ponson du Terrail, recule les limites de l'invraisemblance et de l'extravagance dans le roman.

Le mot est de Charles Monselet.

PARRAIN, s. m. Avocat d'office, — dans l'argot des voleurs.

Signifie aussi Témoin.

Parrain fargueur. Témoin à charge.

Parrain d'attèque. Témoin à décharge.

PARTI (Être). Être gris, parce qu'alors la raison s'en va avec les bouchons des bouteilles vidées.

On dit aussi *Être parti pour la gloire*.

PARTICULIER, s. m. Individu quelconque,— dans l'argot du peuple, qui prend ordinairement ce mot en mauvaise part.

PARTICULIÈRE, s. f. Drôlesse, — dans le même argot.

Signifie aussi Maîtresse, concubine.

PARTIE, s. f. Aimable débauche de vin ou de femmes, — dans le même argot.

Partie carrée. Partie de plaisir à quatre, deux hommes et deux femmes.

Partie fine. Rendez-vous amoureux dans un cabinet particulier.

Être en partie fine. Être avec une dame n'importe où.

PARTIE DE TRAVERSIN (Faire

une). Dormir à deux, — dans l'argot des faubouriens.

PASCAILLER, v. n. Prendre le tour de quelqu'un, lui enlever un avantage, — dans l'argot des voleurs.

PAS DE ÇA, LISETTE ! Formule de refus ou de négation, — dans l'argot du peuple, qui connaît son Béranger.

PAS GRAND CHOSE, s. m. Fainéant; homme sans moralité et sans courage,—dans le même argot.

Au féminin, signifie Drôlesse, bastringueuse.

PAS MÉCHANT, adj. Laid, pauvre, sans la moindre valeur, — dans l'argot des faubouriens et des filles, qui emploient cette expression à propos des gens comme à propos des choses. Ainsi, un chapeau qui n'est pas méchant est un chapeau ridicule — parce qu'il est passé de mode; un livre qui n'est pas méchant est un livre ennuyeux — parce qu'il ne parle pas assez de Cocottes et de Cocodès, etc.

PASSE, s. f. Situation bonne ou mauvaise, — dans l'argot du peuple.

PASSÉ AU BAIN DE RÉGLISSE (Être). Appartenir à la race nègre, —dans l'argot des faubouriens.

PASSE-CARREAU, s. m. Outil de bois sur lequel on repasse les coutures des manches, — dans l'argot des tailleurs.

PASSE-LACET, s. m. Fille d'opéra, ou d'ailleurs,—dans l'argot des libertins d'autrefois, qui est encore celui des libertins d'aujourd'hui.

PASSE-LANCE, s. m. Bateau, — dans l'argot des voleurs.

PASSEPORT JAUNE, s. m. Papiers d'identité qu'on délivre aux forçats à leur sortie du bagne.

PASSER AU BLEU, v. a. Supprimer, vendre, effacer; manger son bien, — dans l'argot des faubouriens.

On disait, il y a cinquante ans : *Passer* ou *Aller au safran.* Nous changeons de couleurs mais nous ne changeons pas de mœurs.

PASSER AU DIXIÈME, v. n. Devenir fou, — dans l'argot des officiers d'artillerie, « pour montrer à quel chiffre élevé montent des pertes sur lesquelles l'étude des sciences exactes n'est pas, dit-on, sans influence ».

PASSER DE BELLE (Se). Ne pas recevoir sa part d'une affaire, — dans l'argot des voleurs.

PASSER DEVANT LA GLACE, v. n. Payer, — dans l'argot des faubouriens, qui savent que, même dans leurs cafés populaciers, le comptoir est ordinairement orné d'une glace devant laquelle on est forcé de stationner quelques instants.

PASSER DEVANT LA MAIRIE,

v. n. Se marier sans l'assistance du maire et du curé, — dans l'argot du peuple.

Passer la jambe, v. a. Donner un croc-en-jambe, — dans le même argot.

Passer la jambe a Thomas, v. n. Vider le baquet-latrine de la chambrée, — dans l'argot des soldats et des prisonniers.

Passer la main sur le dos de quelqu'un, v. a. Le flatter, lui dire des choses qu'on sait devoir lui être agréables, — dans l'argot du peuple.

Passer l'arme a gauche, v. a. Mourir, — dans l'argot des troupiers et du peuple.

On dit aussi *Défiler la parade.*

Passeur, s. m. Individu qui *passe* les examens de bachelier à la place des jeunes gens riches qui dédaignent de les passer eux-mêmes, — parce qu'ils en sont incapables.

Passifs, s. m. pl. Souliers d'occasion, — dans l'argot des voleurs et des faubouriens.

Le mot est expressif : des souliers qui ont longtemps servi ont naturellement pâti, souffert, — *passus, passivus,* passif.

Pas tant de beurre pour faire un quarteron ! Phrase populaire par laquelle on coupe court aux explications longues mais peu probantes, aux raisons nombreuses mais insuffisantes.

Elle appartient à Cyrano de Bergerac, qui l'a mise dans la bouche de Mathieu Gareau, du *Pédant joué.*

Patafioler, v. a. Confondre, — dans l'argot du peuple.

Ce verbe ne s'emploie ordinairement que comme malédiction bénigne, à la troisième personne de l'indicatif : « Que le bon Dieu vous patafiole ! »

Patapouf, s. m. Homme, et quelquefois Enfant bouffi, épais; lourdaud, — dans le même argot.

On dit aussi *Gros patapouf,* — mais c'est un pléonasme inutile.

Pataquès, s. m. pl. Fautes de français grossières, liaisons dangereuses, — dans l'argot des bourgeois, qui voudraient bien passer pour des puristes.

Patarasses, s. f. pl. Tampons que les forçats glissent entre leur anneau de fer et leur chair, afin d'amortir la pesanteur de la manicle sur les chevilles et le cou-de-pied.

Patard, s. m. Pièce de monnaie, gros sou, — dans l'argot des faubouriens, qui ne se doutent pas qu'ils emploient là une expression du temps de François Villon :

Item à maistre Jehan Cotard,
Auquel doy encore ung patard ..
A ceste heure je m'en advise.

         (*Le Grand Testament.*)

PATAUD, s. et adj. Lourdaud, grossier, niais, — dans l'argot du peuple.

PATAUGER, v. n. Ne pas savoir ce qu'on fait ni ce qu'on dit.

PATE, s. m. Apocope de *Patron*, — dans l'argot des graveurs sur bois.

PATÉ, s. m. Tache d'encre sur le papier, — dans l'argot des écoliers, qui sont de bien *sales pâtissiers*.

On dit aussi *Barbeau*.

PATÉ, s. m. Mélange des caractères d'une ou plusieurs pages qui ont été renversées, — dans l'argot des typographes.

PATÉ D'ERMITE, s. m. Noix, — dans l'argot du peuple, qui sait que les anachorètes passaient leur vie à mourir de faim.

PATÉE, s. f. Nourriture, — dans l'argot des faubouriens.

Prendre sa pâtée. Déjeuner ou dîner.

PATÉE, s. f. Correction vigoureuse et même brutale, — dans le même argot.

PATE-FERME, s. f. Article sans alinéas, — dans l'argot des journalistes.

PATENTE, s. f. Casquette, — dans l'argot des faubouriens, qui ont traduit à leur façon le *patent* qui se trouve sur tous les produits anglais, chapeaux, manteaux, etc.

PATIRAS, s. m. Souffredouleur de l'atelier, — dans le même argot.

Les gens distingués disent *Patito*.

PATOCHE, s. f. Férule, — dans l'argot des enfants, dont les *mains* en conservent longtemps le souvenir.

PATOCHES, s. f. pl. Mains.

PATOISER, v. n. Parler avec un accent provincial, — dans l'argot du peuple.

PATOUILLER, v. n. Barboter, patauger, — dans le même argot.

Encore un mot importé de province.

PATRAQUE, s. f. Vieille montre qui marche mal, — dans le même argot.

PATRAQUE, s. f. Patrouille de gardes nationaux, — dans l'argot des faubouriens.

PATRAQUE, adj. Malade ou d'une santé faible, — dans l'argot des bourgeois.

PATRES (AD), adv. Au diable, — dans l'argot du peuple, qui se soucie peu de ses « pères ».

Envoyer ad patres. Tuer.

Aller ad patres. Mourir.

PATRIE, s. f. Commode, — dans l'argot des bohèmes, qui serrent leurs hardes dans les grands journaux comme *la Patrie*, *le Siècle*, etc., leurs seuls meubles souvent.

PATRON-MINETTE (Dès), adv. Dès l'aube, — dans l'argot du peuple.

PATRON-MINETTE, s. f. Association de malfaiteurs, célèbre il y a une trentaine d'années, à Paris, comme la *Camorra* à Naples.

PATROUILLER, v. n. Faire patrouille, — dans l'argot des bourgeois, soldats-citoyens.

PATTE, s. f. Main, — dans l'argot des faubouriens.

PATTE, s. f. Grande habileté de *main*, — dans l'argot des artistes.

Avoir de la patte. Faire des tours de force de dessin ou de couleur.

PATTE-D'OIE, s. f. Les trois rides du coin de l'œil, qui trahissent ou l'âge ou une fatigue précoce.

PATTE-D'OIE, s. f. Carrefour, — dans l'argot du peuple et des paysans des environs de Paris.

PATTE-MOUILLÉE, s. f. Vieux chiffon imprégné d'eau, qui, à l'aide d'un carreau chaud, sert à enlever les marques du lustre sur le drap.

Expression de l'argot des tailleurs.

PATTES, s. f. pl. Jambes,— dans l'argot des faubouriens.

Fournir des pattes. S'en aller, s'enfuir.

On dit aussi *Se payer une paire de pattes*, et *Se tirer les pattes.*

PATTES DE MOUCHE, s. f. pl. Lettre de femme ou grimoire d'avocat.

PATTU, adj. Épais, lourd,

— dans l'argot du peuple.

PATURER, v. n. Manger, — dans l'argot des ouvriers, qui savent que si Dieu donne la *pâture* aux petits des oiseaux, il la refuse volontiers aux petits des hommes.

On dit aussi *Prendre sa pâture.*

PATURONS, s. m. pl. Les pieds, — dans l'argot des faubouriens, qui disent cela au moins depuis Vadé :

A cet ensemble on peut connoître
L'élégant ou le petit-maître
Du Pont-aux-choux, des Porcherons,
Où l'on roule ses paturons.

Jouer des paturons. Se sauver.

PAUMER, v. a. Empoigner, prendre — avec la *paume* de la main.

S'emploie au propre et au figuré.

Être paumé. Être arrêté.

Être paumé marron. Être pris en flagrant délit de tricherie, de vol ou de meurtre.

PAVÉ, s. m. Éloge maladroit, bonne intention malheureuse, — comme celle de l'ours de La Fontaine.

Réclame-pavé. Éloge ridicule à force d'hyperboles, qu'un ami — ou un ennemi —fait insérer à votre adresse dans un journal.

PAVÉ, adj. Insensible, — dans l'argot du peuple.

Avoir le gosier pavé. Manger très-chaud ou boire les liqueurs les plus fortes sans sourciller.

PAVILLON, s. m. Fou, — dans l'argot des faubouriens.

PAVILLONNER, v. n. Avoir des idées flottantes ; déraisonner.

On dit aussi *Être pavillon*.

PAVOIS, adj. et s. En état d'ivresse, — dans le même argot.

Être pavois. Être gris, déraisonner à faire croire que l'on est gris.

PAVOISER (Se). S'endimancher, — dans le même argot.

S'endimancher, pour les faubouriens, a un double sens : il signifie d'abord mettre ses habits les plus propres ; ensuite s'amuser, c'est-à-dire boire, comme ils en ont l'habitude à la fin de chaque semaine.

PAYER (Se), v. réfl. S'offrir, se donner, se procurer, — dans l'argot des petites dames et des faubouriens.

Se payer un homme. Avoir un caprice pour lui.

Se payer une bosse de plaisir. S'amuser beaucoup.

PAYS, s. m. Compagnon, — dans l'argot des ouvriers.

PAYS-BAS, s. m. pl. Les possessions de messire Luc, — métropole et colonies.

PAYS DES MARMOTTES, s. m. La terre, — dans l'argot du peuple.

S'en aller dans le pays des marmottes. Mourir.

On dit aussi le *Royaume des taupes*.

PAYSE, s. f. Maîtresse, — dans l'argot des soldats, qui sont volontiers du même pays que la bonne d'enfants qu'ils courtisent.

PAYOT, s. m. Forçat chargé d'une certaine comptabilité.

PEAU, s. f. Fille ou femme de très-mauvaise vie, — dans l'argot des faubouriens.

On dit aussi *Peau de chien*.

PEAU D'ANE, s. f. Tambour, — dans l'argot des troupiers, qui ne savent pas que cet instrument de percussion est plus souvent recouvert d'une peau de chèvre ou de veau.

Faire chanter la peau d'âne. Battre le rappel, — dans l'argot du peuple, à qui cette chanson cause toujours des frissons de plaisir.

PÊCHE A QUINZE SOUS, s. f. Lorette de premier choix, — dans l'argot des gens de lettres, qui consacrent ainsi le souvenir du *Demi-Monde* d'Alexandre Dumas fils.

PÊCHER UNE FRITURE DANS LE STYX. Être mort, — dans l'argot des faubouriens qui ont lu M. de Chompré.

Aller pêcher une friture dans le Styx. Mourir.

PÉCUNE, s. f. Argent, — dans l'argot du peuple, fidèle à l'étymologie (*pecunia*) et à la tradition : « Repoignet-om nostre tresor el champ, et nostre pecune allucct-om el sachet. » (*Sermons de saint Bernard*.)

PÉDÉRO, s. f. Non confor-

17

miste, — dans l'argot des faubouriens.

PÉGOCE, s. m. Pou,—dans l'argot des voleurs.

Ils disent aussi *Puce d'hôpital.*

PÉGRAINE, s. f. Faim, — dans l'argot des vagabonds et des voleurs.

A proprement parler, cela signifie, non qu'on n'a rien du tout à manger, mais bien qu'on n'a pas trop de quoi, — une nuance importante.

Caner la pégraine. Mourir de faim.

PÈGRE, s. m. Voleur.

Ce mot est fils du précédent, comme le vice est fils de la misère — et surtout de la fainéantise, car en italien *pegro* signifie *paresseux.*

PÈGRE, s. f. Le monde des voleurs.

Haute pègre. Voleurs de haute futaie, bien mis et reçus presque partout.

Basse pègre. Petits voleurs en blouse, qui n'exercent que sur une petite échelle et qui ne sont reçus nulle part — qu'aux Madelonnettes ou à la Roquette.

PÉGRIOT, s. m. Apprenti voleur.

On dit aussi *Pègre à marteau.*

PEIGNE, s. m. Clé,— dans l'argot des voleurs.

PEIGNE-CUL, s. m. Fainéant, traîne-braies, — dans l'argot du peuple.

PEIGNE DES ALLEMANDS, s. m. Les cinq doigts, — dans le même argot.

PEIGNÉE, s. f. Coups échangés, — dans l'argot des faubouriens, qui se prennent souvent aux *cheveux.*

On dit aussi *Coup de peigne.*

PEIGNER (Se), v. réfl. Se battre.

C'est le verbe *to pheese* des Anglais.

On dit aussi *Se repasser une peignée.*

PEINARD, s. m. Vieillard ; homme souffreteux, usé par l'âge ou les chagrins, — dans l'argot du peuple.

PEINDRE EN PLEINE PATE, v. a. Peindre à pleines couleurs, — dans l'argot des artistes.

PEINTURLURE, s. f. Mauvaise peinture, — dans l'argot du peuple.

PEINTURLURER, v. a. et n. Barbouiller une toile sous prétexte de peindre.

PEINTURLUREUR, s. m. Barbouilleur, mauvais peintre.

PÉKIN, s. m. Bourgeois, — dans l'argot des troupiers, qui ont le plus profond mépris pour tout ce qui ne porte pas l'uniforme.

PÉLAGO, n. pr. La prison de Sainte-Pélagie, — dans l'argot des voleurs.

PELOTE, s. f. Gain plus ou

moins licite, — dans l'argot du peuple.

Faire sa pelote. Amasser de l'argent.

PELOTER, v. a. « Caresser des charmes arrondis, » — dit Lorédan Larchey, dont Lacervoise eût trouvé la définition « fièrement ronde-bosse ».

Peloter est de l'argot des bourgeois. Le peuple dit *Patiner*.

Par extension, Amadouer par des promesses quelqu'un dont on attend quelque chose.

PELOTER (Se), v. réfl. Se disputer, et même se battre, — dans l'argot du peuple.

On dit aussi *Peloter avec quelqu'un.*

PELOTER SA BUCHE, v. a. Travailler avec soin, avec goût, avec amour du métier, — dans l'argot des tailleurs.

PELOTEUR, ad. et s. Flatteur.

PELURE, s. f. Habit ou redingote, — dans l'argot des faubouriens.

PENDANTES, s. f. pl. Boucles d'oreilles, — dans l'argot des voleurs.

PENDU GLACÉ, s. m. Réverbère, — dans le même argot.

PENDULE A PLUMES, s. f. Coq, — dans l'argot des gens de lettres, qui ont lu *la Vie de Bohème.*

PENTE (Avoir une), v. a. Être gris ou commencer à se griser, — dans l'argot des faubouriens.

PÉPÉE, s. f. Poupée, — dans l'argot des enfants.

PÉPÈTE, s. f. Pièce d'un sou, — dans l'argot des ouvriers; de cinquante centimes, — dans l'argot des voleurs; d'un franc, — dans l'argot des filles.

PÉPIE (Avoir la). Avoir soif, — maladie des oiseaux, état normal des ivrognes.

Mourir de la pépie. Avoir extrêmement soif.

PÉPIN, s. m. Vieux parapluie, — dans l'argot des faubouriens.

On dit aussi *Rifflard.*

PÉPIN, s. m. Enfant, — dans l'argot des fantaisistes qui ont lu Shakespeare (*Conte d'Hiver*).

De l'enfant-pépin sort en effet l'homme-arbre.

PERCHER, v. n. Habiter, — dans l'argot des bohèmes, qui changent souvent de bâton, et qui devraient bien changer plus souvent de chemise.

PERDRE LE GOUT DU PAIN. Mourir, — dans l'argot du peuple.

Faire perdre à quelqu'un le goût du pain. Le tuer.

PERDRE LE NORD, v. a. Se troubler; s'égarer; dire des sottises ou des folies, — dans l'argot du peuple, qui n'a pas inventé pour rien le mot *boussole.*

Autrefois on disait *Perdre la*

tramontane, ce qui était exactement la même chose, *tramontane* étant une corruption de *transmontane* (*transmontanus*, ultramontain, au delà des monts, d'où nous vient la lumière).

PERDRE UN QUART, v. a. Aller au convoi d'un camarade, — dans l'argot des tailleurs, qui, pendant qu'ils y sont, perdent bien toute la journée.

PERDU SON BATON (Avoir). Être de mauvaise humeur, — dans l'argot des coulisses.

PÈRE AUX ÉCUS, s. m. Homme riche, — dans l'argot du peuple.

PÈRE FAUTEUIL, s. m. Le cimetière du Père *Lachaise*, — dans l'argot facétieux des marbriers.

PÈRE FRAPPART, s. m. Marteau, — dans l'argot du peuple.

PÈRE LA TUILE, s. m. Dieu, — dans l'argot des faubouriens, qui ne sont pas plus irrévérencieux que les peintres qui l'appellent le *Père Éternel*.

PÉRITORSE, s. m. Paletot ou Redingote, — dans l'argot des étudiants, qui, frais émoulus du collége, n'ont pas de peine à parler grec.

PERLER, v. a. Travailler avec soin, avec minutie, — dans l'argot des bourgeois.

Perler sa conversation. N'employer, en parlant, que des expressions choisies — et prétentieuses.

PERLOTTE, s. f. Boutonnière — dans l'argot des tailleurs, qui *perlent* ordinairement cette partie des vêtements.

PÉROU (Ce n'est pas le). Expression de l'argot du peuple, qui l'emploie ironiquement à propos d'une chose qui ne lui paraît pas difficile à faire, ou qu'on lui vante trop.

PERPÈTE, s. f. Apocope de *Perpétuité*, — dans l'argot des forçats.

PERROQUET, s. m. Homme qui ne sait que ce qu'il a appris par cœur, — dans l'argot du peuple.

PERROQUET, s. m. Verre d'absinthe, — dans l'argot des troupiers et des rapins, qui font ainsi allusion à la couleur de cette boisson, que l'on devrait prononcer à l'allemande : *poison*.

Étouffer un perroquet. Boire un verre d'absinthe.

L'expression a été employée pour la première fois en littérature par Charles Monselet, — et non pas par M. Marc Bayeux, comme le laisserait croire Lorédan Larchey, — mais elle était en circulation depuis bon nombre d'années.

PERRUQUE, s. f. Cheveux en broussailles, mal peignés, — dans l'argot des bourgeois, ennemis des coiffures romantiques.

PERRUQUE, s. f. Détourne-

ment de matériaux appartenant à l'État, — dans l'argot
des invalides, souvent commis
à leur garde.

Faire une perruque. Vendre ces matériaux.

PERRUQUE, adj. et s. Vieux,
suranné, classique, — dans
l'argot des romantiques, qui
avaient en horreur tout le siècle de Louis XIV.

Le parti des perruques.
L'École classique, — qu'on
appelle aussi l'École du Bon
Sens.

PERRUQUEMAR, s. m. Coif-
feur, — dans l'argot des faubouriens.

PERSIENNES, s. f. pl. Lu-
nettes, — dans l'argot des
voyous.

PERSIL DANS LES PIEDS
(Avoir du). Se dit d'une
femme qui a les pieds sales
— à force d'avoir marché.

PERSILLER, v. n. Raccro-
cher, — dans l'argot des
souteneurs de filles.

On dit aussi *Aller au
persil* et *Cueillir le persil.*

M. Francisque Michel, qui
se donne tant de peine pour
retrouver les parchemins de
mots souvent modernes qu'il
ne craint pas, malgré cela, de
faire monter dans les carros-
ses du roi, reste muet à propos de celui-ci, pourtant digne
de sa sollicitude. Il ne donne
que *Pesciller*, prendre. En
l'absence de tout renseigne-
ment officiel, me sera-t-il
permis d'insinuer que le

verbe *Persiller* pourrait bien
venir de l'habitude qu'ont les
filles d'exercer leur déplorable
industrie dans les lieux déserts, dans les terrains vagues
— où pousse le persil ?

PERTUIS AUX LÉGUMES, s.
m. La gorge, — dans l'argot
des ouvriers qui ont servi
dans l'infanterie de marine.

D'où : *Faire tour-mort et
demi-clef sur le pertuis aux
légumes*, pour : Étrangler
quelqu'un.

PÈSE ou PÈZE, s. f. Résultat d'une collecte faite entre
voleurs libres au profit d'un
voleur prisonnier ; résultat
pesant.

PESSIGUER, v. a. Ouvrir,
soulever, — dans l'argot des
voleurs.

Pessiguer une lourde. Ouvrir une porte.

PET, s. m. Embarras, ma-
nières, — dans l'argot du
peuple.

Faire le pet. Faire l'insolent ; s'impatienter, *gronder.*

Il n'y a pas de pet. Il n'y
a rien à faire là dedans ; ou :
Il n'y a pas de mal, de danger.

PÉTARADE, s. f. Longue
suite de sacrifices au dieu
Crépitus, — dans l'argot des
faubouriens, amis des joyeu-
setés scatologiques, et grands
amateurs de *ventriloquie.*

PÉTARD, s. m. Derrière de
l'homme ou de la femme, —
dans le même argot.

PÉTARDS, s. m. pl. Haricots.

PÉTASE, s. m. Chapeau ridicule, — dans l'argot des romantiques, qui connaissaient leur latin (*petasus*).

Employé pour la première fois en littérature par Bonnardot (*Perruque et Noblesse*, 1837).

PÉTAUDIÈRE, s. f. Endroit tumultueux, où l'on crie tellement qu'il est impossible de s'entendre, — dans l'argot des bourgeois, qui connaissent de réputation la cour du roi Pétaud.

PET A VINGT ONGLES, s. m. Enfant nouveau-né, — dans l'argot du peuple.

Faire un pet à vingt ongles. Accoucher.

PÉTER, v. n. Se plaindre à la justice. Argot des voleurs.

PÉTER DANS LA MAIN, v. n. Pousser la familiarité au delà des bornes du permis.

Ce verbe — de l'argot du peuple — a une autre acception : il signifie Faire défaut au moment nécessaire.

PÉTER PLUS HAUT QUE LE CUL, v. n. Faire le glorieux ; entreprendre une chose au-dessus de ses forces ou de ses moyens ; avoir un train de maison exagéré, ruineux.

C'est ce que Henry Monnier, par un euphémisme très-clair, appelle *Sauter plus haut que les jambes.*

PÉTER SON LOF, v. n. Mourir, — dans l'argot des marins, pour qui c'est changer de lof, c'est-à-dire naviguer sur un autre bord

Ils disent aussi *Virer de bord.*

PÉTER SUR LE MASTIC, v. n. Renoncer à travailler ; envoyer promener quelqu'un. Argot des faubouriens.

PÉTEUX, s. m. Homme honteux, timide, sans énergie.

PETIT, s. m. Enfant, — dans l'argot du peuple, qui ne fait aucune différence entre la portée d'une chienne et celle d'une femme.

PETIT-BLANC, s. m. Vin blanc.

PETIT BONHOMME D'UN SOU, s. m. Soldat du centre.

PETIT BORDEAUX, s. m. Cigare de cinq centimes.

PETIT CAPORAL, n. d'h. Napoléon, — dans l'argot des vieux troupiers.

Ils disent encore : *L'Autre, le Petit Tondu,* et *le Père La Violette.*

PETITE BIÈRE (Ce n'est pas de la). Expression de l'argot du peuple, qui l'emploie le plus souvent avec ironie, en parlant de choses d'importance ou qu'on veut faire passer pour importantes.

PETITE CHATTE, s. f. Drôlesse qui joue avec le cœur des hommes comme une véritable chatte avec une véritable souris, — dans l'argot de M. Henri de Kock, romancier, élève et successeur de son père.

PETITE DAME, s. f. Fille ou femme, grande ou petite, qui, depuis plus ou moins de temps, a jeté son bonnet par-dessus les moulins et sa pudeur par-dessus son bonnet, et qui fait métier et marchandise de l'amour.

PETIT LAIT, s. m. Chose de peu d'importance ; vin faible, — dans l'argot des bourgeois.

PETIT MANTEAU BLEU, s. m. Homme bienfaisant, — dans l'argot du peuple, qui a ainsi consacré le souvenir des soupes économiques de M. Champion.

PETIT MONDE, s. m. Lentille, — dans l'argot des voleurs.

PETIT NOM, s. m. Prénom, nom patronymique, — dans l'argot du peuple, et spécialement celui des petites dames.

C'est le *short name* des biches anglaises.

PETIT TONDU (Le). L'Empereur Napoléon Ier, — dans l'argot des invalides.

PETIT PÈRE NOIR, s. m. Broc de vin rouge, — dans l'argot des faubouriens.

Petit père noir de quatre ans. Broc de quatre litres.

PÉTONS, s. m. pl. Pieds, — — dans l'argot des enfants, des mères et des amoureux.

PÉTRA, s. m. Paysan, homme grossier, — dans l'argot des bourgeois.

PÉTRIN, s. m. Embarras, position fausse ; misère, —

dans l'argot du peuple, qui *geint* alors.

Être dans le pétrin jusqu'au cou. Être dans une misère extrême.

PÉTROUSQUIN, s. m. La partie du corps sur laquelle on tombe le plus souvent, — dans l'argot des faubouriens.

On dit aussi *Petzouille.*

Privat d'Anglemont (*Paris-Anecdote*) donne à ce mot la signification de Bourgeois, public. Il s'est trompé.

PEUPLE, s. m. Public, — dans l'argot des faubouriens.

Se foutre du peuple. Insulter à l'opinion reçue, accréditée.

Un faubourien dit volontiers à un autre, lorsqu'il est molesté par lui ou lorsqu'il en reçoit une *blague* un peu trop forte : *Est-ce que tu te fous du peuple ?*

PEUPLE, s. et adj. Commun, vulgaire, trivial, — dans l'argot des bourgeoises, qui s'imaginent peut-être être sorties de la cuisse de Jupiter ou d'un Montmorency.

Être peuple. Dire ou faire des choses de mauvais goût.

PHARAMINEUX, adj. Étonnant, prodigieux, inouï, — dans l'argot du peuple.

PHARE, s. m. Lampe, — dans l'argot des typographes.

PHÉNOMÈNE, s. m. Parent qui vient pleurer sur une tombe, ou seulement la visiter, — dans l'argot cruel et philosophique des marbriers de cimetière.

Philippe, s. m. Pièce de cent sous en argent à l'effigie de Louis-Philippe, de Charles X ou de Napoléon, — dans l'argot des voyous, qui ont voulu avoir leurs *louis* comme les gentilshommes.

Philistin, s. m. Bourgeois, — dans l'argot des romantiques.

Philistin, s. m. Vieil ouvrier abruti, — dans l'argot des tailleurs.

Philosophe, s. m. Misérable, — dans l'argot du peuple.

Philosophes, s. m. pl. Souliers d'occasion, — dans l'argot des ouvriers.

Philosophie, s. f. Misère.

Phraseur, s. m. Beau diseur de *phrases*, c'est-à-dire bavard, — dans l'argot du peuple.

Piailler, v. a. Crier, — dans le même argot.

Piailleur, s. m. Homme qui aime à gronder, à crier après les gens.

On dit aussi *Piaillard*.

Pianoter, v. n. Toucher du piano, médiocrement ou non, — dans l'argot du peuple, ennemi de cet instrument de bourgeois.

Piau, s. f. Mensonge, histoire, *blague*, — dans l'argot des typographes.

Piaule, ou **Piolle**, s. f. La maison, le logis, — dans l'argot des voleurs, qui peut-être ont voulu faire allusion aux nombreux enfants qui y *piaillent* comme autant de moineaux affamés.

Piausser (Se), v. réfl. Revêtir un vêtement nouveau, une nouvelle *peau*, — dans l'argot des voyous.

Quelques-uns, puristes du ruisseau, disent *Peausser*.

Pic (A), adv. A point nommé, à propos, heureusement, — dans l'argot du peuple.

Venir ou *Tomber à pic*. Arriver au moment le plus opportun.

Pichenet, s. m. Petit vin de barrière, agréable, — dans l'argot des ouvriers.

Pichet, s. m. Litre de vin, — dans le même argot.

Picotin, s. m. Déjeuner ou souper, — dans l'argot du peuple, qui travaille en effet comme un cheval.

Le slang anglais a le même mot dans le même sens (*peck*).

Gagner son picotin. Travailler avec courage.

Picoure, s. f. Haie, — dans l'argot des voleurs, qui, en leur qualité de vagabonds, ont eu de fréquentes occasions de constater que les oiseaux y viennent *picorer*.

Déflotter la picoure. Voler

le linge qui sèche sur les haies.

La picoure est fleurie. Le linge sèche sur les haies.

PICTON, s. m. Vin bleu, sûret, — dans l'argot du peuple, qui se *pique* la langue et le nez en en buvant, surtout comme il en boit. « Il en boit comme un *Poitevin*, » dirait M. Francisque Michel, en s'appuyant sur les habitudes d'ivrognerie qu'on prête aux *Pictones*.

PICTONNER, v. n. Boire ferme et longtemps.

On dit aussi *Picter*.

PIÈCE, s. f. Lentille, — dans l'argot des voleurs.

Ils disent aussi *Entière* et *Petit monde*.

PIÈCE DE BŒUF, s. f. Drame, comédie ou vaudeville où l'on a le plus de succès, — dans l'argot des comédiens.

PIÈCE DE DIX SOUS, s. f. Le derrière du corps humain, — dans l'argot des troupiers.

On dit aussi *Double six*.

PIÈCE D'ÉTÉ, s. f. Vaudeville ou drame médiocre, — dans l'argot des comédiens, qui ne jouent leurs bonnes pièces que l'hiver.

PIED DE BANC, s. m. Sergent, — dans l'argot des soldats, qui ont constaté que cet honorable gradé fume plus volontiers sa pipe assis sur le banc du poste qu'il ne surveille les hommes de garde.

PIED DE NEZ, s. m. Polis-

sonnerie des gamins de Paris, que connaissaient déjà les gamins de Pompéi.

Faire des pieds de nez à quelqu'un. Se moquer de lui.

Avoir un pied de nez. Ne pas trouver ce qu'on cherche; recevoir de la confusion d'une chose ou d'une personne.

PIED DE NEZ, s. m. Pièce d'un sou, — dans l'argot des voyous.

PIED-PLAT, s. m. Homme du peuple; goujat, — dans l'argot des bourgeois, qui s'imaginent peut-être avoir le fameux cou-de-pied à propos duquel lady Stanhope fit à Lamartine ces prophéties de grandeurs que devait réaliser en partie la Révolution de février.

PIEDS A DORMIR DEBOUT, s. m. Pieds plats et spatulés, — dans l'argot du peuple.

PIEDS DE MOUCHE, s. m. pl. Notes d'un livre, ordinairement imprimées en caractères minuscules, — dans l'argot des typographes.

Et, à ce propos, qu'on me permette de rappeler le quiproquo dont les bibliophiles ont été victimes. On avait attribué à Jamet l'aîné, bibliographe, un livre en 6 vol. in-8°, intitulé : *Les Pieds de mouche, ou les Nouvelles Noces de Rabelais* (V. *la France littéraire* de 1769). Or, savez-vous, lecteur, ce que c'était que ces *nouvelles noces* de maître Alcofribas Nasier? C'étaient

17.

les *notes* — en argot de typographes, *pieds de mouche* — qui se trouvent dans l'édition de Rabelais de 1732, en 6 vol. petit in-8°. Faute d'impression au premier abord, et plus tard ânerie dont eût ri François Rabelais à ventre déboutonné.

PIEDS DE PHILOCTÈTE, s. m. pl. Pieds fâcheusement sudateurs, — dans l'argot des gens de lettres, qui font allusion à l'empoisonnement de l'île de Lemnos par l'exécuteur testamentaire d'Hercule.

Avoir avalé le pied de Philoctète. Avoir une haleine digne du pied du fils de Pœan.

PIE-GRIÈCHE, s. f. Femme criarde et querelleuse, — dans l'argot du peuple, qui a souvent le malheur de tomber, comme Trimalcion, sur une Fortunata, *pica pulvinaris.*

PIERRE A DÉCATIR, s. f. Farce des tailleurs à l'usage de tout *nouveau.* C'est leur *huile de cottrets.*

PIERRE BRUTE, s. f. Pain, — dans l'argot des francs-maçons.

Ils disent aussi *Manne.*

PIERRE DE TOUCHE, s. f. Confrontation, — dans l'argot des voleurs.

PIERREUSE, s. f. Fille ou femme qui, dit F. Béraud, même dans sa sphère de turpitudes, est tombée au plus bas degré de l'abjection. Son nom lui vient de ce qu'elle exerce dans les lieux déserts, derrière des monceaux de démolition, etc.

PIERROT, s. m. Vin blanc, — dans l'argot des faubouriens.

Asphyxier le pierrot. Boire un canon de vin blanc.

PIERROT, s. m. Couche de savon appliquée à l'aide du blaireau sur la figure de quelqu'un, — dans l'argot des coiffeurs, qui emploient ce moyen pour débarbouiller un peu leurs *pratiques* malpropres, auxquelles ils veulent éviter le masque de crasse que laisserait le passage du rasoir.

Le *pierrot* n'est en usage que dans les faubourgs, où la propreté est une sainte que l'on ne fête pas souvent.

PIERROT ! Terme de mépris, fréquemment employé par les ouvriers, et qui sert de prologue à beaucoup de rixes, — celui qui est traité de pierrot voulant prouver qu'il a la *pince* d'un aigle.

Les femmes légères emploient aussi ce mot, — mais dans un sens diamétralement opposé au précédent.

PIEU, s. m. Lit, couchette, — dans l'argot des faubouriens.

Aller au pieu. Aller se coucher.

Se coller dans le pieu. Se coucher.

Être en route pour le pieu. S'endormir.

« Vient sans doute de *pioncer,* »dit M. Lorédan Larchey,

Oui, comme *armoire à glace* vient de *Sibérie*. M. Larchey ne sait donc pas qu'on dit : *Dur comme un pieu?* Il ignore donc aussi de quels noyaux de pêches sont rembourrés les matelas des pauvres diables ? Du moment qu'un lit est dur comme un pieu, — c'est un *pieu*.

PIF, s. m. Nez, — dans l'argot du peuple.

N'en déplaise à M. Francisque Michel, qui veut faire ce mot compatriote de Barbey d'Aurevilly, je le crois très-parisien. On disait autrefois *se piffer de vin*, ou seulement *se piffer :*

On rit, on se piffe, on se gave,

chante Vadé en ses *Porcherons*. Se piffer de vin, c'est s'empourprer le visage, et spécialement le nez, — le *pif* alors !

On dit aussi *Piton*.

PIFFARD, s. et adj. Homme d'un nez remarquable, soit par son volume, soit par sa couleur.

PIGE, s. f. Année, — dans l'argot des voleurs.

PIGE, s. f. Le nombre de lignes que tout compositeur de journal doit faire dans une heure.

Prendre sa pige. Prendre la justification d'une page, d'une colonne.

PIGEON, s. m. Homme qui se laisse volontiers duper par les hommes au jeu et par les femmes en amour.

Avoir son pigeon. Avoir *fait* un amant, — dans l'argot des petites dames.

Plumer un pigeon. Voler ou ruiner un homme assez candide pour croire à l'honnêteté des hommes et à celle des femmes.

On dit aussi *Pigeonneau.*

Le mot est vieux — comme le vice. Sarrazin (*Testament d'une fille d'amour mourante*, 1768) dit, à propos des amants de son héroïne, Rose Belvue :

..... De mes pigeonneaux
Conduisant l'inexpérience,
Je sus, dans le feu des désirs,
Gagner par mes supercheries
Montres, bijoux et pierreries,
Monuments de leurs repentirs.

PIGEON, s. m. A-compte sur une pièce à moitié faite, — dans l'argot des vaudevillistes.

PIGEONNER, v. a. Tromper.

PIGER, v. n. Mesurer, — dans l'argot des enfants, lorsqu'ils *débutent*.

PIGER, v. a. Prendre ; appréhender au collet, — dans l'argot du peuple.

Se faire piger. Se faire arrêter ; se faire battre.

Signifie aussi S'emparer de... *Piger une chaise. Piger un emploi.*

PIGER, v. a. et n. Considérer, contempler, admirer.

PIGNOCHER, v. n. Manger avec dégoût, trier les morceaux qu'on a sur son assiette, — dans l'argot du peuple.

On disait autrefois *Epinocher*.

PIGNOCHER, v. a. Peindre ou dessiner avec un soin méticuleux, — dans l'argot des artistes, ennemis de l'art chinois.

PIGNOUF ou PIGNOUFLE, s. m. Paysan, — dans l'argot des voyous ; voyou, — dans l'argot des paysans de la banlieue de Paris ; apprenti, — dans l'argot des ouvriers cordonniers.

PIGOCHE, s. f. Morceau de cuivre, et ordinairement Écrou, avec lequel les enfants font sauter un sou placé par terre, en le frappant sur les bords.

Jouer à la pigoche. Faire sauter un sou à de très-grandes distances. C'est l'enfant qui le fait sauter le plus loin qui a gagné.

PILE, s. f. Correction, méritée ou non, — dans l'argot des faubouriens.

PILER DU POIVRE. Avoir des ampoules et marcher sur la pointe du pied, par suite d'une trop longue marche, — dans l'argot du peuple.

S'emploie aussi pour signifier Médire de quelqu'un en son absence, et S'ennuyer à attendre.

Faire piler du poivre à quelqu'un. Le jeter plusieurs fois par terre, en le maniant avec aussi peu de précaution qu'un pilon.

PILER LE POIVRE. Monter une faction, — dans l'argot des troupiers.

PILIER, s. m. Homme qui ne bouge pas plus d'un endroit que si on l'y avait planté. Argot du peuple.

Pilier de cabaret. Ivrogne.

Pilier d'estaminet. Culotteur de pipes.

Pilier de Cour d'assises. Qui a été souvent condamné.

PILIER DE BOUTANCHE, s. m. Commis, — dans l'argot des voleurs.

Pilier de paclin. Commis-voyageur.

Pilier du creux. Patron, maître du logis.

PILONS, s. m. pl. Les doigts, et spécialement le pouce, — dans le même argot.

PILOTER, v. a. Conduire, guider, — dans l'argot du peuple.

PIMBÈCHE, s. f. Femme dédaigneuse, — dans l'argot des bourgeois.

PINCEAU, s. m. La main ou le pied, — dans l'argot des faubouriens, qui ont entendu parler du peintre Ducornet.

Détacher un coup de pinceau. Donner un soufflet.

PINCEAU, s. m. Balai, — dans le même argot.

PINCE-CUL, s. m. Bastringue de la dernière catégorie.

PINCE-DUR, s. m. Adjudant, — dans l'argot des soldats, qui ont la mémoire des punitions subies.

PINCER, v. n. Être vif, — dans l'argot du peuple, qui dit cela à propos du froid.

Cela pince dur. Il fait très-froid.

PINCER, v. a. Voler, filouter, — dans l'argot des faubouriens.

PINCER, v. a. Prendre sur le fait, arrêter, — dans le même argot.

Pincer au demi-cercle. Arrêter quelqu'un, débiteur ou ennemi, que l'on guettait depuis longtemps.

PINCER, v. a. S'essayer à...

Pincer le cancan. Le danser.

Pincer de la guitare. En jouer.

PINCER DE LA GUITARE, v. n. Être prisonnier, — par allusion à l'habitude qu'ont les détenus d'étendre les mains sur les barreaux de leur prison ou sur le treillage de fer du parloir grillé.

On dit aussi *Pincer de la harpe.*

PINCER UN COUP DE SIROP, v. a. Boire à s'en griser un peu, — dans l'argot des faubouriens.

PINCE-SANS-RIRE, s. m. Homme caustique, qui blesse les gens sans avoir l'air d'y toucher, ou qui dit les choses les plus bouffonnes sans se dérider.

On dit aussi *Monsieur Pince-sans-rire.*

PINCETTES, s. f. pl. Mou-chettes, — dans l'argot des francs-maçons.

Ils disent aussi *Pinces.*

PINCHARD, E, adj. De mauvais goût, un peu canaille, — dans l'argot des gens de lettres.

Se dit surtout à propos de la voix de certaines filles habituées à parler haut dans les soupers de garçons.

PINCHARD, s. m. Siége pliant, — dans l'argot des artistes.

PINGRE, s. et adj. Avare; homme qui pousse l'économie jusqu'au vice, — dans l'argot du peuple.

Signifie aussi Voleur.

PINGRERIE, s. f. Ladrerie.

PINTER, v. n. Boire abondamment.

PINXIT, s. m. Peintre, — dans l'argot des artistes, qui font ainsi allusion au verbe latin qu'ils ajoutent toujours à leur nom au bas de leurs toiles.

PIOCHE, s. f. Fourchette, — dans l'argot des francs-maçons.

PIOCHE, s. f. Travail, besogne quelconque, — dans l'argot des ouvriers.

Se mettre à la pioche. Travailler.

PIOCHER, v. a. et n. Étudier avec ardeur, se préparer sérieusement à passer ses examens, — dans l'argot des étudiants.

Piocher son examen. Se préparer à le bien passer.

PIOCHER, v. n. Avoir recours au tas, — dans l'argot des joueurs de dominos, dont la main *fouille* ce tas.

On dit aussi *Aller à la pioche.*

PIOCHER, v. a. Battre, donner des coups à quelqu'un,— dans l'argot des faubouriens.

PIOCHEUR, s. et adj. Étudiant qui s'occupe plus de ses examens que de la Closerie des Lilas, et des cours de l'École plus que des demoiselles des bastringues du quartier.

PION, s. m. Maître d'études,— dans l'argot des collégiens, qui le font *marcher raide,* cet âge étant sans pitié.

PION (Être). Avoir bu, être ivre *mort,* — dans l'argot des typographes.

PIONCER, v. n. Dormir, — dans l'argot des faubouriens.

On dit aussi *Piquer son chien* et *Roupiller.*

PIOU, s. m. Soldat du centre, — dans le même argot.
On dit aussi *Pioupiou.*

PIPELET, s. m. Concierge, —dans l'argot du peuple, qui emploie cette expression, qui est une injure, depuis la publication des *Mystères de Paris* d'Eugène Sue.

PIPER, v. n. Fumer la pipe ou le cigare,—dans le même argot.

PIPI, s. m. Résultat du verbe *meiere,* — dans l'argot des enfants.
Faire pipi. Meiere.

PIQUANTE, s. f. Épingle,— dans l'argot des voleurs.

PIQUE, s. f. Petite querelle d'amis, petite brouille d'amants, — dans l'argot des bourgeois.

PIQUÉ DES VERS (N'être pas). Être bien conservé, avoir de l'élégance, de la grâce, — dans l'argot du peuple, qui emploie cette expression à propos des gens et des choses.

On dit aussi *N'être pas piqué des hannetons.*

PIQUE-EN-TERRE, s. f. Volaille quelconque vivante, — dans l'argot des faubouriens.

PIQUELARD, s. m. Charcutier, — dans le même argot.
Le mot sort du *Théâtre italien* de Ghérardi (*les Deux Arlequins*).

PIQUE-POUX, s. m. Tailleur, — dans l'argot des faubouriens, qui ont voulu faire une allusion au mouvement de l'aiguille sur l'étoffe.

On dit aussi *Pique-puces* et *pique-prunes.*

PIQUER, v. a. Faire quelque chose,—dans l'argot des Polytechniciens.

Piquer l'étrangère. S'occuper d'une chose étrangère à la conversation.

PIQUER EN VICTIME, v. n. Plonger dans l'eau, les bras

contre le corps, au lieu de plonger les mains en avant au-dessus de la tête.

PIQUER LE NEZ (Se), v. réfl. Boire avec excès, à en devenir ivre, — dans l'argot du peuple.

PIQUER SA PLAQUE, v. a. Dormir, — dans l'argot des tailleurs.

Signifie aussi, par extension, Mourir.

PIQUER UN CHIEN, v. a. Dormir, — dans l'argot des faubouriens.

On dit aussi *Piquer son chien.*

PIQUER UN CINABRE, v. n. Rougir subitement, du front aux oreilles, et des oreilles aux mains,—dans l'argot des artistes.

PIQUER UN SOLEIL, v. n. Rougir subitement, — dans l'argot des ouvriers.

PISSAT DE VACHE, s. m. Mauvaise bière, — dans l'argot des faubouriens.

PISSE-FROID, s. m. Homme lymphatique, tranquille, qui ne se livre pas volontiers, — dans l'argot du peuple, ennemi des flegmatiques.

PISSER (Envoyer). Congédier brutalement un ennuyeux, — dans le même argot.

On dit aussi *Envoyer chier.*

Ces expressions ne datent pas d'hier, la première surtout, — car au mot *Pissare,* Du Cange cite une lettre de rémission de 1465 où, entre autres injures et *grandes parolles* reprochées au délinquant, on rapporte qu'il « envoya pisser » son adversaire.

PISSER A L'ANGLAISE, v. n. Disparaître sournoisement au moment décisif, — dans le même argot.

PISSER CONTRE LE SOLEIL, v. n. Faire des efforts inutiles, se tourmenter vainement, — dans le même argot.

PISSER DES LAMES DE RASOIR EN TRAVERS (Faire). Ennuyer extrêmement quelqu'un, — dans l'argot des faubouriens, qui n'ont pas d'expression plus énergique pour témoigner l'agacement que leur causent certaines importunités.

PISSER DES OS, v. a. Accoucher,—dans l'argot du peuple.

On dit aussi d'une femme qui met au monde un enfant qu'*elle pisse sa côtelette.*

PISSER LE MÉRINOS (Laisser). Ne pas se hâter, attendre patiemment le résultat d'une affaire, d'une brouille, etc., — dans l'argot des faubouriens.

PISSE-TROIS-GOUTTES, s. m. Homme qui s'arrête à tous les rambuteaux, — dans le même argot.

PISSEUSE, s. f. Petite fille, —dans l'argot du peuple, qui dit cela depuis plus de cent ans.

PISTOLE, s. f. Cellule à part, —dans l'argot des prisons, où l'on n'obtient cette faveur que moyennant argent.

Être à la pistole. Avoir une chambre à part.

PISTOLET, s. m. Homme qui ne fait rien comme personne; original.

On dit aussi *Drôle de pistolet.*

PISTON, adj. et s. Remuant, tracassier, ennuyeux, — dans l'argot des aspirants de marine.

PISTONNER, v. a. Ennuyer, tracasser, tourmenter.

PITANCHER, v. n. Boire, — — dans l'argot du peuple, qui dit cela depuis longtemps, comme le prouvent ces vers de Vadé :

> Le beau sexe lave sa gueule
> Et pitanche tout aussi sec
> Que si c'étoit du Romeisec.

PITRE, s. m. Paillasse de saltimbanque ; bouffon de place publique.

Par extension on donne ce nom à tout farceur de société, à tout homme qui amuse les autres — sans être payé pour cela.

PITRE DU COMME, s. m. Commis-voyageur, — dans l'argot des voleurs.

Quand ils veulent être plus clairs, ils disent : *Pitre du commerce.*

PITROU, s. m. Pistolet, fusil, — dans le même argot.

PIVERT, s. m. Scie faite d'un ressort de montre, — dans le même argot.

PIVOINER, v. n. Rougir, — dans l'argot du peuple.

PIVOIS, ou PIVE, s. m. Vin, — dans l'argot des voleurs, qui l'appellent ainsi peut-être parce qu'il est rouge comme une *pivoine*, ou parce qu'il est *poivré* comme l'eau-de-vie qu'ils boivent dans leurs cabarets infects. En tout cas, avant de leur appartenir, ce mot a appartenu au peuple, qui le réclamera un de ces jours.

Pivois maquillé. Vin frelaté.

Pivois de Blanchimont. Vin blanc.

PIVOT, s. m. Plume, — dans le même argot.

PLACARDE, s. f. La place où se font les exécutions, — dans le même argot.

Avant 1830, c'était la place de Grève ; sous Louis-Philippe, ç'a été la barrière Saint-Jacques ; depuis une douzaine d'années, c'est devant la prison de la Roquette.

On dit aussi *Placarde au quart d'œil.*

PLAMOUSSE, s. f. Soufflet, — dans l'argot du peuple, qui a dit jadis *Mouse* pour Visage.

PLAN, s. m. Le Mont-de-Piété, — dans l'argot des fauboriens.

Être en plan. Rester comme otage chez un restaurateur, pendant qu'un ami est à la recherche de l'argent nécessaire à l'acquit de la note.

Laisser en plan. Abandonner, quitter brusquement quelqu'un, l'oublier, après lui avoir promis de revenir.

Laisser tout en plan. Interrompre toutes ses occupations pour s'occuper d'autre chose.

PLAN (Être ou Rester en). Être consigné à la caserne, — dans l'argot des soldats; être arrêté, — dans l'argot des voleurs.

PLANCHÉ (Être). Être condamné, — dans l'argot des voleurs.

PLANCHE A TRACER, s. f. Table, — dans l'argot des francs-maçons.

Ils disent aussi *Plateforme* et *Atelier.*

PLANCHE AU PAIN, s. f. Le banc des accusés, — dans l'argot des prisons.

Être mis sur la planche au pain. Passer en Cour d'assises.

PLANCHER, v. n. Se moquer, rire, — dans l'argot des voleurs et des faubouriens.

On dit aussi *Flancher.*

PLANCHER DES VACHES, s. m. La terre, — dans l'argot du peuple, à qui Rabelais a emprunté cette expression pour la mettre sur les lèvres de ce poltron de Panurge.

PLANCHES, s. f. pl. La scène, le théâtre en général, — dans l'argot des acteurs.

Brûler les planches. Cabotiner.

PLANCHES, s. f. pl. L'établi,

— dans l'argot des tailleurs.

Avoir fait les planches. Avoir été ouvrier avant d'être patron.

PLANÇONNER, v. a. Bredouiller, — dans l'argot des coulisses, où l'on a conservé le souvenir du brave Plançon, acteur de la Gaîté.

PLANQUE, s. f. Cachette, — dans l'argot des voleurs.

Être en planque. Être prisonnier.

PLANQUER, v. a. Cacher.

PLANQUER, v. a. et n. Mettre quelque chose de côté, — dans l'argot des typographes.

PLANTER LA QUELQU'UN, v. a. Le quitter brusquement, soit parce qu'il vous ennuie, soit parce qu'on est pressé.

C'est l'ancienne expression: *Planter là quelqu'un pour reverdir,* mais écourtée et plus elliptique.

PLANTER LE HARPON, v. a. Lancer une idée, avancer une proposition, — dans l'argot des marins.

PLANTER SON POIREAU, v. a. Attendre quelqu'un qui ne vient pas, — dans l'argot des faubouriens.

PLAQUER, v. a. et n. Abandonner, laisser là, — dans le même argot.

PLAT D'ÉPINARDS, s. m. Paysage peint, — dans l'argot du peuple et des bourgeois, dédaigneux des choses d'art presque au même degré.

Ils devraient varier leurs épigrammes. Je vais leur en indiquer une, que j'ai entendue sortir de la bouche d'un enfant qu'on interrogeait devant un Corot : — « Ça, dit-il, c'est de la salade ! »

PLATEAU, s. m. Plat, — dans l'argot des francs-maçons.

PLATINE, s. f. Faconde, éloquence gasconne, — dans l'argot du peuple.

Avoir une fière platine. Parler longtemps ; Mentir avec assurance.

PLATRE, s. m. Argent monnayé, — dans l'argot des voleurs.

PLEIN (Être). Être ivre — à ne plus pouvoir avaler une goutte, sous peine de répandre tout ce qu'on a précédemment ingéré. Argot du peuple.

On dit aussi explétivement *Plein comme un œuf.*

PLEINE LUNE, s. f. Un des nombreux pseudonymes de messire Luc.

PLEURANT, s. m. Ognon, — dans l'argot des voleurs.

PLEURNICHER, v. n. Pleurer mal à propos ou sans sincérité, — dans l'argot du peuple.

PLEURNICHERIE, s. f. Plainte hypocrite, larmes de crocodile.

PLEURNICHEUR, s. et adj. Homme qui pleure mal, qui joue la douleur.

Pleurnicheuse. Femme qui tire son mouchoir à propos de rien.

PLEUTRE, s. m. Pauvre sire, homme méprisable, — dans l'argot du peuple.

S'emploie aussi adjectivement dans le même sens.

PLEUVOIR COMME DU CHIEN, v. n. A verse, — dans le même argot.

PLIER SES CHEMISES, v. n. Mourir, — dans le même argot.

PLOMB, s. m. Gorge, gosier, — dans le même argot.

L'expression est juste, surtout prise ironiquement, le plomb (pour Cuvette en plomb) étant habitué, comme la gorge, à recevoir des liquides de toutes sortes, et la gorge, comme le plomb, s'habituant parfois à renvoyer de mauvaises odeurs.

Jeter dans le plomb. Avaler.

PLOMB, s. m. Hydrogène sulfuré qui se dégage des fosses d'aisance, — dans le même argot.

PLOMB, s. m. Sagette empoisonnée décochée par le « divin archerot », — dans le même argot.

PLOMBE, s. f. Heure, — dans l'argot des voleurs.

Mèche. Demi-heure.

PLOMBER, v. n. Exhaler une insupportable odeur, — dans l'argot des faubouriens, qui se souviennent des *plombs* du vieux Paris, plus funestes que ceux de Venise.

Plomber de la gargoine. Fetidum halitum emittere.

PLOMBER, v. a. Donner à quelqu'un des raisons de se plaindre du « divin archerot ».

PLOYANT, s. m. Portefeuille, — dans l'argot des voleurs.

On dit aussi *Ployé.*

PLUME DE BEAUCE, s. f. La paille,— dans le même argot, qui n'a jamais eu l'ironie aussi pittoresque.

PLUMER UN HOMME, v. a. Le dépouiller au jeu de l'amour ou du hasard.

PLUMET, s. m. Ivresse, — dans l'argot des ouvriers.

Avoir son plumet. Être gris.

PLUS-FINE, s. f. Le *stercus* humain séché et pulvérisé, — dans l'argot des bourgeois.

L'expression est vieille — comme toutes les plaisanteries fécales.

PLUS SOUVENT! Jamais! Terme de dénégation et de refus, — dans l'argot du peuple.

POCHARD, s. m. Homme qui a l'habitude de s'enivrer, — dans le même argot.

Malgré tout mon respect pour l'autorité de la parole de M. Francisque Michel et mon admiration pour l'ingéniosité de Lorédan Larchey, à propos de ce mot encore je suis forcé de les prendre à partie et de leur chercher une que-relle — non d'Allemand, mais de Français. Le premier, fidèle à son habitude de sortir de Paris pour trouver l'acte de naissance d'une expression toute parisienne, prend le coche et s'en va en Normandie tout le long de la Seine, où il pêche un *poisson* dans les entrailles duquel il trouve, non pas un anneau d'or, mais l'origine du mot *pochard* : des frais de voyage et d'érudition bien mal employés! Le second, qui *brûle* davantage, veut qu'un pochard soit un homme « qui en a plein son sac ou sa *poche* ». Si cette étymologie n'est pas la bonne, elle a du moins le mérite de n'être pas tirée par les cheveux. Mais, jusqu'à preuve du contraire, je croirai que l'ivrogne ayant l'habitude de se battre, de se *pocher*, on a dû donner tout naturellement le nom de *pochards* aux ivrognes.

POCHARDER (Se), v. réfl. S'ivrogner, vivre crapuleusement.

POCHE, s. f. Ivrognesse,— dans le même argot, qui, de *cochon*, a déjà fait *coche*.

On dit aussi *Poche*, au masculin, à propos d'un ivrogne.

POCHARDERIE, s. f. Ivrognerie.

POCHE-ŒIL, s. m. Coup de poing appliqué sur l'œil, — dans le même argot.

On dit aussi *Pochon.*

POCHER, v. a. Meurtrir, donner des coups.

Se pocher. Se battre, surtout à la suite d'une débauche de vin.

POÊLE A CHATAIGNES, s. m. Visage marqué de petite vérole, — par allusion aux trous de la poêle dans laquelle on fait rôtir les marrons.

POÉTRIAU, s. m. Mauvais poëte, rapin du Parnasse.

Le mot est d'H. de Balzac, à qui il répugnait sans doute de dire *poétereau,* — comme tout le monde.

POGNE, s. f. Apocope de *Poignet,* — dans l'argot du peuple.

Avoir de la pogne. Être très-fort — et même un peu brutal.

POGNON, s. m. Argent, monnaie qu'on remue à *poignée,* — dans l'argot des faubouriens.

POIGNARD, s. m. Retouche à un vêtement terminé,—dans l'argot des tailleurs.

POIGNARDER LE CIEL, v. a. Se dit — dans l'argot du peuple — de tout ce qui se redresse : cheveux, nez, pointe de cravate, etc.

POIL, s. m. Paresse, envie de flâner, — dans le même argot.

Avoir un poil dans la main, ou tout simplement *le poil.* N'avoir pas envie de travailler.

Nos pères disaient d'un homme fainéant : « Il est né avec un poil dans la main, et on a oublié de le lui couper. »

POIL, s. m. Réprimande, objurgation, — dans l'argot des ouvriers *paresseux.*

POIL, s. m. Courage, — dans l'argot du peuple, qui, sans croire, comme les Anciens, aux gens qui naissent avec des poils sur le cœur (V. Pline, *Histoire naturelle*), a raison de supposer que les gens velus de corps sont plus portés à l'énergie que ceux à corps glabre. D'où les deux expressions : *Avoir du poil,* c'est-à-dire du courage, et *Être à poils,* c'est-à-dire résolu.

POIL (Faire le). Surpasser, faire mieux ou plus vite, — dans le même argot.

Signifie aussi Jouer un tour, Supplanter.

Autrefois on disait *Faire la barbe.*

POILS (Être à). Être nu.

Monter à poils. Monter un cheval sans selle.

POINT, s. m. Pièce d'un franc,—dans l'argot des marchands d'habits.

POINT DE CÔTÉ, s. m. Ennemi des non-conformistes, — dans l'argot des voleurs, qui savent combien un point de côté est gênant.

Signifie aussi Créancier.

POINT DE JUDAS, s. m. Le nombre *treize,*—dans l'argot du peuple.

POINTE, s. f. Demi-ivresse, — dans l'argot des faubouriens.

Avoir sa pointe. Être gris.

Avoir une petite pointe. Avoir bu un verre de trop.

Point M, s. m. Expression en usage à l'Ecole polytechnique, et qui sert à indiquer la limite dans laquelle on accepte, soit des faits, soit des idées. Ainsi, quand un élève demande à un autre : « Aimestu la tragédie ? — Euh ! répond l'autre, je l'aime jusqu'au *point M*. »

Pointu, s. et adj. Homme qui ne plaisante pas volontiers, désagréable à vivre, grincheux, — dans l'argot du peuple.

Pointu, s. m. Évêque, — dans l'argot des voyous, qui ont sans doute voulu faire allusion à la mitre de ce haut dignitaire de l'Eglise.

Poison, s. f. Femme désagréable, ou de mauvaises mœurs, — dans l'argot du peuple, qui trouve cette *potio* amère à boire et dure à avaler.

Poissarde, s. f. Femme grossière, — dans l'argot des bourgeoises, qui n'aiment pas les gens « un peu trop forts en gueule ».

Poisse, s. m. Voleur, — dans l'argot des voyous.

Poisser, v. a. Voler.

Poisser des philippes. Dérober des pièces de cinq francs.

Poisser (Se), v. réfl. S'enivrer, — dans l'argot des faubouriens.

Poisson, s. m. Grand verre d'eau-de-vie, — dans l'argot du peuple.

Ce n'est pas, comme le croit Lorédan Larchey, parce qu'il *poisse aux doigts qui le saisissent* qu'on donne ce nom à cette mesure d'eau-de-vie. *Poisson* est un vieux mot certainement dérivé de *pochon*, petit pot, dont on a fait peu à peu *poichon*, *posson*, puis *poisson*.

Poisson, s. m. Entremetteur, soureneur de filles, — dans le même argot.

Poisson frayeur, s. m. Soureneur de filles, — dans l'argot des marbriers de cimetière, qui ont observé que ces sortes de gens *frayaient* volontiers, eux pas fiers !

Poivre, s. m. Poisson de mer, parce que *salé*, — dans l'argot des voleurs, parfois facétieux.

Poivre, adj. Complétement ivre, — dans l'argot des faubouriens, habitués à boire des vins frelatés et des eaux-de-vie *poivrées*.

Être poivre. Être abominablement gris.

Poivre et sel (Être). Avoir les cheveux moitié blancs et moitié bruns, — dans l'argot du peuple.

Se dit aussi de la Barbe.

Poivrer, v. a. Payer, — dans l'argot des voleurs, pour qui l'argent n'est que de la poussière.

Poivrer, v. a. Charger une

note, une addition, — dans l'argot des consommateurs.

C'est poivré ! C'est cher !

POIVRER QUELQU'UN, v. a. Lui faire regretter amèrement la découverte de l'Amérique par Christophe Colomb et l'expédition de Naples par Louis d'Anjou.

POIVREUR, s. m. Payeur.

POIVROT, s. m. Ivrogne. Les voleurs disent *Poivrier*.

POLICHINELLE, s. m. Homme amusant, excentrique, — dans l'argot des bourgeois.

POLICHINELLE, s. m. Enfant, — dans l'argot des faubouriens et des petites dames.

Avoir un polichinelle dans le tiroir. Être enceinte.

POLICHINELLE, s. m. L'hostie, — dans l'argot des voyous.

Avaler le polichinelle. Communier; recevoir l'extrême-onction.

POLICHINELLE, s. m. Grand verre d'eau-de-vie, — dans l'argot des chiffonniers, qui aiment à *se payer une bosse.*

POLI COMME UNE PORTE DE PRISON, adj. Brutal, — dans l'argot ironique du peuple, qui sait avec quel sans-façon les guichetiers vous rejettent la porte au nez.

POLISSON, s. m. Gamin, — dans le même argot.

POLISSON, s. m. Impertinent, — dans l'argot des bourgeois.

POLISSON, s. m. Libertin, — dans l'argot des bourgeoises.

POLISSON, s. m. Amas de jupons pour avantager les hanches, — dans l'argot des coquettes.

Le mot est de madame de Genlis.

Aujourd'hui on dit mieux *Tournure.*

POLITESSE, s. f. Offre d'un verre de vin sur le comptoir, — dans l'argot du peuple, qui entend la civilité à sa manière.

Une politesse en vaut une autre. Un canon doit succéder à un autre canon.

POLKA, s. m. Petit jeune homme qui suit trop religieusement les modes, parce qu'en 1843-44, époque de l'apparition de cette gigue anglaise croisée de valse allemande, il était de bon goût de s'habiller à la polka, de chanter à la polka, de marcher à la polka, de dormir à la polka, etc. A Paris, les ridicules poussent comme sur leur sol naturel; ils ont pour fumier la bêtise.

POLONAIS, s. m. Ivrogne, — dans l'argot du peuple.

L'expression, quoique injurieuse pour une nation héroïque, mérite d'être conservée, d'abord parce qu'elle est passée dans le sang de la langue parisienne, qui s'en guérira difficilement; ensuite parce qu'elle est, à ce qu'il me semble, une date, une indication historique et topographique. Ne sort-elle pas, en effet, de l'ancienne rue des Errancis, — depuis rue du Rocher,—au haut de laquelle était le fameux cabaret-guinguette dit de *la Petite Pologne*, et ce cabaret n'avait-il pas été fondé vers l'époque du démembrement de la Pologne ?

POLONAIS, s. m. Épouvantail dont on menace les perturbateurs dans les maisons suspectes, mais *tolérées*. Quand la dame du lieu, à bout de prières, parle de *faire descendre le Polonais*, le tapage s'apaise comme par enchantement. « Et le plus souvent, dit l'auteur anonyme moderne auquel j'emprunte cette expression, le *Polonais* n'est autre qu'un pauvre diable sans feu ni lieu, recueilli par charité et logé dans les combles de la maison. »

POMAQUER, v. a. Perdre, — dans l'argot des voleurs.

POMMADER, v. a. Battre quelqu'un,—dans l'argot des faubouriens, qui *peignent* ainsi les gens.

POMMADIN, s. m. Coiffeur, — dans le même argot.

POMMÉ, ÉE. Excessif, exorbitant, remarquable.

Bêtise pommée. Grande ou grosse bêtise.

C'est pommé ! C'est réussi à souhait.

POMME-A-VERS, s. f. Fromage de Hollande, — dans l'argot des voleurs.

POMME DE CANNE, s. f. Figure grotesque, — dans l'argot du peuple, qui est cruel pour toutes les infirmités humaines.

POMMELER (Se), v. réfl. Grisonner, — dans le même argot.

POMMES (Aux)! Exclamation de l'argot des faubouriens, qui l'emploient comme superlatif de Bien, de bon et de beau.

On dit aussi : *Bath aux pommes !* pour renchérir encore sur l'excellence d'une chose.

Cette expression est l'aïeule des *petits ognons* et autres *petits oiseaux* en circulation à Paris, ainsi que le témoigne l'anecdote suivante, empruntée à Tallemant des Réaux : « Le feu duc de Brissac aimoit tant les pommes de reinette que, pour bien louer quelque chose, il ajoutoit toujours *de reinette* au bout, tellement qu'on lui ouït dire quelquefois : C'étoit un honnête homme de reinette. »

POMPER, v. a. et n. Boire continuellement, — dans l'argot du peuple.

C'est le *guzzle* anglais.

POMPER. Travailler dur, — dans l'argot des typographes.

POMPER LE GAZ, v. a. Être le jouet d'une mystification, — dans l'argot des calicots, qui se plaisent à faire monter tout nouveau sur le comptoir et à lui faire manœuvrer des deux mains un mètre à coulisse, la prétendue pompe à gaz.

POMPETTE, adj. Gris, — dans l'argot du peuple.

POMPIER, s. m. Ivrogne.

POMPIER, s. m. Ouvrier chargé de faire les *poignards*, — dans l'argot des tailleurs.

Pompière. Ouvrière qui a la même spécialité pour les petites pièces.

POMPON, s. m. Tête, — dans l'argot des faubouriens.

Dévisser le pompon à quelqu'un. Lui casser la tête d'un coup de poing ou d'un coup de pied.

C'est la même expression que *Dévisser le trognon.*

POMPON, s. m. Supériorité, mérite, primauté, — dans le même argot.

A moi le pompon! A moi la gloire d'avoir fait ce que les autres n'ont pu faire.

Avoir le pompon de la fidélité. Être le modèle des maris ou des femmes.

POMPONNER (Se), v. réfl. S'attifer, s'endimancher.

PONANT, s. m. Un des nombreux pseudonymes de messire Luc, — sans doute du verbe latin *ponere*, poser, asseoir. Argot du peuple.

PONANTE, s. f. Fille publique, — dans l'argot des voleurs.

PONCIF, s. m. « Formule de style, de sentiment, d'idée ou d'image, qui, fanée par l'abus, court les rues avec un faux air hardi et coquet. »

L'expression, ainsi définie par Xavier Aubryet, est de l'argot des peintres et des gens de lettres.

Faire poncif. Travailler, peindre, écrire sans originalité.

PONDRE SUR SES ŒUFS, v. n. S'enrichir encore, quand on est déjà suffisamment riche, — dans l'argot du peuple.

PONDRE UN ŒUF, v. a. Déposer discrètement, le long d'un mur ou d'une haie, le *stercus* humain, — dans l'argot du peuple, ami de toutes les plaisanteries qui roulent sur les environs du périnée.

On connaît cette anecdote : Une bonne femme était accroupie, gravement occupée à remplir le plus impérieux de tous les devoirs, car *omnes cacant, etiam reges;* passe le curé, elle le reconnaît, et, confuse, veut se relever pour lui faire sa révérence; mais le saint homme, l'en empêchant de la voix et de la main, lui dit en souriant : « Restez, ma mie, j'aime mieux voir la poule que l'œuf. »

PONIFLE, s. f. Femme, — dans l'argot des voyous.

PONIFLER, v. a. Aimer.

PONSARDISER, v. a. Ennuyer les gens, — dans l'argot des gens de lettres, qui ont gardé rancune à l'auteur de *Lucrèce* et d'*Agnès de Méranie*.

PONTES POUR L'AF, s. f. pl. « Galerie des étouffoirs, fripons réunis, » — dit Vidocq.

PONTIFE, s. m. Patron, maître, — dans l'argot des cordonniers.

PONTONNIÈRE, s. f. Fille de mauvaises mœurs qui exerce sous les *ponts*.

POPOTE, s. f. Cuisine, — dans l'argot des troupiers, qui ont trouvé là une onomatopée heureuse : le clapotement du bouillon dans le pot-au-feu, des sauces dans les casseroles, etc.

Signifie aussi Table d'hôte.

POPOTER, v. n. Faire sa cuisine, — dans l'argot du peuple.

POPULO, s. m. Le peuple, — dans l'argot des bourgeois, qui disent cela avec le même dédain que les Anglais *the mob*.

POPULO, s. m. Marmaille, grand nombre d'enfants, — dans l'argot des ouvriers.

PORC-ÉPIC, s. m. Le Saint-Sacrement, — dans l'argot des voleurs.

PORTANCHE, s. m. Portier, — dans le même argot.

PORTEFEUILLE, s. m. Lit, — dans l'argot des faubouriens, qui font allusion aux différentes épaisseurs formées par les couvertures et les draps.

S'insérer dans le portefeuille. Se coucher.

PORTE-LUQUE, s. m. Portefeuille, — dans l'argot des voleurs.

Ils disent aussi *Porte-mince*.

PORTE-MAILLOT, s. m. Figurante, — dans l'argot des coulisses.

PORTE-PIPE, s. m. Bouche, — dans l'argot des faubouriens.

PORTER (En). Être trompé par sa femme, — dans l'argot du peuple, qui fait allusion aux *cornes* dont la tradition orne depuis si longtemps le front des maris malheureux.

PORTER A LA PEAU, v. n. Provoquer à l'un des sept péchés capitaux, — dans l'argot de Breda-Street.

PORTER LA FOLLE ENCHÈRE, v. n. Payer pour les autres, — dans l'argot des bourgeois.

PORTER LE BÉGUIN, v. a. Celui des deux époux, nouvellement mariés, qui perd le premier les couleurs de la santé, — dans l'argot du peuple, un peu trop indiscret.

PORTER LE DEUIL DE SA BLANCHISSEUSE, v. n. Avoir une chemise sale, — dans le même argot.

PORTER SA MALLE, v. a. Être bossu.

On dit aussi *Porter son paquet*.

PORTER UNE CHOSE EN PARA-

DIS (Ne pas). La payer avant de mourir, — dans l'argot du peuple, qui dit cela surtout à propos des mauvais tours qu'on lui a joués et dont il compte bien tirer vengeance un jour ou l'autre.

PORTÉ SUR SA BOUCHE (Être). Ne songer qu'à boire et à manger plutôt qu'à travailler, — dans l'argot des bourgeois.

Le peuple — sans connaître le *gulæ parens* d'Horace — dit : *Être porté sur sa gueule.*

PORTE-TRÈFLE, s. m. Pantalon, — dans l'argot des voleurs.

PORTIER, s. m. Homme qui se plaît à médire, — dans l'argot des artistes.

PORTRAIT, s. m. Visage, — dans l'argot du peuple.

Dégrader le portrait. Frapper au visage.

POSE, s. f. Affectation de sentiments qu'on n'a pas, vices ou vertus ; étalage de choses qu'on ne possède pas, maîtresses ou châteaux. Lacenaire a bien imaginé la pose au meurtre !

POSE, s. f. Tour, — dans l'argot du peuple, qui a emprunté ce mot aux joueurs de dominos qui *posent* le leur à tour de rôle.

A moi la pose ! dit parfois un ouvrier, qui vient de recevoir un coup de pied, en lançant un coup de poing à son adversaire.

POSER, v. n. Afficher des sentiments ou des vices qu'on n'a pas ; se vanter de succès et de richesses imaginaires.

Signifie aussi Tirer avantage de qualités morales ou physiques qu'on a ou qu'on croit avoir.

Poser pour le torse. Passer pour un garçon bâti comme l'Antinoüs.

POSER, v. a. Mettre en évidence.

POSER (Faire). Faire attendre, mystifier, se moquer des gens.

POSER SA CHIQUE, v. a. Se taire, — dans l'argot du peuple.

Par extension, Mourir.

POSER UN GLUAU, v. a. Arrêter, — dans l'argot des voyous.

Se faire poser un gluau. Se faire mettre en prison.

POSTE-AUX-CHOUX, s. f. Le canot aux provisions, — dans l'argot des marins.

POSTÉRIEUR, s. m. Le derrière, — dans l'argot des bourgeois.

POSTICHE, s. m. Histoire douteuse, discours ennuyeux, *blague*, — dans l'argot des typographes.

POSTICHE, s. f. Rassemblement sur la voie publique, — dans l'argot des voleurs.

POSTIGE, s. f. Travail sur les places publiques, — dans l'argot des saltimbanques.

Postillon, s. m. Éclabous-sure de salive ou de nourri-ture que lancent en parlant les gens à qui il manque des dents ou ceux qui ont la mal-honnête habitude de parler en mangeant.

Ces postillons sont d'une maladresse !

Postillonner, v. n. En-voyer des *postillons* au nez des gens — qui n'aiment pas à voyager.

Pot, s. m. Cabriolet, — dans l'argot des voleurs.

Ils disent aussi *Cuiller à pot* et *Potiron roulant*.

Potache, s. m. Camarade ridicule et bête comme un *pot*, — dans l'argot des lycéens.

On dit aussi *Pot-à-chien*.

Potage aveugle, s. m. Po-tage qui devrait être gras, avoir des *yeux* de graisse, et qui est maigre. Argot du peu-ple.

Potard, s. m. Apprenti pharmacien, — dans l'argot des faubouriens.

Potasser, v. n. S'impatien-ter, bouillir de colère ou d'en-nui, — dans le même argot.

Potasser, v. n. Travailler beaucoup, — dans l'argot des Saint-Cyriens.

Potasseur, s. m. Élève très-bien coté à son cours et très-mal quant aux aptitudes mi-litaires.

Pot-au-feu, s. et adj. Com-mun, vulgaire, bourgeois, — dans l'argot des petites dames.

Être pot-au-feu. Être mes-quin.

Devenir pot-au-feu. Se ran-ger, épouser un imbécile ou un myope incapable de voir les taches de libertinage que certaines femmes ont sur leur vie.

Poteaux, s. m. pl. Jambes solides, — dans l'argot des faubouriens.

On se souvient de la défi-nition, par Gavarni, d'une danseuse maigre de partout et ayant la réputation de ruiner ses amants : « Deux poteaux qui montrent la route de Cli-chy. »

Potet, s. et adj. Maniaque, radoteur, vieil imbécile, — dans le même argot.

On dit aussi *Vieux potet,* — même à un jeune homme.

Ne serait-ce pas une syn-cope d'*empoté?* ou une allu-sion à la vieille toupie qui sert de *potet* aux enfants ?

Potin, s. m. Bavardage de femmes, cancan de portières, — dans l'argot du peuple, qui a emprunté ce mot au pa-tois normand.

Faire des potins. Cancaner.

Se faire du potin. Se faire du mauvais sang, s'impatien-ter à propos de médisances ou d'autre chose.

Potiner, v. n. Bavarder, faire des cancans, des potins.

Pou affamé, s. m. Ambi-tieux à qui l'on a donné un emploi lucratif et qui veut s'y enrichir en peu de temps.

POUCE (Avoir du). Avoir de la vigueur; être fièrement campé, crânement exécuté, — dans l'argot des artistes.

POUDRE D'ESCAMPETTE, s. f. Fuite, — dans l'argot du peuple.

Prendre la poudre d'escampette. S'enfuir.

C'est ce qu'on appelait autrefois *Faire escampativos.*

POUDRE FAIBLE, s. f. Eau, — dans l'argot des francs-maçons.

On disait autrefois *Huile blanche.*

Poudre forte. Vin.

On disait autrefois *Huile rouge.*

Poudre fulminante. Eau-de-vie.

Poudre noire. Café noir liquide.

POUF, s. m. Dette qu'on ne paye pas; crédit qu'on demande et auquel on ne fait pas honneur, — dans l'argot du peuple.

Quoique *pouf* ait l'air de venir de *puff*, comme la malhonnêteté vient du mensonge, ce sont des mots d'une signification bien différente, et on aurait tort de les confondre.

POUFFIASBOURG, n. d. v. Asnières, — dans l'argot des faubouriens, qui savent que ce village est le rendez-vous de la Haute-Bicherie parisienne.

On dit aussi plus élégamment : *Gadoûville.*

POUFFIASSE, s. f. Fille ou femme de mauvaise vie, — dans le même argot.

POUILLEUX, adj. et s. Homme pauvre, — dans l'argot méprisant des bourgeois.

POULAILLER, s. m. Abbaye des S'offre-à-tous, — dans l'argot des faubouriens.

Se dit aussi — dans le même argot — de la partie du théâtre la plus voisine du plafond, ordinairement désignée sous le nom d'Amphithéâtre.

POULAINTE, s. f. Vol par échange.

C'est une variété de *Charriage.*

POULE LAITÉE, s. f. Homme sans énergie, — dans l'argot du peuple.

Il dit aussi *Poule mouillée.*

POULES, s. f. pl. La population d'une abbaye des S'offre-à-tous.

POULET, s. m. Billet doux, ou lettre raide, — dans l'argot du peuple, qui se sert du même mot que Shakespeare (*capon*).

POULET DE CARÊME, s. m. Hareng saur, — dans le même argot.

POULET D'HOSPICE, s. m. Homme maigre, — dans le même argot.

POULET D'INDE, s. m. Cheval, — dans le même argot.

POULET D'INDE, s. m. Imbécile, maladroit, — dans le même argot.

POULETTE, s. f. Grisette, femme légère qui se laisse prendre au *coricoco* des séducteurs bien accrêtés,— dans l'argot des faubouriens.

Lever une poulette. « Jeter le mouchoir » à une femme, dans un bal ou ailleurs.

POUPÉE, s. f. Morceau de linge dont on enveloppe un doigt blessé.

POUPÉE, s. f. Concubine, — dans l'argot du peuple, qui sait que ces sortes de femmes se prennent et se reprennent par les hommes comme les poupées par les enfants.

C'est la *mammet* des ouvriers anglais.

POUPÉE, s. m. Soldat, — dans l'argot des voleurs.

POUPOUILLE, s. f. Cuisine, *popote*, — dans l'argot des faubouriens.

POUR, adv. Peut-être, — dans l'argot des voleurs.

POUR-COMPTE, s. m. Vêtement manqué dont le client ne veut pas, — dans l'argot des tailleurs.

Armoire aux pour-compte. C'est le *carton aux ours.*

POURRI, adj. et s. Homme vénal, *corrompu*, ambitieux, qui a laissé pénétrer dans sa conscience le ver du scepticisme et dans son cœur le taret de l'égoïsme. Argot du peuple.

POURRITURISME, s. m. État des esprits et des consciences à Paris, ville où on s'efémine trop facilement, — dans l'argot du caricaturiste Lorentz, qui affectionne la désinence *isme.*

POUSSE, s. f. Les gendarmes, dans l'argot des voleurs.

POUSSE-AU-VICE, s. f. Cantharide, et généralement tous les aphrodisiaques, — dans le même argot.

POUSSE-CAFÉ, s. m. Petit verre d'eau-de-vie pris après le café, — dans l'argot des bourgeois.

POUSSE-CAILLOUX, s. m. Fantassin, — dans l'argot des faubouriens.

POUSSE-CUL, s. m. Sergent de ville, — dans l'argot du peuple, qui sait que ces agents de l'autorité ne prennent pas toujours des mitaines pour faire circuler la foule.

Les aïeux de celui-ci disaient, en parlant d'un des aïeux de celui-là : *Chien courant du bourreau.*

POUSSÉE, s. f. Bourrade ; coups de coude dans la foule.

Par extension, Reproches, réprimande.

POUSSÉE, s. f. Besogne pressée; surcroît de travail, — dans l'argot des ouvriers.

POUSSÉE DE BATEAUX, s. f. Se dit ironiquement — dans l'argot du peuple — d'une chose vantée d'avance et trouvée inférieure à sa réputation, ainsi que de toute besogne ridicule et sans profit.

On dit mieux : *Une belle poussée de bateaux !*

18.

POUSSE-MOULIN, s. f. Eau courante, — dans l'argot des voleurs.

POUSSER, v. a. Parler, — dans l'argot des faubouriens.

On dit aussi *Pousser son glaire*.

POUSSER DE L'AIR (Se). S'en aller de quelque part.

On dit aussi *Se pousser un courant d'air*.

POUSSER DU COL (Se), v. réfl. Être content de soi, et manifester extérieurement sa satisfaction, — dans l'argot des faubouriens, qui ont remarqué que les gens fats remontaient volontiers le col de leur chemise.

Signifie aussi S'enfuir.

POUSSER LE BOIS, v. a. Jouer aux échecs ou aux dames, — dans l'argot du peuple, qui a eu l'honneur de prêter ce verbe à Diderot.

POUSSER SA POINTE, v. a. S'avancer dans une affaire quelconque, — mais surtout dans une entreprise amoureuse.

POUSSER SON ROND, v. a. *Alvum deponere*, — dans l'argot des maçons.

POUSSER UNE GAUSSE, v. a. Faire un mensonge, — dans l'argot du peuple.

On dit aussi *Pousser une histoire*.

POUSSIER, s. m. Monnaie, — dans l'argot des voleurs.

POUSSI ER, s. m. Lit d'auberge ou d'hôtel garni de bas étage, — dans l'argot des faubouriens, qui font sans doute allusion à la poussière et même à la boue dont ces lits sont imprégnés.

POUSSIER DE MOTTE, s. m. Tabac à priser, — dans le même argot.

On dit aussi simplement *Poussier*.

POUVOIR VOIR QUELQU'UN EN PEINTURE (Ne). Le haïr, le détester extrêmement, — dans l'argot du peuple.

PRANDION, s. m. Repas copieux, — dans l'argot des artistes, dont quelques-uns, je pense, savent que cette expression est le mot latin (*prandium*) francisé par quelque écrivain fantaisiste.

PRANDIONNER, v. n. Faire un repas plantureux.

PRATIQUE, s. f. Libertin; homme d'une probité douteuse; débiteur qui ne paye pas ses dettes; soldat qui passe son temps à la salle de police, etc. Quand un homme a dit d'un autre homme : « C'est une pratique! » c'est qu'il n'a pas trouvé de terme de mépris plus fort.

PRÉ, s. m. Bagne, — dans l'argot des voleurs.

Aller au pré. Être condamné aux travaux forcés.

PRÉDESTINÉ, s. m. Galant homme qui a épousé une femme trop galante, — dans l'argot du peuple.

Préfectanche, s. f. Préfecture de police, — dans l'argot des voyous.

Première, s. f. Manière elliptique de désigner la *première* représentation d'une pièce de théâtre, — dans l'argot des comédiens et des gens de lettres.

Premier-Paris, s. m. Article de tête d'un journal politique, où l'on voit, d'après Alphonse Karr, « une série de longues phrases, de grands mots qui, semblables aux corps matériels, sont sonores à proportion qu'ils sont creux. »

Prendre de bec (Se), v. pron. Se dire des injures, — dans l'argot des bourgeois.

Prendre des mitaines, v. a. Prendre des précautions pour dire ou faire une chose, — dans l'argot du peuple, qui emploie cette expression avec ironie.

On dit aussi *Prendre des gants.*

Prendre des temps de Paris. Augmenter l'effet d'un mot par une pantomime préalable, — dans l'argot des comédiens de la banlieue et de la province.

Prendre le collier de misère, v. a. Se mettre au travail, — dans l'argot du peuple, qui prend et reprend ce collier-là depuis longtemps.

Quitter le collier de misère. Avoir fini sa journée et

sa besogne et s'en retourner chez soi.

Prendre ses invalides, v. n. Se retirer du commerce, — dans l'argot des bourgeois.

Prendre son café aux dépens de quelqu'un. Se moquer de lui par paroles ou par action, — dans le même argot.

Prendre un billet de parterre, v. a. Tomber sur le dos, — dans l'argot facétieux du peuple.

Prendre un pinçon, v. a. Se laisser *pincer* le doigt entre deux pierres, — dans le même argot.

Présomptif, s. m. Enfant, — qui est toujours l'héritier présomptif de quelqu'un.

Presser a carreau froid, v. a. Faire ce qu'un autre ne pourrait pas faire, — dans l'argot des tailleurs, qui savent qu'on ne peut venir à bout d'une pièce qu'avec un carreau très-chaud.

Prêt, s. m. Paie, — dans l'argot des soldats.

Prêter cinq sous a quelqu'un. Lui donner un soufflet, c'est-à-dire les cinq doigts sur le visage, — dans l'argot des faubouriens.

Prêter loche. Prêter l'oreille, écouter, — dans l'argot des voleurs.

Preu, s. et adj. Premier, — dans l'argot des enfants et des ouvriers.

Prévôt, s. m. Chef de

chambrée, — dans l'argot des prisons.

PRINCE, s. m. Galeux, — dans l'argot facétieux et elliptique des faubouriens. Ils disent *Prince*, mais ils sous-entendent *de Galles*.

PRINCE DU SANG, s. m. Meurtrier, — dans l'argot sinistrement facétieux du peuple.

PRINCE RUSSE, s. m. Entreteneur,—dans l'argot de Breda-Street, où il semble que la générosité, comme là lumière, vienne exclusivement du Nord.

PRINCESSE DE L'ASPHALTE, s. f. Petite dame, — dans l'argot des gens de lettres.

PRISE, s. f. Mauvaise odeur respirée tout à coup, — dans l'argot du peuple.

PRISON DE SAINT-CRÉPIN (Être dans la). Être dans des souliers trop étroits, — dans le même argot.

PRIX DOUX, s. m. Prix modéré, — dans l'argot des bourgeois.

PRODUISANTE, s. f. La terre, — dans l'argot des voleurs, reconnaissants envers la vieille Cybèle.

PROFANE, s. m. Étranger,— dans l'argot des francs-maçons, qui ont leurs mystères comme autrefois les païens, avec cette différence que la révélation n'en est pas punie de mort et qu'on s'y occupe de tout autre chose que des *farces* spéciales aux mystères

de la *Bonne Déesse*, ou à ceux d'Isis, ou à ceux de Bacchus, ou à ceux de Mithra.

PROFOND, s. m. Fossé, trou, — dans l'argot des paysans des environs de Paris.

PROFONDE, s. f. Poche de pantalon, — dans l'argot des voyous et des voleurs.

On dit aussi *Parfond*, — du vieux français « parfond ».

PROMETTRE PLUS DE BEURRE QUE DE PAIN, v. a. Promettre plus qu'on ne peut donner, tromper par des promesses exagérées, — dans l'argot du peuple.

PROMONT, s. m. Procès,— dans l'argot des voleurs.

PROMONTOIRE NASAL, s. m. Le nez, — dans l'argot des romantiques, qui avaient, eux aussi, l'horreur du mot propre, tout comme les classiques, leurs ennemis.

Théophile Gautier a le premier employé cette expression, qu'emploient depuis longtemps les médecins zagorites : το μπούρνο.

PROPRE, adj. Antiphrase de l'argot du peuple, qui l'emploie au figuré.

Être propre, pour lui, est l'équivalent de : *Être dans de beaux draps*.

PROPRE-A-RIEN, s. m. Lâche canaille, misérable digne de la roue, — dans l'argot du peuple, qui ne connaît pas, après *feignant*, d'injure plus sanglante à jeter à la tête d'un homme, fût-il le plus honnête et plus brave des hommes.

PROTE A TABLIER, s. m. Prote qui lève la lettre comme les autres ouvriers, — dans l'argot des typographes.

PROTECTEUR, s. m. Galant homme qui entretient une femme galante.

On dit aussi *Milord protecteur*.

PROTÉGER, v. a. Entretenir une femme.

PROUE, s. f. L'arrière du navire-homme, — dans l'argot des marins.

Filer le câble de proue. Alvum deponere.

PROUTE, s. f. Plainte, gronderie, — dans l'argot des voleurs.

PROUTER, v. n. Porter plainte, gronder.

PROUTER, v. a. et n. Appeler, héler, — dans l'argot du peuple, qui crie souvent : *Prout! prout!*

Se dit aussi — dans le même argot — des sacrifices faits au dieu Crépitus. C'est une onomatopée.

PROUTEUR, s. et adj. Plaignant, grondeur.

PROUTEUR, s. et adj. Qui fait de fréquents sacrifices au dieu Crépitus.

PRUDHOMME, s. m. Imbécile solennel dont le type a été inventé par Henry Monnier.

PRUNE, s. f. Balle ou boulet, — dans l'argot des soldats, qui ne se battent vraiment que pour des prunes.

Le mot a des chevrons. Un jour, Sully, accourant pour prévenir Henri IV des manœuvres de l'ennemi, le trouve en train de secouer un beau prunier de damas blanc : « Pardieu! Sire! lui cria-t-il du plus loin qu'il l'aperçut, nous venons de voir passer des gens qui semblent avoir dessein de vous préparer une collection de bien autres *prunes* que celles-ci, et un peu plus dures à digérer. »

On dit aussi *Pruneau*.

Gober la prune. Recevoir une blessure mortelle.

PRUNE (Avoir une). Être saoûl, — dans l'argot du peuple.

PRUNEAU, s. m. Chique de tabac, — dans l'argot des faubouriens.

PRUNEAU, s. m. Résultat de la fonction du plexus mésentérique, — dans l'argot des faubouriens

Poser un pruneau. Levare ventris onus.

PRUNEAUX, s. m. pl. Yeux, — dans le même argot.

PRUNE DE MONSIEUR, s. f. Archevêque, — dans l'argot des voleurs, qui savent que ces prélats sont habillés de violet.

PRUNES DE PROPHÉTIE, s. f. pl. *Fumées* d'un animal, — dans l'argot des chasseurs, mis ainsi sur la piste de leur gibier.

PRUSSIEN, s. m. Un des nombreux pseudonymes de messire Luc, — dans l'argot des troupiers, dont les pères ont eu, sous l'Empire, de fréquentes occasions d'appliquer leurs baïonnettes dans les reins des soldats prussiens.

Une expression moderne que, fidèle à son habitude, M. Francisque Michel va chercher bien loin, — dans la langue des Zingaris.

PUANT, s. et adj. Fat, — dans l'argot du peuple, qui fait peut-être allusion aux odeurs de musc et de patchouli qu'exhalent les vêtements des élégants.

PUER AU NEZ, v. n. Déplaire, ennuyer, — dans l'argot du peuple, qui dit cela à propos des choses et des gens qui souvent puent le moins.

PUFF, s. m. Charlatanerie.

PUFFISTE, s. et adj. Charlatan, inventeur de pommades impossibles, d'élixirs invraisemblables; montreur de *phénomènes*, c'est-à-dire, par exemple, d'un cheval à toison de brebis, d'un veau à deux têtes, d'une Malibran noire, de frères spirites, etc.

Les Français vont assez bien dans cette voie; mais ils ne sont pas encore allés aussi loin que les Anglais, et surtout les Américains, parmi lesquels il faut citer M. Barnum, le *prince de la blague* (*prince of humbug*).

PUISSANT, adj. Gros, fort, — dans l'argot du peuple, qui ne s'éloigne pas autant du sens latin (*potens*) que seraient tentés de le croire les bourgeois moqueurs.

PUNAISE, s. f. Fleur de lis, — dans l'argot des voyous, qui ne sont pas précisément légitimistes.

PUNAISE, s. f. Femme hargneuse, acariâtre, *puante* de méchanceté, — dans l'argot du peuple, qui ne se doute pas qu'il se sert là de l'expression même employée par le prince des poëtes latins : *Cimex*, dit Horace.

PURÉE, s. f. Cidre, — dans l'argot des voleurs.

PURGATION, s. f. Plaidoyer, — dans le même argot.

PUR-SANG, s. m. Vin rouge naturel, sans addition d'eau ni d'alcool, — dans l'argot des cabaretiers.

PUR-SANG, s. m. Cheval de race, — dans l'argot du Jockey-Club.

PUR-SANG, s. f. Fille entretenue et qui mérite de l'être, à cause de sa beauté et de ses vices, — dans l'argot des viveurs.

PUTASSIER, s. et adj. Libertin, — dans l'argot du peuple.

PUTIPHARISER, v. a. Essayer de séduire un jouvenceau, — dans l'argot de Breda-Street.

Le mot date de 1830 et de Pétrus Borel.

Champfleury, à qui l'on doit quelques néologismes malheureux, a écrit *putipharder*.

Q

QUAND IL FERA CHAUD, adv. Jamais, — dans l'argot du peuple.

On dit aussi *Quand les poules auront des dents.*

QUANTUM, s. m. Argent, somme quelconque, caisse, — dans l'argot des bourgeois qui ont quelques lettres.

QUARANTE-CINQ, s. m. Crétin bien réussi, arsouille complet, canaille idéale, libertin de premier ordre.

Être quarante-cinq. Réunir toutes les qualités qui constituent un imbécile ou tous les vices qui parangonnent un coquin.

L'expression date de 1833; elle a été inventée par quatre artistes et mise à la mode par eux. Toutes les fois qu'un de ces artistes passait devant une de ces bonnes têtes de bourgeois qui annoncent le contentement de soi et l'absence complète de toute intelligence, — ou devant un de ces ivrognes à la Daumier dont il semble que les vêtements eux-mêmes se soient livrés à la boisson, tant ils sont fangeux, — ou devant tout autre type grotesque ou terrible du trottoir, — il se découvrait et s'humiliait en disant : « Je te salue quarante-cinq ! »

Maintenant, pourquoi 45, et non pas 25 ou 105, ou n'importe quel autre chiffre? Je n'en sais rien, et, de leur propre aveu, les artistes en question n'en savaient rien eux-mêmes.

QUARANTE-CINQ ! « Exclamation proverbiale qu'on emploie toutes les fois qu'on voit briser beaucoup de verre ou de vaisselle. »

On dit aussi *Quarante-cinq à quinze.* « Sans doute quarante-cinq *pièces* à quinze *sous*, » dit Lorédan Larchey, qui ne voit pas que cette expression est une onomatopée.

QUART D'AGENT DE CHANGE, s. m. Propriétaire du quart de la valeur d'une charge d'agent de change, — dans l'argot des boursiers.

Il y a aussi des *cinquièmes*, des *sixièmes* et même des *dixièmes d'agent de change.*

QUART-D'ŒIL, s. m. Commissaire de police, — dans l'argot des faubouriens.

Se dit aussi de l'habit noir de ce fonctionnaire.

Quasimodo, s. m. Homme fort laid, plus que laid, contrefait, — dans l'argot du peuple, qui a lu *Notre-Dame de Paris*.

Quatre-coins, s. m. Mouchoir, — dans l'argot des voleurs.

Quatre-sous, s. m. Cigare de vingt centimes, — dans l'argot des fumeurs.

Quatre-z-yeux, s. m. Homme qui porte des lunettes, — dans l'argot du peuple.

Quatrième resucée, s. f. Se dit d'une chose ou d'une nouvelle qu'on ne tient que de quatrième main ou de quatrième bouche.

Quatuor, s. m. Le quatre, — dans l'argot des joueurs de dominos.

Quelpoique, adv. Rien, — dans l'argot des voleurs.

Quelque part. Adverbe de *lieux*, — dans l'argot des bourgeois.

Quelque part, adv. L'endroit du corps destiné à recevoir des coups de pied, — dans l'argot du peuple.

Avoir quelqu'un quelque part. En être importuné, — en *avoir plein le dos*.

Quémander, v. a. et n. Mendier, au propre et au figuré, — dans l'argot du peuple, qui pourtant n'a pas lu les *Aventures du baron de Fœneste*.

Quémandeur, s. m. Mendiant.

Quenottes, s. f. pl. Dents, — dans l'argot des enfants.

Ils les appellent aussi *Louloutes*.

Quenottier, s. m. Dentiste, — dans l'argot des faubouriens.

Queue, s. f. Infidélité faite à une femme par son amant, ou à un homme par sa maîtresse.

Faire une queue à sa femme. La tromper en faveur d'une autre femme.

Queue, s. f. Escroquerie, farce de mauvais goût, — dans l'argot des soldats.

Faire la queue. Tromper.

Queue, s. f. Reliquat de compte, — dans l'argot des débiteurs.

Faire une queue. Redevoir quelque chose sur une note, qui arrive ainsi à n'être jamais payée, parce que, de report en report, cette queue s'allonge, s'allonge, s'allonge, et finit par devenir elle-même une note formidable.

Queue de poireau, s. f. Ruban de l'ordre de Saint-Maurice et Lazare, — lequel est *vert*. Argot des faubouriens.

Queue de rat, s. f. Bougie roulée en corde, — dans l'argot des bourgeois.

Queue de rat, s. f. Tabatière en écorce d'arbre s'ouvrant au moyen d'une longue et étroite lanière de cuir.

Queue d'un chat (Pas la). Solitude complète, — dans l'argot du peuple.

Queue-leu-leu (A la), adv. L'un après l'autre, en s'entre-suivant comme les *loups*.

Queue rouge, s. f. Jocrisse, homme chargé des rôles de niais, — dans l'argot des coulisses.

Signifie aussi Homme qui se fait le bouffon des autres, sans être payé par eux.

Queues, s. f. pl. Phrases soudées ensemble à la queue-leu-leu, — dans l'argot des typographes, dont c'est le *javanais*.

Un échantillon de ce système de coquesigruïtés, que l'on pourrait croire moderne et qui est plus que centenaire, sera peut-être plus clair que ma définition. Quelqu'un dit, à propos de quelque chose : « Je la trouve *bonne*. » Aussitôt un loustic ajoute *d'enfant*, puis un autre *ticide*, puis d'autres *de Normandie*, — *t-on* — *taine* — *ton ton* — *mariné* — *en trompette* — *tition* — *au Sénat* — *eur de sanglier* — *par la patte* — *hologie* — *berne* — *en Suisse* — *esse* — *vous que je vois*, etc., etc., etc. Lesquelles coquesigruïtés, prises isolément, donnent : Bonne d'enfant, — infanticide, — cidre de Normandie, — dit-on, — ton taine ton ton, — thon mariné — nez en trompette, — pétition au Sénat, — hure de sanglier, etc.

Qui a du onze corps-beau?

Question qui ne demande pas de réponse, — dans le même argot, — pour annoncer l'entrée d'un prêtre dans l'atelier.

Quibus, s. m. Argent, — dans l'argot du peuple.

Qu'est-ce qui vous demande l'heure qu'il est ? Phrase du même argot, souvent employée pour répondre à une importunité.

Quiller a l'oie, v. a. Envoyer un bâton dans les jambes de quelqu'un, — par allusion à un jeu cruel qui était encore en honneur chez nous il y a une vingtaine d'années.

Quilles, s. f. pl. Jambes, — dans l'argot des faubouriens.

Quimper la lance, v. a. *Meiere*, — dans l'argot des voleurs.

Quinquets, s. m. pl. Les yeux, — dans l'argot des faubouriens.

Allumer ses quinquets. Regarder avec attention,

Quinte-et-quatorze, s. m. Mal au traitement duquel est affecté l'hôpital du Midi.

Avoir quinte-et-quatorze. N'avoir pas su écarter la dame de cœur, — ou plutôt la dame de pique.

On dit aussi *Gagner le gros lot*.

Quintette, s. m. Le cinq, — dans l'argot des joueurs de dominos.

Quinze ans, toutes ses dents et pas de corset ! Phrase souvent ironique de

19

l'argot des faubouriens, qui l'emploient à propos des femmes jeunes et bien faites, ou de celles qui se croient ainsi.

QUINZE-VINGT, s. m. Aveugle, — dans l'argot du peuple.

QUIQUI, s. m. Abatis de toutes sortes de choses, têtes de chats, os de lapins, cous d'oies, etc., — dans l'argot des chiffonniers, qui vendent cela aux gargotiers, lesquels « en font de fameux potages. »

QUI-VA-LA? s. m. Passeport, — dans l'argot des faubouriens.

QUI-VA-VITE, s. f. *Ventris fluxus*, — dans l'argot des bourgeois.

QUONIAM BON TRAIN, adv. Rapidement, avec empressement, — dans l'argot du peuple.

R

RABACHAGE, s. m. Bavardage, — dans l'argot du peuple. Redites inutiles, vieux clichés, — dans l'argot des gens de lettres.

RABACHER, v. n. Ne pas savoir ce qu'on dit; se répéter comme font d'ordinaire les vieillards.

RABACHEUR, s. m. Bavard, homme qui dit toujours la même chose, qui raconte toujours la même histoire; mauvais écrivain.

RABAT-JOIE, s. m. Homme mélancolique ou grondeur,— dans l'argot du peuple.

On dit aussi *Père Rabat-joie.*

RABIAU, s. m. Résidu; reste de portion, — dans l'argot des faubouriens, qui ont em-prunté ce mot à l'argot des marins.

RABIAU, s. m. Temps pendant lequel un soldat peut être forcé de rester à son corps après l'heure de la libération, — dans l'argot des troupiers, qui doivent en concevoir quelque *rage.*

RABIBOCHAGE, s. m. Boni, dédommagement, consolation, — dans l'argot des enfants, qui font entre eux ce que M. Bénazet fait pour les décavés de Bade : à celui qui a perdu toutes ses billes à la bloquette ils en rendent une douzaine pour qu'il puisse en aller gagner d'autres — à d'autres.

RABIBOCHER, v. a. Réconcilier des gens fâchés, — dans l'argot des bourgeois.

Se rabibocher. Se réconcilier.

RABLÉ, adj. Homme solide des épaules et des reins, — dans l'argot du peuple.

RABOUILLÈRE, s. f. Maison de triste apparence, comme il y en a tant encore dans le faubourg Marceau, nids à rats et à punaises., trous à lapins plutôt que demeures humaines.

RABOUIN, s. m. Le Diable, — dans l'argot des voleurs.

RABOULER, v. n. Revenir, *abouler* de nouveau, — dans l'argot des faubouriens.

RABROUER, v. a. Gronder, brutaliser, parler rudement, — dans l'argot du peuple.

On dit aussi *Rembarrer.*

RACAILLE, s. f. Individu ou Collection d'individus crapuleux.

C'est le *tag-rag* des Anglais.

RACCORD, s m. Répétition partielle d'une pièce, — dans l'argot des coulisses.

RACCOURCI, s. m. Chemin de traverse,—dans l'argot des paysans des environs de Paris.

RACCOURCIR, v. a. Guillotiner,—dans l'argot des voleurs.

On disait autrefois *Raccourcir d'un pied*, — ce qui est une longueur de tête.

On dit aussi *Rogner.*

RACCROCHER, v. a. Se promener sur le trottoir en robe décolletée et en bas bien tirés, — dans l'argot du peuple.

RACCROCHEUSE, s. f. Fille de mauvaises mœurs.

RACINES DE BUIS, s. f. pl. Dents jaunes, avariées, esgrignées, — comme celles que Bilboquet arracha jadis devant « Monsieur et madame le maire de Meaux. »

RACLÉE, s. f. Coups donnés ou reçus, — dans l'argot du peuple.

RACLER, v. a. Prendre ; perdre.

On dit aussi *Rafler.*

RACLER LE BOYAU, v. a. Jouer du violon,—dans l'argot des musiciens.

RACLETTE, s. f. Agent de la police secrète, — dans l'argot des voleurs.

RADE ou RADEAU, s. m. Tiroir de comptoir où sont les *radis*, — dans le même argot.

Signifie aussi Boutique.

RADEAU DE LA MÉDUSE, s. m. Misère extrême, — dans l'argot des bohèmes, qui souffrent parfois de la faim et de la soif autant que les naufragés célèbres peints par Géricault.

Être sur le radeau de la Méduse. N'avoir pas d'argent.

RADIN, s. m. Gousset de montre ou de gilet, — dans l'argot des voleurs.

Friser le radin. Le débarrasser de sa montre.

RADIS, s. m. Pièce de monnaic, argent quelconque, — dans l'argot des faubouriens.

N'avoir pas un radis. Être tout à fait pauvre.

RADOUBER (Se), v. réfl. Réparer sa fortune ou sa santé, — dans le langage des ouvriers qui ont servi dans l'infanterie de marine.

On dit aussi *Passer au grand radoub.*

RAFALE, s. f. Misère, — dans l'argot du peuple, en proie aux bourrasques continuelles de la vie.

RAFALÉ, adj. et s. Misérable, pauvrement vêtu ou de triste mine.

Ne faudrait-il pas dire plutôt *affalé?* Je crois que oui. Les marins, voulant peindre le même état d'ennui, d'embarras, de misère, disent au figuré *Être affalé sur la côte,* — ce qui est, en somme, *être à la côte.*

RAFALER, v. a. Abaisser, humilier, — dans l'argot des voleurs, qui savent mieux que personne combien la misère ou des vêtements pauvres peuvent *rava'er* un homme.

RAFALER (Se), v. réfl. Devenir pauvre; porter des vêtements usés, — dans l'argot du peuple.

RAFFURER, v. a. Regagner, — dans l'argot des voleurs.

RAFFUT, s. m. Tapage, — dans l'argot du peuple.

RAFIOT, s. m. Chose de peu d'importance; camelote.

Cette expression est empruntée au vocabulaire des marins, qui appellent ainsi tout bâtiment léger.

RAFISTOLER, v. a. Raccommoder.

RAFISTOLER (Se), v. réfl. S'habiller à neuf, ou seulement Mettre ses habits du dimanche.

RA-FLA, s. m. pl. « Notes rudimentaires de la batterie du tambour. »

RAFLE, s. f. Arrestation d'une bande de gens; main basse faite sur une certaine quantité de choses, — dans l'argot du peuple.

RAFLER, v. a. Prendre, saisir, *chiper.*

RAFRAÎCHIR (Se), v. réfl. Se battre au sabre, — dans l'argot des troupiers, qui connaissent l'impression de froid que cause l'acier en touchant la chair.

RAGE DE DENTS, s. f. Grosse faim, — dans l'argot du peuple.

RAGOT, s. m. Cancan, médisance, — sans doute par allusion aux grognements des sangliers de deux à trois ans, moins inoffensifs que ceux des marcassins.

RAGOUT, s. m. Soupçon, — dans l'argot des voleurs.

Faire des ragoûts. Éveiller des soupçons.

RAIDE, s. m. Eau-de-vie, — dans l'argot des faubouriens.

RAIDE, adj. Invraisemblable, difficile à croire, — c'est-à-dire à avaler.

Se dit à propos d'un mot scabreux, d'une anecdote croustilleuse.

La trouver raide. Être étonné ou offensé de quelque chose.

RAIDE, adj. Complétement gris, — parce que l'homme qui est dans cet état abject fait tous ses efforts pour que cela ne s'aperçoive pas, en se raidissant, en essayant de marcher droit et avec dignité.

On dit aussi *Raide comme la Justice,* — parce que la Justice est ordinairement plus rigide que folichonne en ses allures.

RAIDE COMME BALLE, adj. Rapide comme une balle de fusil.

RAIDIR, v. n. Mourir.

RAILLE, s. f. Les agents de police en général, — dans l'argot des voleurs.

Au masculin, Mouchard.

RAISINÉ, s. m. Sang, — dans le même argot.

RAISINÉ (Faire du), v. a. Saigner du nez, — dans l'argot du peuple, qui n'a pas emprunté cette expression aux voleurs.

RAJOUTER, v. a. Ajouter, — dans l'argot des bourgeois, qui parlent souvent le français

des réalistes, émaillé de pléonasmes.

RALEUR, s. m. Faux amateur de livres qui bouscule les boîtes sans rien acheter, — dans l'argot des bouquinistes.

RALEUSE, s. et adj. Femme qui marchande tout sans rien acheter, — dans l'argot des boutiquiers.

RALEUSE, s. f. Courtière, femme chargée d'arrêter les passants pour leur proposer de la marchandise, — dans l'argot du Temple.

RAMA, s. m. Grelot que les artistes trouvaient drôle, vers 1838, d'attacher à tous leurs mots, pour parodier les Dioramas, les Panoramas et autres Géoramas alors en vogue. C'était leur *javanais.*

Parler en rama. Ajouter *rama* à toutes les phrases.

RAMASSER, v. a. Arrêter, conduire en prison, — dans l'argot des faubouriens.

RAMASSER (Se), v. réfl. Se relever lorsqu'on est tombé.

RAMASTIQUEUR, s. m. Variété de voleurs décrite par Vidocq (p. 46).

RAMBUTEAU, s. m. Colonne *ad usum lotii* des promeneurs, établie le long de nos boulevards sous l'édilité du comte de Rambuteau.

RAMENEUR, s. m. Homme affligé de calvitie, qui essaye de la dissimuler en *ramenant*

habilement ses derniers cheveux sur le devant de sa tête.

RAMENEUSE, s. f. Petite
dame dont la spécialité est de
faire espalier à la porte des
cafés du boulevard, vers
l'heure de la fermeture, afin
d'y nouer connaissance avec
quelque galant homme.

RAMICHER, v. a. Réconci-
lier des gens fâchés, — dans
l'argot du peuple.

Se ramicher. Se dit des
amants qui se reprennent
après s'être quittés.

RAMOLLI, s. et adj. Imbécile,
ou simplement Ennuyeux,
— dans le langage des faubouriens.

RAMONA, s. m. Petit Sa-
voyard qui, aux premiers
jours d'automne, s'en vient
crier par les rues des villes,
barbouillé de suie, raclette à
la ceinture et sac au dos.

RAMONER, v. n. Murmurer,
marmotter, parler entre ses
dents, — par allusion au bruit
désagréable que fait le *ramon*
en montant et en descendant
dans la cheminée qu'il nettoie.

RAMPO! Coup nul, — dans
l'argot des enfants, lorsqu'ils
jouent aux billes ou à la balle.

RAMPONER, v. n. Boire,
s'enivrer, — dans l'argot du
peuple.

RANG, s. m. Armature de
bois qui supporte toujours les
casses, et quelquefois les ouvriers typographes, — quand
par exemple ils ont une simple « barbe » ou un « coup de
feu de société. »

RAPATRIER (Se). Se récon-
cilier, — dans l'argot du peuple.

RAPIAT, s. m. Auvergnat,
Savoyard, — dans l'argot des
voleurs.

RAPIAT, s. et adj. Cupide,
avare, un peu voleur même,
— dans l'argot du peuple.

RAPIN, s. m. Mauvais peintre, — dans l'argot des bourgeois.

RAPIOT, s. m. Pièce mise à
un habit ou à un soulier, —
dans l'argot des faubouriens.

RAPIOTER, v. a. Rapiécer.

RAPIQUER, v. n. Revenir
quelque part; retourner à
quelque chose.

On dit aussi et mieux *Rap-
pliquer.*

RAPPORTEUR, s. m. Élève
qui dénonce ses camarades au
maître, — dans l'argot des
écoliers.

RASER, v. a. Ennuyer, être
importun, — comme le sont
ordinairement les barbiers,
gens qui se croient obligés,
pour distraire leurs pratiques
sur la sellette, de leur raconter des fariboles, des cancans,
des anas aussi vieux que Mathusalem. Argot du peuple et
des gens de lettres.

RASOIR, s. m. Homme en-
nuyeux.

Rasoir anglais. Le plus
ennuyeux des hommes, — les
rasoirs qui viennent de Lon-

dreş ayant la réputation d'être les plus coupants du monde. On dit aussi *Raseur*.

Rasoir national, s. m. La guillotine, — dans l'argot des révolutionnaires de 1793.

Rat, s. m. Variété de voleur, décrite par Vidocq (p. 49).

Courir le rat. Voler la nuit dans l'intérieur d'une auberge ou d'un hôtel garni.

Rat, s. m. Caprice, — dans l'argot du peuple, qui dit cela aussi bien à propos des serrures qui ne vont pas que des gens qui font mauvaise mine.

Autrefois, *Avoir des rats* c'était « avoir l'esprit folâtre, bouffon, étourdi, escarbillard, farceur et polisson. »

Rat, s. et adj. Avare; homme intéressé.

Rat, s. m. Retardataire, — dans l'argot des Polytechniciens.

Rat de ponts. Celui qui, après son examen de sortie, est exclu par son rang des Ponts-et-Chaussées.

Rat de soupe. Celui qui arrive trop tard au réfectoire.

Rat, s. m. Petite fille de sept à quatorze ans, élève de la danse, qui est à la première danseuse ce que le saute-ruisseau est au notaire, et qui devient bien plus facilement célèbre comme courtisane que comme rivale de Fanny Essler.

Le mot date de la Restauration, quoique quelques personnes — mal informées — lui aient donné comme date 1842 et comme père Nestor Roqueplan.

Rata, s. m. Ragoût de pommes de terre et de lard, — dans l'argot des troupiers.

Ratafiat de grenouille, s. m. L'eau, — dans l'argot du peuple.

On dit aussi *Anisette de barbillon* et *Bourgogne de cheval*.

Ratapoil, s. et adj. Partisan quand même de l'Empire et admirateur aveugle de l'Empereur I, II, III ou IV.

Ratatouille, s. f. Mauvais ragoût, plat manqué.

Ratatouille, s. f. Coups donnés ou reçus.

Rat de cave, s. m. Employé de la régie, — dans l'argot des marchands de vin.

Rat de prison, s. m. Avocat, — dans l'argot des voleurs.

Ratichon, s. m. Abbé, prêtre, — dans l'argot des voyous et des voleurs.

Serpillière de ratichon. Soutane de prêtre.

On dit aussi *Rasé* et *Rasi*.

Ratichonnière, s. f. Église.

Ratisser, v. a. Prendre, *chiper*, — dans l'argot des faubouriens.

Se faire ratisser. Se laisser

duper, ou voler, ou gagner au jeu.

RATISSER (En), v. a. Se moquer de quelqu'un, — dans l'argot du peuple.

On n'emploie guère ce verbe qu'à la première et à la troisième personne de l'indicatif présent.

RAVAGE, s. m. Débris métalliques volés.

RAVAGEUR, s. m. Dragueur à la main, qui exploite les bords de la Seine au-dessous de Paris avec l'espérance d'y faire des trouvailles heureuses.

Les ruisseaux de Paris avaient aussi, il y a une vingtaine d'années, leurs ravageurs, pauvres diables à l'affût de toutes les ferrailles que charriait la pluie.

RAVAUDER, v. a. Raccommoder du linge, des vêtements, — dans l'argot du peuple.

RAVAUDER, v. n. Être lent à faire quelque chose; s'amuser au lieu de travailler.

RAVIGNOLE, s. f. Récidive, — dans l'argot des voleurs.

RAVIGOTER, v. a. Soulager, refaire, remettre en bon état; réjouir, — dans l'argot du peuple.

RAYON DE MIEL, s. m. Dentelle, — dans l'argot des voleurs.

RAZZIA, s. f. Rafle, — dans l'argot du peuple.

RÉALISME, s. m. École littéraire qui n'a rien de commun que le nom avec la célèbre doctrine des philosophes scolastiques du Moyen-Age, et dont le Code grammatical ne renferme qu'un seul article : « Écrire incorrectement, » — sous prétexte que l'on ne parle pas correctement, le Livre étant le miroir de la Société. L'abbé Châtel de cette petite église — que je n'ose pas appeler *française* — est un écrivain d'un incontestable talent, M. Champfleury, qui n'a pas manqué d'abbés Auzou, d'un talent inférieur, mais peut-être d'une plus grande sincérité.

Se dit aussi, en peinture, d'une École du même genre et du même Code, qui oblige ses adeptes à faire *laid*, et dont le Grand-Prêtre est Gustave Courbet, un coloriste remarquable, un « maître peintre, » dans la vieille acception du mot, mais dessinateur médiocre et par trop dédaigneux des lois de la perspective.

RÉALISTE, s. et adj. Écrivain qui a plus de souci de la vérité que de la syntaxe, et qui, à force de faire vrai, finit par ne plus écrire en français.

— Peintre qui peint ce qu'il voit et oublie que s'il y a des malitornes dans les cuisines et des bouses de vache sur les chemins, il y a aussi des duchesses dans les salons et des fleurs le long des haies.

REBATIR, v. a. Tuer, — dans l'argot des voleurs.

REBÉQUER (Se), v. réfl. Se révolter, répondre avec fierté, avec colère, — dans l'argot du peuple, à qui Saint-Simon et Diderot ont fait l'honneur d'emprunter ce verbe expressif.

REBÉQUETER, v. n. Répéter, — dans l'argot des faubouriens.

REBIFFER (Se), v. réfl. Regimber, protester plus ou moins énergiquement,—dans l'argot du peuple.

RÉBIFFER (Se), v. réfl. Se présenter avec avantage, — dans l'argot des troupiers, tous plus ou moins cocardiers.

REBONNETER, v. a. Aduler, flatter, — dans l'argot des voleurs.

Rebonneter pour l'af. Flatter ironiquement.

REBONNETER (Se), v. réfl. Devenir meilleur, — dans l'argot des faubouriens, qui emploient ce verbe à propos des choses et des gens.

REBONNETEUR, s. m. Confesseur, — dans l'argot des voleurs.

REBOUISER, v. a. Regarder, remarquer, — dans l'argot des voleurs et des faubouriens.

A signifié autrefois, dans le langage des honnêtes gens, Déniaiser quelqu'un, jouer un tour, faire une fourberie.

REBOUISER, v. a. Réparer, ravauder, — dans l'argot du peuple.

REBOUISEUR, s. m. Savetier, — dans l'argot des revendeurs du Temple.

REBOURS, s. m. Déménagement clandestin, — dans l'argot des voyous. (Voy. Vidocq, p. 55.)

RECALER, v. a. Rectifier, corriger, — dans l'argot des artistes.

RECALER (Se), v. réfl. S'habiller à neuf, ou reprendre des forces quand on a été malade, — dans l'argot du peuple.

RECARRER (Se), v. réfl. Faire le paon, l'aimable, le suffisant.

RECEVOIR LA PELLE AU CUL, v. a. Être renvoyé de quelque part ou d'un emploi.

RECEVOIR LE COUP DU LAPIN, v. a. Vieillir subitement, du soir au lendemain, comme il arrive souvent pour l'homme et pour la femme au moment de l'*âge critique.*

RECEVOIR SA CANNE, v. a. Être remercié, recevoir son congé plus ou moins honorablement, — dans l'argot des gens de lettres.

RECHANGER (Se), v. réfl. Changer de linge ou d'habit; quitter les vêtements de travail pour mettre les vêtements du dimanche, — dans l'argot des ouvriers.

RÉCHAUFFANTE, s. f. Per-

19.

ruque, — dans l'argot des voleurs.

RÉCHAUFFÉ, s. m. Chose tardive, résolution intempestive, bonne inspiration venue après coup, — dans l'argot du peuple.

Signifie aussi Vieux vaudeville, vieille plaisanterie, etc.

RÉCHAUFFER, v. a. Ennuyer, — dans l'argot des voleurs.

RÈCHE, s. m. Sou, — dans l'argot des faubouriens, qui trouvent le billon *rude*.

RÉCLAME, s. f. Éloge pompeux et ridicule que les journaux décernent — moyennant cinq francs la ligne — à toute œuvre ou à tout médicament qui est le moins digne d'être loué.

RECOQUER (Se), v. réfl. S'habiller à neuf, reprendre de nouvelles forces, revenir à la santé, — dans l'argot du peuple.

RECORDER, v. a. Prévenir quelqu'un de ce qui doit lui arriver, — dans l'argot des voleurs.

RECTA, adv. Net, sans rien laisser ni devoir, — dans l'argot du peuple.

Payer recta. Payer jusqu'au dernier sou.

C'est l'adverbe latin détourné de son sens.

RÉCURER (Se), v. réfl. Se purger.

Se faire récurer. Se faire traiter à l'hôpital du Midi.

RÉDAM, s. f. Grâce, — dans l'argot des voleurs, qui cependant ne croient pas à leur *rédemption*.

REDOUBLEMENT DE FIÈVRE, s. m. Révélation d'un nouveau fait à charge, — dans le même argot.

REDRESSE, s. f. Institution toute parisienne, composée de bohèmes qui ne veulent pas demander au travail les moyens d'existence qu'il ne leur refuserait pas, et préfèrent s'adresser pour cela au Hasard, — ce dieu des paresseux et des fripons.

Chevalier de la Redresse. Industriel qui *carotte* le vivre et le couvert à tout gobemouches disposé à écouter des histoires.

REFAIRE, v. a. Tromper, duper, et même voler, — dans l'argot des faubouriens.

REFAIRE (Se), v. réfl. Reprendre des forces, recouvrer la santé, — dans l'argot du peuple.

Signifie aussi Regagner au jeu après s'y être ruiné.

REFAIT AU MÊME (Être). Être joué par quelqu'un à qui l'on avait précédemment joué quelque méchant tour.

REFAITE, s. f. Repas, — dans l'argot des voleurs.

Refaite du mattois. Déjeuner.

Refaite de jorne. Dîner.

Refaite de sorgue. Souper.

Refaite de côni. Extrême-onction, ou, plus cyniquement, la nourriture que prend le condamné à mort avant son exécution.

REFILER, v. a. Rendre, restituer, — dans l'argot des voyous.

REFILER, v. a. Suivre, rechercher, — dans l'argot des voleurs.

REFOULER, v. n. Hésiter, renoncer à faire une chose, — dans l'argot des ouvriers.

Refouler au travail. Fêter la Saint-Lundi.

REFROIDIR, v. a. Tuer, — dans l'argot des voleurs.

RÉGALADE, s. f. Petite ripaille, — dans l'argot du peuple.

A la régalade. Tour à tour, comme boivent et payent les ouvriers devant le comptoir du marchand de vins.

RÉGALER, v. a. et n. Donner à dîner, payer à boire.

RÉGALER SON SUISSE, v. a. C'est, quand on joue à deux, à un jeu quelconque, une consommation, ne perdre ni ne gagner, être chacun pour son écot.

REGARDANT, adj. Économe, avare, — dans l'argot des domestiques, habitués à considérer le bien de leurs maîtres comme le leur; peu généreux, — dans l'argot des petites dames, qui veulent bien faire payer l'amour, mais ne veulent pas qu'on le marchande.

RÉGENCE, adj. Galant, li-bertin, audacieux, — en parlant des choses et des gens.

Etre régence. Se donner des airs de roué.

Souper régence. Souper où les femmes légères sont spécialement admises.

RÉGIMENT DES BOULES DE SIAM, s. m. La confrérie abjecte dont le docteur Tardieu a décrit les mœurs et les maladies dans une brochure que tout le monde a lue, — quoiqu'elle n'eût été écrite que pour un petit nombre de personnes. Argot des faubouriens.

RÉGLÉ COMME UN PAPIER DE MUSIQUE, adj. Ponctuel, rangé, régulier dans ses habitudes.

C'est le pendant de *Sage comme une image.*

REGONCER, v. a. Devoir, — dans l'argot des voleurs.

REGOUT, s. m. Inquiétude, crainte, — dans le même argot.

RÉGUISÉ (Être). Être battu, ou ruiné, ou volé, ou condamné à mort par la Faculté ou par le Jury, — dans l'argot des faubouriens et des voyous.

RÉJOUISSANCE, s. f. Os de bœuf arbitrairement glissés dans la viande pesée par les bouchers.

RELEVANTE, s. f. Moutarde, — dans l'argot des voleurs.

RELEVER, v. n. Sortir d'un état de gêne, — dans l'argot des faubouriens, à qui il coûte sans doute de dire *Se relever de la misère.*

On dit aussi *Être à la relève.*

RELUIRE DANS LE VENTRE, v. n. Exciter la convoitise ou l'envie, — dans l'argot du peuple.

RELUIT, s. m. OEil, — dans l'argot des voleurs.

Signifie aussi Jour.

RELUQUER, v. a. Considérer, regarder avec attention, — dans l'argot du peuple.

Signifie aussi Faire les yeux doux.

REMBINER, v. n. Rétracter une calomnie, un *débinage,* — dans l'argot des voyous.

REMBROCAGE DE PARRAIN, s. m. Confrontation, — dans l'argot des voleurs.

REMBROQUER, v. a. Reconnaître.

REMÈDE D'AMOUR, s. m. Figure grotesque ou repoussante, — dans l'argot du peuple, qui ne sait pas que Mirabeau a été adoré de Sophie.

REMERCIER, v. a. Renvoyer un domestique, donner son congé à un ouvrier, — dans l'argot des bourgeois.

REMERCIER SON BOUCHER, v. a. Mourir, — dans l'argot des faubouriens.

REMETTEZ DONC LE COUVERCLE! disent les voyous à quelqu'un qui a l'haleine fétide, pour l'empêcher de parler davantage.

RÉMONENCQ, s. m. Revendeur, auvergnat, *chineur,* — dans l'argot des gens de lettres, qui se souviennent de *la Comédie humaine* de Balzac.

REMONTER SA PENDULE, v. a. Battre de temps en temps sa femme, — dans l'argot des ouvriers.

REMONTER SUR SA BÊTE, v. n. Rétablir ses affaires, sa fortune, son bonheur, — dans l'argot du peuple.

REMOUCHER, v. a. Apercevoir, remarquer, — dans l'argot des faubouriens.

Les Italiens disent *rimorchiare,* donner des regards pour allécher.

REMPIÉTER, v. a. Mettre des talons et des bouts aux bas, — dans l'argot des ménagères.

REMPLIR LE BATTANT (Se). Manger, — dans l'argot des faubouriens.

REMPLISSAGE, s. m. Prose inutile, destinée à allonger un article, un volume, — dans l'argot des gens de lettres.

REMPLUMER (Se), v. réfl. Engraisser, s'enrichir, — dans l'argot des faubouriens.

RENACLER, v. n. Bouder au travail, ne pas se sentir en disposition de faire une chose.

Signifie aussi Crier après quelqu'un, gronder, murmurer.

RENARD, s. m. Aspirant compagnon, — dans l'argot des ouvriers.

RENARD, s. m. Pourboire, — dans l'argot des marbriers de cimetières, forcés d'employer toutes les *ruses* de leur imagination pour en obtenir des familles inconsolables, mais « dures à la détente ».

RENARD, s. m. Résultat d'une indigestion, — dans l'argot du peuple.

Piquer un renard. Vomir.

Du temps de Rabelais et d'Agrippa d'Aubigné on disait *Écorcher le renard.*

RENARDER, v. n. Rendre le vin bu ou la nourriture ingérée avec excès ou dans de mauvaises dispositions d'estomac.

RENARÉ, adj. et s. Malin, homme habile.

RENAUD, s. m. Reproche, esclandre, — dans l'argot des voleurs.

RENAUDER, v. n. Se refuser à faire quelque chose, être de mauvaise humeur, — dans l'argot du peuple.

C'est le verbe *arnauder* de la langue romane.

RENCART (Au). A l'écart, de côté.

RENDÈVE, s. m. Apocope de *Rendez-vous*, — dans l'argot des faubouriens.

RENDOUBLÉ, ÉE, adj. Plein, pleine, — dans l'argot des voleurs.

RENDRE SA BUCHE, v. a. Livrer une pièce au patron, — dans l'argot des tailleurs.

Au figuré, Mourir, — rendre son âme au *Grêle d'en haut.*

RENDRE UNE FÈVE POUR UN POIS, v. a. Riposter à un coup de langue ou à un coup de poing par un autre coup de langue plus aigu ou par un autre coup de poing plus violent. Argot du peuple.

Signifie aussi Rendre le bien pour le mal ; agir avec générosité envers des gens qui ont montré de la parcimonie.

RENFONCEMENT, s. m. Coup de poing.

RENFRUSQUINER (Se), v. réfl. S'habiller à neuf avec des vêtements d'occasion, — dans l'argot des ouvriers.

RENGAÎNE, s. f. Phrases toutes faites à l'usage des apprentis journalistes ou vaudevillistes, — telles que « l'étoile de l'honneur, la croix de ma mère, l'épée de mon père, le nom de mes aïeux, » etc., etc.

RENGRACIER, v. n. Renoncer au métier, redevenir honnête homme, — dans l'argot des voleurs, gens peu rengraciables.

RENIFLANTES, s. f. pl. Bottes éculées et percées, — dans l'argot des voyous.

RENIFLER, v. a. Reculer, se refuser à faire une chose, — dans l'argot des faubouriens, qui ont eu occasion d'observer les chevaux peureux.

RENIFLER, v. a. Respirer, sentir.

Signifie aussi, au figuré, Pressentir, deviner, avoir soupçon de...

RENIFLER, v. n. Faire un effet rétrograde, — dans l'argot des joueurs de billard.

RENIFLER LA POUSSIÈRE DU RUISSEAU, v. a. Tomber dans le ruisseau, — dans l'argot des voyous.

RENQUILLER, v. n. Rentrer.

RENQUILLER (Se), v. réfl. Réussir; engraisser; s'enrichir, — dans l'argot des typographes.

RENTIER A LA SOUPE A L'OGNON, s. m. Ouvrier, — dans l'argot des faubouriens.

RENTRER LA TOILE, v. n. Prendre du repos par suite d'infirmités ou de vieillesse, — dans l'argot des ouvriers qui ont servi dans l'infanterie de marine.

RENVERSANT, adj. Étonnant, extraordinaire, — dans l'argot du peuple.

RENVERSER, v. n. Rejeter ce qu'on a bu ou mangé avec excès ou mal à propos, — dans l'argot des gens presque distingués.

RENVERSER LA MARMITE, v. a. Cesser de donner à dîner, — dans l'argot des bourgeois.

RÉPANDRE (Se), v. réfl. S'étaler dans le ruisseau; tomber, soit par accident, soit parce qu'on est ivre.

L'expression — de l'argot des faubouriens — est âgée de plus d'un siècle. Elle signifie aussi Mourir.

REPASSE, s. f. Mauvais café, — dans l'argot des ouvriers. On dit aussi *Cafetiau*.

REPASSER, v. a. Céder quelque chose à quelqu'un; donner, — dans l'argot du peuple.

Repasser une taloche. Donner un soufflet.

REPAUMER, v. a. Reprendre, arrêter de nouveau.

REPÉSIGNER, v. a. Arrêter de nouveau, — dans l'argot des voleurs.

RÉPÉTER, v. n. Aimer, — dans l'argot des cabotins. On dit aussi *Aller à la répétition*.

REPIGER, v. a. Rattraper, retrouver, — dans l'argot des faubouriens.

REPIQUER, v. n. Reprendre courage, se tirer d'embarras. Signifie aussi Revenir à la charge, retourner à une chose.

RÉPLIQUE, s. f. Les derniers mots d'une tirade, d'un couplet quelconques, — dans l'argot des coulisses.

Envoyer la réplique. Prononcer ces derniers mots de façon à appeler l'attention de l'acteur qui doit reprendre le dialogue.

REPORTER SON FUSIL A LA MAIRIE, v. a. Commencer à

vieillir, — dans l'argot du peuple, qui sait qu'à cinquante ans on cesse de faire partie de la garde nationale.

REPOUSSANT, s. m. Fusil, — dans l'argot des voleurs.

REPOUSSER DU TIROIR, v. n. Avoir l'haleine cousine germaine du lac Stymphale, — dans l'argot des faubouriens.

On dit aussi *Repousser du corridor*.

REPRENDRE DU POIL DE LA BÊTE, v. a. Continuer le lendemain les débauches de la veille, — dans l'argot du peuple.

REPRENDRE SON PIVOT, v. a. Retrouver son aplomb, son sang-froid.

REQUIN DE TERRE, s. m. Huissier, — dans l'argot des faubouriens, qui ont voulu faire allusion à la voracité de ce fonctionnaire, pour qui tout est bon, meubles et bijoux, le portrait de votre première maîtresse aussi bien que le berceau de votre dernier né.

On l'appelle aussi *Macaron*.

REQUINQUER (Se), v. réfl. S'habiller à neuf, ou seulement s'endimancher, — dans l'argot du peuple.

RESSERRER SON LINGE, v. a. Mourir, — dans l'argot des faubouriens.

RESTANT DE NOS ÉCUS (Le). Se dit à propos de gens qui surviennent quelque part quand on ne les attendait pas.

RESTER EN PLAN, v. n. Rester comme otage quelque part, lorsqu'on n'a pas d'argent pour payer sa consommation.

RÉSURRECTION (La), n. de l. La prison de Saint-Lazare, — dans l'argot des faubouriens.

RETAPÉ, adj. Vêtu proprement, — dans l'argot du peuple.

RETIRATION (Être en). Avoir plus de quarante ans, vieillir, — dans l'argot des typographes.

RETIRER LE PAIN DE LA BOUCHE, v. a. Ruiner quelqu'un, lui enlever son emploi, les moyens de gagner sa vie, — dans l'argot du peuple.

RETOURNER (S'en). Vieillir, — dans l'argot de Breda-Street.

RETOURNER SA VESTE, v. a. Faire faillite, et, par extension, Mourir, — dans l'argot des faubouriens.

On dit aussi *Rendre son tablier* et *Retourner son paletot*.

REVENDRE, v. a. Répéter ce qu'on a appris de quelqu'un, commettre une indiscrétion, — dans l'argot des voleurs.

REVENIR DE PONTOISE, v. n. Avoir l'air étonné, ahuri ; dire des sottises, — dans l'argot du peuple.

Conter ou *dire une chose comme en revenant de Pon-*

toise. La dire mal, gauchement, niaisement.

REVENIR SUR L'EAU, V. n.
Rétablir ses affaires, sortir
d'un mauvais pas, occuper
de nouveau l'attention publique.

REVERS DE LA MÉDAILLE, S.
m. La partie du corps sur
laquelle on tombe le plus
souvent lorsqu'on glisse ou
lorsqu'on a l'habitude de
marcher sur les talons.

C'est une expression de
l'argot du peuple parisien,
qui appartient également à
l'argot du peuple napolitain :
Il revescio della medaglia,
disent les fils de Mazaniello.

REVIDAGE, s. m. Opération
qui consiste à se partager,
entre brocanteurs, les lots
achetés trop cher à l'hôtel
Drouot, mais achetés par eux
pour les enlever aux bourgeois.

REVOIR LA CARTE, V. a.
Rendre son déjeuner ou son
dîner, — ce qui est une façon
désagréable de s'assurer de
ce qu'on a mangé. Argot du
peuple.

RHUME, s. m. Maladie sœur
du Quinte-et-Quatorze.

On disait autrefois *Rhume
ecclésiastique.*

RIBAMBELLE, s. f. Troupe
nombreuse de choses ou de
gens.

RIBOTE, s. f. Griserie, petite débauche.
Être en ribote. Être ivre.

RIBOTER, v. n. Hanter les
cabarets.

RIBOUIS, s. m. Savetier, —
dans l'argot des faubouriens.

M. Francisque Michel a
raison : on devrait dire *Rebouis*, ce mot venant de l'opération par laquelle le cordonnier communique du lustre à
une semelle en *donnant le
bouis*. Le *rebouis* donne un
second *bouis*, ou second lustre, aux chaussures avariées
par l'usage.

RIC-A-RIC, adv. Chiche-
ment, morceau par morceau,
— dans l'argot du peuple.

Payer ric-à-ric. Par à-
compte.

Autrefois cela signifiait, au
contraire, Payer rigoureuse-
ment, jusqu'au dernier sou.

RICHE, adj. Bon, agréable,
amusant, — dans l'argot du
peuple, qui emploie ordinairement ce mot en mauvaise
part et avec la négative.

Ce n'est pas riche ! Ce n'est
pas honnête, ce n'est pas
bien.

C'est, me semble-t-il, le *luculentus* des Latins : *hœre-
ditas luculenta*, riche succes-
sion, dit Plaute ; *luculentus
scriptor*, excellent écrivain,
dit Cicéron.

RICHE EN IVOIRE, adj. Qui
a de belles dents, — dans
l'argot des faubouriens

Montrer son ivoire. Montrer ses dents.

Les ouvriers anglais ont la
même expression : *Flash his
ivory.*

RICHELIEU, adj. Galant, magnifique, entreprenant, — dans l'argot des bourgeois, dont les grand'mères ont conservé bon souvenir du vainqueur de Mahon.

RICHEMENT, adv. Extrêmement.

RICHONNER, v. n. Rire, — dans l'argot des voleurs.

RIDEAU ROUGE, s. m. Cabaret, — dans l'argot du peuple, qui se rappelle toujours les maisons à boire du vieux temps, reconnaissables à leurs rideaux de percale de couleur pourpre.

Les ouvriers anglais disent de même *Red-lattice*, parce que chez eux c'est le treillage extérieur du cabaret qui est peint en rouge.

RIEN, s. m. Garde-chiourme, argousin, — dans l'argot des forçats.

RIEN. Mot de l'argot des faubouriens, qui l'emploient comme selle à tous chevaux, pour donner plus de force et de couleur à leurs discours.

Ainsi, ils disent : *Il n'a rien l'air de...* pour : Il a extrêmement l'air de... *Il n'est rien paf*, pour : Il est très-gris. *Ce n'est rien mauvais*, pour : On ne saurait imaginer chose plus détestable, etc.

RIEN, s. m. Un peu, très-peu, — dans l'argot du peuple.

En un rien de temps. En très-peu de temps.

Rien de rien. Moins que rien.

RIF ou RIFLE, s. m. Feu, — dans l'argot des voleurs.

RIFFAUDANTE, s. f. Flamme.

RIFFAUDATE, s. m. Incendie.

RIFFAUDEUR, s. m. Chauffeur.

RIFFLARD, s. m. Bourgeois, — dans le même argot.

RIFFLARD, s. m. Parapluie, — dans l'argot du peuple.

RIFLER, v. a. et n. Brûler, — dans l'argot des voleurs.

On dit aussi *Riffauder*.

RIFLER, v. a. Prendre, saisir, *chiper*, — dans l'argot du peuple.

Signifie aussi Passer tout près, effleurer.

RIGOLADE, s. f. Amusement, réjouissance, plaisanterie.

Coup de rigolade. Chanson.

RIGOLBOCHADE, s. f. Drôlerie dite ou faite, écrite ou peinte, — dans l'argot des faubouriens.

Ici encore se pose l'éternelle question : Quel est le premier, de l'œuf ou de la poule ? Est-ce Mlle Marguerite-la-Huguenote — plus généralement oubliée aujourd'hui sous le nom de *Rigolboche* — qui a donné naissance à ce substantif, ou est-ce ce substantif qu'on a décerné comme un brevet à cette aimable bastringueuse ? J'inclinerais volontiers à admettre cette dernière hypothèse. La foule se laisse parfois imposer certains noms, mais elle a pour habitude d'en inventer. Quant aux *Mémoires* de Mlle Marguerite, où elle prétend que c'est elle qui a créé le mot en question, il me suffit que ce soient des *Mémoires* pour que je ne leur accorde pas la moindre créance.

RIGOLBOCHE (Être). Être excentrique, amusant, drôle.

RIGOLBOCHER, v. n. S'amuser, soit en buvant, soit en dansant.

RIGOLER, v. n. S'amuser, se réjouir, boire, danser, — dans l'argot du peuple.

Un vieux mot de notre vieille langue, que beaucoup de personnes, j'en suis sûr, s'imaginent né d'hier. Un hier qui a six cents ans ! Les gens du monde croiraient parler argot en employant ce mot employé par Jean de Meung, par Rabelais, par l'auteur de la *Farce de Maistre Pathelin* et par d'autres écrivains qui font autorité.

RIGOLETTE, s. f. Habituée de bals publics, amie de la danse et de la gaieté.

RIGOLEUR, adj. et s. Ami de la joie et de la bouteille.

RIGOLO, s. et adj. Bon enfant, homme gai.

Rigolo-pain-de-seigle. Extrêmement amusant.

RIGRI, s. m. Ladre, méticuleux, — dans l'argot du peuple.

RIGUE, s. f. Apocope de *Rigueur*, — dans l'argot des voyous.

RINCÉE, s. f. Coups donnés ou reçus, — dans l'argot du peuple.

RINCER, v. a. Battre, donner des coups.

Signifie aussi Gagner quelqu'un au jeu, et même Voler.

RINCER (Se), v. réfl. Se purger, — dans l'argot des faubouriens.

On dit aussi *Se rincer le fusil*.

RINCER (Se faire). Recevoir la pluie, se laisser voler, perdre au jeu.

RINCER LA DALLE, v. a. Offrir à boire à quelqu'un, — dans l'argot des faubouriens.

On dit aussi : *Rincer la dent*, ou *le bec*, ou *le fusil*, ou *le tube*, ou *la gargoine*.

Se faire rincer la dalle. Accepter à boire sans offrir la réciproque.

RINCETTE, s. f. Petit verre d'eau-de-vie pris comme supplément au gloria, — dans l'argot des bourgeois.

RIOLE, s. f. Joie, divertissement, débauche, — dans l'argot du peuple.

Être en riole. Être en train de s'amuser, être gris.

Se mettre en riole. Se griser.

RIPATONNER, v. a. Raccommoder quelque chose ou quelqu'un, — dans l'argot des Polytechniciens, qui ont ainsi consacré la mémoire d'un concierge de l'École, M. Ripaton, tailleur.

RIPATONS, s. m. pl. Souliers, — dans l'argot des faubouriens.

RIPOPÉE, s. f. Mauvais vin, — dans l'argot du peuple.

Se dit aussi à propos de toute chose médiocre ou mal faite.

Ce mot a été autrefois masculin, et tantôt substantif et tantôt adjectif : *Du ripopé, du café ripopé.*

RIQUIQUI, s. m. Eau-de-vie de qualité inférieure, — dans l'argot des ouvriers.

RIQUIQUI, adj. et s. Chose mal faite ou de qualité inférieure, — dans l'argot des ouvrières.

Avoir l'air riquiqui. Être ridiculement habillée, ou n'être pas habillée à la dernière mode.

Je ne suis pas bien sûr que ce mot ainsi employé ne soit pas une contrefaçon de *Rococo.*

RIRE JAUNE, v. n. Rire à contre-cœur, quand on voudrait ou pleurer de douleur ou écumer de rage. Argot du peuple.

RISETTE, s. f. Sourire, — dans l'argot des bourgeois.

Faire des risettes. Faire des avances aimables.

RISQUER LE PAQUET, v. a. Se hasarder à faire une chose délicate, aventureuse, — dans l'argot du peuple.

RIVANCHER, v. a. Aimer, — dans l'argot des voleurs.

RIVER SON CLOU A QUELQU'UN, v. a. Lui dire vertement son fait, lui tenir tête dans une lutte de paroles ou de gestes. Argot des bourgeois.

RIVETTE, s. f. Fille publique, — dans l'argot des voleurs.

RIZ-PAIN-SEL, s. m. Fournisseur militaire, — dans l'argot des troupiers.

ROBERT-MACAIRE, s. f. Danse fort en honneur dans les bals publics il y a vingt-cinq ou trente ans. C'était une variété du Chahut.

ROBIGNOL, adj. Très-bien, très-beau, très-amusant, — dans l'argot des voleurs, qui emploient ce superlatif à propos des choses et des gens.

ROBIN, s. m. Taureau communal, — dans l'argot des paysans des environs de Paris.

ROBINSON, s. m. Parapluie, — dans l'argot du peuple, qui a gardé bon souvenir du naufragé de Daniel de Foë.

On dit aussi *Pépin.*

ROCAMBOLE, s. f. Chose sans valeur, promesse en l'air qu'on sait devoir n'être pas tenue, gasconnade.

ROCANTIN, s. m. Vieillard libertin.

ROCHET, s. m. Évêque, dans l'argot des voleurs.

ROGNONNER, v. n. Bougonner, — dans l'argot des bourgeois.

ROGOME, s. m. Eau-de-vie, — dans l'argot du peuple.

Voix de rogome. Voix éraillée par l'ivrognerie.

ROGOMIER, s. m. Buveur d'eau-de-vie.

ROGOMISTE, s. m. Liquoriste.

ROMAGNOL, ou **ROMAGNON**, s. m. Trésor caché, — dans l'argot des voleurs.

ROMAIN, s. m. Applaudisseur gagé, — dans l'argot des coulisses, sans doute par allusion aux claqueurs de Néron.

ROMANICHEL, s. m. Bohémien, — dans l'argot des voleurs.

On dit aussi *Romamitchel*, *Romanitchel*, *Romonichel* et *Romunichel*. « Suivant le colonel Harriot, *Romnichal* est le nom que portent les hommes de cette race en Angleterre, en Espagne et en Bohême, et *Romne-chal*, *Romaniche*, est celui par lequel on désigne les femmes. »

ROMANTIQUE, s. et adj. Soldat de l'armée du Romantisme, — un type turbulent et original il y a trente ans, complétement effacé aujourd'hui, et d'ailleurs aussi difficile à rencontrer que la race des carlins. C'était le gibelin qui tenait pour les Empereurs contre les guelfes classiques qui tenaient pour les Papes, — le cocher de la fac-

tion verte qui luttait d'*empoignade*, dans le Cirque-Odéon, avec les cochers de la faction bleue, — le partisan de la Rose-Rouge qui faisait si volontiers le coup de poing et le coup de langue avec les partisans de la Rose-Blanche.

ROMANTISME, s. m. École dont Chateaubriand fut le saint Jean et Victor Hugo le Christ. C'était une réaction violente contre les règles de composition et de style établies et consacrées par l'exemple des auteurs classiques de l'Antiquité et du XVIIIe siècle : un 89 littéraire dont quelques fanatiques même ne craignirent pas de faire un 93 ! L'École Romantique s'en est allée où vont les vieilles lunes, après avoir brillé et même éclairé pendant une vingtaine d'années; ses pontifes sont morts, leurs livres oubliés : il ne nous reste qu'un poëte, l'Oint du Romantisme, le Porte-tiare Victor Hugo, — mais celui-là en vaut dix, et il suffit à notre gloire.

RONCHONNER, v. n. Être grognon, maussade; bougonner, — dans l'argot du peuple.

ROND, s. m. Sou, pièce de monnaie, — dans l'argot des voyous.

On dit aussi *Rotin*.

ROND, adj. Ivre, — dans l'argot des faubouriens.

Rond comme une futaille. Ivre-mort.

Ronde-Bosse, adj. Hardi. audacieux, frisant l'immoralité, — dans l'argot des gens de lettres, qui consacrent ainsi le souvenir de l'*Aristide Froissard* de Léon Gozlan.

Rondelet, s. m. Sein, — dans l'argot des voleurs.
On dit aussi *Rondin*.

Rondin, s. m. *Insurgé de Romilly*, — dans l'argot du peuple.

Rondin, s. m. Bâton, *gourdin*.

Rondine, s. f. Bague, — dans l'argot des voleurs.

Rondiner, v. a. Boutonner, — dans le même argot.

Rondiner, v. n. Dépenser de l'argent, des *ronds*, — dans l'argot des voyous.
On dit aussi *Se dérondiner*.

Rondiner, v. a. Battre à coups de bâton, — dans l'argot du peuple.

Rondiner des yeux, v. n. Faire les gros yeux.

Rondin jaune, s. m. Pièce d'or, — dans l'argot des voleurs.
Rondin jaune servi. Or volé, caché par son voleur.

Ronfler du bourrelet, v. n. *Crepitare*, ou *alvum deponere*, — dans l'argot du peuple.
On dit aussi *Faire ronfler le bourrelet*.

Ronronner, v. n. Faire le joli-cœur auprès d'une femme, — dans l'argot des ouvriers.

Roquet, s. m. Homme de petite taille, et, à cause de cela, hargneux, — dans l'argot du peuple.

Rose des vents, s. f. Le *podex*, — dans l'argot facétieux des faubouriens.

Rossard, adj. et s. Mauvais compagnon.

Rosse, adj. des 2 g. Homme sans consistance, femme sans pudeur.
Il n'est rien rosse ! Se dit pour : Est-il canaille !

Rossée, s. f. Coups donnés ou reçus. — dans l'argot du peuple.

Rosser, v. a. Frapper, battre, étriller à coups de poing ou de bâton.

Rossignol, s. f. Fausse clé, — dans l'argot des voleurs, qui ne la font chanter dans les serrures que la nuit.

Rossignol, s. m. Livre qui ne se vend pas, — dans l'argot des libraires.
Marchandise qui n'est pas de bonne défaite, — dans l'argot des boutiquiers.

Rossignol d'Arcadie, s. m. Ane, — dans l'argot des académiciens.

Rotir le balai, v. a. Mener une vie obscure et misérable, — dans l'argot du peuple.
Avoir rôti le balai. Se dit d'une fille qui a eu de nombreuses aventures galantes, par allusion aux chevauchées sabbatiques des sorcières.

ROUBIGNOLE, s. f. Petite boule de liége dont se servent certains voleurs pour faire des dupes.

(Voy. *Cocangeur*.)

ROUBIGNOLEUR, s. m. Voleur qui a la spécialité de la *Roubignole* et des *Cocanges*, et, par extension, Homme madré, — dans l'argot des faubouriens.

ROUBLARD, adj. Laid, défectueux, — dans l'argot des voleurs.

ROUBLARD, adj. et s. Rusé, adroit, qui a vécu, qui a de l'expérience, — dans l'argot des faubouriens.

C'est à tort que M. Larchey en fait le synonyme de *Richard* — à cause des *roubles* qu'il y a dans ce mot. Jamais il n'a été employé dans cette acception.

ROUBLARDERIE, s. f. Ruse, astuce, expérience de l'homme qui a vécu et qui remplace l'argent qu'il n'a pas par l'ingéniosité qu'il aura jusqu'au bout de son rouleau.

Signifie aussi Pauvreté, gêne, misère.

ROUCHI, s. m. Homme sans morale et sans honnêteté, voyou, — dans l'argot du peuple.

ROUCHIE, s. f. Fille ou femme de mauvaise vie.

ROUCOUCOU, s. m. Lapin mort-né, — dans l'argot des chiffonniers et de leurs gargotiers.

ROUE, s. f. Juge d'instruction, — dans l'argot des voleurs.

ROUE DE DERRIÈRE, s. f. Pièce de cinq francs en argent, — dans l'argot des cochers, qui emploient cette expression depuis longtemps, puisqu'on la trouve dans les *Œuvres badines du comte de Caylus.*

Les Anglais ont la même expression : *A hind-coach-wheel*, disent-ils à propos d'une pièce de cinq shillings (une couronne).

ROUE DE DEVANT, s. f. Pièce de deux francs.

Les Anglais disent *A fore-coach-wheel* pour une demi-couronne.

ROUFFION, s. m. Dernier employé du magasin, — dans l'argot des calicots.

On dit aussi *Mousse*.

ROUGE, s. m. Républicain, — dans l'argot des bourgeois.

ROUGET, s. m. Cuivre volé, — dans l'argot des voleurs.

ROUGETS, s. m. pl. Les *menses* des femmes, — dans l'argot du peuple, à qui le Seigneur de Cholières n'a pas craint d'emprunter cette expression pour un de ses *Contes.*

ROUILLARDE, s. f. Bouteille, — dans l'argot des voleurs.

ROUILLER (Se), v. réfl. Vieillir, — dans l'argot du peuple.

ROULANCE, s. f. Bruit de

pieds, ou de marteaux, ou de composteurs que font entendre les typographes pour accueillir quelqu'un à son entrée dans l'atelier.

Donner une roulance. Faire ce bruit.

ROULANT, s. m. Fiacre, — dans l'argot des voyous.

Roulant vif. Chemin de fer.

ROULÉE, s. f. Coups donnés ou reçus, — dans l'argot des faubouriens.

ROULER, v. a. Battre quelqu'un.

Signifie aussi Tromper, agir malignement.

ROULER, v. a. Se moquer, lutter d'esprit et d'impertinences, — dans l'argot des gens de lettres.

ROULER, v. n. Vagabonder, voyager, — dans l'argot du peuple.

On dit aussi *Rouler sa bosse.*

ROULER DANS LA FARINE, v. a. Tromper, jouer un tour, user de finesse envers des gens trop simples.

ROULER SA VIANDE DANS LE TORCHON, v. a. Se coucher, — dans l'argot des faubouriens.

ROULEUR, s. m. Vagabond, homme suspect.

ROULEUR, s. m. Chiffonnier.

ROULEUR, s. m. Compagnon du tour de France chargé de présenter les ouvriers aux maîtres et de consacrer leur engagement.

ROULEUSE, s. f. Femme de mauvaise vie qui roule de quartier en quartier à la recherche de l'homme philosophal. Argot du peuple.

ROULOTIN, s. m. Roulier, — dans l'argot des voleurs.

ROULOTTE, s. f. Voiture, — dans le même argot.

Grinchir une roulotte en salade. Voler sur une voiture.

ROULOTTIER, s. m. Voleur qui a pour spécialité de dévaliser les voitures.

ROUMICHIPOTEUSE, s. f. Mijaurée, *chipie*, — dans l'argot des faubouriens.

ROUPIE, s. f. Punaise, — dans l'argot des voyous.

ROUPIE, s. f. Mucosité de couleur ambrée qui sort du nez des priseurs, et tombe tantôt sur leur chemise, tantôt dans leur potage. Argot des faubouriens.

ROUPIE DE SINGE, s. f. Rien, — dans l'argot des voleurs.

ROUPILLER, v. n. Dormir, — dans l'argot des faubouriens, qui emploient ce verbe depuis plus d'un siècle.

Signifie aussi Avoir continuellement une *roupie* au nez.

ROUPILLEUR, s. m. Grand dormeur — ou grand priseur.

ROUSCAILLER BIGORNE, v. a. Parler argot.

Rouscailleur, s. m. « Débauché, » dit M. Lorédan Larchey.

Rousse, s. f. La police, — dans l'argot des voyous.

Au masculin, Agent de police.

Roussiner, v. n. Faire de fréquents sacrifices au dieu Crépitus, sans plus de façon qu'un baudet. Argot du peuple.

Roustir, v. a. Tromper, duper, — dans l'argot des voleurs.

Roustisseuse, s. f. Fille ou femme de mauvaise vie, — dans l'argot des faubouriens.

Roustissure, s. f. Blague peu heureuse, rôle de peu d'importance, — dans l'argot des comédiens, qui sans doute ont voulu faire allusion au mot italien *rostita*, rôtie, maigre chose.

Royaume des taupes, s. m. La terre, — dans l'argot du peuple.

Partir pour le royaume des taupes. Mourir.

Ruban de queue, s. m. Long chemin, route qui n'en finit pas.

Rubis sur pieu, loc. adv. Argent comptant, — dans l'argot des faubouriens.

Rude, s. f. Chose difficile à croire, événement subit désagréable, — dans l'argot du peuple.

Rude, adj. Courageux.

Rudement, adv. Extrêmement.

Rue au pain, s. f. La gorge, — dans l'argot du peuple.

Lorédan Larchey a donné asile (5e édition, *Excentricités du langage*) à une expression sœur de celle-là : *Ruelle au pain*, qu'il a rencontrée dans *Françoise*, sans remarquer que cette nouvelle était écrite en patois saintongeais. A Paris, mon cher Larchey, on dit *Rue au pain* et quelquefois *Ruelle au pain*, mais on n'y connaît pas la *Ruelle*.

Rue barrée, s. f. Rue où demeure un créancier, — dans l'argot des débiteurs.

On dit aussi *Rue où l'on pave*.

A en croire Léo Lespès, cette dernière expression serait due au duc d'Abrantès, fils de la duchesse d'Abrantès, et viveur célèbre.

Rue du bec dépavée, s. f. Bouche à laquelle des dents manquent, — dans l'argot des faubouriens.

Ruolzé, adj. Ce qui brille sans avoir de valeur intrinsèque, ce qui a une élégance ou une richesse de surface, — par allusion au procédé de dorure et d'argenture découvert par Ruolz.

Existence ruolzée. Vie factice, composée de fêtes bruyantes, de soupers galants, d'amis d'emprunt et de femmes d'occasion, mais dont le bonheur est absent.

Jeunesse ruolzée. C'est notre *Jeunesse dorée*, et elle vaut moins, quoiqu'elle soit aussi corrompue.

Rup, adj. Grand, noble, élevé, beau, riche, élégant, dans l'argot des faubouriens et des filles.

M. Francisque Michel fait venir ce mot du bohémien anglais *rup* et de l'indoustani *rupa*, argent, — d'où *roupie*. Pendant qu'il y était, pourquoi n'a-t-il pas fait descendre ce mot d'un rocher (*rupes*) ou d'une falaise (*rupina*) quelconque?

Rupin, s. et adj. Fashionable, mis à la dernière mode, — ou plutôt à la prochaine mode. C'est le superlatif de *Rup*.

Rustique, s. m. Greffier, — dans l'argot des voleurs.

On dit aussi *Rustu*.

Rutière, s. f. Fille publique d'une catégorie à part décrite par Vidocq (p. 73).

S

Sable blanc, s. m. Sel, — dans l'argot des francs-maçons.

Sable jaune. Poivre.

Sabler, v. a. Tuer avec une peau remplie de sable, — dans l'argot des voleurs.

Sablon, s. m. Cassonade, — dans l'argot des faubouriens.

Saboche, s. f. Mauvais ouvrier, personne maladroite, — dans l'argot du peuple.

Sabocher, v. a. Travailler sans soin, avec trop de hâte.

Sabot, s. m. Mauvais billard.

Signifie aussi Mauvais violon.

Sabot, s. m. Homme qu aime à dormir.

Sabot, s. m. Toupie plate, — dans l'argot des gamins.

Saboter, v. a. Bousiller, travailler sans soin, à la hâte. Argot des ouvriers.

Sabouler, v. a. Gronder, faire des reproches, battre. Signifie aussi Travailler sans soin, faire de la mauvaise besogne.

Sabouler, v. a. Décrotter, — dans l'argot des voyous.

Sabouleur, s. m. Décrotteur.

Sabrenas, s. m. Savetier, — dans l'argot du peuple. Signifie aussi Mauvais ouvrier, *bousilleur.*

Sabrenasser, v. n. et a. Travailler sans goût, *bousiller* l'ouvrage.

On dit aussi *Sabrenauder*.

SABRER, v. a. Faire une chose à la hâte, et, à cause de cela, la mal faire.

SAC, s. m. Argent, — dans l'argot des faubouriens, qui prennent le contenant pour le contenu.

Avoir le sac. Être riche, ou seulement avoir de l'argent.

Homme au sac. Homme qui vient d'hériter.

SAC (Avoir dans son). Posséder, être pourvu ou doué.

N'avoir rien dans son sac. N'avoir pas de ressources d'esprit; être sans imagination, sans talent.

Avoir une mauvaise pierre dans son sac. Ne pas jouir d'une bonne santé, être atteint de mélancolie ou de maladie grave.

SAC (Être ou n'être pas dans le). Être laide ou jolie.

Cette expression devrait se chanter comme cette autre, de la même famille :

El' n'est pas mal
Pour foutr' dans l' canal.

SAC AU LARD, s. m. Chemise, — dans l'argot des faubouriens, qui se sont rencontrés dans la même expression avec les voleurs anglais : *flesh-bag*, disent ceux-ci.

SAC-A-VIN, s. m. Ivrogne, — dans l'argot du peuple.

C'est le *guzzler* anglais.

SAC PLEIN (Avoir le). Être complétement ivre.

Se dit aussi à propos d'une femme enceinte.

SACQUÉ (Être). Avoir de l'argent.

SACQUER, v. a. Congédier, renvoyer, — dans l'argot des ouvriers.

On dit aussi *Donner le sac.*

Sacquer un bœuf. Remercier un ouvrier, — dans l'argot des tailleurs.

SACRÉ CHIEN TOUT PUR, s. m. Eau-de-vie de mauvaise qualité, qui emporte le gosier.

SACREMENT, s. m. Le mariage.

Offrir le sacrement. Se proposer comme mari, courtiser une fille pour le bon motif.

SACRER, v. n. et a. Affirmer.

SACRISTAIN, s. m. Mari de l'abbesse du couvent des S'offre-à-tous, — dans l'argot des filles.

SAFRAN, s. m. Jaunisse conjugale, — dans l'argot des bourgeois.

Accommoder au safran. Tromper son mari en faveur d'un autre homme, ou sa femme en faveur d'une autre.

On dit aussi *Vouer au jaune.*

SAGOUIN, s. m. Homme malpropre, grossier, — dans l'argot du peuple, qui calomnie les callitriches.

Vilain sagouin. Pléonasme que les femmes du peuple adressent volontiers à un homme qui leur débite des gaudrioles et des plaisanteries grasses, dont elles ne se fâchent pas le moins de monde.

Saigner, v. a. Blesser quelqu'un volontairement, le tuer même, — dans l'argot des prisons.

Saigner, v. a. Emprunter de l'argent, — dans l'argot du peuple.

On dit aussi *Faire* ou *Pratiquer une saignée*.

Saigner à blanc. Abuser de la bonté des gens à qui on emprunte.

On dit aussi *Faire une saignée blanche*.

Saigner (Se), v. réfl. Donner de l'argent, — qu'on en doive ou non.

Se saigner à blanc. S'épuiser pour fournir aux dépenses d'un enfant ou d'une maîtresse.

Saint-Crépin, s. m. Outils de cordonnier, et, par extension, de toute autre profession.

Saint de carême, s. m. Homme qui se fâche, hypocrite.

Saint-Denaille, n. de l. Saint-Denis, — dans l'argot des voleurs.

Sainte-Nitouche, s. f. Fille ou femme qui « fait sa sucrée » ou « sa Sophie, » — dans l'argot du peuple, qui sait à quoi s'en tenir sur les « giries » des bégueules.

Sainte-Touche, s. f. La fin du mois, — dans l'argot des employés. La fin de la quinzaine, — dans l'argot des ouvriers.

Saint-Frusquin, s. m. Épargnes, somme d'argent mise en réserve à la Caisse d'épargne ou ailleurs, — dans l'argot des ouvriers.

Saint-Jean, s. m. Outils, vêtements, affaires, — dans l'argot des typographes.

Emporter son Saint-Jean. S'en aller d'une imprimerie en emportant composteur, pinces, etc.

Saint Jean-Baptiste, s. m. Cabaretier, — dans l'argot du peuple, qui fait allusion à l'eau baptismale que l'on ajoute au vin pour le rendre digne d'être bu par des chrétiens.

Saint Jean Bouche-d'or, s. m. Bavard qui, pour le plaisir de parler, ne craint pas de commettre des indiscrétions.

Saint Jean-le-Rond, s. m. Un des nombreux pseudonymes de messire Luc.

Saint-Laze. Apocope de *Saint-Lazare*, prison de femmes, — dans l'argot des voyous.

Saint-Lundi, s. f. Jour choisi chaque semaine par le peuple pour aller ripailler aux barrières et dépenser en quelques heures le plus clair de son gain, celui que la ménagère attend toujours en vain pour faire « bouillir la marmite ».

Fêter la Saint-Lundi. Se griser — et même se saoûler.

SAINT PÈRE, s. m. Tabac à fumer, — dans l'argot des marbriers de cimetière.

SALADIER, s. m. Bol de vin sucré, — dans l'argot des ouvriers.

SALAMALECS, s. m. pl. Politesse exagérée, — dans l'argot du peuple, qui ne pratique pas précisément la *Civilité puérile et honnête.*

SALAUD, adj. et s. Enfant malpropre; homme ordurier.

SALE, adj. Laid, mauvais, malhonnête.

Sale intérêt. Intérêt sordide.

Sale monsieur. Individu d'une moralité équivoque ou d'un caractère insociable.

Sale pâtissier. Homme qui n'est ni sale ni pâtissier, mais dont, en revanche, la réputation aurait grand besoin d'une lessive.

On dit aussi *sale bête.*

SALÉ, s. m. Travail payé d'avance, — dans l'argot des typographes.

Morceau de salé. A-compte.

Se dit aussi, par une analogie facile à saisir, d'un Enfant venu avant le mariage.

SALER, v. a. Adresser de violents reproches à quelqu'un, — dans l'argot du peuple.

SALER, v. a. Faire payer trop cher.

Saler une note. En exagérer les prix.

On dit aussi *Répandre la salière dessus.*

SALETÉ, s. f. Mauvais tour, action vile, entachée de plus d'improbité que de boue, — dans l'argot des bourgeois, qui emploient ce mot dans le même sens que les Anglais leur *sluttery.*

Faire des saletés. Faire des tours de coquin, d'escroc.

SALIÈRES, s. f. pl. Cavités pectorales, — dans l'argot du peuple.

Montrer ses salières. Se dit d'une femme maigre qui se décollète trop.

SALIGAUD, E, s. et adj. Personne malpropre au propre, et malhonnête au figuré, — dans l'argot du peuple, qui emploie ce mot dans le même sens que les Anglais leur *slut.*

SALIVERNE, s. f. Écuelle, gamelle, — dans l'argot des voleurs, qui y laissent volontiers tomber leur *salive* pour dégoûter les camarades.

Ils disaient autrefois *Crolle.*

SALLE A MANGER, s. f. La bouche, — dans l'argot des faubouriens.

N'avoir plus de chaises dans sa salle à manger. N'avoir plus de dents.

SALOPE, s. f. Fille ou femme du genre de celles que Shakespeare traite de *drabs* dans *Winter's Tale,* et que, comme on le voit, le peuple parisien traite presque aussi mal.

SANG DE POISSON, s. m. Huile, — dans l'argot des faubouriens.

SANGLÉ, adj. A court d'argent.

SANGLER, v. a. Réprimander vertement, et même Battre.

SANGLER (Se), v. réfl. Se priver de quelque chose au profit de quelqu'un, — par exemple, se ruiner pour élever un enfant ou pour entretenir une maîtresse.

SANGLIER, s. m. Prêtre, — dans l'argot des voleurs.

SANGSURER, v. a. Faire de nombreuses *saignées* à la bourse de quelqu'un, — dans l'argot des ouvriers, pour qui les parasites sont des sangsues.

Se sangsurer. Se ruiner pour élever un enfant ou pour entretenir une drôlesse.

SANS-BEURRE, s. m. Chiffonnier, — dans l'argot des faubouriens.

SANS-BOUT, s. m. Cerceau, — dans l'argot des voleurs.

SANS-CŒUR, s. m. Usurier, — dans l'argot des fils de famille.

SANS-CULOTTE, s. m. Républicain, — dans l'argot des bourgeois, pour qui *Terreur* est inséparable de *République*.

SANS-FEUILLE, s. f. Potence, — dans l'argot des voleurs.

SANS-GÊNE, s. m. Homme indiscret, mal élevé, — dans l'argot des bourgeois.

SANS-LE-SOU, s. m. Artiste, ou Homme de lettres, — dans l'argot des petites dames.

SAP, s. m. Apocope de *Sapin*, cercueil, — dans l'argot des voyous.

SAPAJOU, s. m. Galantin, suborneur en cheveux gris, — dans l'argot des harengères, qui sont plus « fortes en gueule » qu'en histoire naturelle.

SAPIN, s. m. Fiacre, — dans l'argot du peuple, qui sait que ces voitures-là ne sont pas construites en chêne.

SAPIN, s. m. Cercueil de pauvre.

Sentir le sapin. Être atteint d'une maladie mortelle.

SAPIN DES CORNANTS, s. m. La terre, — dans l'argot des voleurs, pour qui c'est le *plancher des vaches*.

SAQUET, s. m. Secousse, — dans l'argot du peuple.

Le vieux français avait *saquer*, tirer l'épée.

SARDINES, s. pl. Galons de laine ou d'or aux manches de l'uniforme, — dans l'argot des soldats.

Sardines blanches. Galons de gendarme, ou d'Infirmier militaire.

SARRASIN, s. m. Ouvrier qui consent à travailler au-dessous du tarif, — dans l'argot des typographes.

On dit aussi *Faux frère*.

20.

Satisfait, s. m. Député conservateur, ami quand même du gouvernement, — dans l'argot des journalistes.

Satou, s. m. Bois, — dans l'argot des voleurs.

Satousier, s. m. Menuisier.

Sauce, s. f. Correction, ou simplement Réprimande, — dans l'argot du peuple.

Gare la sauce! Prenez garde à ce qui va arriver de fâcheux.

Gober la sauce. Être puni pour les autres; recevoir la correction, la réprimande méritée par d'autres.

Saucé (Être). Recevoir la pluie.

On dit aussi *Être rincé* et *Être trempé.*

Saucer, v. a. Réprimander.

On disait autrefois *Faire la sauce à quelqu'un.*

Saucisse municipale, s. f. Viande empoisonnée que l'on jette dans les rues pour détruire les chiens errants non muselés.

Sauter, v. n. Cacher le produit d'un vol à ses complices, — dans l'argot des prisons.

Sauter a la perche, v. n. Ne pas savoir où manger, — dans l'argot des faubouriens, par allusion aux efforts souvent vains des singes de bateleurs pour atteindre les friandises placées à l'extrémité d'un bâton.

Sauterelle, s. f. Puce, — dans l'argot des voleurs.

Sauter le pas, v. a. Se décider à faire une chose, sans se préoccuper de ses conséquences, — dans l'argot du peuple.

Sauter le pas, v. a. Faire faillite, et, par extension, Mourir, — dans l'argot des bourgeois.

Signifie aussi Faire banqueroute à la vertu, — en parlant d'une jeune fille qui se laisse séduire.

On dit aussi *La sauter.*

Sauteur, s. m. Homme politique qui change d'opinion toutes les fois que cela peut faire plaisir au gouvernement et que cela peut lui profiter personnellement.

Se dit aussi de tout homme sans consistance, sans parole, sur lequel on ne peut pas compter.

Sauteuse, s. f. Drôlesse, — dans l'argot du peuple.

Sauver bien (Se). Bien courir, — dans l'argot des maquignons, qui disent cela à propos des chevaux qu'ils essayent.

Sauver la caisse, v. a. Se sauver avec la caisse dont on est le gardien, — par allusion au mot d'Odry dans *les Saltimbanques.*

Sauvette, s. f. Mannette d'osier, — dans l'argot des chiffonniers.

Savate, s. f. Boxe française, — « avec cette différence, dit Th. Gautier, que la savate se travaille avec les pieds et la boxe avec les poings ».

(V. *Chausson*.)

Savate, s. f. Ouvrage mal fait; chose abîmée, gâchée, — dans l'argot du peuple.

Savater, v. a. Travailler sans soin, faire une chose à la hâte.

On dit aussi *Saveter*.

Savetier, s. m. Mauvais ouvrier; homme qui fait une chose sans goût, sans soin, à la hâte.

Savoir lire. Connaître toutes les ruses du métier, — dans l'argot des voleurs.

Savoir ou est le cadavre. Connaître le secret de quelqu'un; ou seulement, Savoir quel est son faible, quelle corde il faut pincer en lui pour l'émouvoir, — argot des gens de lettres.

Savon, s. m. Réprimande, — dans l'argot des domestiques *malpropres*.

Savoyard, s. m. Homme mal élevé, brutal, — dans l'argot des bourgeois, injurieux envers les Allobroges.

Savoyarde, s. f. Malle, — dans l'argot des voleurs.

Schaffouse, s. m. Le derrière, parce qu'à la chute du *Rein*, — dans l'argot facétieux du peuple.

Schlague, s. f. Correction brutale qu'un père donne volontiers à son enfant, un mari à sa femme, etc.

Schlaguer, v. a. Corriger, battre.

J'y songe maintenant : est-ce que ce verbe ne serait pas le père d'un autre verbe du même argot, *chelinguer*, que quelques Richelets de la place Maubert écrivent *schelinguer?* La schlague est originaire de la Prusse, où on l'applique si fréquemment aux soldats. Or, un soldat qu'on roue de coups, en été... Vous comprenez, n'est-ce pas?

Schloffer, v. n. Dormir, se coucher, — dans l'argot des faubouriens, qui ont appris cette expression dans la fréquentation d'ouvriers alsaciens ou allemands (*schlafen*).

Ils disent aussi *Faire schloff*.

Schnick, s. m. Eau-de-vie de qualité inférieure, — dans l'argot du peuple.

On dit aussi *schnaps*.

Schniqueur, s. m. Buveur d'eau-de-vie.

Sciant, adj. Ennuyeux, — dans l'argot des faubouriens.

Scie, s. f. Ennui, contretemps fâcheux.

Scie, s. f. Mystification, plaisanterie agaçante, — dans l'argot des artistes.

Faire ou *Monter une scie.* Imaginer une mystification contre quelqu'un.

Scier, v. a. Importuner, obséder sans relâche.

On dit aussi *scier le dos*.

SCIER DU BOIS, v. a. Jouer du violon, — dans l'argot des faubouriens.

SCIEUR DE BOIS, s. m. Violoniste.

SCIONNER, v. a. Tuer, — dans l'argot des voleurs.

SCULPSIT, s. m. Sculpteur, — dans l'argot des artistes.

SCULPTURE RONFLANTE, s. f. Sculpture tourmentée, colorée, entre la sagesse et l'exagération.

SÉCHÉ (Être). N'être plus gris, — dans l'argot des faubouriens.

SÉCOT, s. et adj. Homme maigre et sec, — dans l'argot du peuple.

SECOUER, v. a. Gronder quelqu'un, et même le battre, — dans le même argot.

On dit aussi *Secouer les puces*.

SECOUER LA COMMODE, v. a. Jouer de l'orgue de Barbarie, — dans l'argot des faubouriens.

SECRET DE POLICHINELLE, s. m. Secret connu de tout le monde, — dans l'argot du peuple.

SEIGNEUR ET MAÎTRE, s. m. Mari, — dans l'argot des bourgeois ; *protecteur*, — dans l'argot de Breda-Street.

SEMAINE DES QUATRE JEUDIS, s. f. Semaine fantastique, dans laquelle les mauvais débiteurs promettent de payer leurs dettes, les femmes coquettes d'être fidèles, les gens avares d'être généreux, etc.

C'est la *Venue des Coquecigrues* de Rabelais.

SEMAINES, s. f. pl. Sous de poche, distribués le samedi et le dimanche, — dans l'argot des collégiens.

SEMER QUELQU'UN, v. a. S'en débarrasser, — dans l'argot des faubouriens.

Signifie aussi Le renverser, le jeter à terre d'un coup de poing ou d'un coup de pied.

SENS DEVANT DIMANCHE, adv. De travers, sens dessus dessous, — dans l'argot du peuple.

SENTINELLE, s. f. (V. *Insurgé de Romilly*.)

SENTIR, v. a. Aimer, — dans l'argot du peuple, qui emploie surtout ce verbe avec la négative.

Ne pas pouvoir sentir quelqu'un. Avoir répugnance à le rencontrer, à lui parler ; le haïr enfin.

On dit aussi *Avoir dans le nez*.

SENTIR LE COUDE A GAUCHE, v. n. Avoir confiance en soi et dans l'amitié de ses camarades ; se sentir appuyé, soutenu, encouragé, etc.

SENTIR MAUVAIS, v n. Devenir grave, sérieux ; se gâter, — en parlant des choses.

Cela sent mauvais est une phrase de la même famille que *Le torchon brûle*.

SEPT, s. m. Crochet, — dans l'argot des chiffonniers.

SER, s. m. Signal donné en crachant, — dans l'argot des voleurs.

SERGOLLE, s. f. Ceinture, — dans le même argot.

SÉRIEUX, adj. Excellent, convenable,—dans l'argot des gens de lettres et des petites dames.

Homme sérieux. Qui ne refuse rien aux femmes qui ne refusent rien aux hommes — riches.

Souper sérieux. Où rien ne manquera de ce qui en doit faire l'attrait : vins exquis, chère non pareille, femmes charmantes, hommes d'esprit, etc.

Le peuple emploie aussi cet adjectif dans l'acception de copieux : *un beefsteak sérieux, un dessert sérieux,* etc.

SERIN, s. m. Gendarme de la banlieue, — dans l'argot des voyous.

S'est dit aussi, à une certaine époque du règne de Louis-Philippe, de quelques compagnies de gardes nationaux qui avaient des parements jaunes, des passe-poils jaunes, des torsades jaunes, tout jaune, au point qu'en les passant un jour en revue dans la cour des Tuileries, le maréchal Lobau s'écria : « Fermez donc les grilles, tous ces serins vont s'envoler ! »

SERIN, s. et adj. Imbécile, ou seulement homme naïf, — dans l'argot des faubouriens.

SERINER, v. a. Répéter à satiété une chose à quelqu'un, afin de la lui loger dans la mémoire.

SERINETTE, s. f. Homme qui fait chanter d'autres hommes, — dans l'argot des voleurs.

SERINGUE, s. f. Voix fausse, aigre, criarde, — dans l'argot du peuple.

Chanter comme une seringue. Chanter très-mal.

SERPENT, s. m. Crachat, — dans l'argot des voleurs.

SERPILLIÈRE, s. f. Soutane, — dans l'argot des faubouriens.

On dit aussi *Serpilière à ratichon.*

SERRANTE, s. f. Serrure, — dans l'argot des voleurs.

SERRÉ, adj. Pauvre ; sans argent, momentanément ou par habitude, — dans l'argot des bourgeois.

Signifie aussi Avare.

SERRER, v. a. Mettre en prison, — dans l'argot des faubouriens.

SERRER LES POUCES A QUELQU'UN, v. a. Le presser vivement de questions pour lui faire avouer la vérité.

SERT, s. m. Signe fait par un compère, — dans l'argot des voleurs.

SERVIETTE, s. f. Portefeuille, — dans l'argot des avocats.

SERVIR, v. a et n. Trahir,

dénoncer, — dans l'argot des voleurs.

Servir de belle. Dénoncer à faux.

SERVIR, v. a. Arrêter, prendre, — dans l'argot des faubouriens.

Vidocq, lorsqu'il était chef de la police de sûreté, avait l'habitude de dire tranquillement au malfaiteur qu'il avait pris dans une souricière, ou ailleurs : « Monsieur, vous êtes servi !... »

SÉSIÈRE, pr. poss. Lui, elle, — dans l'argot des voleurs.

On dit aussi *Sésigue* et *Sésingard.*

SEU, s. m. Second, dans l'argot des enfants, — qui pratiquent l'apocope comme des hommes.

SÉVÈRE, s. f. Chose étonnante ; événement inattendu, — dans l'argot des faubouriens.

SEXE, s. m. Les femmes en général, — dans l'argot du peuple, qui, sans tomber à leurs pieds, comme le recommande M. Legouvé, sait qu'il leur doit une mère, la seule créature digne de ses respects.

Ami du sexe. Homme de complexion amoureuse.

SHOCKING ! Exclamation qui, de la langue des pudiques Anglaises, a passé dans l'argot ironique des gouailleurs parisiens. Ce qui est *choquant* de l'autre côté du détroit cesse de l'être de ce côté-ci.

SHOCKINER (Se), v. réfl. Se scandaliser.

SIBIJOITE, s. f. Cigarette, — dans l'argot des marbriers de cimetière, parfois trop fantaisistes.

Orpheline. Cigarette presque fumée.

SIFFLE, s. f. Voix, — dans l'argot des voleurs.

SIFFLER, v. a. et n. Boire ou manger, mais surtout Boire, — dans l'argot du peuple, qui emploie ce verbe depuis plus d'un siècle, comme le prouvent ces vers d'une chanson du commencement du XVIIe siècle :

> Lorsque je tiens une lampe
> Pleine de vin, le long de la journée,
> Je siffle autant que trois.

SIFFLER LA LINOTTE, v. n. Appeler sa maîtresse avec un cri ou un air convenus ; faire le pied de grue.

SIFFLET, s. m. Gorge, gosier, — entonnoir à air et à vin.

S'affûter le sifflet. Boire.

On dit aussi *Se rincer le sifflet.*

SIGNER DES ORTEILS (Se), v. réfl. Se pendre ou être pendu, — dans l'argot du peuple, qui fait allusion aux derniers tressaillements des suicidés ou des condamnés.

SILENCE, s. m. Audiencier, — dans l'argot des voyous, habitués de police correctionnelle ou de cour d'assises.

SIMON, s. m. Propriétaire,

— dans l'argot des ouvriers vidangeurs.

SINGE, s. m. Patron, — dans l'argot des charpentiers, qui, les jours de paye, exigent de lui une autre monnaie que celle de son nom.

SINGE, s. m. Ouvrier compositeur, — dans l'argot des typographes.

SINGE BOTTÉ, s. m. Homme amusant, gros farceur, — dans l'argot des bourgeoises.

SINGERIE, s. f. Grimaces, mines hypocrites, comédie de la douleur, — dans l'argot du peuple, qui n'aime pas les gens simiesques.

SINGULIER PISTOLET, s. m. Homme bizarre, original, qui ne fait rien comme tout le monde, *part* quand il faudrait rester, et reste quand il faudrait partir.

SINVE, s. m. Homme simple, imbécile, bon à duper, — dans l'argot des voleurs.

Quelques lexicographes de la rue affirment qu'on écrit et prononce *sinvre*.

Affranchir un sinve. Faire d'un paresseux un voleur, ou d'un débauché un escarpe.

SINVINERIE, s. f. Niaiserie.

SIROP, s. m. Vin, — dans l'argot des faubouriens, qui n'ont cependant pas lu le chapitre de Rabelais, où il est dit : « Après s'être bien antidoté l'haleine de sirop vignolat. »

Avoir un coup de sirop de trop Être ivre.

SIROTER, v. a. Boire plus que de raison.

Signifie aussi Boire à petits coups.

SIROTER, v. n. et a. Nettoyer à fond la tête de quelqu'un, la bien peigner, friser et pommader, — dans l'argot des coiffeurs.

SIROTER LE BONHEUR, v. a. Être dans la lune de *miel*.

SIX, s. f. Chandelle de six à la livre, — dans l'argot du peuple.

SIX-FRANCS, s. m. Outil de bois sur lequel on repasse les habits, — dans l'argot des tailleurs.

SIX-QUATRE-DEUX (A la), adv. Sans soin, sans grâce, à la hâte, — dans l'argot des bourgeois.

SNOB, s. m. Fat ridicule, vaniteux, — dans l'argot des gens de lettres, qui ont emprunté cette expression au *Livre des Snobs* de Tackeray, comme si nous n'avions pas déjà le même mot sous une douzaine de formes.

SNOBISME, s. m. Fatuité, vanité.

SNOBOVE, adj. Parfait, excellent, *chocnosof*, — dans l'argot des faubouriens.

SOCIÉTÉ DU DOIGT DANS L'OEIL, s. f. Association pour rire, formée par Nadar, dans laquelle on enrégimente à leur insu les gens qui « se fourrent le doigt dans l'œil ».

Société du faux col, s. f. Société de secours mutuels que forment entre eux les comédiens pour se débarrasser des *raseurs*, des importuns, des gêneurs.

Sœur, s. f. Maîtresse, — dans l'argot des soldats et des voyous, qui, sans s'en douter, se servent du même mot que les Romains, dans le même sens, *soror*. Les Romains avaient de plus le mâle de la sœur, qui était le *frater*.

On dit aussi : *Nos sœurs du peuple*, pour désigner certaines victimes cloîtrées, qui ne se plaignent pas de l'être. Au XVIe siècle, on disait : *Nos cousines*.

Sœur se trouve, avec cette dernière acception, dans le Dictionnaire de Leroux.

Sœur, s. f Fille ou femme, — dans l'argot des francs-maçons.

Sœurs blanches, s. f. pl. Les dents, — dans l'argot des voleurs.

Soiffard, s. m. Ivrogne, dans l'argot des faubouriens. On dit aussi *Soiffeur*.

Soiffer, v. n. Boire outre mesure, — sous prétexte de soif.

Soignée, s. f. Chose étonnante, difficile à croire ; événement extraordinaire.

Signifie aussi elliptiquement Correction violente, — *pile* donnée avec soin.

Soigner, v. a. Battre quelqu'un avec un *soin* dont il n'est nullement reconnaissant.

Soissonnais, s. m. pl. Haricots, — dans l'argot des voleurs, qui savent que Soissons est la patrie de ce farineux.

Soldat du pape, s. m. Mauvais soldat, — dans l'argot du peuple.

Soldats, s. m. pl. De l'argent, — dans l'argot des faubouriens, qui savent que l'argent est le nerf de la guerre.

Dans *les Joyeuses Commères de Windsor*, Shakespeare fait dire par Falstaff à Ford : *Money is a good soldier, Sir, and will on.* (L'argent est un bon soldat ; il pousse en avant.)

Solde, s. m. Restant d'étoffe ; coupon, — dans l'argot des marchands.

Solir, v. a. Vendre, — dans l'argot des voleurs.

Solir sur le verbe. Acheter à crédit, — c'est-à-dire sur *parole*.

Solitaire, s. m. Spectateur qui ne paye sa place que moitié prix, mais à la condition d'entrer au théâtre dans les rangs de la Claque sans être forcé d'applaudir comme elle.

Solliceur, s. m. Marchand, — dans l'argot des voleurs.

Solliceur à la pogne. Marchand ambulant.

Solliceur de lacets. Gendarme.

Solliceur de loffitudes. Homme de lettres.

SONDE, s. f. Médecin, — dans le même argot.

SONDEUR, adj. et s. Sournois, prudent, malin, — dans l'argot des faubouriens.

Aller en sondeur. S'informer avant d'entreprendre une chose, écouter une conversation avant de s'y mêler.

Père sondeur. Bonhomme rusé, dont personne ne se méfie et qui joue tout le monde.

SONNETTE DE BOIS, s. f. Sonnette d'hôtel garni que l'on bourre de chiffons pour l'empêcher de sonner lorsqu'on veut s'en aller clandestinement.

D'où l'expression *Déménager à la sonnette de bois.*

SONNETTES, s. f. pl. Pièces d'or ou d'argent, d'une musique supérieure à celle de Rossini, — pour les oreilles des petites dames.

SONNETTES, s. f. pl. « Gringuenaudes » de boue qui pendent aux poils des chiens, — dans l'argot des chasseurs.

SORBONNE, s. f. La tête, — parce qu'elle « médite, raisonne et conseille le crime, » — dans l'argot des voleurs.

SORCIÈRE, s. f. Femme mal mise et d'une figure ravagée, — dans l'argot des bourgeoises.

Elles disent aussi *Vieille sorcière.*

SORGUE, s. f. Nuit, — dans l'argot des voleurs.

Les Maurice La Châtre de Poissy prétendent qu'il faut écrire *Sorgne.*

SORGUEUR, s. m. Voleur de nuit.

SORTE, s. f. Mauvaise raison, faux prétexte, *balançoire*, — dans l'argot des typographes.

SORTIE, s. f. Discours inconvenant; emportement plus ou moins violent, — dans l'argot du peuple.

SORTIR, v. n. Être insupportable, — dans l'argot des faubouriens.

Ce verbe ne s'emploie guère qu'à la troisième personne de l'indicatif présent : *Il me sort,* — c'est-à-dire je ne peux pas le voir sans en être blessé, offusqué.

SORTIR D'UNE BOÎTE, v. n. Être vêtu avec une propreté méticuleuse, — dans l'argot des bourgeois, qui ont des notions de blanchisseuse sur l'élégance.

Ils disent aussi *Avoir l'air de sortir d'une boîte.*

SORTIR LES PIEDS DEVANT, v. n. Être emporté mort, « cloué sous la lame, » — dans l'argot du peuple, qui sait de quelle façon un cercueil sort d'une maison.

SOUDRILLARD, s. et adj. Libertin, — dans l'argot des voleurs.

21

Le vieux français avait *Soudrille* (soldat, ou plutôt *soudard*).

SOUFFLER, v. a. Prendre, s'emparer de quelque chose, — dans l'argot du peuple.

Souffler la maîtresse de quelqu'un. La lui enlever, — et, dans ce cas-là, souffler c'est jouer... un mauvais tour.

SOUFFLER DES POIS, v. a. Agiter les lèvres en dormant pour aspirer l'air par petits coups secs.

SOUFFLER SON COPEAU, v. a. Travailler, — dans l'argot des ouvriers.

SOUFFLET, s. m. Le *podex*.

SOUFFLEUR DE BOUDIN, s. m. Homme à visage rubicond.

SOUILLON, s. f. Femme malpropre, fille à soldats. C'est la *malkin* des voyous anglais.

SOUILLOT, s. m. Ivrogne, débauché, *arsouille*, — dans l'argot des faubouriens.

SOULAGER, v. a. Alléger la poche de son voisin de la montre ou de la bourse qu'elle contenait.

SOULAGER (Se), v. réfl. *Meiere*. Argot du peuple.

Se dit aussi à propos de la fonction du plexus mésentérique.

SOULARD, adj. et s. Ivrogne.

SOULEUR, s. f. Frayeur subite et violente, qui remue le cœur et *saoûle* l'esprit au point que, pendant qu'elle dure, on ne sait plus ce que l'on fait.

Faire une souleur à quelqu'un. Lui faire peur.

SOULEVER, v. a. Dérober adroitement, — dans l'argot des faubouriens.

SOULIERS A MUSIQUE, s. m. pl. Qui craquent lorsqu'on les porte pour la première fois.

SOULIERS-SEIZE, s. m. pl. Souliers très-étroits (13 et 3), — dans l'argot ridiculement facétieux des bourgeois.

SOULIERS SE LIVRANT A LA BOISSON, s. m. pl. Souliers usés, prenant l'eau, — dans l'argot des faubouriens.

SOULOGRAPHE, s. m. Ivrogne abject.

SOULOGRAPHIE, s. m. Ivrognerie dégoûtante.

SOULOGRAPHIER (Se), v. réfl. S'enivrer crapuleusement.

SOUPE AU LAIT, s. f. Homme qui s'emporte d'un rien, — dans l'argot du peuple.

SOUPE DE PERROQUET, s. f. Pain trempé dans du vin.

SOUPE-ET-LE-BŒUF (La). Bonheur conjugal, — c'est-à-dire *ordinaire*.

C'est une expression de la même famille que *Pot-au-feu*.

SOUPEUR, s. et adj. Viveur, — dans l'argot des gens de lettres.

SOUPEUSE, s. f. Femme galante qui a pour spécialité de

lever des hommes au souper, — c'est-à-dire de faire espalier avec d'autres à la porte des cafés du boulevard, vers les onze heures du soir, afin d'être priée à souper par les gens qui n'aiment pas à rentrer seuls chez eux. La soupeuse a une prime par chaque tête de bétail qu'elle amène au restaurant.

Souquer, v. a. Battre, ou seulement Rudoyer, — dans l'argot du peuple.

Souricière, s. f. Cabaret suspect où se réunissent les voleurs et où ils se font arrêter par les agents de police, au courant de leurs habitudes.

Tendre une souricière. Surveiller les abords d'un de ces mauvais lieux-là.

Souricière, s. f. Crinoline, ou tournure exagérée,—dans l'argot des petites dames, qui savent combien les hommes se laissent *prendre* à cela.

Souris, s. f. Baiser sur l'œil, — dans l'argot des faubouriens, qui savent que ce baiser fait moins de bruit que les autres.

Sous, s. m. pl. Argent, fortune, — dans l'argot des ouvriers.

Avoir des sous. Être riche.

Sous de poche, s. m. pl. Monnaie à dépenser, — dans l'argot des collégiens et des grandes personnes qui n'aiment pas à sortir sans argent.

Sous le lit (Être). N'être pas au courant d'un métier ou au fait d'une chose; se tromper, — dans l'argot des faubouriens.

Sous-Off, s. m. Apocope de *Sous-Officier,* — dans l'argot des troupiers.

Soussouille, s. et adj. Débauché, ivrogne, *arsouille,* — dans l'argot des faubouriens.

Soutados, s. m. Pièce de cinq centimes.

Soute au pain, s. f. L'estomac, — dans l'argot des ouvriers qui ont servi dans l'infanterie de marine.

Les voyous anglais ont la même expression : *Bread-Basket* (panier au pain), disent-ils.

Soutenante, s. f. Canne, — dans l'argot des voleurs.

Souteneur, s. m. Homme qui vit aux dépens des filles, — dans l'argot du peuple.

Soutirer au caramel, v. a. Tirer de l'argent de quelqu'un en employant la douceur.

Speck, s. m. Lard, — dans l'argot des voleurs, qui ont *emprunté* ce mot à la langue allemande.

Speech, s. m. Discours; bavardage, —dans l'argot du peuple et des gens de lettre.

Sper, s. m. Carreau dont on vient de se servir, mais qui possède encore assez de chaleur pour être de nouveau utilisé.

Expression de l'argot des tailleurs.

Sphinx, s. m. Mets imaginaire comme le monstre auquel fut forcé de répondre Œdipe, et qu'on demande facétieusement dans certains restaurants qui prétendent avoir de tout. Alphonse Karr, ou Méry, eut un jour la curiosité d'en exiger : — « Nous venons de donner la dernière portion, » lui répondit tranquillement le garçon. Léon Gozlan fut plus heureux — ou plus malheureux : il en demanda — et on lui en servit.

Spickel, s. f. Épée de fantaisie, — dans l'argot des Polytechniciens, qui l'achètent ordinairement chez le marchand qui porte ce nom, et dont le magasin est rue Saint-Honoré, ou rue Richelieu.

Spirite, s. m. Homme qui ne croit peut-être pas à Dieu, mais qui croit aux *esprits* — afin de prouver l'insanité du sien.

Spiritisme, s. m. *Dada* à l'usage des gens sérieux qui tiennent à passer pour grotesques. Ils évoquent Voltaire et ils le font parler comme Eugène de Mirecourt.

Sport, s. m. Science de la haute vie et des nobles amusements, courses, paris, etc., — dans l'argot des anglomanes.

Sportsman, s. m. Homme de cheval, habitué des courses.

Stalle, s. f. Chaise ou fauteuil, — dans l'argot des francs-maçons.

Sterling, adj. Pur, de bon aloi; riche, — dans l'argot du peuple, qui n'a pas le moins du monde « emprunté ce superlatif au système monétaire anglais, » par l'excellente raison que ce « superlatif » a, en anglais, la même signification qu'en français : *Sterling wit* (esprit de bon aloi), *sterling merit* (mérite remarquable), disent nos voisins. MM. Lorédan Larchey et Ch. Nisard se sont trompés.

Stick, s. m. Petite canne, — dans l'argot des « young gentlemen, » qui mettent cela dans leur bouche comme un sucre d'orge, au lieu d'appuyer leurs mains dessus comme sur un bâton.

Ce mot entrera sans peine dans la prochaine édition du Dictionnaire de l'Académie, plus hospitalier pour les mots anglais que pour les mots français. Même observation à propos de *derby, turf, studbook, handicap, steeple-chase,* etc.

Stockfish, s. m. Anglais, — dans l'argot des faubouriens.

Stop ! Expression de la langue anglaise qui est passée dans l'argot des canotiers parisiens. Elle signifie, on le sait : « Arrêtez ! »

Stoper, v. n. Arrêter, faire escale.

C'est le verbe anglais *to stop*.

STROC, s. m. Chopine, — dans l'argot des voleurs.

Demi-stroc. Demi-setier.

STUC, s. m. Part d'un vol, — dans l'argot des voleurs, qui doivent s'estimer heureux de ne plus vivre au XVIIIe siècle, à une époque où un arrêt de la Cour du Parlement (22 juillet 1722) condamnait à être rompu vif un sieur Cochois, pour avoir recélé des vols, en avoir eu le *stuc*, et acheté le stuc des autres.

J'ai vu écrit *Lestuc* sur la garde du *Langage de l'argot réformé*, avec mention du sens dans lequel *stuc* est employé.

STYLER QUELQU'UN, v. a. Lui faire la leçon, lui apprendre ce qu'il doit dire ou faire, — dans l'argot du peuple.

SUAGE, s. f. Assassinat, — dans l'argot des voleurs.

Signifie aussi Chauffage.

SUAGEUR, s. m. Chauffeur.

SUBLIME COUP DE L'ÉTRIER, s. m. Le Viatique, qu'on donne aux mourants avant leur départ pour le grand voyage, — dans l'argot de lord Pilgrim, *aliàs* Arsène Houssaye, qui a employé cette expression, d'un goût contestable, à propos des derniers moments de Proudhon.

SUBLIMER, v. n. Travailler avec excès, la nuit spéciale-ment, — dans l'argot des Polytechniciens.

SUBTILISER, v. a. Dérober quelque chose, une tabatière ou un foulard, — dans l'argot des faubouriens.

SUCCÈS D'ESTIME, s. m. Succès douteux, et pour ainsi dire nul, — dans l'argot des coulisses.

SUCE-LARBIN, s. m. Bureau de placement pour les domestiques, — dans l'argot des voleurs.

SUCER LA FINE CÔTELETTE, v. a. Déjeuner à la fourchette, — dans l'argot des faubouriens.

SUCER LA POMME (Se), v. réfl. S'embrasser ; se bécotter.

On dit aussi *Se sucer le trognon*.

SUCER UN VERRE, v. a. Le boire.

SUÇON, s. m. Pince faite à même le drap pour obtenir un bombage, — dans l'argot des tailleurs.

SUÇON, s. m. « Trace rouge laissée sur la peau par la succion des lèvres, » — dans l'argot des grisettes.

SUÇON, s. m. Sucre d'orge, — dans l'argot des petites dames, habituées des Délass Com et du théâtre Déjazet.

SUCRE ! Exclamation de l'argot des bourgeoises, à qui celle de Cambronne répugne — naturellement.

Sucrée, s. f. Bégueule, — dans l'argot du peuple.

Faire sa sucrée. Se choquer des discours les plus innocents comme s'ils étaient égrillards, et des actions les plus simples comme si elles étaient indécentes.

L'expression est vieille — comme l'hypocrisie. Perrot d'Ablancourt, dans sa traduction de Lucien, dit: « Et cette petite sucrée de Sapho. .. »

Sudiste, s. et adj. Partisan des États de l'Union qui ont brisé cette union pour se constituer en République à part, dite *République du Sud*, laquelle avait fondé son indépendance au nom de l'esclavage.

On dit aussi *Confédéré, Esclavagiste, Sécessionniste* et *Séparatiste.*

Suée, s. f. Réprimande, — dans l'argot du peuple.

Signifie aussi Peur.

Suée de monde, s. f. Foule; grand nombre de personnes.

Suer (Faire). Ennuyer outrageusement par ce qu'on fait ou par ce qu'on dit; faire lever les épaules de pitié ou de dédain.

Suer son argent (Faire). Lui faire rapporter gros; se livrer à l'usure.

Suer Thémis (Faire). Étudier le Code, de manière à pouvoir éluder la loi, — dans l'argot des faubouriens, qui disent cela à propos des gens d'affaires, des avocats marrons.

Sueur de cantonnier, s. f. Chose rare parce que chère, ou chère parce que rare, — les cantonniers étant connus généralement comme des gens qui en prennent à leur aise.

Suif, s. m. Réprimande de maître à valet, ou de patron à ouvrier, — dans l'argot des faubouriens.

Gober son suif. Recevoir les reproches auxquels on s'attendait.

Suif, s. m. Graisse, la partie adipeuse du corps humain.

Être tout en suif. Être fort gras.

Suiffard, adj. et s. Homme mis avec élégance, avec *chic.*

Suiffé, adj. Soigné, remarquable, très-beau.

Femme suiffée. Très-jolie ou très-bien mise.

Suiffée, s. f. Coups donnés ou reçus.

Suisse (Faire). Boire seul, — dans l'argot des troupiers.

Suiveur, s. m. Galantin de n'importe quel âge, homme qui suit les femmes dans la rue.

Mot créé par Nestor Roqueplan.

Suivre le soleil, v. a. Aller travailler à la journée chez les particuliers, — dans l'argot des tailleurs, qui ont rarement des expressions aussi imagées et aussi poétiques.

SULTAN (Le). Le public, — dans l'argot des coulisses.

SUPERLIFICOQUENTIEUX, adj. Merveilleux, étonnant, inouï, — dans l'argot des faubouriens.

SURBINE, s. f. Surveillance, — dans l'argot des voleurs.

SURETTE, s. f. Pomme, — dans le même argot.

SURGERBER, v. a. Condamner en appel, — dans le même argot.

SURIN, s. m. Couteau, — dans le même argot.

Surin muet. Canne plombée ; casse-tête.

SURINER, v. a. Assassiner quelqu'un.

SURJUIN, s. m. Insurgé de juin 1848, — dans l'argot des campagnards de la banlieue de Paris, pour qui un mot nouveau n'est facile à retenir qu'autant qu'il est court et sonore.

SUR-RINCETTE, s. f. Supplément à la *rincette*, — dans l'argot des bourgeois.

SYMBOLE, s. m. Crédit chez le marchand de vin, — dans l'argot des typographes, qui veulent sans doute faire allusion à l'*œil* du fameux triangle maçonnique.

Avoir le symbole. Avoir un compte ouvert chez le cabaretier.

T

TABAC, s. m. Vieil étudiant, — culotté comme une pipe qui a beaucoup servi.

TABAC, s. m. Ennui, misère, — dans l'argot des faubouriens.

Être dans le tabac. Être dans une position critique.

Foutre du tabac à quelqu'un. Le battre — de façon à lui faire éternuer du sang.

Fourrer dans le tabac. Mettre dans l'embarras.

TABAC DE DÉMOC, s. m. Tabac fait avec les détritus de cigares ramassés par les voyous jeunes et vieux, dont c'est la spécialité.

TABAR, s. m. Manteau, — dans l'argot des voleurs.

Ils disaient autrefois *Volant.*

TABLEAUTIN, s. m. Tableau sans valeur, — dans l'argot des artistes.

TABLETTE. s. f. Brique, — dans l'argot des voleurs.

TABLIER DE CUIR, s. m. Cabriolet, — dans l'argot des faubouriens.

TABLIER LÈVE (Son). Se dit

—dans l'argot des bourgeois — d'une fille qui ne peut plus dissimuler sa grossesse.

Tache d'huile, s. f. Accroc à une robe, déchirure d'habit, — dans l'argot du peuple.

Taf, s. m. Peur, — dans l'argot des voleurs.

Avoir le taf. Avoir peur.

Coller le taf. Faire peur.

On dit aussi *Tafferie.*

Il n'y a point à douter que ce mot ne vienne d'une expression proverbiale ainsi rapportée par Oudin : « *Les fesses luy font taf taf, ou le cul luy fait tif taf, c'est-à-dire : Il a grand'peur, il tremble de peur.* »

Taffer, v. n. Avoir peur, — dans l'argot des faubouriens.

Taffeur, s. m. Poltron.

Tailler des bavettes, v. a. Bavarder, comme font les commères à la veillée, — dans l'argot du peuple, qui sait que les femmes déchirent plus de réputations à coups de langue qu'elles ne cousent de robes à coups d'aiguille.

Tailler des croupières, v. a. Donner de l'inquiétude à son ennemi, le harceler sans cesse.

Tailler les morceaux a quelqu'un, v. a. Limiter ce qu'il doit manger ou dépenser ; lui prescrire ce qu'il doit faire.

Tailleuse, s. f. Nom géné-rique de la corporation des tailleurs.

Taire son bec, v. a. Se taire, — dans l'argot du peuple.

Talbin, s. m. Billet de complaisance, — dans l'argot des voleurs.

Signifie aussi Huissier — tout naturellement.

Talbiner, v. a. Assigner devant le tribunal.

Taloche, s. f. Soufflet ou coup de poing, — dans l'argot du peuple, qui a eu l'honneur de prêter ce mot à Molière.

Talocher, v. a. Donner des soufflets.

Talochon, s. m. Petite taloche.

Talonner, v. a. Presser, tourmenter ; poursuivre.

Talon rouge, s. m. Aristocrate.

Être talon rouge. Avoir la suprême impertinence.

Talons courts (Avoir les). Se dit de toute femme ou fille qui ne sait pas défendre assez vigoureusement son honneur, et qui succombe trop aisément.

Tambouille, s. f. Ragoût, *fricot,* — dans l'argot des faubouriens.

Faire sa tambouille. Faire sa cuisine.

Tambour, s. m. Chien, — dans l'argot des voleurs.

Roulement de tambour. Aboiement.

TAMPON, s. m. Poing, — dans l'argot du peuple.

TAMPONNER (Se), v. réfl. Se battre à coups de poing.

On dit aussi *Se foutre des coups de tampon.*

TANGENTE, s. f. Épée, — dans l'argot des Polytechniciens.

Ils l'appellent aussi : *La tangente au point Q.*

TANNANT, adj. Ennuyeux, assommant, — dans l'argot des faubouriens.

TANNER, v. n. Ennuyer.

TANNER LE CUIR, v. a. Battre quelqu'un à coups redoublés.

Au XVIIᵉ siècle on disait : *Faire péter le maroquin.*

TANTE, s. f. Individu du *troisième sexe,*— dans l'argot des faubouriens.

On dit aussi *Tapette.*

TANTE (Ma). Commissionnaire au Mont-de-Piété, — dans l'argot des petites dames et des bohèmes, qui croient avoir inventé là une expression bien ingénieuse, et qui se sont contentés de contrefaire une expression belge ; car au XVIIᵉ siècle, dans le pays wallon, on appelait un usurier *mon oncle.*

TANTINET, adv. Un peu, — dans l'argot du peuple, qui emploie ce mot depuis quelques siècles.

On dit aussi *Tantet.*

TAP ou TAPIN, s. m. Poteau du pilori, — dans l'argot des voleurs.

Faire le tapin. Être exposé. On dit aussi *Faire le singe.*

TAPAGEUR, EUSE, adj. Éclatant, voyant, *criard,* — dans l'argot des gens de lettres et des artistes.

Couleurs tapageuses. Couleurs trop vives, qui tirent l'œil et l'agacent.

Toilette tapageuse. Toilette d'un luxe de mauvais goût, faite pour faire retourner les hommes et « crever de jalousie » les femmes.

TAPAMORT, s. m. Tambour, — dans l'argot des voyous.

TAPANCE, s. f. Maîtresse ou femme légitime, — dans l'argot des typographes.

La tapance du meg. La femme du patron.

TAPÉ, adj. Réussi ; émouvant, éloquent, — c'est-à-dire bourré de grosses phrases sonores et d'hyperboles de mauvais goût, comme le peuple les aime dans les discours de ses orateurs, dans les livres de ses romanciers et dans les pièces de ses dramaturges. Argot des faubouriens.

Tapé dans le nœud Excessivement beau, ou extrêmement remarquable.

TAPECUL, s. m. Voiture mal suspendue, qui secoue les voyageurs, — dans l'argot du peuple.

21.

Tapedur, s. m. Serrurier, — dans l'argot des voleurs.

Tapée, s. f. Foule, grande réunion de personnes,—dans l'argot des faubouriens.

Taper, v. a. Frapper ; battre

Taper, v. a. Demander de l'argent., — dans l'argot des ouvriers.

Taper son patron de vingt francs. Lui demander une avance d'un louis.

Taper, v. n. Prendre sans choisir, — dans l'argot des faubouriens.

Taper dans le tas. Prendre au hasard dans une collection de choses ou de femmes.

Taper sur les vivres. Se jeter avec avidité sur les plats d'une table ; manger gloutonnement.

Taper sur le liquide. S'empresser de boire.

Taper dans l'œil, v. a. Séduire, — en parlant des choses et des femmes.

Taper de l'œil, v. a. Dormir.

L'expression est plus vieille qu'on ne serait tenté de le croire, car on la trouve dans les OEuvres du comte de Caylus (*Histoire de Guillaume, cocher*).

Tapette, s. f. Verve, entrain, *platine*.

A voir une fière tapette. Être grand parleur, — ou plutôt grand bavard.

Tapette, s. f. Individu faisant partie du *troisième sexe.*

Tapin, s. m. Tambour, — dans l'argot des troupiers.

Le mot a au moins cent ans de bouteille.

Tapiquer, v. n. Habiter,— dans l'argot des voleurs.

Tapis, s. m. Conversation, causerie, — dans l'argot des bourgeois.

Être sur le tapis. Être l'objet d'une causerie, le sujet d'une conversation.

Amuser le tapis. Distraire d'une préoccupation sérieuse par une causerie agréable.

Tapis, s. m. Cabaret, — dans l'argot des voleurs, qui se servent là d'un vieux mot de la langue romane, *tapinet* (lieu secret), dont on a fait *tapinois.*

Ils disent aussi *Tapis franc,* — c'est-à-dire Cabaret d'*affranchis.*

Tapis de grives. Cantine de caserne.

Tapis de malades. Cantine de prison

Tapis de refaite. Table d'hôte.

Tapis bleu, s. m. Paradis, — dans l'argot des faubouriens, qui voient par avance le dedans du ciel semblable au dehors.

Tapis brule (Le). Expression de l'argot des joueurs, pour exciter quelqu'un à se mettre au jeu.

Tapis de pied, s. m. Courtisan, — dans l'argot énergique du peuple, qui sait que les gens qui veulent parvenir essuient sans murmurer, de la part des gens parvenus, toutes les humiliations et toutes les mortifications.

Il dit aussi *Lèche-tout*.

TAPISSERIE, s. f. Femmes laides ou vieilles qu'on n'invite pas à danser, — dans l'argot des bourgeois.

Faire tapisserie. Regarder faire, ou écouter parler les autres.

TAPISSERIE (Avoir de la). Avoir beaucoup de figures en main, — dans l'argot des joueurs.

TAPISSIER, s. m. Cabaretier.

TAPIS VERT, s. m. Tripot, — dans l'argot des voleurs et des bourgeois.

Jardiner sur le tapis vert. Jouer dans un tripot.

TAPPE, s. f. La marque qu'on appliquait avant 1830 sur l'épaule des condamnés aux travaux forcés.

TAQUER, v. a. Hausser, — dans l'argot des voleurs.

TAROQUE, s. f. Marque du linge, — dans le même argot.

TAROQUER, v. a. Marquer.

TARTARE, s. m. Apprenti; médiocre ouvrier,—dans l'argot des tailleurs.

On dit aussi *Chasseur*.

TARTE BOURBONNAISE, s. f. Résultat du verbe *alvum deponere*, — dans l'argot des faubouriens, qui ont la plaisanterie fécale.

TARTINE, s. f. Article bon ou mauvais, mais surtout mauvais, — dans l'argot des journalistes.

Signifie aussi Long discours, homélie ennuyeuse.

Débiter des tartines. Parler longtemps.

TARTINER, v. n. et a. Écrire des articles.

Tartiner une brochure. La rédiger.

TARTINES, s. f. pl. Souliers éculés, pantoufles, — dans l'argot des voyous.

TARTIR, v. n. *Levare ventris onus*, — dans l'argot des voleurs.

TAS DE PIERRES, s. m. Prison, — dans l'argot des faubouriens.

On dit aussi *Boîte aux cailloux*.

TATA, s. f. Femme plus bavarde que ne le permet son sexe; belle diseuse de riens; précieuse; mijaurée.

Faire sa tata. Se donner de l'importance; être une commère écoutée.

TATILLON, s. et adj. Homme méticuleux à l'excès, s'occupant de riens comme s'ils étaient importants et négligeant les choses importantes pour des riens. Argot du peuple.

On dit aussi *Tatillonneur*.

TATILLONNER, v. n. S'occuper de choses qui n'ont pas

d'importance ; faire la mouche du coche.

TATOUILLE, s. f. Coups donnés ou reçus, — dans l'argot des faubouriens.

TATOUILLER, v. a. Battre, donner des coups.

TAUDION, s. m. Endroit quelconque ; logement malpropre, — dans l'argot des voyous, habitués fidèles des *taudis*.

TAULE, s. m. Le bourreau, — d'après Victor Hugo, à qui j'en laisse la responsabilité.

TAULE ou TÔLE, s. f. Maison,—dans l'argot des voleurs et des voyous.

C'est la *piaule*, moins les enfants.

TAUPAGE, s. m. Égoïsme; existence *cachée*, — dans le même argot.

TAUPE, s. f. Fille de mauvaises mœurs, — dans l'argot peu chrétien des bourgeoises.

TAUPER, v. n. Travailler,— dans l'argot des faubouriens.

TAUPIER, s. m. Égoïste.

TAUPIN, s. m. Candidat à l'école polytechnique, — peut-être parce qu'on a remarqué que la plupart des jeunes gens qui se destinent à cette école, travailleurs plus acharnés que les autres, avaient de bonne heure la vue aussi faible que celle des *taupes*.

Taupin carré. Taupin de 2e année.

Taupin cube. Taupin de 3e année.

TAUPIN VAUT MAROTTE. Se dit ironiquement — dans l'argot du peuple — de deux personnes qui ont les mêmes vices ou la même laideur physique.

On dit aussi *Taupin vaut Taupine*.

TEINTÉ (Être). Commencer à être gris, — dans l'argot des ouvriers.

TEINTURIER, s. m. Homme de lettres qui met en français un travail littéraire fait par un illettré, et lui donne du style, de la poésie, de la *couleur*.

Il y a aussi les teinturiers politiques, c'est-à-dire des gens supérieurs que les hommes d'État inférieurs s'attachent par tous les moyens pour profiter de leurs lumières et s'assimiler leurs talents.

Voltaire a employé ce mot, très-clair, très-significatif. Pourquoi n'est-il dans aucun dictionnaire?

TEMPLE, s. m. Manteau, — dans l'argot des faubouriens.

TEMPS DE BUCHE, s. m. Époque qui précède les examens, — dans l'argot des étudiants.

TEMPS DE DEMOISELLE, s. m. Se dit — dans l'argot du peuple — quand il ne fait ni pluie ni soleil, ni poussière ni vent.

TEMPS SALÉ, s. m. Temps chaud, — qui fait boire.

TENDRE LA PERCHE, v. a.

Venir en aide à quelqu'un qui se trouble dans une conversation ou dans un discours. Argot du peuple.

TENIR (En). Avoir de l'amour pour quelqu'un, — dans l'argot des bourgeois.

TENIR A 40 SOUS AVEC SON CROQUE-MORT (Se). Se débattre dans l'agonie, ne pas vouloir mourir.

Cette expression, aussi cynique que sinistre, est du pur argot de voyou. Si je ne l'avais entendue de mes oreilles, je l'aurais crue inventée.

TENIR BIEN SUR SES ANCRES, v. n. Être en bonne santé, — dans l'argot des marins.

TENIR LA CHANDELLE, v. a. Être témoin du bonheur des autres, sans en avoir sa part; servir, sans le savoir, ou le sachant, une intrigue quelconque. Argot du peuple.

TENIR LA CORDE, v. a. Être le succès, le héros du jour, — dans l'argot des gens de lettres, qui ont emprunté cette expression aux sportsmen.

TENUE, s. f. Assemblée, réunion, — dans l'argot des francs-maçons.

Ils disent aussi *Convent*, — mais surtout à propos de réunions d'un caractère particulier, plus solennel que les tenues.

TERNAUX, s. m. Cachemire français, — dans l'argot des lorettes.

TERREAU, s. m. Tabac à pri-

ser, — dans l'argot des marbriers de cimetière.

Se flanquer du terreau dans le tube. Priser.

TERRER, v. a. Tuer, — dans l'argot des prisons.

Signifie aussi Guillotiner.

TERRION, s. m. Habitant du continent, — dans l'argot des marins.

TÉSIÈRE, pron. poss. Toi, — dans l'argot des voleurs.

On dit aussi *Tésigue*, *Tésigo* et *Tésingard*.

TESSON, s. m. La tête, — dans l'argot des voyous.

Nib de douilles sur le tesson. Pas de cheveux sur la tête.

TÉTAIS, s. m. pl. Seins, — dans l'argot des enfants, qui conservent longtemps aux lèvres, avec les premières gouttes de lait bues, les premiers mots bégayés.

Ils disent aussi *Têtes*.

TÉTARD, s. et adj. Entêté, — dans l'argot des faubouriens.

TÉTASSES, s. f. pl. Seins de fâcheuse apparence, — dans l'argot irrévérencieux du peuple.

On dit aussi *Calebasses*.

TÊTE, s. f. Air, physionomie.

Avoir une tête. Avoir de la physionomie, de l'originalité dans le visage.

TÊTE, s. f. Air rogue, orgueilleux, prétentieux, de mauvaise humeur.

Faire sa tête. Faire le dédaigneux ; se donner des airs de grand seigneur ou de grande dame.

Tête carrée, s. f. Allemand, ou Alsacien.

On dit aussi *Tête de choucroute.*

Tête d'acajou, s. f. Nègre.

Tête de holz, s. f. Allemand, — dans l'argot des marbriers de cimetière, qui croient que les braves Teutons ont la tête dure comme du bois.

Tête de Turc, s. f. Homme connu par ses mœurs timides et par son courage de lièvre, sur lequel on s'exerce à l'épigramme, à l'ironie, à l'impertinence, — et même à l'injure, — assuré qu'on est qu'il ne protestera pas, ne réclamera pas, ne regimbera pas, et ne vous cassera pas les reins d'un coup de canne ou la tête d'un coup de pistolet.

C'est une expression de l'argot des gens de lettres, qui l'ont empruntée aux saltimbanques.

Téter, v. n. Vider une bouteille, — dans l'argot du peuple, qui prétend que le vin est « le lait des vieillards. » Oui, des vieillards — et surtout des adultes.

Tétue, s. f. Épingle, — dans l'argot des voleurs.

Théatre rouge, s. m. La guillotine, — dans l'argot des révolutionnaires un peu trop avancés.

« Demain, relâche au Théâtre rouge, » écrivait à Joseph Lebon Duhaut-Pas, un de ses émissaires.

Théta X, s. m. Élève de seconde année, — dans l'argot des Polytechniciens.

On l'appelle aussi *Ancien.*

Thomain, s. m. Mauvais rôle, — dans l'argot des coulisses, où l'on a trouvé sans doute *panne* bien usée.

Thomas, s. m. « Pot qu'en chambre on demande, » — dans l'argot du peuple.

Passer la jambe à Thomas. Vider le goguenot.

La veuve Thomas. La chaise percée.

Il y a longtemps qu'on dit *Thomas* sans savoir pourquoi on le dit. M. Lorédan Larchey affirme que c'est « une allusion au *Vide Thoma* de l'hymne populaire de Pâques; » mais il affirme cela sur la foi de M. Francisque Michel, qui, de son côté, n'a avancé cette étymologie que par pure plaisanterie, — une plaisanterie suggérée par MM. Édouard Fournier et Chéron.

Thune, s. f. Pièce de cinq francs, — dans l'argot des voleurs.

On dit aussi *Thune de cinq balles.*

Tiche, s. f. Bénéfices plus ou moins réguliers, — dans l'argot des commis de nouveautés.

TICKET, s. m. Billet de chemin de fer, — dans l'argot des gandins, anglomanes par genre.

Pourquoi alors ne disent-ils pas aussi *single ticket* (billet simple) et *return ticket* (billet d'aller et retour)?

TIGNASSE, s. f. Chevelure abondante, épaisse, en désordre ou bien peignée,—dans l'argot du peuple, pour qui ces chevelures-là sont autant de nids à *teigne*.

On dit aussi *Tigne*.

TIGNE, s. f. Foule, — dans l'argot des voleurs.

S'ébattre dans la tigne. Chercher à voler dans la foule.

Signifie aussi Réunion, Cénacle.

Quelques Vaugelas de la Roquette veulent qu'on écrive *Tine*.

TIGRE, s. m. Groom, petit gamin en livrée, — dans l'argot des fashionables.

TIMBRÉ, adj. Fou, — dans l'argot des bourgeois.

Grand timbré. Extravagant; fou aimable.

TINTOUIN, s. m. Souci, tracas d'esprit; embarras d'argent ou d'affaire,—dans l'argot du peuple, qui a eu l'honneur de prêter ce mot à Rabelais.

TINTOUINER (Se), v. réfl. Se mettre martel en tête; se chagriner à propos de rien ou de quelque chose.

TIRAGE, s. m. Difficulté, obstacle, rémora.

Il y aura du tirage dans cette affaire. On ne la mènera pas à bonne fin sans peine.

TIRANTS, s. m. pl. Bas, — dans l'argot des voyous.

Tirants radoucis. Bas de soie.

TIRÉ A QUATRE ÉPINGLES (Être). Être vêtu avec un soin et une recherche remarquables, — dans l'argot des bourgeois, pour qui « avoir l'air de sortir d'une boîte » est le dernier mot du dandysme.

TIRE-JUS, s. m. Mouchoir de poche, — dans l'argot des faubouriens.

On dit aussi *Tire-moelle*.

TIREJUTER (Se). Se moucher.

TIRELARIGOT (A), adv. Abondamment; avec énergie, — dans l'argot du peuple, qui a eu l'honneur de prêter cette expression à Rabelais.

TIRELIRE, s. f. Le *podex*, — dans l'argot ironique des ouvriers.

TIRER (Se la), v. réfl. Fuir.

TIRER A BOULETS ROUGES SUR QUELQU'UN, v. n. Le poursuivre inexorablement, lui envoyer des monceaux de papier timbré, — dans l'argot des bourgeois, qui deviennent corsaires avec les *flibustiers*.

On dit aussi *Poursuivre à boulets rouges*.

TIRER A LA LIGNE, V. n. Écrire des phrases inutiles,

abuser du dialogue pour allonger un article ou un roman payé à tant la ligne, — dans l'argot des gens de lettres, qui n'y tireront jamais avec autant d'art, d'esprit et d'aplomb qu'Alexandre Dumas, le roi du genre.

Tirer aux grenadiers, v. n. Emprunter de l'argent à quelqu'un en inventant une histoire quelconque, — dans l'argot du peuple.

Tirer d'épaisseur (Se), v. réfl. Se tirer d'un mauvais pas, — dans l'argot des ouvriers.

Signifie aussi Diminuer, — en parlant d'une besogne commencée.

Tirer des pieds (Se), v. réfl. S'en aller, s'enfuir.

Tirer la droite, v. a. Traîner la jambe droite par habitude de la manicle qu'elle a portée au bagne, — dans l'argot des agents de police, qui se servent de ce diagnostic pour reconnaître un ancien forçat.

Tirer la langue, v. a. Être extrêmement pauvre, — dans l'argot du peuple.

On dit aussi *Tirer la langue d'un pied*.

Tirer le canon, v. a. Conjuguer le verbe *pedere*. — dans le même argot.

On dit aussi *Tirer le canon d'alarme*.

Tirer le chausson, v. a.

S'enfuir, — dans l'argot des faubouriens.

Tirer le diable par la queue, v. a. Mener une vie besogneuse d'où les billets de banque sont absents, remplacés qu'ils sont par les billets impayés. Argot des bohèmes.

Tirer les pattes (Se), v. réfl. S'ennuyer, — dans l'argot des typographes, à qui il répugne probablement de dire *s'étirer les bras*.

Tirer sa longe, v. a. Marcher avec difficulté, par fatigue ou par vieillesse, — dans l'argot des faubouriens.

Tirer ses guêtres, v. a. S'en aller de quelque part ; s'enfuir, — dans l'argot du peuple.

On disait autrefois *Tirer ses grègues*.

Tirer une dent, v. a. Escroquer de l'argent à quelqu'un en lui contant une histoire.

Tireur, s. m. Voleur à la tire, — c'est-à-dire *pickpocket*.

Tireuse de vinaigre, s. f. Femme de mauvaises mœurs ; drôlesse, — dans l'argot du peuple.

Tiroir de l'œil, s. m. Celui qui contient le produit de la *gratte*, — dans l'argot des tailleurs.

Tisanier, s. m. Infirmier d'hôpital, chargé de distribuer la tisane aux malades.

Titi, s. m. Gamin, voyou, — dans l'argot des gens de lettres.

Toc, s. m. Cuivre, — dans l'argot des faubouriens.

Signifie aussi Bijou faux.

Toc, adj. et s. Laid; mauvais en — parlant des gens et des choses.

C'est toc. Ce n'est pas spirituel.

Femme toc. Qui n'est pas belle.

Tocandine, s. f. Femme entretenue; drôlesse à la mode, — *toquée.*

Le mot date de 1856-57.

Tocasse, adj. Méchant, — dans l'argot des voleurs.

Tocasserie, s. f. Méchanceté.

Tocasson, s. f. Femme laide, ridicule et prétentieuse, — dans l'argot de Breda-Street.

On dit aussi *Tocassonne.*

Toile d'emballage, s. f. Linceul, — dans l'argot des faubouriens, qui font allusion à la serpillière de l'hôpital.

Toiles se touchent (Les). Se dit — dans l'argot du peuple — lorsqu'on n'a pas d'argent en poche.

Toilette, s. f. Morceau de serge verte dans lequel les cordonniers enveloppent les souliers qu'ils portent à leurs pratiques; morceau de percaline noire dans lequel les tailleurs enveloppent les vê-tements qu'ils portent à leurs clients.

Toilette, s. f. Coupe des cheveux et de la barbe des condamnés à mort, — dans l'argot des prisons.

On dit aussi *Fatale toilette.*

Tomber, v. a. Faire tomber; terrasser, — dans l'argot des amis du pugilat.

Tomber, v. a. Écraser sous le poids de son éloquence ou de ses injures, — dans l'argot des gens de lettres.

Tomber a pic, v. n. Arriver à propos, — dans l'argot du peuple, qui emploie cette expression aussi bien à propos des gens que des choses.

Tomber dans le bœuf, v. n. Devenir pauvre, misérable, — dans l'argot des ouvriers.

Tomber de la poêle dans la braise, v. n. N'éviter un petit ennui que pour tomber dans un plus grand; n'avoir pas de chance. Argot du peuple.

C'est l'*Incidit in Scyllam, cupiens vitare Charybdim* des lettrés.

Tomber dessus, v. n. Maltraiter en paroles ou en action, — dans l'argot du peuple.

Tomber malade, v. n. Être arrêté, — dans l'argot des voleurs.

Tomber pile, v. n. Choir sur le dos, — dans l'argot du peuple.

TOMBER SOUS LA COUPE DE QUELQU'UN, v. n. Être à sa merci; vivre sous sa dépendance.

TOMBER SUR LE DOS ET SE CASSER LE NEZ. Se dit d'un homme à qui rien ne réussit.

TOMBER SUR UN COUP DE POING. Recevoir un coup de poing sur le visage et mettre les avaries qui en résultent sur le compte d'une chute.

TOMBEUR, s. m. Lutteur; homme qui *tombe* ses rivaux.

S'emploie au propre et au figuré.

TOMBEUR, s. m. Acteur plus que médiocre, et, à cause de cela, habitué à compromettre le succès des pièces dans lesquelles il joue. Argot des coulisses.

TONDRE, v. a. Tailler les cheveux, les raser, — dans l'argot des faubouriens, qui prennent les hommes pour des chiens et les industriels à sellette du Pont-Neuf pour des Figaros en boutique.

C'est ainsi que les vieux grognards, par une sorte d'irrévérence amicale, appelaient Napoléon le *Petit-tondu*.

TONNEAU, s. m. Degré; qualité d'une chose ou d'une personne.

Être d'un bon tonneau. Être ridicule.

TONTON, s. m. Oncle, — dans l'argot des enfants.

TOPER, v. n. Consentir à quelque chose, — dans l'argot du peuple.

TOPER, v. n. Questionner un compagnon qu'on rencontre, — dans l'argot des ouvriers qui font leur tour de France.

TOPO, s. m. Plan *topographique,* — dans l'argot des officiers d'état-major.

TOPO, s. m. Récit d'une affaire; histoire d'une chose, — dans l'argot du peuple.

TOQUADE, s. f. Manie, *dada,* — dans le même argot.

TOQUADE, s. f. Inclination, caprice, — dans l'argot de Breda-Street.

TOQUANTE, s. f. Montre, — dans l'argot des faubouriens, à qui Vadé a emprunté cette expression :

Il avait la semaine
Deux fois du linge blanc,
Et, comme un capitaine,
La toquante d'argent.

TOQUÉ, s. et adj. Fou plus ou moins supportable; maniaque plus ou moins aimable.

Se dit aussi pour Écervelé.

TOQUEMANN, s. m. Excentrique, extravagant, toqué, — dans l'argot des petites dames.

TOQUER (Se), v. réfl. S'enthousiasmer pour quelqu'un ou pour quelque chose; s'éprendre subitement d'amour pour un homme ou pour une femme.

TORCHER (Se), v. réfl. Se

battre, — dans l'argot du peuple.

TORCHER DE LA TOILE, v. a. Se hâter de faire une chose, aller rapidement vers un but, — dans l'argot des ouvriers qui ont servi dans l'infanterie de marine.

TORCHER LE NEZ (S'en). Se passer d'une chose, — dans l'argot du peuple.

TORCHON BRULE (Le). Se dit de deux amants qui se boudent ou de deux amis qui sont sur le point de se fâcher.

TORD-BOYAUX, s. m. Eau-de-vie, — dans l'argot des faubouriens.

TORGNOLE, s. f. Soufflet ou coup de poing, — dans l'argot du peuple.

TORPILLE, s. f. Femme galante, Circé parisienne qui ravit les hommes et les change en bêtes.

Le mot est de H. de Balzac, qui l'a donné à une de ses héroïnes, la courtisane Esther.

Torpille d'occasion. Fille de trottoir.

TORSE, s. m. Estomac, — dans l'argot des faubouriens.

Se rebomber le torse. Manger copieusement.

Se velouter le torse. Boire un canon de vin ou d'eau-de-vie.

TORSE, s. m. Tournure, élégance, — dans l'argot des artistes et des gens de lettres.

Poser pour le torse. Mar-cher en rejetant la poitrine en avant pour montrer aux hommes, quand on est femme, combien on est *avantagée*, ou pour montrer aux femmes, quand on est homme, quel gaillard solide on est.

TORSEUR, s. m. Homme qui fait des effets de torse.

Expression créée par N. Roqueplan.

TORTILLARD, s. m. Boiteux, — dans l'argot des faubouriens.

TORTILLER, v. a. et n. Manger, — dans le même argot.

TORTILLER, v. n. Faire des façons, hésiter, — dans l'argot du peuple, qui n'emploie jamais ce verbe qu'avec la négative.

Il n'y a pas à tortiller. Il faut se décider tout de suite.

On dit aussi *Il n'y a pas à tortiller des fesses* ou *du cul.*

TORTILLER, v. n. Avouer, — dans l'argot des voleurs.

TORTILLER DE L'ŒIL, v. n. Mourir, — dans l'argot des faubouriens.

Ils disent aussi *Tourner de l'œil* et *Être tortillé.*

TORTU (Le), s. m. Le vin, — dans l'argot des voleurs qui, fils de la terre pour la plupart, savent que la vigne est une plante sarmenteuse, contournée, torte, et qui ont voulu donner son nom à son produit.

Touche, s. f. Physionomie, façon d'être, allure, — dans l'argot du peuple, qui emploie ordinairement ce mot en mauvaise part.

Bonne touche. Tête grotesque.

Avoir une sacrée touche. Être habillé ridiculement ou pauvrement.

Touché, adj. Réussi, éloquent, — dans l'argot des faubouriens et des gens de lettres.

Article touché. Bien écrit.

Parole touchée. Impertinence bien dite.

Toucher son prêt, v. a. Être l'amant en titre d'une fille, — dans l'argot des souteneurs, qui ne craignent pas de faire leur soupe avec cette *marmite.*

On dit aussi *Aller aux épinards.*

Touiller, v. a. et n. Remuer, agiter un liquide, — dans l'argot du peuple.

C'est une expression provinciale.

Toupet, s. m. Aplomb, effronterie.

Payer de toupet. Ne pas craindre de faire une chose.

Toupet, s. m. La tête.

Se foutre dans le toupet. S'imaginer, s'entêter à croire.

Toupie, s. f. La tête, — dans l'argot des faubouriens.

Toupie, s. f. Fille ou femme de mauvaise vie, qui se tourne au gré du premier venu, —

dans l'argot du peuple, cruel pour les drôlesses, ses filles.

Les voyous anglais emploient la même expression (*gig*) à propos des mêmes créatures.

Toupier, v. n. Tourner comme une toupie.

Tour, s. m. Farce; tromperie.

Faire voir le tour. Tromper.

Connaître le tour. Être habile, malin, ne pas se laisser tromper.

Tour de Babel, s. f. Chambre des Députés, — dans l'argot des faubouriens.

Tour de bête (Au), adv. A l'ancienneté, — dans l'argot des troupiers.

Passer capitaine à son tour de bête. Être nommé à ce grade, non à cause des capacités militaires qu'on a montrées, mais seulement parce qu'on a vieilli sous l'uniforme.

Tourlourou, s. m. Soldat du centre, — dans l'argot du peuple.

Lorédan Larchey, emboîtant vaillamment le pas à son chef de file M. Francisque Michel, pousse une pointe jusqu'au XIVe siècle et en rapporte les papiers de famille de ce mot : *turlereau, turelure, toureloure,* dit-il. Voilà bien de la science étymologique dépensée mal à propos ! Pourquoi, demanderont MM. Michel et Larchey ? Tout simplement parce que le mot *tourlourou* est moderne.

TOURNANT, s. m. Moulin,—
dans l'argot des voleurs.

TOURNANTE, s. f. Clé, —
dans le même argot.

TOURNE-AUTOUR, s. m. Ton-
nelier,— dans le même argot.

TOURNÉE, s. f. Rasade of-
ferte sur le comptoir du marchand de vin, — dans l'argot
du peuple.

TOURNÉE, s. f. Coups reçus
ou donnés.

TOURNER AUTOUR DU POT, v.
n. N'oser parler franchement
d'une chose; hésiter avant de
demander une grâce, un service.

TOURNER DE L'ŒIL, v. a.
S'endormir.
Signifie aussi S'évanouir,
et, par extension, Mourir.

TOURNER EN BOURRIQUE, v.
n. S'abrutir, se décourager.
*Faire tourner quelqu'un en
bourrique.* Lui faire des reproches exagérés qui le dé-
couragent; lui demander trop
de choses à la fois.

TOURNER EN EAU DE BOUDIN,
v. n. Se dit d'une chose sur
laquelle on comptait et qui
vous échappe, d'une entreprise qui avorte, d'une promesse qu'on ne tient pas.
*Faire tourner quelqu'un en
eau de boudin.* Se moquer de
lui, le berner par des promesses illusoires.

TOURNER LA VIS, v. a. Tordre le cou à quelqu'un.

TOURNIQUET, s. m. Chirur-
gien, — dans l'argot des marins.

TOURTOUSE, s. f. Corde, —
dans l'argot des voleurs.

TOURTOUSER, v. a. Lier,
garrotter.

TOURTOUSIER, s. m. Cor-
dier.

TOUSSER, v. n. Ce verbe
— de l'argot des faubouriens
— ne s'emploie qu'à un seul
temps et dans les deux acceptions suivantes : « C'est de
l'or comme je tousse, » —
c'est à-dire : Ce n'est pas de
l'or. « Elle n'est pas belle,
non! c'est que je tousse ! » —
c'est-à-dire : Elle est très-
belle.

TOUT DE CÉ, adv. Très-bien,
— dans l'argot des voleurs.

TOUTIME, adj. Tout, — dans
le même argot.

TOUTOU, s. m. Nom que les
enfants donnent indistinctement à tous les chiens, à
quelque race qu'ils appartiennent.

TRAC, s. m. Peur, — dans
l'argot du peuple.
Avoir le trac. Avoir peur.
Le *trac*, autrefois, c'était
les équipages de guerre, —
traca, dit Du Cange. « Compagnons, j'entends le trac de
nos ennemis, » — dit Gar-
gantua.

TRACQUER, v. n. Avoir peur.

TRACQUEUR, s. m. Poltron.

TRAIN (Du) ! Vite ! — dans
l'argot des petites dames.

TRAIN (Être en). Commencer à se griser, — dans l'argot des bourgeois.

TRAÎNÉE, s. f. Fille de mauvaise vie, — dans l'argot du peuple.

TRAÎNE-GUÊTRES, s. m. Vagabond; flâneur.

TRAÎNE-PAILLASSE, s. m. Fourrier, — dans l'argot des troupiers.

On dit aussi *Gratte-papier* et *Rogneur* (sous-entendu : *de portions*).

TRAÎNER LA SAVATE, v. a. Être misérable, n'avoir rien à se mettre sous la dent ni aux pieds,—dans l'argot des bourgeois, qui ne manquent ni de bottes ni de pain.

C'est le *to shuffle along* des Anglais.

TRAÎNER LE CHEVAL MORT, v. a. Avoir du travail payé d'avance, — dans l'argot des ouvriers.

TRAÎNER SA SAVATE QUELQUE PART, v. a. Aller quelque part, se promener, — dans l'argot du peuple.

On dit aussi *Traîner ses guêtres*.

TRAÎNEUR DE SABRE, s. m. Soldat fanfaron, qui croit faire beaucoup d'effet en faisant beaucoup de bruit.

TRAIN-TRAIN, s. m. Train ordinaire de la vie; habitudes.

Suivre son petit train-train. Ne pas interrompre ses habitudes.

On dit aussi *tran-tran*.

TRAITER, v. a. et n. Donner à dîner; régaler, — dans l'argot des bourgeois.

TRAITS, s. m. pl. Infidélité galante, — dans l'argot des bourgeoises.

TRALALA, s. m. Embarras, cérémonies; luxe de toilette, — dans l'argot du peuple.

Se mettre sur son tralala ou sur son grand tralala. S'habiller coquettement, superbement.

TRANCHE-ARDENT, s. m. Mouchettes, — dans l'argot des voleurs, qui ont *emprunté* cette expression aux Précieuses.

TRAVAILLER, v. n. Voler.

TRAVAILLER LE CADAVRE, v. a. Battre quelqu'un, au propre, ou en médire, au figuré, — dans l'argot des faubouriens.

TRAVAILLER LE SUCCÈS, v. a. Être chef de claque dans un théâtre. Argot des coulisses.

TRAVAILLER POUR LE ROI DE PRUSSE, v. n. Faire un travail mal payé, ou pas payé du tout,—dans l'argot du peuple, à qui sans doute on a fait croire que les successeurs du grand Frédéric payaient leurs soldats à coups de knout.

On dit aussi *Travailler pour la gloire* et *Travailler gratis pro Deo.*

TRAVAILLER POUR M. DOMANGE, v. n. Manger.

TRAVERSE (En), adv. Travaux forcés à perpétuité, — dans l'argot des voleurs.

On dit aussi *A perte de vue.*

TRAVIOLE (De), adv. De travers,—dans l'argot du peuple.

TRÈFLE ou TREF, s. m. Tabac,—dans l'argot des voleurs et des faubouriens.

On dit aussi *Tréfoin.*

Longuette de tref. Tabac en carotte.

TRÈFLE, s. m. Le *podex*, — dans l'argot des faubouriens.

Vise-au-trèfle. Apothicaire.

TREIZIÈME ARRONDISSEMENT, s. m. Mairie anacréontique, dont le divin Eros est l'unique magistrat, sans écharpe.

L'expression, qui date du jour où Paris a été divisé en douze arrondissements, ne devrait plus être en vigueur, aujourd'hui qu'il y a vingt arrondissements légaux ; mais il en coûte tant de changer une habitude, et *vingt et unième arrondissement* est si long à prononcer, qu'on dira encore longtemps comme ont dit nos pères.

TREMBLANT, s. m. Lit de sangle, — dans l'argot des faubouriens.

TREMBLEMENT, s. m. Bataille, — dans l'argot des troupiers.

TREMBLEMENT (Et tout le), adv. Au complet, — dans l'argot du peuple.

TREMPE, s. f. Vigoureuse et brutale correction.

On dit aussi *Trempée.*

TREMPER, v. n. Souper,

manger, — dans l'argot des ouvriers.

TREMPER SON PIED DANS L'ENCRE, v. a. Être consigné, — dans l'argot des vieux troupiers, par allusion aux guêtres noire et blanche que portaient autrefois les soldats condamnés au *clou.*

TREMPER UNE SOUPE A QUELQU'UN, v. a. Le maltraiter rudement, par paroles ou par action, — dans l'argot du peuple.

TREMPETTE, s. f. Biscuit ou morceau de pain *trempé* dans un doigt de vin.

Faire la trempette. Déjeuner d'un morceau de pain trempé dans un verre de vin.

TREMPETTE, s. f. Pluie, — dans l'argot des faubouriens.

TREMPLIN, s. m. La scène, — dans l'argot des coulisses.

TRENTE-ET-UN, s. m. Dernière élégance, suprême bon ton, — dans l'argot du peuple.

Se mettre sur son trente-et-un. Se vêtir de son plus bel habit ou de sa plus belle robe, — l'*habit à manger du rôti* et la *robe à flaflas.*

On dit aussi *Se mettre sur son trente-six.*

TRENTE - SIXIÈME DESSOUS, s. m. Le *troisième dessous* des gens amis de l'hyperbole.

TRÉPIGNÉE, s. f. Coups donnés ou reçus, — dans l'argot du peuple.

TREPPE, s. m. Peuple ;

foule, — dans l'argot des voleurs.

TRIANGLE, s. m. La bouche,
— dans l'argot des rapins,
qui se rappellent leurs *principes* de dessin, s'ils oublient
ceux de la bienséance.

Clapoter du triangle. Avoir
l'haleine homicide.

TRIAU, s. m. Ennui, *tri-
mage,* — dans l'argot des ouvriers.

TRIBOULET, s. m. Homme
grotesque, servant de jouet
aux autres, — en souvenir du
fou de Louis XII et de François 1er.

TRIBOUILLER, v. n. Tres-
saillir, sauter d'aise, remuer
de joie, — dans l'argot du
peuple.

TRICOTER, v. a. Battre.

On dit aussi *Tricoter les
côtes.*

TRICOTER, v. n. Danser.

TRICOTER DES JAMBES, v.
n. Courir.

TRIMAR, s. m. Chemin, —
dans l'argot des voleurs, qui
y *triment* souvent en attendant leurs victimes.

Grand trimar. Grande
route.

On dit aussi *Grande tire.*

TRIMAR (Faire son). Rac-
crocher, — dans l'argot des
filles.

TRIMARDE, s. f. Rue.

On dit aussi *Trime.*

TRIMBALLER, v. n. Se pro-

mener, — dans l'argot des
faubouriens.

TRIMBALLER, v. a. Prome-
ner quelqu'un, traîner quelque chose.

TRIMBALLEUR, s. m. Homme
qui *fait aller* son monde.

TRIMBALLEUR, s. m. Cocher,
— dans l'argot des voleurs.

Trimballeur des refroidis.
Cocher des pompes funèbres.

TRIMER, v. n. Aller ou venir inutilement; se morfon-
dre dans l'attente. Argot des
faubouriens.

TRIMER (Faire), v. a. Se
moquer des gens en les faisant *poser,* — dans l'argot de
Breda-Street.

TRIMMER, v. n. Écrire comme Léo Lespès, — dans l'argot des gens de lettres, jaloux
du succès inouï de *Timothée
Trimm,* chroniqueur du *Petit
Journal.*

Quelques-uns disent aussi
Timothéetrimmer.

TRINGLE! adv. Rien, non,
zéro, — dans l'argot des
voyous.

TRINGLOS, s. m. Soldat du
train, — dans l'argot des
troupiers.

TRIPASSE, s. f. Vieille femme, — dans l'argot du peuple,
qui emploie cette expression
depuis longtemps, comme on
peut en juger par les vers
suivants :

Si elle estoit dure et poupine,
Voulentiers je la regardasse ;
Mais elle semble une tripasse
Pour quelque varlet de cuysine.

TRIPES, s. f. pl. Gorge mal faite, ou trop fournie.

TRIPOLI, s. m. Eau-de-vie, — dans l'argot des faubouriens, qui s'imaginent peut-être qu'ils se *nettoient* la poitrine avec cela.

Coup de tripoli. Verre d'eau-de-vie.

TRIPOTÉE, s. f. Coups donnés ou reçus, — dans l'argot du peuple.

TRIPOTER LA COULEUR, v. a. Peindre, — dans l'argot des artistes.

TRIQUAGE, s. m. *Triage* des matières, — dans l'argot des chiffonniers.

TRIQUE, s. f. Canne, — dans l'argot du peuple.

TRIQUER, v. a. Trier les chiffons.

TRIQUER, v. a. Donner des coups de canne ou de bâton.

TRIQUEUR, s. m. Maître chiffonnier, qui trie ce que lui apportent les autres.

TROGNON, s. m. Tête, — dans l'argot des faubouriens, moins polis que les gueux anglais, qui eux disent *Costard* (grosse pomme).

Dévisser le trognon. Tordre le cou à quelqu'un.

TROGNON, s. f. Petite fille, le *cœur* d'une femme, — dans l'argot du peuple.

TROIS-ÉTOILES. Nom qu'on donne — dans l'argot des gens de lettres — aux personnes que l'on ne veut pas nommer.

On dit aussi *Monsieur* ou *Madame Trois-Étoiles.*

TROISIÈME DESSOUS, s. m. La dernière cave pratiquée sous les planches d'un théâtre pour recevoir la rampe, les trucs, les machines, etc.

TROISIÈME DESSOUS, s. m. Le monde des coquins, « la dernière sape, *inferi*, de la société, « la fosse des ténèbres, la grande caverne du mal, » dit Victor Hugo, qui la peint à grands coups de brosse, comme Dante son *Enfer.*

« Cette cave est au-dessous de toutes et est l'ennemie de toutes. C'est la haine sans exception. Elle a pour but l'effondrement de tout, — de tout, y compris les sapes supérieures, qu'elle exècre. Elle ne mine pas seulement, dans son fourmillement hideux, l'ordre social actuel : elle mine la philosophie, elle mine la science, elle mine le droit, elle mine la pensée humaine, elle mine la civilisation, elle mine le progrès. Elle est ténèbre et elle sent le chaos. Sa voûte est faite d'ignorance. Elle s'appelle tout simplement vol, prostitution, meurtre et assassinat. Détruisez la cave-ignorance, vous détruirez la taupe-crime. »

TROISIÈME RÊNE, s. f. La crinière du cheval, — dans l'argot des maquignons.

22

Troisième sexe, s. m. Celui qui déshonore les deux autres. « Il suffira de rapporter ce mot magnifique du directeur d'une maison centrale à feu lord Durham, qui visita toutes les prisons pendant son séjour à Paris. Le directeur, après avoir montré toute la prison, désigne du doigt un local en faisant un geste de dégoût : « Je ne mène pas là votre seigneurie, dit-il, car c'est le quartier des tantes.— Hao ! fit lord Durham, et qu'est-ce ? — C'est le troisième sexe, milord. » (H. de Balzac.)

Trois-six, s. m. Eau-de-vie de qualité inférieure, âpre au gosier, — dans l'argot des bourgeois.

Troller, v. n. Remuer; aller çà et là, — dans l'argot du peuple, qui a emprunté cette expression aux patois du centre de la France.

Trolleur, s. m. Marchand de peaux de lapin, — *chineur* quand il achète et *trolleur* quand il revend.

Trombille, s. f. Bête, — dans l'argot des voleurs.

Trombine, s. f. Tête, visage, — dans l'argot des faubouriens.

Tromboler les gonzesses, v. a. Aimer les filles, — dans l'argot des maquignons.

Trompe, s. f. Nez, — dans l'argot des faubouriens, qui prennent l'homme pour un proboscidien.

Trompette, s. f. Visage.

Trompette s. f. Cigare, — parce qu'on le tient continuellement à la bouche, comme si on voulait jouer un air quelconque.

Trompetter, v. a. Divulguer, publier une chose qui devait être tenue secrète, — dans l'argot du peuple.

Tronche, s. f. Visage; tête, — dans l'argot des voleurs.

Troncher, v. a. Embrasser.

Trône, s. m. Ce qu'on appelait autrefois « chaise d'affaires », et, longtemps auparavant, *trulla*. — Argot des bourgeois.

Être sur son trône. Alvum deponere.

Trop fort de café (C'est). Se dit à propos de toute chose inouïe, étonnante, à laquelle on se refuse à croire, ou à laquelle on ne s'attendait pas.

On dit aussi : *C'est un peu trop fort de chicorée*, ou *de moka*.

Trottant, s. m. Rat, — dans l'argot des voleurs.

On dit aussi *Trotteur*.

Trottante, s. f. Souris.

Trotte, s. f. Course, — dans l'argot du peuple.

Sacrée trotte. Course fort longue, que l'on ne peut faire qu'en beaucoup de temps.

Trottin, s. m. Cheval, — parce qu'il *trotte*.

Trottin de modiste, s. m. Jeune garçon ou jeune fille,

domestique ou apprentie, qui va porter les chapeaux et faire les commissions des modistes.

Il y a longtemps que ce mot signifie *petit domestique*, car Scarron a dit :

> Ensuite il appelle un trottin,
> Fait amener son guilledin
> Orné d'une belle fontange.

Trottins, s. m. pl. Les pieds, — dans l'argot des voyous.

Trottoir, s. m. Répertoire, — dans l'argot des coulisses.
Grand trottoir. Haut répertoire.

Trou, s. m. Chambre insalubre, logis incommode, — dans l'argot du peuple.

Trou, s. m. Logis, habitation, — dans l'argot des bourgeois, qui disent souvent cela, par fausse modestie, d'une fort jolie maison de campagne.

Trou, s. m. Emploi, position sociale, — dans le même argot.
Faire son trou. Réussir dans la vie; asseoir sa réputation, sa fortune, son bonheur.

Trou, s. m. Entr'acte d'un long déjeuner ou d'un long dîner pendant lequel on sert le cognac ou le madère.
Faire un trou. Boire un verre de cognac ou de madère au milieu d'un repas, afin de pouvoir le continuer avec plus d'appétit.

Trou a la lune, s. m. Banqueroute frauduleuse, — dans l'argot du peuple.
Faire un trou à la lune. Faire faillite.

Troubade, s. m. Apocope de *Troubadour*, — dans l'argot des faubouriens.

Troubadour, s. m. Soldat, — dans l'argot du peuple.
Est-ce à cause de la *clarinette* de cinq pieds?

Trou de balle, s. m. Le *podex*, — dans l'argot des faubouriens.
On dit aussi *Trou du souffleur* et *Trou de bise*.

Trouée, s. f. Dentelle, — dans l'argot des voleurs.

Troufignon, s. m. Le *podex*, dans l'argot du peuple, qui employait déjà cette expression du temps de Béroalde de Verville.

Trouillotter, v. n, Exhaler une mauvaise odeur, — dans l'argot des faubouriens.
Trouillotter du goulot. Avoir l'haleine homicide.

Troupe de carton, s. f. Troupe plus que médiocre, — dans l'argot des coulisses.

Troupe de fer-blanc, s. f. Troupe composée d'acteurs médiocres, — dans le même argot. Rédacteurs très-ordinaires, — dans l'argot des journalistes.
On dit aussi *Troupe d'été*, parce qu'à ce moment de l'an-

née les Parisiens riches étant en voyage ou à la campagne, il est inutile de se mettre en frais pour ceux qui restent à Paris.

Troupe d'or, s. f. Excellente troupe, — dans l'argot des comédiens. Les meilleurs rédacteurs, — dans l'argot des journalistes.

On dit aussi *Troupe d'hiver*, parce que c'est ordinairement dans cette saison — la meilleure de l'année théâtrale et journalistique — que les directeurs de théâtres et de journaux renforcent leur troupe et donnent leurs pièces et leurs articles à succès.

Troussé (Être). Mourir subitement, ou en peu de jours, sans avoir eu le temps d'être malade. — Argot du peuple.

Troussequin, s. m. La partie du corps qui sert de cible aux coups de pied, — dans l'argot des faubouriens.

Trouvé, adj. Neuf, original, réussi, — dans l'argot du peuple et des gens de lettres.

C'est trouvé. C'est ingénieux.

Trouver mauvaise (La). Se dit — dans l'argot des faubouriens et des petites dames — d'une histoire désagréable, d'un acte déplaisant, d'un événement ennuyeux. Un faubourien se casse le bras : *Je la trouve mauvaise!* dit-il. On enlève son amant à une

petite dame : *Je la trouve mauvaise!* dit-elle.

Troyen, s. m. Le trois, — dans l'argot des joueurs de dominos.

Truc, s. m. Tromperie; malice; *ficelle*, — dans l'argot du peuple.

Avoir du truc. Avoir un caractère ingénieux.

Connaître le truc. Connaître le secret d'une chose.

La première forme de ce mot a dû être *trut*, ainsi que le prouvent les vers suivants, d'une chronique rimée de Jean IV :

Françoys prenoient trop divers noms
Pour faire paour aux Bretons,
Mais ils avoient plus de viel trut
Que vicle truie qui est en rut.

Truc, s. m. Machine destinée à produire un changement à vue, — dans l'argot des coulisses.

Truc, s. m. Entente des détails et de la mise en scène, — dans l'argot des acteurs dramatiques.

Truche, s. f. Manière de voler, — dans l'argot des prisons.

Trucheur, s. m. Voleur.

Truelle, s. f. Cuiller, — dans l'argot des francs-maçons.

Ils disent aussi *Pelle*.

Manier la truelle. Manger.

TRUFFARD, s. m. Soldat, — dans l'argot des faubouriens.

TRUFFE, s. f. Nez d'ivrogne, — dans l'argot des faubouriens, qui trouvent que ces nez-là ressemblent beaucoup au *tuber cibarium*. Ils ont raison.

TRUFFE DE SAVETIER, s. f. Marron.

TRUFFES (Aux)! C'est le : *Aux ognons!* des gandins.

TRUQUER, v. n. Tromper; ruser, — dans l'argot des voleurs.

Les auteurs de la parodie du *Vieux Vagabond* ont dit à tort :

D'la pogn', dirent-ils, va *truquer!*

en employant ce dernier verbe dans le sens de *user, se servir*. Il n'a jamais signifié cela.

TRUQUEUR, s. m. Homme qui passe sa vie à courir de foire en foire, de village en village, n'ayant pour toute industrie qu'un petit jeu de hasard.

TRUQUEUR, s. m. Trompeur; homme qui vit de trucs.

TUBE, s. m. Le gosier, — dans l'argot des faubouriens.
Se rincer le tube. Boire.
Se coller quelque chose dans le tube. Manger.
Signifie aussi *Voix*.

TUBE, s. m. Nez, — dans l'argot des marbriers de cimetière.

Se flanquer du terreau dans le tube. Priser.

TUDOR, s. m. Chapeau de femme ressemblant au chapeau andalou, avec une garniture de plumes de paon tout autour. Il est à la mode au moment où j'écris : il n'y sera plus peut-être quand ce livre paraîtra.

TUÉ (Être). Être mis hors du jeu par ses adversaires, — au billard à trois.

TUER LES MOUCHES AU VOL, v. n. Avoir l'haleine aussi cruelle que Domitien, — dans l'argot des faubouriens.
On dit aussi *Tuer les mouches à quinze pas.*

TUER LE VER, v. a. Étouffer ses remords, — dans l'argot des voleurs, qui ne commettent pas souvent de ces meurtres-là, le vol étant leur élément naturel.
Les Anglais ont la même expression, ainsi qu'il résulte de ce passage de *Much Ado about nothing*, où Shakespeare appelle la Conscience le Seigneur Ver (*Don Worm*).

TUER LE VER, v. a. Boire un verre de vin blanc en se levant, — dans l'argot des ouvriers, chez qui c'est une tradition sacrée.

TUILE, s. f. Accident, événement désagréable et inattendu, qui tombe dans votre existence comme une tuile sur votre tête. Argot du peuple.

TUILE, s. f. Assiette, —

22.

dans l'argot des francs-maçons.

Ils disent aussi *Platine*.

TUILE, s. f. Casquette ou chapeau, — dans l'argot des voyous, qui prennent la tête pour le toit du corps humain.

Les voyous anglais ont le même mot : *Tile*.

TUILER, v. a. Mesurer quelu'un ou quelque chose; juger du caractère ou de la qualité. Argot du peuple.

TUILER (Se), v. réfl. S'enivrer; succomber sous l'ivresse comme sous une averse de tuiles, — ou boire à en avoir bientôt le visage érubescent, c'est-à-dire couleur de tuile neuve.

TULIPE ORAGEUSE, s. f. Variété de cancan ou de chahut.

TU ME LA TUMES! Tu m'ennuies! — dans l'argot des voyous, qui ont retenu, pour se l'approprier, ce refrain d'une chanson des rues célèbre il y a quinze ans.

TUNE, n. de l. Bicêtre, — dans l'argot des voleurs.

TUNEÇON, s. m. Prison; violon, — dans le même argot.

TUNER, v. n. Mendier.

TUNEUR, s. m. Mendiant, vagabond.

TURBIN, s. m. Travail; besogne en général, — dans l'argot des faubouriens et des voleurs.

Aller au turbin. Aller travailler.

On dit aussi *Turbinement* et *Turbinage*.

TURBINER, v. n. Travailler.

TURCO, s. m. Tirailleur indigène de l'armée d'Afrique, — aujourd'hui aussi connu et aussi apprécié des bonnes d'enfants et des lorettes que jadis le zouave.

TURF, s. m. Champ de course, — dans l'argot des sportsmen.

Par extension, Arène quelconque.

Le turf littéraire. La littérature; les journaux.

TURFISTE, s. m. Habitué des courses.

TURLUPINER, v. a. Agacer, ennuyer quelqu'un, se moquer de lui, — dans l'argot du peuple.

TURLUTAINE, s. f. Fantaisie, caprice, lubie.

TURNE, s. f. Chambre malpropre, logis de pauvre, — dans l'argot des faubouriens.

TU VAS ME LE PAYER, AGLAÉ! Expression de l'argot des filles et des faubouriens, qui l'emploient à propos de tout — et surtout à propos de rien. Quelqu'un annonce une nouvelle ou dit un mot drôle : *Tu vas me le payer, Aglaé!* Il pleut ou il neige : *Tu vas me le payer...* On tombe ou l'on voit tomber quelqu'un : *Tu vas me le payer...* Etc.

TUYAU, s. m. Gorge, gosier, — dans l'argot des faubouriens.

Se jeter quelque chose dans le tuyau. Manger ou Boire.

Le tuyau est bouché. Quand on est enrhumé.

Se dit aussi pour Oreille.

Tuyau de poêle, s. m. Chapeau rond, qui semble, en effet, plus destiné à coiffer des cheminées que des hommes.

Ce sont les romantiques, Théophile Gautier en tête, qui l'ont ainsi baptisé.

Tuyaux de poêle, s. m. pl. Bottes usées par le bout, — dans l'argot des faubouriens.

Typo, s. m. Apocope de *Typographe*, — dans l'argot des compositeurs d'imprimerie.

Tyran, s. m. Roi, — dans l'argot du peuple, qui ne peut s'en passer, quoiqu'il fasse une révolution tous les vingt ans pour détrôner celui qui règne.

Sous le règne du tyran. Sous le règne de Louis-Philippe.

U

Ultra, s. m. Royaliste, — dans l'argot des libéraux. Libéral, — dans l'argot des royalistes.

Ultramontain, s. m. et adj. Catholique plus papiste que le pape, — dans l'argot des voltairiens. Cagot, — dans l'argot des abonnés du *Siècle*.

Unité salutaire, s. f. Unité qui, dans le classement, à l'École polytechnique, sert à maintenir un rang, au lieu d'avoir un zéro.

Usager, s. et adj. Homme poli, bien élevé, ayant l'*usage* du monde, — dans l'argot du peuple.

Utilité, s. f. Acteur qui joue tout ce qui se présente, les premiers rôles comme les comparses. Argot des coulisses.

V

Vache, s. f. Fille ou femme de mauvaises mœurs, — dans l'argot du peuple.

Vache, s. f. Homme sans courage, *avachi*.

Vache a lait, s. f. Dupe qu'on ne se lasse pas de duper; père trop faible qui ne se lasse pas de payer les dettes de son fils; maîtresse trop dévouée qui ne se lasse pas de fournir aux dépenses de son amant.

VADE, s. f. Foule; rassemblement, — dans l'argot des voleurs.

VA-DE-LA-GUEULE, s. m. Gourmand, — dans l'argot du peuple.

VA-DE-LA-LANCE, s. m. Ami de la gaudriole, en paroles et en action, — dans l'argot des faubouriens.

VA DONC! Expression du même argot, signifiant : « Va te promener! tu m'ennuies! » On dit aussi *Va donc te laver!* ou *Va donc te chier!*

VADROUILLE, s. f. Drôlesse, fille ou femme de peu, — dans le même argot.

VAGUE, s. m. Promenade intéressée, — dans l'argot des filles.

Envoyer une femme au vague. Lui faire faire le trottoir, — dans l'argot des souteneurs.

VAGUER, v. n. Sortir sans savoir avec qui on rentrera, — dans l'argot des petites dames.

On dit aussi *Aller au vague.*

VAISSELLE DE POCHE, s. f. Argent; monnaie, — dans l'argot des faubouriens.

VALADE, s. f. Poche, — dans l'argot des voleurs.

VALOIR CHER (Ne pas). Être d'un caractère désagréable, — dans l'argot des faubouriens.

VALSER, v. n. S'enfuir, ou seulement s'en aller, — dans l'argot du peuple.

Faire valser quelqu'un. Le mettre brutalement à la porte.

VALTREUSE, s. f. Valise, — dans l'argot des voleurs.

VALTREUSIER, s. m. Voleur de valises.

VANER, v. n. S'en aller, — dans l'argot des voyous.

VANNAGE, s. f. Piége, amorce, — dans l'argot des voleurs.

Faire un vannage. Allécher par un petit profit l'homme qu'on se réserve de dépouiller.

VASE ÉTRUSQUE, s. m. « Pot qu'en chambre on demande », — dans l'argot des romantiques.

VASE NOCTURNE, s. m. Le *vase étrusque* des bourgeois.

VA T'ASSEOIR SUR LE BOUCHON! Expression ironique qu'on emploie — dans l'argot des faubouriens — envers les gens que l'on veut congédier ou dont on veut se moquer.

On dit aussi *Va t'asseoir sur ma veste et ne casse pas ma pipe.*

VEAU, s. m. Jeune fille qui a des dispositions pour le rôle de *fille.*

VÉCU, adj. Arrivé, véridique, — dans l'argot des gens de lettres.

Roman vécu. Roman qui est l'histoire réelle de quelqu'un.

Vécu (Avoir). Avoir joyeusement dépensé sa vie à boire, à manger, à aimer, etc., — dans l'argot des bourgeois.

Vedette, s. f. Nom imprimé en caractères très-gros sur une affiche de théâtre, — dans l'argot des coulisses.

Être en vedette. Avoir son nom en tête d'une affiche comme acteur plus important que les autres.

Veiller au grain, v. n. Surveiller ses domestiques quand on est maître, ses ouvriers quand on est patron, afin qu'il n'y ait pas de détournements et de gaspillage. Argot des bourgeois.

Veinard, s. et adj. Homme heureux en affaires ou en amour, — dans l'argot du peuple.

Veine, s. f. Chance heureuse, bonheur imprévu.

Véler, v. n. Accoucher, — dans l'argot injurieux du peuple, autorisé à cette injure par cette phrase de Tallemant des Réaux : « Un beau jour la mère s'aperçut qu'elle étoit grosse... Elle ne fut pas malhabile: elle trouva à qui donner la vache et le veau. »

Vélo, s. m. Postillon, — dans l'argot des voleurs.

Véloze, s. f. Poste aux chevaux.

Velours, s. m. Liaison dangereuse, abus fréquent et intempestif des s dans la conversation. Argot des bourgeois.

Vendeur de chair humaine, s. m. Agent de remplacement militaire, — dans l'argot du peuple.

Vendre, v. a. Trahir quelqu'un,—dans le même argot.

Vendre la mèche. Dévoiler un secret, ébruiter une affaire.

Vendre des guignes, v. a. Loucher, *guigner* de l'œil.

Vendre son piano, v. a. Jouer de façon à faire pleurer les spectateurs, — dans l'argot des coulisses, où Bouffé (rôle de *Pauvre Jacques*) a laissé des souvenirs et des traditions.

Vénérable, s. m. Un des nombreux pseudonymes de messire Luc, — dans l'argot du peuple.

Venette, s. f. Peur.

Avoir une fière venette. Avoir une grande peur.

Vent dessus, vent dedans (Être). Être en état d'ivresse, — dans l'argot des marins.

Venterne, s. f. Fenêtre par où passe le *vent*, — dans l'argot des voleurs.

Doubles venternes. Lunettes.

Venternier, s. m. Voleur qui s'introduit dans les maisons par la fenêtre, au lieu d'y entrer par la porte.

Ventre bénit, s. m. Bedeau, chantre, sacristain, —

dans l'argot du peuple, qui suppose à tort que les gens d'église se nourrissent exclusivement de pain bénit.

VENTRE D'OSIER, s. m. Ivrogne.

VENTRILOQUE, s. et adj. *Crepitator*, et même *emittens ventris flatum*, — dans l'argot du peuple, qui aime les facéties rabelaisiennes et les allusions de haute graisse, et qui donne ainsi raison à Victor Hugo disant : « Le calembour est la fiente de l'esprit qui vole. »

VÉREUX, SE, adj. Homme d'une probité douteuse ; chose d'une honnêteté problématique.

VERGNE, s. m. Pays, — dans l'argot des voleurs.

VERMICHELS, s. m. pl. Les veines du corps, — dans le même argot.

VERMILLON, s. m. Anglais, — dans le même argot.

VERMINE, s. f. Avocat, — dans le même argot.

VERMINE, s. f. La populace, — dans l'argot des bourgeois.

VERMOIS, s. m. Sang, — dans l'argot des voleurs.

VERRE DE MONTRE, s. m. Le derrière de l'homme, — dans l'argot des faubouriens.

Casser le verre de sa montre. Tomber sur le derrière.

VER RONGEUR, s. m. Voiture de remise ou de place à l'heu-

re, — dans l'argot des petites dames.

VERSIGO, n. de l. Versailles, — dans l'argot des voleurs.

VERSIONNAIRE, s. m. Humaniste qui, pour vivre, compose en version latine pour les candidats bacheliers dont la bourse est mieux garnie que la cervelle.

On dit aussi *Passeur*.

VERTE, s. f. Verre d'absinthe, — dans l'argot des absintheurs.

Heure où la verte règne dans la nature. Cinq heures du soir.

VERTIGO, s. m. Lubie, caprice, — dans l'argot du peuple, à qui les gens fantasques semblent justement atteints de *vertige*.

VERVER, v. n. Pleurer, — dans l'argot des voleurs.

VERVEUX, s. m. Crinoline, — dans l'argot des paysans des environs de Paris, qui trouvent une ressemblance entre ce filet à cerceaux et cette jupe à cage.

VESPASIENNES, s. f. pl. *Water closets* montés sur essieux, qui circulaient dans Paris vers les premières années du règne de Louis-Philippe. Ce nom leur avait été donné en souvenir de l'empereur romain qui spéculait sur toutes les gadoues de son empire.

VESSARD, s. m. Poltron ;

homme sans énergie, — dans l'argot des faubouriens.

Vesse, s. f. Peur.

Avoir la vesse. Avoir peur.

Vesser du bec, v. n. Avoir l'haleine « pire que cade, » — dans l'argot des faubouriens, plus cyniques que l'*Aventurier Buscon*. C'est plus grave, c'est-à-dire plus désagréable que le *leve peditum* reproché par Catulle à Libon dans une de ses épigrammes *In Cæsaris cinædos*.

Vessie, s. f. Fille ou femme de mauvaises mœurs.

Veste, s. f. Échec honteux, Waterloo de la vie bourgeoise ou littéraire auquel on ne s'attendait pas, — dans l'argot des gens de lettres et des comédiens.

Ramasser ou *Remporter une veste*. Échouer dans une entreprise, petite ou grande. — Se faire siffler en chantant faux ou en jouant mal. — Écrire un mauvais article ou un livre ridicule.

On dit aussi *Remporter son armoire*, depuis le 13 septembre 1865, jour de la première représentation à la salle Herz des prétendus *phénomènes spirites* des frères Davenport.

Vestiges, s. m. Légumes, — dans l'argot des voleurs.

Vésuvienne, s. f. Femme galante.

« L'expression date de 1848, et elle n'a pas survécu à la République, qui l'avait vue naître. Les vésuviennes ont défilé devant le Gouvernement Provisoire ; mais elles n'auraient pas défilé devant l'Histoire si un chansonnier de l'époque, Albert Montémont, ne les eût chantées sur son petit turlututu gaillard :

> Je suis vésuvienne,
> A moi le pompon !
> Que chacun me vienne
> Friper le jupon ?

Veule, adj. des 2 g. Mou, paresseux, lâche, — dans l'argot du peuple, qui emploie ce mot depuis des siècles, comme le prouvent ces vers de *Gauthier de Coinsi :*

> Mais tant iert plains de vaine gloire
> Tant iers fiers, cointes et veules,
> Qu'il sembloit bien qu'en ses esteules
> Eust trové tout le païs.

C'est sans doute une antiphrase, de *volo*, vouloir, avoir volonté : *volo, volvis, volui.*

Veuve (La). La guillotine, — dans l'argot des voleurs, qui se marient quelquefois avec elle, sans le vouloir.

Épouser la veuve. Être guillotiné.

Vézouiller, v. n. Puer, — dans l'argot des faubouriens.

Vézouiller du bec. Avoir une haleine à la Paixhans.

Viande, s. f. La chair, — dans le même argot.

Montrer sa viande. Se décolleter excessivement, comme font les demoiselles du demi-monde dans la rue et les dames du grand monde aux Italiens.

Vice, s. m. Imagination ;

ingéniosité; astuce, — dans l'argot du peuple, qui sait que l'intelligence est un don souvent fatal.

Avoir du vice. Être très-malin, — c'est-à-dire sceptique en amour, en amitié, en politique et en morale.

On dit aussi *Avoir du vice dans la toupie.*

VICELOT, s. m. Petit vice, défaut peu grave.

VICTOIRE, s. f. Chemise, — dans l'argot des chiffonniers, qui ont voulu consacrer ainsi le souvenir d'une marchande du faubourg chez laquelle ils se fournissaient.

VICTORIA, s. f. Voiture découverte à quatre roues, — dans l'argot des cochers.

VIDANGE, s. f. Accouchement, — dans l'argot des voleurs.

Largue en vidange. Femme en couches.

VIDER (Se), v. réfl. Mourir, — dans l'argot des faubouriens.

VIDER UN HOMME, v. a. Le ruiner, — dans l'argot des petites dames.

VIDER LE PLANCHER, v. a. S'en aller de quelque part, — dans l'argot du peuple.

VIE DE CHIEN, s. f. Conduite déréglée, crapuleuse, — dans le même argot.

Faire ou *Mener une vie de chien.* Vivre dans le désordre et le vagabondage. Les An-

glais ont la même expression, dans le même sens : *to lead a dog's life.*

On dit aussi *Faire une vie de polichinelle.*

VIEILLE, s. f. Eau-de-vie qui devrait avoir 107 ans et qui n'a que quelques mois.

VIEILLE (Ma), s. f. Expression de tendresse banale employée entre hommes, — je me trompe, entre cabotins.

VIEILLE CULOTTE DE PEAU, s. f. Général en retraite, — dans l'argot des troupiers.

VIERGE DE COMPTOIR, s. f. Demoiselle de caboulot, — dans l'argot ironique du peuple, qui ne se doute pas qu'il a emprunté ce mot à John Bull : *Bar-maids,* disent les Anglais à propos des mêmes Hébés.

VIEUX, s. m. Amant en cheveux blancs ou gris, et même sans cheveux, — dans l'argot des petites dames.

VIEUX COMME LES RUES, adj. Extrêmement vieux, — dans l'argot du peuple.

On dit aussi *Vieux comme Mathieu Salé,* — par corruption de *Mathusalem,* un patriarche.

VILLOIS, s. m. Village, — dans l'argot des voleurs.

VIN CHRÉTIEN, s. m. Vin coupé de beaucoup trop d'eau, — dans l'argot du peuple, assez païen pour vouloir boire du vin pur.

Vin d'une oreille, s. m. Bon vin.

Vin de deux oreilles. Mauvais vin.

Vingt-cinq-franco-jourien, s. m. Représentant du peuple, — parce que payé *vingt-cinq francs par jour.*

Le mot date de 1848 et de Théophile Gautier.

Vingt-deux, s. m. Poignard, — dans l'argot des voleurs.

Jouer du vingt-deux. Donner des coups de poignard.

Vioc, s. m. Vieux, — dans le même argot.

Viocque, s. f. Vie débauchée, — dans le même argot.

Violon, s. m. Partie d'un corps de garde réservée aux gens arrêtés pendant la nuit et destinés à être, soit relâchés le lendemain, soit conduits à la Préfecture de police.

L'expression a un siècle de bouteille.

Sentir le violon. Être sans argent. Argot des voleurs.

Virgule, s. f. Barbiche, — dans l'argot du peuple.

Signifie aussi *Cicatrice.*

Virgule, s. f. Trace que les faubouriens se plaisent à laisser de leur passage dans certains *lieux.*

Visage cousu, s. m. Homme très-maigre, — dans l'argot du peuple.

Visage de bois, s. m. Porte fermée.

Visage de bois flotté, s. m. Mauvaise mine.

Visage de cuir bouilli, s. m. Figure grotesque.

Visage sans nez, s. m. Messire Luc.

On dit aussi tout simplement *Visage*, ainsi que le constatent ces vers de Voiture à une dame :

.....Ce visage gracieux...
Qui peut faire pâlir le nôtre,
Contre moi n'ayant point d'appas,
Vous m'en avez fait voir un autre
De quoi je ne me gardais pas.

Vis-a-vis, s. m. L'un des deux couples nécessaires pour danser le quadrille.

Vis-a-vis, s. m. Petit canapé qui permet à deux personnes de causer face à face.

Vitelotte, s. m. Le nez, — du moins le nez de certains buveurs, qui affecte en effet la forme de cette variété de pomme de terre. Argot du peuple.

Vitres, s. f. pl. Yeux, — dans l'argot des faubouriens, qui ne savent pas se rencontrer si juste avec les gueux anglais, lesquels disent aussi *Glaziers.*

Carreaux de vitres. Lunettes.

Vitriers, s. m. pl. Chasseurs de Vincennes, — dans le même argot, sans doute par allusion aux sacs en cuir verni, reluisant au soleil comme les

23

feuilles de verre des vitriers ambulants, que portèrent à l'origine ces soldats.

VITRINE, s. f. Lorgnon, lunettes, — dans le même argot.

VOILE, s. m. Nappe, — dans l'argot des francs-maçons.

Ils disent aussi *Grand drapeau*.

VOIR, v. n. Se dit de l'indisposition mensuelle des femmes, — dans l'argot des bourgeoises.

VOIR LA FARCE (En). Satisfaire sa curiosité ou son caprice, — dans l'argot du peuple.

VOIR LA FEUILLE A L'ENVERS, v. a. Le couplet suivant, tiré d'une très-vieille chanson reproduite par Restif de la Bretonne dans sa 177e *Contemporaine*, expliquera cette expression mieux que je ne le pourrais faire :

> Sitôt, par un doux badinage,
> Il la jeta sur le gazon.
> Ne fais pas, dit-il, la sauvage,
> Jouis de la belle saison...
> Ne faut-il pas dans le jeune âge
> Voir un peu la feuille à l'envers ?

VOIR QUE DU FEU (N'y). Être trompé par un beau parleur; être ébloui par des promesses brillantes.

VOIR LE COUP DE TEMPS. Deviner à temps les intentions malveillantes de quelqu'un, de façon à être prêt à la riposte, soit qu'il s'agisse d'un

coup de poing ou d'une question embarrassante.

VOIR SOPHIE, v. a. Avoir ses *menses*, — dans l'argot des ouvrières.

VOIR TRENTE-SIX CHANDELLES, v. a. Avoir un éblouissement occasionné par un coup sur la tête ou par une émotion subite. Argot du peuple.

Faire voir trente-six chandelles. Appliquer un solide coup de poing en plein visage.

VOIR VENIR QUELQU'UN AVEC SES GROS SABOTS. Se dit — dans le même argot — de quelqu'un qui est deviné avant d'avoir parlé ou agi, par son inhabileté ou sa gaucherie.

VOITE, s. f. Apocope de *Voiture*, — dans l'argot des faubouriens.

VOITURE A TALONS (La). Les jambes, avec lesquelles on se passe de voiture. Argot du peuple.

VOIX D'EN BAS, s. f. Le *peditum* de Catulle, ou plutôt son *leve peditum*, — dans l'argot facétieux des faubouriens, qui ignorent que M. Savinien Lapointe a publié sous ce titre un recueil de poésies fort estimables.

VOLAILLE, s. f. Femme ou fille débauchée, — dans l'argot du peuple, qui sait que la plupart des drôlesses sont bêtes comme des oies.

VOLAILLE, s. f. Homme sans

consistance; aimable sceptique qui ne croit qu'à lui, — dans l'argot des gens de lettres.

Vol au bonjour, s. m. Vol qui se commet le matin, principalement dans les hôtels garnis, dont les locataires dorment volontiers la clef sur la porte, ce qui permet aux voleurs d'entrer sans frapper, de faire main basse sur tous les objets à portée, et d'en être quittes pour dire : « Pardon ! je me suis trompé ! » lorsqu'ils sont interrompus par le réveil et l'étonnement de leur victime.

Volé (Être). Mystifié, trompé, déçu, — dans l'argot du peuple.

Voltigeante, s. f. La boue, — dans l'argot des voyous.

Voltigeur de la Charte, s. m. Homme qui croit encore à la Charte-Vérité comme les Juifs croient au Messie. Argot des journalistes.

Voltigeur de Louis XIV, s. m. « Émigré rétabli par la Restauration sur les cadres de l'armée. »
L'expression appartient à Emile Augier.

Voltigeur de 89, s. m. Prudhomme politique qui a toujours à la bouche les « immortels principes » de la première Révolution.

Voué au blanc (Être). Se dit — dans l'argot des faubouriens — d'un apprenti qui n'aime pas à travailler et qui préfère polissonner avec les voyous et les filles du faubourg.

Vousaille, pron. poss. Vous, — dans l'argot des voleurs.

Voûte azurée, s. f. Le ciel, — dans l'argot des académiciens, qui ont des lunettes bleues.

Voyageur, s. m. Amateur, — dans l'argot des saltimbanques, qui donnent ce nom à celui des spectateurs qui consent à leur servir de compère dans un tour de force ou d'adresse.

Voyou, s. m. Gamin de Paris, enfant perdu de la *voie* publique ; produit incestueux de la boue et du caillou ; fumier sur lequel pousse l'héroïsme ; hôpital ambulant de toutes les maladies morales de l'humanité ; laid comme Quasimodo, cruel comme Domitien, spirituel comme Voltaire, cynique comme Diogène, brave comme Jean Bart, athée comme Lalande, — un monstre, en un mot.

Type vieux — comme les rues. Mais le mot est moderne, quoiqu'on ait voulu le faire remonter jusqu'à Saint-Simon, qui traite de *voyeus* les petits bourgeois de son temps.

Voyoucrate, s. m. Démocrate qui exagère la Démocratie, et dont l'Idéal, au lieu de plonger dans l'éther de l'abbé de Saint-Pierre, barbotte dans la fange du sans-culottisme.

Voyoucratie, s. f Gouvernement de la blouse sale ; tyrannie du ruisseau ; démocratie qui ferait regretter aux républicains sincères « le despotisme de nos rois » — qui du moins était un despotisme aimable.

Voyoute, s. f. Petite drôlesse qui s'accouple avec le voyou avant l'âge de la nubilité, — afin de n'en pas laisser perdre la graine. Fleur fanée qui ne se nouera jamais en fruit, — fille qui ne sera jamais que *fille*.

J'ai créé le mot il y a quelques années : il est maintenant dans la circulation.

Voyoutisme, s. m. Etat crapuleux, abject, — la satire boueuse de l'humanité.

Vrille, s. m. Lesbienne, — dans l'argot des souteneurs.

W

Wagon, s. m. Verre de vin d'une contenance plus grande que l'*omnibus*.

Waterloo, s. m. Échec subi ; défaite éprouvée, en amour, en art, en littérature, — par allusion à la néfaste journée du 18 juin 1815.

Watriponner, v. n. Écrire dans les petits journaux ; en fonder.

Expression créée par Firmin Maillard (*Hist. anecdot. de la Presse*, p. 130), et qui est une allusion à la fécondité journalistique de feu Antonio Watripon.

X

X, s. m. Polytechnicien, — dans l'argot des collégiens.

Fort en X. Elève qui a des dispositions pour les mathématiques.

Tête à X. Tête organisée pour le calcul ; cerveau à qui le *Thêta X* est familier.

X, s. m. Secret, — dans l'argot des gens de lettres.

Y

Y AVOIR PASSÉ. Se dit — dans l'argot du peuple — d'une jeune fille qui n'est plus digne de porter à son corsage le bouquet de fleurs d'oranger emblématique.

YEUX AU BEURRE NOIR, s. m. pl. Yeux pochés par suite d'une chute ou d'une rixe, — dans l'argot des faubouriens.

YEUX DE LAPIN BLANC (Avoir des). Rouges, avec des cils blancs.

YEUX SUR LE PLAT, s. m. pl. Se dit des yeux blancs que font certaines femmes grimacières, et qui ressemblent assez, en effet, à deux œufs dont on ne verrait que l'albumine.

YOUTRE, s. m. Israélite, — dans l'argot des faubouriens, qui prononcent bien, sans s'en douter, le mot allemand *yuter*.

Jardin des youtres. Cimetière juif, — par antiphrase sans doute, car il y a plus de pierres que de verdure.

Z

ZÉPHIR, s. m. Soldat indiscipliné, ou bon pour les compagnies de discipline, — dans l'argot des troupiers.

ZÉRO, s. m. Homme sans valeur, sans énergie, sans consistance, sans rien, — dans l'argot du peuple.

On dit aussi *Zéro en chiffre*.

ZIF, s. m. « Marchandise supposée dont certains industriels font intervenir le nom dans leurs opérations. »

ZIGUE, s. m. Camarade de bouteille, — dans l'argot des faubouriens, qui font allusion aux zigzags du lundi soir.

Bon zigue. Homme joyeux, — mauvais mari peut-être, mauvais fils ou mauvais père, mais bon ami de cabaret et de débauche.

C'est un zigue. Phrase consacrée par laquelle un ouvrier répond d'un autre ouvrier comme de lui-même.

ZINC, s. m. Voix métallique et solide, — dans l'argot des coulisses.

Avoir du zinc. Avoir une voix sonore.

On dit aussi *Être zingué.*

Zouzou, s. m. Zouave, — dans l'argot des faubouriens.

Zut! Exclamation du même argot, qui est une formule de refus ou de congé.

Depuis l'année dernière on dit : *Ah! zut alors si ta sœur est malade!* C'est plus long, mais c'est plus canaille — et, à cause de cela, préférable.

SUPPLÉMENT [1]

Arroser un créancier, v. a. Lui donner un à-compte, — dans l'argot des bohêmes, assez mauvais jardiniers.

Avoir du sable dans les yeux. Avoir envie de dormir. Argot du peuple.

On dit aussi : *Le marchand de sable a passé*.

Bonisseur, s. m. Celui qui fait l'annonce, le *boniment*, — dans l'argot des saltimbanques.

Bouffeter, v. n. Causer, bavarder, — dans l'argot des faubouriens.

Bout coupé, s. m. Cigare de cinq centimes dont les deux extrémités sont coupées.

Brigeton, s. m. Pain. Argot des faubouriens.

Capon, s. et adj. *Rapporteur*, — dans l'argot des écoliers.

Casser son cable, v. a. Mourir, — dans l'argot des gens de lettres, qui ont emprunté l'expression à Commerson.

C'est une allusion à la rupture du câble transatlantique.

Chapska, s. m. Chapeau, — — dans l'argot des faubouriens, par allusion à la coiffure des lanciers polonais.

Chardonneret, s. m. Gendarme, — dans le même argot.

Chieur d'encre, s. m. Écrivain, journaliste, — dans le même argot.

Cigale, s. f. Chanteuse des rues, — dans l'argot du peuple, qui a le sentiment de l'analogie.

Coblentz. Nom que les cabotins et les flâneurs à leur suite donnaient, il y a quel-

---

(1) Il est bien entendu que ce SUPPLÉMENT ne contient pas *tous* les mots omis dans le DICTIONNAIRE DE LA LANGUE VERTE, mais bien seulement quelques-uns, ceux que je me suis rappelés pendant l'impression. Pour qu'une telle œuvre fût complète, il faudrait encore quatre ou cinq volumes de l'épaisseur de celui-ci. Aussi mon éditeur et moi serons-nous reconnaissants aux collectionneurs de curiosités philologiques de nous signaler les omissions *importantes* dont nous nous serons rendus involontairement coupables. (A. D.)

ques années encore, à la partie des boulevards comprise entre le Château-d'Eau et les Funambules, où ils noctambulaient lorsqu'on les avait exilés du *Café des Mousquetaires*.

COMMISSAIRE, s. m. Pinte de vin, — dans l'argot des coulisses.

Le mot est de Laurent, acteur de la Porte-Saint-Martin.

CONFIRMER, v. a. Donner une paire de soufflets,—dans l'argot du peuple.

COQUARDER, v. n. *Alvum deponere*, — dans l'argot des faubouriens. (V. *Coquard* et *Pondre un œuf*.)

CORNICHE, s. f. Chapeau, — dans l'argot des faubouriens.

COUPAILLON, s. m. Coupeur maladroit, inexpérimenté, — dans l'argot des tailleurs.

DAME DU LAC, s. f. Femme entretenue, qui va tous les jours au bois de Boulogne, autour du lac, où abondent les promeneurs élégants — et riches. Argot des gens de lettres.

DÉCHIRER DE LA TOILE. Faire un feu de peloton, — dans l'argot des troupiers.

DÉCHIRER SON HABIT, v. a. Mourir, — dans l'argot des tailleurs.

DÉVISSEUR, s. et adj. Médisant, *débineur*, — dans l'argot des faubouriens et des gens de lettres.

DONNER UN COUP DE PIED, v. a. Aller quelque part, — dans l'argot du peuple.

DRÔLICHON, NE, adj. Amusant, *drôle*, — dans l'argot du peuple.

ENCORE UN TIRE-BOUCHON ! Se dit — dans l'argot des coulisses — lorsqu'un entr'acte se prolonge outre mesure. (V. Joachim Duflot pour l'explication de cette phrase.)

ESSAYISTE, s. m. Écrivain de genre, humoriste à la façon d'Addisson, de Steele et de quelques autres, eux-mêmes la monnaie de Montaigne.

ÉTUDIANT DE LA GRÈVE, s. m. Maçon, — dans l'argot ironique du peuple.

ÉGYPTIEN, s. m. Mauvais acteur, — dans l'argot des coulisses.

FAIRE SALUER LE POLICHINELLE. Réussir ; faire mieux que les autres, — dans l'argot des faubouriens. C'est une allusion aux tirs à l'arbalète des fêtes publiques où, quand on met dans le mille, on voit sortir et saluer une tête de Turc quelconque.

FAIRE DANSER UN HOMME SUR LA PELLE A FEU. Exiger sans cesse de l'argent de lui; le ruiner, — dans l'argot des petites dames.

On dit aussi *Faire danser sur la poêle à frire*.

FOURNIER, s. m. Garçon chargé de verser le café aux

consommateurs, — dans l'argot des limonadiers.

GARDER A CARREAU (Se). S'arranger de façon à n'être pas surpris désagréablement par une réclamation, par un désaveu, etc. Argot du peuple.

Signifie aussi *Ne pas dépenser tout son argent.*

GENDARME, s. m. Hareng saur, — dans l'argot des charcutiers.

GROMIAU, s. m. Enfant, gamin, — dans l'argot des faubouriens.

GROS NUMÉRO, s. m. Le *Prostibulum* moderne, — dans l'argot du peuple.

HIRONDELLE, s. f. Cocher de remise, — dans l'argot des cochers de place.

HUIT-RESSORTS, s. m. Voiture à la mode, coupé de *petite dame.*

JOUER UN PIED DE COCHON A QUELQU'UN. Se moquer de lui; faire une chose qui lui soit désagréable; lui *jouer un tour* enfin. Argot du peuple.

LOPIN, s. m. Crachat, expectoration abondante, — dans l'argot des faubouriens.

LOUP, v. m. Absence de texte, solution de continuité dans la copie. Argot des typographes.

Les imprimeurs disent aussi cela d'une place où le rouleau n'a pas marqué et qui vient blanche.

LOUPION, s. m. Chapeau d'homme, rond, — dans l'argot des faubouriens.

MUCHE, s. m. Jeune homme poli, doux, aimable, réservé, — dans l'argot des petites dames, qui le trouvent *trop collant.*

NID D'HIRONDELLE, s. m. Chapeau d'homme, rond et à bords imperceptibles, tel enfin que les élégants le portent aujourd'hui. Argot des faubouriens.

PAOUR, s. m. Homme grossier, insolent; *paysan*, — dans l'argot du peuple.

PARLER DU PUITS, v. n. Perdre son temps, — dans l'argot des coulisses.

PILER, v, a. Pousser plus ou moins brutalement, — plutôt plus que moins. Argot des gamins.

Signifie aussi *Battre.*

POT-AU-FEU, s. m. L'endroit le plus charnu du corps humain, — dans l'argot des faubouriens, qui l'ont pris depuis longtemps pour cible de leurs plaisanteries et de leurs coups de pied.

POUSSER UN BATEAU, v. a. Mentir, inventer une histoire, — dans le même argot.

REVIEWER, s. m. Écrivain de revues, — dans l'argot des gens de lettres, qui ont emprunté cette expression à l'Angleterre.

RÉCHU, adj. et s. Homme

désagréable, grincheux , *rè-che*, — dans l'argot du peuple.

Roulée, s. f. Coups donnés ou reçus, — dans le même argot. *Éreintement*, — dans l'argot des gens de lettres.

Sauver la mise a quelqu'un. Lui éviter une humiliation, un ennui ; lui prêter à temps de l'argent. Argot du peuple.

Tirer de longueur (Se). Se dit — dans l'argot des fau-

bouriens — d'une chose qui tarde à venir, d'une affaire qui a de la peine à aboutir, d'une histoire qui n'en finit pas.

Valoir son pesant d'or, v. n. Se dit ironiquement — dans le même argot — de toute bêtise un peu forte, de tout mensonge un peu violent.

Zut au...ber...ger ! Exclamation de l'argot des gamins, par laquelle ils se défient à courir, à jouer, etc.

FIN DU DICTIONNAIRE DE LA LANGUE VERTE.

Paris. — Imprimerie Jouaust, rue Saint-Honoré, 338.

OUVRAGES DE M. ALFRED DELVAU

LES DESSOUS DE PARIS. 1 vol. in-18, avec un frontispice de Léopold Flameng. Poulet-Malassis, éditeur. (*Epuisé.*)

HISTOIRE ANECDOTIQUE DES CAFÉS ET CABARETS DE PARIS. 1 vol. in-18, avec eaux-fortes de Gustave Courbet, Félicien Rops et Léopold Flameng. E. Dentu, éditeur.

LETTRES DE JUNIUS, coups de plume sincères. 1 volume in-18. E. Dentu, éditeur.

LES AMOURS BUISSONNIÈRES. 1 vol. in-18. E. Dentu, éditeur.

LES CYTHÈRES PARISIENNES. 1 vol. in-18, avec eaux-fortes de Félicien Rops. E. Dentu, éditeur. (*Epuisé.*)

FRANÇOISE. 1 vol. in-32, avec frontispice d'Emile Thérond. Achille Faure, éditeur.

LE FUMIER D'ENNIUS. 1 vol. in-18, avec eau-forte de Léopold Flameng. Achille Faure, éditeur.

GÉRARD DE NERVAL. 1 vol. in-32, avec frontispice de G. Staal. Bachelin-Deflorenne, éditeur.

HISTOIRE ANECDOTIQUE DES BARRIÈRES DE PARIS. 1 vol. in-18, avec eaux-fortes d'Emile Thérond. E. Dentu, éditeur.

LES MÉMOIRES D'UNE HONNÊTE FILLE. 1 vol. in-18, avec frontispice de G. Staal. Achille Faure, éditeur. (*Troisième édition.*)

LA COMTESSE DE PONTHIEU. 1 vol. in-8. Bachelin-Deflorenne, éditeur. (*Tiré à 100 exemplaires seulement.*)

EN PRÉPARATION :

LES HEURES PARISIENNES. 1 vol. in-18, avec eaux-fortes d'Émile Bénassit.

HISTOIRE ANECDOTIQUE DES BOULEVARDS DE PARIS. 1 vol. in-18.

LE GRAND ET LE PETIT TROTTOIR. 1 vol. in-18, avec eau-forte de Félicien Rops.

LES LIONS DU JOUR. 1 vol. in-18.

EXTRAIT DU CATALOGUE

DE LA

LIBRAIRIE DE E. DENTU

Palais-Royal, 17 et 19, galerie d'Orléans

Les Amis de la marquise de Sablé. Recueil de lettres des principaux habitués de son salon, annotées et précédées d'une introduction historique sur la société précieuse au dix-septième siècle, par EDOUARD DE BARTHÉLEMY. 1 vol. in-8. . . . . 6 fr.

L'Ange des Frontières, par EDWARD S. ELLIS. 1 vol gr. in-18 jésus, orné de 15 gravures. . . . . 2 fr.

L'Anglais à Paris, histoire humoristique de son introduction dans notre langue et dans nos mœurs, par M. DE KERVIGAN. 1 vol. gr. in-18, jésus. . . . . 3 fr.

Anne-Paule-Dominique de Noailles, marquise DE MONTAGU. 3e édit. 1 vol. gr. in-18, jésus. . . . . 3 fr.

L'Art théâtral, par M. SAMSON, de la Comédie Française. Deux magnifiques volumes grand in-8. imprimés avec luxe et accompagnés de portraits photographiés par FRANCK d'après les originaux. Chaque volume. . . . . 10 fr.

L'Auberge de l'Ours-Noir, par M. V. VICTOR. 1 vol. gr. in-18 jésus, illustré. . . . . 2 fr.

Les Aventures d'amour d'un diplomate, par CHARLES D'HÉRICAULT. 1 vol. gr. in-18 jésus. . . . . 3 fr.

Les Belles Pécheresses, par AMÉDÉE DE CESENA. 1 vol. gr. in-18 jésus, orné d'un beau portrait. . . . . 3 fr.

Bibliothèque héraldique de la France, par M. JOANNIS GUIGARD, de la Bibliothèque impériale, comprenant la bibliographie systématique et raisonnée de tous les ouvrages qui ont paru sur le *Blason*, les *Ordres de chevalerie,* la *Noblesse,* la *Féodalité,* les *Fiefs* et les *Généalogies* concernant la France, avec notes critiques et bibliographiques. 1 beau volume in-8, à 2 colonnes. . . . . . 16 fr.

De la capacité politique des classes ouvrières, par P. J. PROUDHON, 3e édition. 1 vol. gr. in-18 jésus. . . . . . . 3 fr. 50

Le Capitaine fantôme, par PAUL FÉVAL. 2e édition. 1 vol. gr. in-18 jésus. . . . . 3 fr.

Catherine d'Overmoire, étude, par ERNEST FEYDEAU. 4e édition. 2 vol. gr. in-18 jésus. . . . . 6 fr.

Le Chambrion, histoire mystérieuse, par PONSON DU TERRAIL. 1 vol. gr. in-18 jésus. . . . . , ... 3 fr.

Mes Chasses au Lion, par J. CHASSAING. Préface du commandant P. GARNIER. Dessins de Martinus. 1 vol. gr. in-18 jésus. 3 fr.

Chroniques et Légendes des rues de Paris, par ÉDOUARD FOURNIER. 1 charmant volume in-18. . . . . 3 fr.

Comment on aime, par ETIENNE ÉNAULT. 2e édit., 1 vol. gr. in-18 jésus. . . . . 3 fr.

Les Confessions de l'abbesse de Chelles, fille du Régent, par M. DE LESCURE. 1 beau vol. in-18, orné d'un portrait inédit. . 3 fr.

Conversations de M. de Chateaubriand. — Ses agresseurs, par JULIEN DANIELO, son ancien secrétaire. 1 vol. in-8. . . 6 fr.

Correspondance inédite de Marie-Antoinette, publiée sur les documents originaux, par le comte PAUL VOGT D'HUNOLSTEIN, ancien député de la Moselle. 3e édit., 1 vol. in-8. . . . . . 7 fr.

Les Cours galantes, par GUSTAVE DE NOIRESTERRES.
Tome I : L'hôtel de Bouillon, la Folie-Rambouillet, le château d'Anet, le Temple.—Tome II : Roissy, l'Hôtel de Mazarin, Chantilly, le palais Mancini, la cour de Zell.—Tome III : Le château de Clagny, l'hôtel de Touanne, l'hôtel Boisboudrand, la maison de Sonning, la Butte Saint-Roch. — Tome IV et dernier : le château de Saint-Maur, la cour de Sceaux, Châtenay, l'hotel de Madame de Lambert, la maison de Clichy.
4 jolis vol. in-18. . . . . 12 fr.

Les Crimes de jeunesse, par PONSON DU TERRAIL. 1 vol. gr. in-18 jésus. 3 fr.

Les Deux femmes du roi, par PAUL FÉVAL. 1 vol. grand in-18 jésus. . . . . 3 fr.

Dictionnaire historique des Ordres de chevalerie créés chez les différents peuples, depuis les premiers siècles jusqu'à nos jours, par H. GOURDON DE GENOUILLAC. 2e édition, revue, augmentée et ornée d'un grand nombre de figures. 1 très-joli volume grand in-18 jésus. . . . . 3 fr.

Avec figures très-soigneusement coloriées. . . . . . 12 fr.

Le Drame de la jeunesse, par PAUL FÉVAL. 2e édition. 1 vol. grand in-18 jésus. . . . . 3 fr.

La Duchesse de Nemours, par PAUL FÉVAL. 1 volume grand in-18 jésus. . . . . 3 fr.

Énigmes des rues de Paris, par EDOUARD FOURNIER. 1 charmant vol. in-18. . . . . 3 fr.

L'Épicurien, de THOMAS MOORE, traduit par HENRI BUTAT, les vers par THÉOPHILE GAUTIER, préface d'ÉDOUARD THIERRY, dessins de GUSTAVE DORÉ. 1 beau vol. in-8. . . . . 6 fr.

Les Extravagances du hasard, par CHARLES D'HÉRICAULT. 1 vol. gr. in-18 jésus. . . . . 2 fr.

L'Espion indien, par M. V. VICTOR. 1 vol. grand in-18 jésus, illustré. . . . . 2 fr.

L'Esprit dans l'Histoire, recherches et curiosités sur les mots historiques, par EDOUARD FOURNIER. 5e édition, revue et très augmentée. 1 beau vol. in-18. . . . . 3 fr.

L'Esprit des autres, recueilli et raconté par EDOUARD FOURNIER. 4e édition, revue et très-augmentée. 1 vol. in-18. . . . 3 fr.

L'Esprit des bêtes, zoologie passionnelle, mammifères de France, par A. TOUSSENEL. 4e édition, revue et corrigée. 1 vol. in-8. 6 fr.

Excentricités du langage, par LORÉDAN-LARCHEY. 5e édition. 1 vol. gr. in-18 jésus. . . . . 3 fr. 50

Les Errants de nuit, par PAUL FÉVAL. 1 volume grand in-18 jésus. . . . . 3 fr.

La Fabrique de mariages, par PAUL FÉVAL. 2e édition. 1 vol. gr. in-18 jésus. . . . . 3 fr.

La Fille du grand chef, roman américain, par ANN. S. STEPHENS. 1 vol. orné de gravures. . . . . 2 fr.

Fior d'Aliza, Nouvelles Confidences, par ALPHONSE DE LAMARTINE. 2e édition. 1 beau vol. gr. in-8. . . . . 6 fr.

Flèche d'or, par M. V. VICTOR. 1 volume grand in-18 jésus, illustré. . . . . 2 fr.

Le Gaillard d'avant, chansons maritimes, par G. DE LA LANDELLE, ancien officier de marine. Nouvelle édition. 1 joli vol. gr. in-18 jésus, avec la musique. . . . . 1 fr.

Les Gandins, mystères du demi-monde, par PONSON DU TERRAIL. 2 vol. gr. in-18 jésus, ornés d'une vignette.
I. Les Hommes de cheval.
II. L'Agence matrimoniale.
Chaque volume. . . . . 3 fr.

La Garde noire, par PAUL FÉVAL. 1 vol. gr. in-18 jésus. . 3 fr.

La Gerbée, contes à lire en famille, par MICHEL MASSON. 2e édition. 1 joli vol., illustré. . . . . 3 fr.

Grammaire héraldique, contenant la définition exacte de la science des armoiries, suivie d'un vocabulaire explicatif, par H. GOURDON DE GENOUILLAC. 3e édition, revue et augmentée de *l'Art de composer les livrées selon les règles héraldiques*. 1 charmant vol. gr. in-18 jésus, orné de 200 blasons gravés intercalés dans le texte. 3 fr.

La Grève de Samarez, poème philosophique, par PIERRE LEROUX. 4 vol. gr. in-8, paraissant en 8 livraisons séparées, comprenant : 1o la Préface ; — 2o les 52 Sectes de l'Ile ; — 3o le Rocher des Proscrits ; — 4o les Fantômes : — 5o Satan ; — 6o le Livre de Job ; — 7o la Dispute avec avec les savants ; — 8o la Post-Face.
Prix de chaque livraison. . . . . 4 fr.

Un Hermaphrodite, par Louis Jourdan. 2ᵉ édition. 1 vol. gr. in-18 jésus. . . . . 3 fr.

L'Héritage du Comédien, par Ponson du Terrail. 1 vol. gr. in-18 jésus. . . . . 3 fr.

Histoire de la Caricature antique, par Champfleury. 1 vol. illust. de plus de 60 grav. . . . . 4 fr.

Histoire de la Caricature moderne, par Champfleury. 1 volume gr. in-18 jésus, illustré d'un grand nombre de gravures. 4 fr.

Histoire anecdotique de l'ancien théâtre de France. Théâtre français; — Opéra; — Opéra-Comique; — Théâtre-Italien; — Théâtre forain. Par A. du Case. 2 vol. in-8. . . . . . 10 fr.

Histoire d'une conscience, par Étienne Enault. 1 vol. gr. in-18 jésus . . . . 3 fr.

Histoire des livres populaires ou de la littérature du Colportage, depuis l'origine de l'imprimerie jusqu'à l'établissement de la Commission d'examen des livres du colportage, par Charles Nisard. 2ᵉ édition, revue, corrigée avec soin et considérablement augmentée. 2 vol. gr. in-18 jésus, ornés d'un grand nombre de figures. 10 fr.

Histoire de la Musique en France, depuis les temps les plus reculés jusqu'à nos jours, suivie de la liste chronologique des ouvrages que forment le répertoire de l'Opéra et de l'Opéra-Comique, par Charles Poisot. 1 beau vol. in-18. . . . . 4 fr.

Histoire du Pont-Neuf, par Edouard Fournier. 2 vol. in-18, ornés d'une belle photographie. . . . . 6 fr.

Hommes et Choses de divers temps, par Charles Romey. 1 vol. gr. in-18 jésus. . . . . 3 fr. 50

Les Hommes d'épée, profils militaires, par Ernest Billaudel. 1 vol. gr. in-18 jésus. . . . . 2 fr.

Iambes et Poëmes, par Auguste Barbier. 15ᵉ édition, revue et corrigée. 1 vol. grand in-18 jésus. . . . . 3 fr. 50

L'Italie des Italiens, par Mᵐᵉ Louise Colet. 4 beaux vol. gr. in-18 jésus. . . . . 14 fr.

> Tome Iᵉʳ : *L'Italie du Nord*. Gênes, Turin, Milan, Padoue, Venise. — Tome II : *L'Italie du Centre*. Plaisance, Parme, Modène, Florence, Pérouse, Ravenne, Bologne, Ferrare — Tome III : *L'Italie du Midi*. Le Libérateur; Palerme, Naples.—Tome IV : *Rome*.

Jean-Diable, par Paul Féval. 2ᵉ édition. 2 volumes grand in-18 jésus. . . . . 6 fr.

Jessie, par M. Moquard, chef du cabinet de S. M. l'Empereur. 3ᵉ édit. 2 vol. gr. in-18 jésus. . . . . 6 fr.

La Jeunesse du roi Henri, par Ponson du Terrail. 3 jolis vol. gr., in-18 jésus. . . . . 9 fr.

Le Livre de la Nation polonaise et des Pèlerins polonais

d'ADAM MICKIEWICZ, traduction nouvelle par ARMAND LÉVY, avec introduction et commentaire par LADISLAS MICKIEWICZ. 1 charmant vol. in-18, imprimé avec luxe; encadrements en couleur.   7 fr. 50

Les Maîtresses du Régent. Études d'histoire et de mœurs sur le commencement du XVIIIe siècle, par M. DE LESCURE. 2e édition, revue et corrigée. 1 fort. vol. in-18. . . . .   4 fr.

Les Majorats littéraires, examen d'un projet de loi ayant pour but de créer, au profit des auteurs, inventeurs et artistes, un monopole perpétuel, par J. PROUDHON. 2e édit. 1 vol. gr. in-18 jésus. . . 3 fr.

Le Mangeur d'hommes (récits de chasse), par JULES GÉRARD, le Tueur de lions 2e édition. 1 vol. gr. in-18 jésus, illustrations de J. A. BEAUCÉ et ANDRIEUX. . . . .   3 fr. 50

Les Mariages d'aujourd'hui, par PHILIBERT AUDEBRAND. 1 vol. gr. in-18 jésus. . . . .   3 fr.

Les Martyrs de l'Amour, par LOUIS JOURDAN. 2e édit. 1 joli vol. gr. in-18 jésus, orné d'une photographie. . . . .   3 fr.

Mémoires de Madame Élisabeth de France, sœur de Louis XVI, annotés et mis en ordre par F. DE BARGHON-FORT-RION. 1 vol. in-8, orné d'un beau portrait. . . . .   4 fr.

Mémoires du président Hénault, de l'Académie française, écrits par lui-même, recueillis et mis en ordre par son arrière-neveu M. le baron DE VIGAN. 1 vol. in-8. . . . .   6 fr.

Mémoires d'une veuve, par PONSON DU TERRAIL. 1 vol gr. in-18 jésus. . . . .   3 fr.

Mémoires du Géant, par NADAR. Préface par M. BABINET, de l'Institut. 2e édition. 1 fort vol. gr. in-18 jésus. . . .   3 fr. 50

Le Monde des Coquins, physiologie du monde des coquins, par L. MOREAU CHRISTOPHE, ancien inspecteur général des prisons. 2e édition. 1 vol. gr. in-18 jésus. . . . .   3 fr.

Le Monde des Oiseaux, ornithologie passionnelle, par A. TOUSSENEL. 3e édition, revue et corrigée 3 vol. in-8, avec le portrait de l'auteur . . . .   18 fr.

Les Nuits du quartier Bréda, par PONSON DU TERRAIL. 1 vol. gr. in-18 jésus. . . . .   3 fr.

Les Mystères du sérail et des harems turcs, par Mme OLYMPE AUDOUARD. Illustration de C. RUDHARDT. 1 volume gr. in-18 jésus. . . . .   3 fr. 50

Noélie, par E. SCRIBE, de l'Académie française. 1 volume in-12.
                                                            3 fr.

Les Plumes d'or, contes et nouvelles, par vingt romanciers, préface par PAUL FÉVAL. 1 beau vol. in-18 jésus. . . . .   3 fr. 50

Paris, imprimerie JOUAUST, rue Saint-Honoré, 338.